南京理工大学马克思主义理论学科建设丛书

刘承昊 著

新时代中国特色城乡融合研究

XINSHIDAI ZHONGGUO TESE
CHENGXIANG RONGHE YANJIU

——基于农村产业融合发展视角

江苏人民出版社

图书在版编目(CIP)数据

新时代中国特色城乡融合研究：基于农村产业融合
发展视角 / 刘承昊著. — 南京：江苏人民出版社，
2023.3

ISBN 978 - 7 - 214 - 27675 - 9

Ⅰ.①新… Ⅱ.①刘… Ⅲ.①城乡建设—经济发展—
研究—中国 Ⅳ.①F299.21

中国版本图书馆 CIP 数据核字(2022)第 220913 号

南京理工大学特色理科精品文科专项资助

江苏省"双创博士"项目(JSSCBS20210211)成果

书　　　名　新时代中国特色城乡融合研究——基于农村产业融合发展视角
著　　　者　刘承昊
责 任 编 辑　于　辉
装 帧 设 计　许文菲
责 任 监 制　王　娟
出 版 发 行　江苏人民出版社
地　　　址　南京市湖南路 1 号 A 楼,邮编:210009
照　　　排　江苏凤凰制版有限公司
印　　　刷　江苏凤凰数码印务有限公司
开　　　本　652 毫米×960 毫米　1/16
印　　　张　22.25
字　　　数　300 千字
版　　　次　2023 年 3 月第 1 版
印　　　次　2023 年 3 月第 1 次印刷
标 准 书 号　ISBN 978 - 7 - 214 - 27675 - 9
定　　　价　98.00 元

(江苏人民出版社图书凡印装错误可向承印厂调换)

前　言

　　党的十九大报告提出,实施乡村振兴战略"坚持农业农村优先发展,按照产业兴旺、生态宜居、乡风文明、治理有效、生活富裕的总要求,建立健全城乡融合发展体制机制和政策体系,加快推进农业农村现代化。"这既为新时代我国城乡融合发展指出了路径方向,又明确了发展对象。历经改革开放40多年发展,我国城乡"二元结构"的根本性问题一直未得到彻底解决,工农、城乡之间仍存在较大差距,严重制约着中国特色社会主义现代化的全面实现。我国以往的城镇化经验教训已经证明,单一地依赖城市带动农村是难以真正实现城乡融合发展的,必须要激发乡村的内生发展活力和改变农业农村处于被动发展的局面。因此,本书着重从农业产业转型升级带动乡村振兴视阈出发,分析农村产业融合发展作用城乡融合的机制及其与就地就近城镇化的耦合效应。

　　以马克思主义理论为指导,坚持农业基础性地位并协调城乡互助并进发展是新中国成立至今中国共产党一以贯之的政策主张。结合新中国成立以来党协调城乡发展的历史,明晰我国城乡关系演变中农业农村的发展地位,发现新时代城乡融合需要继续坚持并进一步创新农业农村发展,在市场机制条件下实现乡村内生式发展转变以缩小城乡发展差距。透视农村产业融合发展实践,表明其具有振兴乡村产业和促进城乡联系的双重功效,即农村产业融合发展不仅带动了乡村内生式发展转变,缩小了城乡差距,而且还基于产业自身发展需求而拓展了城乡联系空间,有助于以城乡产业融合带动城乡全面融合的实现。因此,对于实现城乡融合发展而言,农村产业融合发展就超越了单一的经济领域功能价值。综合当前党协调城乡发展的政策取向和城乡发展现实问题,分析农村产业融合发展助推城乡融合的运行机理和发展图景,农村产业融合发展以农业产业内涵升级而生发出新业态,刺激了劳动力资源、资本及其他要素逐渐向农村区域汇集,同就地就近城镇化构成了作用城乡融合的合力,并以县域特色小镇为载体形成农民就地就近市民化集聚点,辐射带动乡村全面发展。因而以市场为导向,以农业特色小镇为空间载体,农村产业融合发展对于促进城乡融合发挥了赋予城乡等值发展的功能。

虽然目前农业农村自身发展和政府外部供给等还存在一些不足,但为更好地推进新时代中国特色城乡融合发展,需明确以城带乡与乡村内生转型相结合的发展原则,坚持走多级城镇化体系和农村产业融合协同并进的城乡发展之路。

尽管"从历史的长期视角来看,城镇化对实现高速增长和高收入是必要的"[1],我国以往城镇化对社会经济发展起到了极大的促进作用,但是由此导致的"城市病"和"农村病"等城乡二元结构系列问题也成为了我国全面现代化的制约。再加上当前我国人口城镇化速度和土地城镇化速度放缓,城镇化内部分化产生新的矛盾,一线城市较中小城市具备强势人口吸引力,小城镇及乡村地区人口流失严重。因此,本书中首先需要回顾我国以往城乡发展历程,反思"城市化是否就是城市建设与城市发展的过程,城市化进程中城镇与乡

---

[1] [美]斯彭斯、安妮兹、巴克利编著:《城镇化与增长:城市是发展中国家繁荣和发展的动机吗?》,陈新译,北京:中国人民大学出版社,2016年,第34页。

村能否共同发展?"①

本书研究分为以下几个部分,逻辑结构安排如下。

第一章主要在梳理现有研究和结合社会发展现实的基础上,明确研究对象、研究目的及研究意义。同时对现有研究进行文献综述和理论回顾,提出研究方法。

第二章主要对新中国成立以来中国共产党在不同发展阶段协调城乡发展的历史演变进行梳理与分析,从中探寻新时代实施城乡融合发展的政策逻辑与历史逻辑的内在联系,进而归纳党协调城乡发展政策演进与城乡关系演变的实质,明确农业农村发展在城乡协调发展中的重要地位。

第三章主要从当前党指导城乡发展的主导取向、城乡均衡发展的实质需求、城乡融合的时代要求及当前我国农村产业融合发展实效等多方面进行综合分析,阐述城乡融合需要依赖农村产业融合发展实现乡村内生式转型。首先,指出新时代城乡融合的现实诉求,明确发展定位。其次,分析新时代提升乡村内生发展能力的城乡现实发展要求。最后,归纳与总结当前我国农村产业融合发展实效,突出其带动乡村内生式转型发展的效能发挥。

第四章主要分析农村产业融合发展促进城乡均衡发展转变的运行机制。首先,分析我国农村产业升级增进城乡互动发展的理论基础及相关启示。其次,分析农村产业融合发展作用城乡均衡发展转变的理论基础,指出农村产业融合发展对于促进农业农村内生发展动力培育的作用路径。最后,分析农村产业融合发展作用下的城乡均衡发展转变体现,明晰农村产业融合发展的功能作用。

第五章主要分析农村产业融合发展与就地就近城镇化对于作用城乡融合的耦合效应。首先,明确新时代就地就近城镇化的必要

---

① 俞云峰:《新型城市化的实现路径与制度创新研究:城乡统筹的视角》,北京:中国社会科学出版社,2017年,第1页。

性和可行性,指出县域城镇发展的特殊性。其次,探讨农村产业融合发展与就地就近城镇化的耦合作用,分析二者的耦合效能发挥。最后,结合农业特色小镇的生成与运行机理,分析其在推进城乡融合发展过程中的功能发挥。

第六章主要分析新时代推进城乡融合发展所面临的机遇、不足与对策。首先从相关政策布局、国内特色小镇实践和国际经验资源等层面探讨我国农村产业融合发展的机遇条件,明确以农业农村发展助推城乡融合的潜在空间。其次从当前我国农村产业融合发展面临的困境、小农户的弱势地位、粮食安全问题和社会协同参与等角度出发,分析农业产业融合视角下城乡融合发展所面临的现有困境。最后,针对当前发展中面临的困境,从提升乡村内生发展的维度探讨推进新时代城乡融合发展的对策方案。

第七章是本书结语。通过对前面各章节的研究进行总结与提炼,结合目前政策导向、农村产业融合发展的产业特性及经济社会发展规律等归纳新时代中国特色城乡融合发展的特征与实质,进而指出推进新时代城乡融合发展的实践路径。同时针对目前相关政策及地方实践的现实状况,展望进一步深入研究的方向。

总之,坚持以马克思主义理论为指导,我国城乡融合发展的具体实现路径选取,既需要反思以往我国城镇化进程中存在的问题,又需要兼顾“三农”问题的解决。当前及今后较长时期内我国城镇化和农业现代化等,要求进一步推进城乡融合,而农村一二三产业融合则为驱动乡村区域发展的动力模式“内生”转换①提供了可能,由此也为新时代我国城乡融合发展研究提供了新的研究视角。

---

① 相对于以往政府主导下的以城带乡、以工促农等外界资源带动农村发展而言,农村产业融合发展更多是依赖农村产业的自身转型,在市场机制作用下实现农村经济繁荣,是培养农村发展内生力量的重要模式。

目 录
CONTENTS

第一章 导 论

第一节 本书缘由与研究意义

一、本书缘由

在中国特色社会主义现代化道路探索历程中,农业农村长期被置于"弱势地位"。目前"城乡发展不平衡不协调,是我国经济社会发展存在的突出矛盾,是全面建成小康社会、加快推进社会主义现代化必须解决的重大问题。"[①]党的十九大报告提出乡村振兴战略的同时,也针对城乡发展问题明确了"建立健全城乡融合发展体制机制和政策体系,加快推进农业农村现代化"的时代任务。[②]

中国经济发展的理论创新,通常以"政治口号"形式表达出来,其不仅蕴含了集体智慧,更"强调的是一个社会中那些问题最大、最敏感、最急需改变或改进的方面"[③]。城乡融合发展要求的提出,反映出伴随着我国社会主要矛盾的转化,解决农业农村发展问题成为新时代中国特色社会主

---

① 习近平:《关于〈中共中央关于全面深化改革若干重大问题的决定〉的说明》,《人民日报》,2013 年 11 月 16 日第 1 版。
② 习近平:《决胜全面建成小康社会 夺取新时代中国特色社会主义伟大胜利——在中国共产党第十九次全国代表大会上的报告》,北京:人民出版社,2017 年,第 32 页。
③ [美]罗伯特·劳伦斯·库恩:《中国 30 年:人类社会的一次伟大变迁》,吕鹏等译,上海:上海人民出版社,2008 年,第 47 页。

义的重要战略部署。马克思、恩格斯关于人类社会发展的客观分析,不仅揭示了城乡关系演变规律,而且还指出了城乡融合发展的可能,如人口尽可能平均分配、工业与农业的结合、大工业在全国的尽可能平均分布、以新的工种变换代替旧的分工体系等都将成为实现城乡融合发展的基本条件。"产业是城镇发展的背景与推动力"①,同理,城乡融合发展离不开城乡间产业的联系与发展。那么以农业产业为研究出发点,农村产业融合发展能否助推城乡融合呢?

(一)现实基础

2018年12月,党的十九大后召开的首次中央农村工作会议明确指出,要优化农业产业结构,推动农村产业融合发展,培育农村发展新动能。从国家发展战略考虑,党中央、国务院已深切关注到新型城镇化和农业现代化在国家整体现代化进程中的重要性,将二者置于"四化同步"的重要地位。尽管新型城镇化坚持"工农协调、城乡共进;政府引导、市场主导;资源整合、集约发展;因地制宜、多元推动"②的发展原则,但由于我国传统农业模式占比偏高,现代、高效农业规模有限、水平不高,导致农业农村的内生发展动力不足,亟需转型升级产业结构。同时,我国城镇化现状也决定了未来一段时期内农村人口向城市转移的主流趋势③,但当前我国异地城镇化的路径依赖严重,存在农民市民化难题。此外,农村人口流失和乡村衰败等问题虽局部缓和,但整体仍不断加剧,庞大的农村人口基数和"虚高"的城镇化率使得探寻一条乡村振兴和农民市民化并举的城乡融合发展新路径成为迫切需求。

就城镇化发展水平而言,目前由于我国中心(乡)镇或小城市的发展及建设相对滞后,尤其在中西部地区,因而城镇体系的整体人口吸纳能力

---

① 林峰:《特色小镇开发运营指南》,北京:中国旅游出版社,2018年,第42页。

② 陈甬军、景普秋:《中国新型城市化道路的理论及发展目标预测》,《经济学动态》,2008年第9期,第4—15页。

③ 国际城市化历程证明,城市化率达到70%后城乡矛盾问题才能逐步得到解决,而我国2018年户籍城镇化率为43.37%、常住人口城镇化率为59.58%,因而未来较长时期内人口向城市转移仍是我国城乡人口流动的主流趋势。

不均衡,导致农民市民化途径较为单一。农民进城虽获得了收入增加,但难以真正实现市民化,还需依赖耕地发挥更多的保障作用,市民化意愿不强烈。综合而言,目前我国城镇化建设还存诸多问题。从推动力角度分析,我国城镇化存在"政府主导"和"市场作用"的"真空地带";从产业定位看,存在现有产业相对低端、不符合未来发展趋势和高端产业引入难、与本地劳动力匹配难的"两难选择";从社区建设看,存在硬件"城市化"和软件"农村化"的"逆向反差",等等。因此,我国城镇化建设需要由"扩量"到"提质"的转型发展,发挥政府主导下的市场决定作用。① 尽管户籍制度改革也赋予了农民自由迁移的权利,但不能以此牺牲农业农村的发展和利益为代价,并且推进户籍制改革的代价对比农民就地城镇化而言,后者是一种低代价的城镇化推进模式。② 所以,破解当前"三农"问题和城镇化发展质量问题,需立足地域资源优势而充分挖掘农业多功能性,实现农业与二、三产业融合发展。

农村一二三产业融合发展不仅创新了农业生产,而且也提升了农业产业市场对接能力,实现城镇与乡村的互动发展。因为随着工业化、城镇化加速发展和农业生产成本上升与比较效益下降,农业资源要素尤其人力要素流失严重,农村发展活力不足等问题凸显。而推进农村一二三产业融合有利于在城乡之间形成合理的人才、资金、产品及信息等流通,提高农村经济、文化、科技水平,如乡村旅游、生态农业等新型业态发展,使被传统农业经营独立于乡村经济效应之外的农业生态功能在市场作用下发挥出显著的经济效益。新要素向农业的深度和广度进军,通过一二三产业融合创造更多新兴业态,不仅有利于增强农村经济实力和增加农民就业机会,而且也利于提升农村的基础设施、生态与公共服务水平,对于缩小城乡差距起到了显著的促进作用。因此,以农业产业为出发点剖析农村产业融合发展扭转城乡发展不均衡格局的作用机制,有助于从现实层

---

① 倪建伟:《就地城镇化的新近进展、现实困境与破解策略——山东省德州市新型城镇化第三次专题调研报告》,《农业经济问题》,2017 年第 6 期,第 64—69 页。

② 赵文明:《户籍制度改革中政府和农户的成本与收益分析》(博士学位论文),西南大学,2013 年,第 117 页。

面为农民就地就近市民化发展寻得新路径。同时，新型城镇化背景下的就地城镇化，也"有利于解决'三农'问题，提高农民的实际收益；有利于拉动内需，改善居民的消费环境；有利于产业转型升级，创造就业机会；有利于保护传统文化，实现经济社会的可持续发展等"。① 就此，农村产业融合发展与就地就近城镇化对于作用城乡均衡发展，表现出作用协同和目标一致性的特点。所以推动城乡融合，客观上要求城镇化和农业农村现代化相互协调，消弭城乡"二元结构"系列问题。

城镇化和乡村振兴是相互依存和相互关联的，乡村振兴战略与新型城镇化战略协同作用，才能取得达到政策预期。② 乡村振兴能够提高乡村发展权，平衡城乡关系，进而在城镇化协同作用下，能够实现城乡要素共享，从而使城镇网络体系逐步向城镇村融合共生体系转变，实现城乡融合发展。③ 因而国家政策一方面大力引导新型城镇化战略实施；另一方面又提出了乡村振兴战略，并将农村一二三产业融合发展作为重要举措加以稳步推进④。我国农业生产的主要矛盾已从总量供给不足转变为供给结构失衡，而农村一二三产业融合发展以市场为导向，能更好地满足或创造城乡居民的多样化、多层次消费需求，以新业态带动形成新的经济增长点。⑤ 伴随农业供给侧结构性改革不断深化，农村一二三产业融合发展将在城乡融合发展机制构建中发挥出巨大潜在价值。

---

① 王海峰、杨萍：《就地城镇化：新型城镇化战略的路径趋势》，《扬州职业大学学报》，2013 年第 4 期，第 10—13 页。

② 蔡继明：《乡村振兴战略应与新型城镇化同步推进》，《人民论坛·学术前沿》，2018 年第 10 期，第 76—79 页。

③ 苏红键、魏后凯：《改革开放 40 年中国城镇化历程、启示与展望》，《改革》，2018 年第 11 期，第 49—59 页。

④ 如党的十八届五中全会提出推进"种养加一体、一二三产业融合发展"；2015 年中央"一号文件"提出激活农村要素资源，大力推进一二三产业融合发展；2016 年，国务院办公厅印发了《关于推进农村一二三产业融合发展的指导意见》，作为中央"一号文件"再次强调推动产业融合发展；2017 年，党的十九大报告明确提出，将发展农村一二三产业融合作为乡村振兴战略的重要组成；2018 年，中共中央、国务院发布名为《中共中央 国务院关于实施乡村振兴战略的意见》的"一号文件"，就实施乡村振兴的具体举措了详细说明，其中将构建农村一二三产业融合发展体系列为主要措施之一，等等。

⑤ 解安、周英：《农村三产融合的学理分析》，《学习与探索》，2017 年第 12 期，第 155—159 页。

基于当前及今后较长时期内我国"三农"问题、"城乡差距"问题、"大城市病"等社会现实,进一步推进城乡融合成为当务之急,而农村产业融合为驱动乡村区域发展的动力模式"内生"①转换提供了可能,这为我国城乡融合发展研究提供了新视角。

(二) 理论基础

针对我国城乡二元格局和乡村发展落后等现实问题,实施城乡一体化或城乡融合发展的目的在于建立城乡均衡、等值发展的机制。对此,国内外已有相关研究为开展新时代我国城乡融合发展研究提供了丰富的理论支撑和经验价值。

各国学者分别从不同视角提出了城乡融合发展的理论构想,如加拿大学者麦基的城乡一体化模式理论认为,城乡之间发展趋势将会出现一个城乡地理界限模糊的农业和非农业活动并存的现象,并逐步实现城乡融合。再如日本学者岸根卓郎的"城乡融合发展设计"模式,试图通过"农工一体化复合社会系统""自然—空间—人类系统"等组成三维的立体规划实现城乡融合。又如美国学者迈克尔·波特提出的产业集群理论,刘易斯·芒福德为代表的"以城带乡"理论,以及伊里尔·沙里宁的"有机疏散"理论等。还有其他学者提出的"田园城市"理论、"城乡融合区"理论、"城乡联系发展"理论、"城乡等值发展"理论,等等。这些理论或构想为当前我国城乡融合发展实践研究,提供了丰富的理论基础。

关于协调城乡发展的现代经济学理论,如威廉·阿瑟·刘易斯的"二元经济"模型理论、托达罗的预期收入差异理论等,为我国转型发展时期更好地推进城乡融合发展提供了理论借鉴。此外,杜能的"农业区位"理论、赫希曼的"不平衡增长"理论、佩鲁的"增长极"理论、缪尔达尔的"地理上的二元经济结构"理论,等等,也为我国统筹城乡关系和协调工农发展等提供了研究思路,成为推进我国城乡融合发展实践的理论参考。

---

① 相对于以往政府主导下的"以城带乡、以工促农"等外界资源带动农村发展而言,农村三产融合更多是在市场机制作用下依赖农业产业的自身转型实现农村经济繁荣,是培养农村内生发展力量的重要模式。

同时,农业多功能性理念和相关国际实践经验等,也为新时代我国农业农村转型发展提供了借鉴。现代农业多功能性概念强调农业不仅有食物功能价值,而且在工业、能源、文化、生态、生物等多领域也发挥重要作用。1999年,日本颁布了《食物·农业·农村基本法》,倡导食品供给稳定、农业多功能性、农业可持续发展和乡村振兴等发展理念,并坚持农产品自给率。同年法国也通过了以发挥农业多功能性为主导的国家农业发展战略,不仅对农产品质量和产量提出了要求,而且对农村的就业、生态环境、自然景观、文化和社会平衡等也提出了要求。另外,如挪威、德国、法国、美国、芬兰等国家的学者分别通过模型量化、资产内涵评估、数据实证分析、最优化模型等方法对农业多功能性展开了多角度、全方位研究,对农业非第一产业的价值功能进行了论证[1]。对于我国而言,2007年中央"一号文件"就已提出:"农业不仅具有食品保障功能,而且具有原料供给、就业增收、生态防护、观光休闲、文化传承等功能。建设现代农业,必须注重开发农业的多种功能,向农业的广度和深度进军,促进农业结构不断优化升级。"[2]因此,积极借鉴国外先进研究和发展经验,在不断提升农业生产功能的同时充分挖掘和利用其社会功能、生态功能和文化功能等价值作用的发挥空间,对于城乡均衡发展将起到重要的促进作用。所以,从农村产业融合发展视角对城乡融合展开相关研究,具备丰富的理论借鉴和国际经验参考基础。

城镇化作为人类社会发展的客观规律,其推进模式也是城乡关系的直接呈现。对此世界各国都在结合本国实际自发或自觉地探索符合自身需求的城镇化道路,追求城乡均衡合理发展。我国的人口基数、资源禀赋、区域差异、技术条件及经济社会发展阶段等,都要求我国必须结合由传统农业大国向全面现代化跨越发展的这一现实国情而不断探索具有中国特色的城乡融合道路。马克思主义理论科学地阐释了农业的国民经济基础

---

① 张世兵:《现代多功能农业评价体系研究》,北京:经济管理出版社,2015年,第4—5页。
② 《中共中央国务院关于积极发展现代农业 扎实推进社会主义新农村建设的若干意见》,人民出版社汇编:《中共中央国务院关于"三农"工作的一号文件汇编:1982~2014》,北京:人民出版社,2014年,第144页。

性地位。自新中国成立至今,中国共产党坚持马克思主义理论指导,始终高度重视农业农村发展,强调工农、城乡互助并进。但党对此采取的相关具体政策举措却呈现明显的阶段性特点,尤其改革开放以来从工业城镇化、土地城镇化到人口城镇化,不同阶段的任务或主题各有侧重,后一阶段的发展恰好解决前一阶段遗留的问题,形成"接力"发展。[①] 同时我国社会的特殊性,导致无法直接借鉴国外城镇化现成经验或理论为指导,需结合"民族化"发展历程提炼经验价值。新时代如何实现城镇化与农业产业协调同步发展,即怎样才能更好地依据乡村资源禀赋、人地关系、产业基础和城乡区域统筹等多方面条件,在农业产业化发展"推力"和城镇化"拉力"基础上形成城乡融合的"合力",目前学界对此的相关研究还多以宏观层面政策解读、导向性和概念性研究等为主。因而,为更好地服务乡村振兴战略实施和新型城镇化发展,亟待从理论层面明晰新时代中国特色城乡融合发展提出的历史方位与发展侧重。

"任何理论体系,要有强大的社会生命力和历史生命力,必须适应历史发展提出的客观的和主观的要求。"[②]我国城乡关系发展的历史演变和人民群众追求美好生活的主观意愿等,要求新时代中国特色城乡融合发展的理论和实践相统一,并以理论的成熟服务现实发展。因此,以马克思主义城乡关系思想为指导,结合新型城镇化战略和乡村振兴战略宏观政策背景,同时也基于对我国以往城镇化的问题反思和当前乡村发展的困境剖析,需以农业产业发展为出发点探究新时代我国城乡融合发展的路径取向及相关对策。

二、 研究意义

(一) 现实意义

费孝通曾根据实地调研指出,"中国农村要单靠农业生产的收入是绝

---

① 周飞舟、吴柳财、左雯敏、李松涛:《从工业城镇化、土地城镇化到人口城镇化:中国特色城镇化道路的社会学考察》,《社会发展研究》,2018 年第 1 期,第 42—64、243 页。
② 王沪宁主编:《政治的逻辑:马克思主义政治学原理》,上海:上海人民出版社,2016 年,第 1 页。

对不够的,要想富起来,必须进行副业和手工业的生产,就是要将农村里的劳动力尽可能地转化为生产力。"[1]在新型城镇化战略和乡村振兴战略共同实施的时代背景下,面对我国社会主要矛盾的转化,进行农村产业融合发展视角下的城乡融合路径研究具有较强的现实意义。

首先,以农业产业发展为出发点研究城乡融合,有利于探寻实现城乡产业合理布局和培育乡村内生发展动力的可行路径。我国的人口基数和较高的农村人口比例等基本国情,决定了与欧美发达国家不同的城镇化模式与路径选择,难以简单地依赖人口向商业中心集聚作为城镇化的主要推进路径。同时,我国粮食主产区的农村居民数量庞大和相对密集,本身就具备了集约化发展的人口基础和空间基础。通过乡村产业发展与小城镇[2]升级,实现农民非农化就业,进而使农民生产和生活方式现代化成为可能。并且20世纪80年代,我国乡镇企业兴起的历史也证明了乡村地区实现工业化与农业产业统筹发展的可行性。

其次,作为具有显著农耕文明的国家,中国农业文化传承已数千年,虽然当前在全球化发展趋势下,农耕文化的呈现相对淡化,但它却以不同的样式根植于中国人故土难离的乡土情怀深处,内心"守土"与身体"离乡"的矛盾是多数乡村流出人口面对"预期收益"时的无奈选择。所以,研究以农业产业发展为基础的城乡融合进程,既有助于解决农村劳动力结构不合理问题,又有助于实现农民就地就近市民化发展,避免因异地城镇化造成的生产生活困境。

再次,农业产业视角下城乡融合发展研究,有利于探索我国中西部与东部地区之间协调发展的新路径。农村产业融合发展作为农村产业新模式、新业态的总范畴,不仅有利于解决农民就业增收问题,还有利于农业农村现代化发展和促进区域互动、均衡发展。由于我国东部地区长期的区域比较优势,吸引大批中西部地区农村劳动力流入,使得中西部农业农

---

① 费孝通:《志在富民》,上海:上海人民出版社,2004年,代序第2页。

② "从属于县的县城镇、县城以外的建制镇和尚未设镇建制但相对发达的农村集镇,即小城镇=县城+建制镇+集镇。"转引自张荣天:《转型期我国县域城镇化演变机理与模式路径研究》,北京:中国社会科学出版社,2018年,第3页。

村的长远发展和社会稳定成为我国经济社会整体发展的"洼地"。农业通过新要素融入产生的产业融合发展有利于促进城乡、地域间的互通互联，进而有助于破解区域间发展失衡问题，促使东中西部均衡、协调发展。

最后，农村产业融合视角下城乡融合发展研究，有利于为缓解异地城镇化造成的财政压力探索新路径。中国科学院在 2013 年 8 月发布的《城市蓝皮书》指出，中国大陆在 2030 年前还将有 3.9 亿农民工需要实现市民化，而农民工市民化的人均公共成本约为 13.1 万元，粗略估计所需公共成本开支约 51 万亿元。然而当前我国经济由"规模速度型粗放增长"向"质量效率型集约增长"转型发展，农民工就业领域逐渐收缩。对此，农村产业融合发展则以农业为基础的新产业发展供给农民生产生活所需，既弥补了农村劳动力向城市转移的"素质"不足弱势，也为缓解异地城镇化的巨大财政压力探寻了新路径。

因而，基于农村产业融合发展视角研究新时代中国特色城乡融合，有助于探索城市与乡村均衡发展和城乡人口合理分布的城乡协调发展之路。

（二）理论意义

尽管政策赋予了城乡一体化发展解决"三农"问题和破解城乡"二元结构"的功能角色，但对于如何布局实施和选择推进路径等，现实发展中还存在着方向模糊和理论困惑等问题，而且城乡融合发展本身也同时兼具手段和目标的"叠加身份"。于是开展农村产业融合视角下城乡融合发展研究，有助于在理论层面深入推进马克思主义城乡融合发展思想中国化的进程。一方面，因为马克思、恩格斯未针对城乡关系演变及城乡融合发展实现等展开专门与集中的阐述，相关论述多分散于《德意志意识形态》《英国工人阶级状况》《反杜林论》《哲学的贫困》《资本论》《共产主义原理》《共产党宣言》《论住宅问题》等著作中。另一方面，是因为改革开放以来我国城乡发展差距拉大，人口流动加速等凸显了城乡"二元结构"问题，使得针对城乡关系问题的研究多侧重于从经济学、制度学及社会学等视角入手，而针对马克思主义关于城乡融合实现的相关理论研究则存在薄弱之处。所以，依据我国社会现实进行相关研究，将有助于推进马克思主义城乡融合思想的中国化发展。

另外,中国特色社会主义进入新时代后,乡村振兴战略的提出使针对新时代我国城乡融合发展的实现条件、特征及路径等相关理论研究成为指导现实发展的迫切需要。新时代背景下推动我国经济社会持续发展,既要改变以往以工促农、以城带乡的单向度路径依赖模式,又要通过创新农业产业模式和体制机制等增加"三农"内生发展力量,进而构建新型城乡融合发展的动力机制。因此在坚持马克思主义城乡融合理论基础上,更需从宏观和微观等层面结合我国社会实际,探究农村内生动力培育在推进城乡融合发展中的功能作用,进而丰富我国城乡融合发展研究的理论视角和实践领域。

第二节　概念阐释与研究界定

一、城市、乡村及城乡关系

（一）城市

"城市",其概念本身具有空间指向和功能说明的标识,由"城"与"市"两层含义组成。在古代,"城"指在都邑四周用作防御的墙垣;而"市",指生产商品与进行商品交换、商业活动的某些地区。① 近代以来,人们对于"城市"的概念理解,是指随着工业生产的发展,某一地域空间范围内集生产、交通、商业、金融、信息等多种功能于一体的经济中心。《现代汉语词典》将其进一步解释为"人口集中、工商业发达、居民以非农业人口为主的地区,通常是周围地区的政治、经济、文化中心"②。

基于城市功能特征,关于其概念解释的侧重点也不尽一致。如有学者从社会学视角认为,"城市是当地那些共同风俗、情感、传统的集合"③

---

① 赵德馨主编:《中国经济史辞典》,武汉:湖北辞书出版社,1990年,第64—65页。
② 中国社会科学院语言研究所词典编辑室编:《现代汉语词典》,北京:商务印书馆,1978年,第162页。
③ 向德平:《城市社会学》,北京:高等教育出版社,2005年,第165页。

而马克思更侧重于城市的有机体属性,认为"城市本身的单纯存在与仅仅是众多的独立家庭不同。在这里,整体并不是由它的各个部分组成。它是一种独立的有机体"[①]。国内政策文件关于"城市"的概念界定,通常是指人口集中、工商业发达,居民以非农业人口为主的、经国务院批准设立的地区。按城市规模大小、经济繁荣程度及设施等不同情况,一般分为大城市、中等城市、小城市等类型。大城市,一般指人口在50万以上的城市;中等城市,一般指人口在20万至50万的城市;小城市,一般指人口在20万以下的城市。[②] 基于指导我国城乡发展相关政策的主导地位,本书中对于"城市"的概念理解是以国家政策、法律等关于城市概念的解释或说明为依据的,即主要指国家行政上经国务院批准设立的、一定区域内主要从事非农经济活动的政治、经济、文化、教育等的中心,且对周边形成辐射效应的空间实体。

(二) 乡村

按照1955年国务院关于城乡划分标准的规定,城镇和城镇型居民区以外的地区即为乡村。[③] 从我国社会区域的表述角度讲,"乡村"处于与城市对等的范畴,指"县以下的农村行政区域单位或是泛指城市以外的地区"[④]。从功能角度讲,乡村就是农村,主要以农业生产和农业从业人口聚集的区域总称。从地理学角度讲,乡村系指城市以外的、具有大面积农田、草场、林地及未开垦利用的土地资源,居民点散布在广阔的田野里并大多数从事农业生产,居民点建筑形态与建筑材料和当地气候、地貌等自然条件有紧密的依存关系,居民的生活方式也独具特色,文化素养也不尽相同。[⑤] 马克思、恩格斯从城市与乡村的集中性角度将乡村解释为与城市

① 卡·马克思:《政治经济学批判(1857—1858年手稿)》,中共中央马克思恩格斯列宁斯大林著作编译局编译:《马克思恩格斯选集》第二卷,北京:人民出版社,2012年,第733页。
② 王连清主编:《中国税务大辞典》,北京:中国经济出版社,1996年,第406页。
③ 许崇德主编:《中华法学大辞典·宪法学卷》,北京:中国检察出版社,1995年,第676页。
④ 辞海编辑委员会编:《辞海》,上海:上海辞书出版社,1977年,第101页。
⑤ 刘敏、方如康主编:《现代地理科学词典》,北京:科学出版社,2009年,第562页。

"完全相反的情况,隔绝和分散"①。因此本书中认为,乡村是相对于以非农产业为主的城市,居民以农业生产为主要生存依赖且具有较强文化同质性的人口聚居地。

马克思、恩格斯指出,社会生产力进步是主导城乡从同一到分离的根本原因,而分工的出现是导致城乡分离的直接原因。基于分工的不同,"城市"与"乡村"在社会结构、产业特点、市场经济、生活方式、人居环境、公共服务、基础设施等多方面表现差异。因此"城市"和"乡村"这两个称谓很容易被人们作为"对立"的认知而出现,并由此成为被广泛研究的对象。尽管城市相对于农村具有较强的产业优势和市场优势,但在本研究中"城市"和"乡村"是两个地位对等的经济社会发展空间,称谓的区别仅在于二者的抽象概念表述不同,同时要素的互动和流通能够转化或融合城乡之间的区别,如乡村也能够发展二、三产业。所以,"城市"和"乡村"作为人们描述不同区域称谓的抽象概念,它们存在一个通过相互之间的要素交流而融合或一体发展的潜在空间。正如加拿大学者麦基提出的"Desakota"模式,城市与乡村能够通过要素流通的互动而实现融合发展。②

(三) 城乡关系

"城市"和"乡村"发生分离以来,城乡关系作为人类社会的基本关系存在,"城乡关系一改变,整个社会也跟着改变"③。针对我国当前社会发展现实,学界根据研究需要而分别提出了:"新型城乡关系",即以工促农、以城带乡、城乡一体的城乡关系;④"中国城乡关系",即城市和乡村发展差异与非均衡,城乡地位不平等,对农村多取少予的城乡关系表现。⑤ 承接上

---

① 卡·马克思、弗·恩格斯:《德意志意识形态》,中共中央马克思恩格斯列宁斯大林著作编译局编译:《马克思恩格斯选集》第一卷,北京:人民出版社,2012年,第184页。
② 薛德升、陈文娟、侯启章:《有关"乡村城市化"和"城乡一体化"等几个概念的辨析》,《城市问题》,1998年第1期,第14—16页。
③ 卡·马克思:《哲学的贫困》,中共中央马克思恩格斯列宁斯大林著作编译局编译:《马克思恩格斯选集》第一卷,北京:人民出版社,2012年,第237页。
④ 王超坤、王文信:《浅议构建新型工农城乡关系》,《内蒙古科技与经济》,2014年第4期,第23—24页。
⑤ 廊坊市哲学社会科学研究课题组:《以财政政策加强农村公共产品供给》,《财政研究》,2009年第7期,第42—45页。

文关于"城市"和"乡村"的概念界定,本书中的"城乡关系"就是在一定区域内城市和乡村作为两个空间实体,在政治、经济、文化等多方面存在相互联系和相互制约的互动关系。① 其中,经济关系在城乡关系中占据基础地位,影响着一定时期内城乡关系的整体发展。

二、 城乡融合与逆城市(镇)化

(一) 城乡融合

当前学界针对"城乡融合"概念的理解或理论阐述,多以恩格斯在《共产主义原理》中所阐述的为基本内涵,即城乡融合就是"把城市和农村生活方式的优点结合起来,避免二者的片面性和缺点"②,并且通过废除资本主义私有制,"使社会全体成员的才能得到全面发展"③。所以说,恩格斯提出"城乡融合"概念的目的更侧重于将其视为协调社会整体发展的必要条件之一。以此为基础,国内学者根据研究视角和对象的需要,对城乡融合概念的内涵又补充了新的内容。如学者郭彩琴认为,城乡融合是城乡相互吸收生活方式优点基础上,整个社会统筹、协调发展的结果,"不是某些产业之间的融合,也不是社会某些领域之间的融合,而是指社会整体各子系统之间优势互补、协调统一的存在状态和发展态势"④。在城乡发展均等化方面,城乡融合发展意味着城乡地位平等、建设同步、成果共享等多方面内容。对此,有学者提出城乡融合应包含四个方面内容:"城乡身份认同的平等性、城乡生活选择的自主性、城乡建设发展的趋同性和城乡幸福体验的一致性"。⑤

---

① 江俊伟:《新中国成立以来中共城乡关系政策的演变及其经验研究》,《党史研究与教学》,2010 年第 6 期,第 29—38 页。
② 弗·恩格斯:《共产主义原理》,中共中央马克思恩格斯列宁斯大林著作编译局编译:《马克思恩格斯选集》第一卷,北京:人民出版社,2012 年,第 305 页。
③ 弗·恩格斯:《共产主义原理》,中共中央马克思恩格斯列宁斯大林著作编译局编译:《马克思恩格斯选集》第一卷,北京:人民出版社,2012 年,第 308—309 页。
④ 郭彩琴:《马克思主义城乡融合思想与我国城乡教育一体化发展》,《马克思主义研究》,2010 年第 3 期,第 100—105 页。
⑤ 姚永明:《马克思、恩格斯城乡融合思想的当代解读与实践》,《中国青年政治学院学报》,2012 年第 3 期,第 73—76 页。

结合我国社会主要矛盾转化和城乡社会发展现实,"城乡融合"包含着动态和静态双层含义。从动态层面讲,城乡融合是城乡相互交流、相互促进、产业联通、地域交融不断加强和城乡公共服务均等化转变的过程;从静态层面讲,城乡融合又是一个发展目标,即城乡社会生产生活发展均衡,要素自由流通的城乡一体化目标状态。"一体化",其本意是将部分整合为一体。"城乡一体化"就是将城市和乡村两个相对独立的空间实体视为一个整体系统,城乡之间依赖要素相互流动,实现彼此高度依赖而整体化发展。广义的城乡一体化包括城乡政治一体化、城乡经济一体化、城乡人口一体化、城乡文化一体化、城乡生态一体化等。[1]所以,城乡融合发展兼具过程实质和目标导向双重内涵。本书中关于"城乡融合"的概念理解主要是从产业视角出发,指城乡劳动力、产业、资金、技术、市场等要素流通带动农村产业结构和经济内涵提升,进而打破城乡界限,实现乡村基础设施、人居环境、社会保障、公共服务等与城市空间的均衡发展。

(二) 逆城市(镇)化

"逆城市化"(Counter-Urbanization)概念最初由美国城市学家布莱恩·贝利正式提出,他认为"逆城市化"在本质上同城市的"大规模、高密度和高度的异质性"相对而呈现出"规模小、密度低、异质性减少"等特点,即"人口从较集中的状态向不集中的状态的运动"[2],也就是"大城市的人口和经济活动部分地由城市中心向城市外围迁移和扩散,使郊区无限蔓延,并导致城市中心区和中心城市的衰退"[3]的一种现象。尽管技术、通信、交通及农村工业化等的发展催生逆城市化出现,[4]但逆城市化是大城市克服

---

[1] 中国社会科学院经济研究所编,刘树成主编:《现代经济词典》,南京:凤凰出版社、江苏人民出版社,2005年,第125页。

[2] Brian J, L Berry, *Urbanization and Counter Urbanization*, California: Sage Publication Press, 1976, p. 34.

[3] 胡代光、高鸿业主编:《西方经济学大辞典》,北京:经济科学出版社,2000年,第928页。

[4] Champion, Tony and Watkins, Charles(eds.), *People in the Countryside: Studies of Social Change in Rural Britian*, Londres: Paul Chapman Press,1991,p. 28.

工业城市化或集中模式的后工业化发展[1]。因为城市化率达到70%而进入稳定期以后,会由于城市资源消耗速度明显加速而制约了经济社会发展,导致城市人口外流现象发生。[2] 所以,逆城市化"是城市化过程中城市人口集聚边际增长从正向负转变的转折点,是城市化进入成熟阶段的反映。"[3]

"逆城市化"最先发生于美国及西欧等高度城市化地区,表现为城市核心区域人口下降,郊区、中小城市及偏远农村地区逐渐成为人口流入的对象。从发展进程角度讲,逆城市化表现为"郊区化—中小城市兴起—乡村城市化转变"逐次递进发展过程。逆城市化同工业化相伴而生的城市化不同之处在于,其是工业化发展到一定程度后,伴随经济结构调整或产业结构转型而发生的去工业化过程。因此,逆城市化带有"后工业化和后城市化时代的特征",且市场机制是引发逆城市化发生的动力来源。[4] 针对我国而言,学界通常将"逆城镇化"等同于"逆城市化",将基于城镇化发展而出现的人们由核心城市向郊区小城镇或乡村区域延伸,以获得就业、居住、消费及投资等现象归结为"逆城镇化"。[5]

从宏观层面分析,当前我国整体上还处于工业化带动城镇化的阶段,城乡发展不均衡问题突出,属于城乡一体化发展的初期阶段。而且不同于发达国家逆城市化的城市人口外迁,当前我国城乡迁移人口以农民进城务工和农民工返乡为主,农民工将会是基于农村产业发展的"城—乡"

---

[1] MClare J. A Mitchell, "Making Sense of Counterurbanization", *Journal of Rural Studies*, Vol. 20, No. 1(January, 2004), pp. 15—34.

[2] Northam, RM,*Urban Geography*. 2nd edn,New York: John Wiley&Sons Press, 1979, pp. 65—67.

[3] 汤长平、周情:《西欧的"逆城市化"和农村开发》,《兰州大学学报(社会科学版)》,2019年第3期,第175—189页。

[4] 邬美红:《逆城市化的内涵、影响与测度指标的构建——兼论我国逆城市化的真伪》,《宜春学院学报》,2020年第1期,第35—39页。

[5] 如陈鹏:《逆城镇化视野下的乡村振兴》,《武陵学刊》,2019年第2期,第31—37页;张强、霍露萍:《逆城镇化、乡村振兴与城乡资源配置》,《治理现代化研究》,2019年第5期,第34—41页;李铁:《"逆城镇化"的形成与契机》,《北京日报》,2018年10月29日第13版;马仁庭:《乡村振兴战略中的逆城镇化路径探究》,《农村经济与科技》,2019年第18期,第192—193页。

迁移人口的首发群体。虽然城乡融合发展是阶段性动态演进的,伴随乡村区域产业经济深入发展,市场机制作用将会引导部分城市人口郊区化、中小城市或偏远乡村区域等地转移,但这一过程是以城乡经济、基础设施及公共服务保障体系建设的均衡为基本前提的。所以当前我国虽然个别地区会出现了逆城市化现象(如北京、上海郊区化发展),然而综合整体国情,当前城乡融合政策的提出与实施并不等同于逆城市化。而且在现代服务产业尚未充分发展之前,盲目推进逆城市化将会致使城市优质资源流失而制约城市经济发展,郊区、中小城市及乡村则因就业吸纳能力不足导致资源浪费现象的发生。但也并不能由此论定我国距离逆城市化发生还存在较长的发展历程,即目前尚未达到发达国家城市由大到小、由集中向分散发展的阶段,"我国的城市正向充分发挥城市效益的方向发展,尚不会出现'逆城市化'现象"[1]。因为伴随我国社会主要矛盾转化,城乡经济发达区域、特大城市等地的城市扩散现象和当前城市居民的乡村消费升级趋势等,从微观层面使得我国城镇化和逆城镇化逐渐并存发展。

总之,逆城市化是以城乡发展均衡为基本前提的,而当前我国实施城乡融合发展的政策取向是以城乡互动发展打破城乡二元结构,进而以农业农村内生发展缩小城乡差距并实现城乡发展平衡的。因而基于乡村是否已实现充分发展这一前提,尽管新时代中国特色城乡融合发展同逆城市(镇)化有表象相似之处,但二者在城乡发展的阶段方面却存在实质不同。

三、 农村三产融合与农村产业融合

"农村三产融合",即农村一二三产业融合发展,狭义地讲就是农业经营主体在从事农业生产的同时,在同一区域又从事同一农产品的加工销售和休闲旅游等经营行为,进而获得农业增值增效收益[2]。结合国家政策文件内容,农村一二三产业融合更多地是从广义角度出发,指各类农业经营主体

---

[1] 张首吉、杨源新、孙志武等编著:《党的十一届三中全会以来新名词术语辞典》,济南:济南出版社,1992年,第437—438页。

[2] 宗锦耀主编:《农村一二三产业融合发展理论与实践》,北京:中国农业出版社,2017年,前言,第1页。

以农业为产业依托,通过产业链延伸和整合,以及借助新技术渗透和体制机制创新等打破原有产业边界局限,将资本、技术以及其他相关产业要素在农村进行集聚、重新配置与优化,转变传统农业产业模式和拓展农业多功能价值,在现代农业体系构建中使广大普通农民普遍参与并分享产业收益。

产业融合,本指不同产业或同一产业内不同行业相互渗透、交叉,并最终融合产生新产业的过程,即在某一产业基础上,通过融入新技术,逐渐软化原产业边界而形成新产业①。所以就农村产业融合内涵而言,则是以农业为基础的融合二三产业要素,不断提高农业产业附加值的农业产业创新发展形式,因而"农村产业融合"的具体形式或内容也是动态演进的。目前,特别是乡村振兴战略提出以来,农村一二三产业融合发展("三产融合")成为学界研究的热点。尽管研究视角与侧重等不尽相同,但以"农村产业融合"作为"农村一二三产业融合"或"农村三产融合(三产融合)"的代称,已基本在学界研究和政策制定等领域成为共识。② 所以本书中,将"农村三产融合"和"农村产业融合"视为同一概念。

四、 就地就近城镇化与乡村振兴

(一) 就地就近城镇化

关于"就地就近城镇化"的概念界定,目前学界尚未形成统一且界限

---

① 马云泽:《世界产业结构软化趋势探析》,《当代经济科学》,2003 年第 6 期,第 31—35、90 页。

② 在政策制定方面,如《国务院办公厅关于推进农村一二三产业融合发展的指导意见》(国办发〔2015〕93 号)、《关于印发国家农村产业融合发展示范园创建工作方案的通知》(发改农经〔2017〕1451 号)、《国家农村产业融合发展示范园认定管理办法(试行)》(发改农经规〔2018〕1484 号)、《国务院关于促进乡村产业振兴的指导意见》(国发〔2019〕12 号)等文件。在学界研究方面,如李莉、景普秋:《农村网络式产业融合动力机制研究——基于城乡互动的视角》,《农业经济问题》,2019 年第 8 期,第 129—138 页;乔会珍:《国民经济微调下农村产业融合与优化的方向与路径》,《农业经济》,2019 年第 8 期,第 6—8 页;蒋永穆、陈维操:《基于产业融合视角的现代农业产业体系机制构建研究》,《学习与探索》,2019 年第 8 期,第 124—131 页;李晓龙、冉光和:《农村产业融合发 展如何影响城乡收入差距——基于农村经济增长与城镇化的双重视角》,《农业技术经济》,2019 年第 8 期,第 17—28 页,等等。目前,在政策制定和学术研究过程中,多以"农村产业融合"指代"农村一二三产业融合发展",从而达到简明扼要的效果。

清晰的描述。国内关于城镇化的相关研究始于20世纪80年代,促使其成为研究热点的主要"诱因",是乡镇企业发展对于农民选择就地就近城镇化的促进作用,而伴随改革开放发展,农村人口转移模式发生了变化,异地城镇化研究逐渐转变为学界热点。因此有研究认为,异地城镇化的出现是改革开放后地区经济社会发展差异导致的人口流动,是城镇"拉力"和农村"推力"共同作用的结果。[1] 但长期异地城镇化发展导致的农村留守问题、农业劳动力短缺、"大城市病"等也越来越受到学界的广泛关注,就地就近城镇化逐渐被视为解决城乡统筹发展问题的一项举措,再次走进了广大学者们的研究视野。由此,就地城镇化或就近城镇化成为中国改革开放以来有别于异地城镇化的特色城镇化模式[2]。如胡恒钊等认为,"就近城镇化是与异地城镇化相对应的概念"[3],是农民在本地的集聚,农民不离开乡土而就近、就地转移就业的城镇化道路模式。由于既涉及农民的空间转移和职业变换,又涉及乡村生活方式、经济发展、公共服务、基础设施等多方面,所以就地就近城镇化是一个比较复杂的概念和研究体系,需从多个视角进行深入辨析。

从空间概念角度讲,"就地"即原有居住地,包括自然村、行政村、合村并居的新社区,就地城镇化就是在此居住范围内的村民借助基础设施和公共服务功能的完善得以生活方式改变和生活质量提升,享受同城市居民相当的生活水平[4]。而辜胜阻、易善策等将就地城镇化在空间上划定为

---

① 黄亚平、陈瞻、谢来荣:《新型城镇化背景下异地城镇化的特征及趋势》,《城市发展研究》,2011年第8期,第11—16页。

② 如 John Friedmann, "Four Theses in Study of China's Urbanization", *China City Planning Review*, Vol. 15, No. 2(December, 2006), pp. 80 - 85;辜胜阻、易善策、李华:《中国特色城镇化道路研究》,《中国人口·资源与环境》,2009年第1期,第47—52页。

③ 胡恒钊、文丽娟:《中国农村"就地城镇化":发展态势、影响因素及路径选择——以广东、江西、湖北、四川四省为分析案例》,《湖北行政学院学报》,2015年第5期,第88—91页。

④ 如杨世松:《"就地城市化"是中国农民的伟大实践》,《理论月刊》,2008年第7期,第171—173页;张鼎如:《中国农村就地城市化刍议》,《中国农学通报》,2006年第11期,第508—511页;李强:《就近城镇化与就地城镇化》,《北京日报》,2019年2月25日第18版;许经勇:《城乡户籍制度下的农村城镇化与"农民工"》,《财经研究》,2003年第12期,第50—54页;张秀娥:《城镇化建设与农民工市民化的关系》,《社会科学家》,2013年第12期,第78—82页。

县域范围,认为农业人口向县域城镇集中和就地转移实现非农化。[①] 就近城镇化研究方面,李强、陈振华等认为"就近城镇化"是农村人口不远距离迁徙,在家乡附近的市镇安居,以地级市和县级镇为核心的城镇化,是相对于"跨省"和跨地级市长距离流动而言。[②] 而祁新华、朱宇等认为,就近城镇化不仅包含城市建成区、城乡融合区、半城镇化地区、乡村都市带,还包括具有生机和活力的广大农村地区。[③] 部分学者通过研究进一步强调,就近城镇化和就地城镇化是以县域范围为主要发生地的,如"就地城镇化是指农村人口不向大中城市迁移,而是以中小城镇为依托,通过发展生产和增加收入,发展社会事业,提高自身素质,改变生活方式,过上和城市人一样的生活,是一种'既不离土也不离乡'的城镇化"[④]。胡小武认为就近城镇化"属于一种'空间和规模小型化'的城市化或'人口就近城市化'形态,其目标与城市化一致,也是为了实现农村劳动人口向非农劳动人口的转变,只不过载体不同,一个是大都市、大中城市。一个发生在县域空间中的县级小型城市及其下辖的中心镇区"[⑤]。因而,就地城镇化和就近城镇化的共同本质在于通过地方区域经济的发展,为农民提供了更多非农就业,在居住地附近实现生产、生活的市民化[⑥]。

但也有学者从发展和实现路径等视角研究认为,"就近城镇化"是指农业转移人口不经过长距离的迁移,在其住所周边的县城和中心镇实现就近转移,同时实现由农民向市民的转变,平等地享受城市基础设施和公

---

① 辜胜阻、易善策、李华:《中国特色城镇化道路研究》,《中国人口·资源与环境》,2009 年第 1 期,第 47—52 页。
② 李强、陈振华、张莹:《就近城镇化与就地城镇化》,《广东社会科学》,2015 年第 1 期,第 186—199 页。
③ 祁新华、朱宇、周燕萍:《乡村劳动力迁移的"双拉力"模型及其就地城镇化效应——基于中国东南沿海三个地区的实证研究》,《地理科学》,2012 年第 1 期,第 25—30 页。
④ 石忆邵:《"就地城镇化"的基本条件尚不具备》,《中国老区建设》,2014 年第 12 期,第 14 页。
⑤ 胡小武:《人口"就近城镇化":人口迁移新方向》,《西北人口》,2011 年第 1 期,第 1—5 页。
⑥ 孙玉玲、王明亮:《就近就地城镇化问题研究》,《城市观察》,2014 年第 5 期,第 144—149 页;郭玲:《中国就近城镇化:基本内涵、存在问题与建设路径》,《改革与战略》,2015 年第 11 期,第 131—134 页。

共服务①。而就地城镇化则更加突出农民居住地的就地改造,是农村人口在原有居住地域通过产业升级、基础设施和公共服务完善,改善生活环境,过上接近城市水平的生活②。由此不难发现,就近城镇化是伴随着农村城镇化演化而来的产物,是与就地城镇化相互联系又相互区别的发展模式。③

就内涵而言,学界普遍认为就近和就地城镇化是指农村人口从过去向大城市、中心城市迁移转变到向其户籍所在地的小城镇(包括中心镇、乡政府所在集镇和一般集镇)迁移为主要模式,实现人口的"就近"进城进镇,农民职业非农化、生活方式城市化和思想观念现代化④。也就是,就地城镇化并非要达到城镇的景观形态,也不是追求户籍的城镇化,更不是土地的城镇化,而是重在完善农村的就业、医疗、养老、教育等基本公共服务,实现农村与城镇区域的等值或接近的经济社会发展水平。⑤ 因而就地城镇化和就近城镇化在内涵层面上是趋于一致,即区域经济发展到一定程度后,农村人口不再向大城市异地转移,而以中心村、小城镇、小城市为主体形态的就地集聚或就近迁移。

所以,基于就地城镇化与就近城镇化内涵的一致性和空间划分依据的模糊性,本书将就地城镇化和就近城镇化视为同异地城镇化相对的城镇化模式范畴。相对农民流出地而言,二者并不存在严格且明确的划分标准,因而在本书中以"就地就近城镇化"代替"就地城镇化"和"就近城镇化"。

---

① 李强、陈振华、张莹:《就近城镇化模式研究》,《广东社会科学》,2017 年第 4 期,第 179—190 页;李强:《就近城镇化与就地城镇化》,《北京日报》,2019 年 2 月 25 日第 18 版。

② 李强、陈振华、张莹:《就近城镇化模式研究》,《广东社会科学》,2017 年第 4 期,第 179—190 页。

③ 左雯:《就近城镇化:中部地区城镇化的战略选择》,《湖北经济学院学报》,2015 年 06 期,第 19—24 页。

④ 如潘海生、曹小锋:《就地城镇化:一条新型城镇化道路——浙江小城镇建设的调查》,《政策瞭望》,2010 年第 9 期,第 29—32 页;杨世松、习谏:《"就地城市化"能治好"城市病"吗?》,《人民论坛》,2006 年第 11 期,第 54—55 页。

⑤ 黄文秀、杨卫忠、钱方明:《农户"就地城镇化"选择的影响因素研究——以嘉兴市海盐县为例》,《浙江社会科学》,2015 年第 1 期,第 86—92、79、159 页。

（二）乡村振兴

乡村振兴战略作为党的十九大提出的重大发展部署之一,是新时代党"三农"工作的总抓手和解决城乡发展不平衡、乡村发展不充分的关键之举。实施乡村振兴战略坚持农业农村优先发展和农民主体地位,是党管农村工作条件下的乡村全面振兴。2017年12月召开的中央农村工作会议首次提出,"走中国特色社会主义乡村振兴道路",并以"产业兴旺、生态宜居、乡风文明、治理有效、生活富裕"为总要求,指出了"重塑城乡关系,走城乡融合发展之路";"巩固和完善农村基本经营制度,走共同富裕之路";"深化农业供给侧结构性改革,走质量兴农之路";"坚持人与自然和谐共生,走乡村绿色发展之路";"传承发展提升农耕文明,走乡村文化兴盛之路";"创新乡村治理体系,走乡村善治之路";"打好精准脱贫攻坚战,走中国特色减贫之路"等实现路径。

乡村振兴,以产业兴旺为关键支撑,而乡村产业结构性矛盾亟待化解。因此,基于农村产业基础和生产分工,乡村振兴并非对城市产业和经济模式的简单复制或模仿,而是依据乡村自身资源特色,通过借助城市二、三产业要素的融入,实现农业的产业价值提升和产业空间拓展。由于传统农业产业结构下的乡村社会表现出土地、生态、环境、文化、居住、劳动力等物质和非物质要素的相互依存与渗透,具有整体性,同时传统农业生产具有明显的自给特征,从生产到消费,在乡村范围内表现出封闭性,这既有稳定社会的有利一面,又有难以满足城乡社会现代化转型需求的弊端。因此,"乡村振兴"就是在保持乡村社会整体性和生产封闭性优点的基础上,通过外部要素的引入为乡村内生式发展带来活力,具体而言就是以农村产业结构调整和经济转型升级为基础的乡村经济、文化、社会、生态、政治等全面发展的过程,其中产业是支撑,全面推进和实现乡村振兴要求"产业兴旺"为首要、"城乡融合"为必需。

综合而言,就地就近城镇化和乡村振兴作为统筹城乡发展的国家意志体现,都将乡村纳为政策实施对象,但针对乡村而言,却存在"被动"和"自主"的区别。并且基于城乡融合发展体制机制构建的政策导向,前者更侧重于构建平等的城乡公共事业保障体系,后者更侧重于以农业产业转型升级带动乡村发展的内生动力培育。

第三节　文献梳理与研究评析

虽然"城乡关系"问题作为世界性研究课题,在西方资本主义国家工业化中期就进入了学者们的研究视野,但以"城乡一体化""城乡统筹"和"城乡融合"为内容的研究还较少。[①] 相较国外研究,国内学界针对城乡一体化及城乡融合发展的相关研究已形成丰富的研究体系,成果蔚为壮观。农村三产融合发展近几年也成为学界广泛关注的对象,尤其在党的十九大提出"乡村振兴"和"城乡融合"发展的要求后,相关分类或交叉研究呈迅猛态势。其中,就指导思想而言,不论提法是"城乡一体化""城乡统筹"还是"城乡融合",党关于城乡发展的指导思想是一以贯之的,坚持以马克思主义城乡关系理论为科学引领。但就城乡融合实现的路径而言,目前学界研究还存在一些分歧。综合目前国内学界针对城乡融合发展路径的相关研究,打破城乡二元格局,促进城乡要素交流;深化制度供给,强调政策落实;在城乡地位平等的基础上既尊重城镇化的客观规律,发挥城市辐射和集聚效应,又增强乡村内在发展动力,并依据区域特点实行差异化发展等基本形成了学界研究的共识。[②] 其中也有研究明确提出,将农村一二三产业融合发展作为推动城乡融合的路径之一[③]。

一、相关文献梳理

(一)关于城乡融合实现路径的相关研究

自党的十九大报告提出"建立健全城乡融合发展体制机制和政策体系"以来,"城乡融合"相关研究成了国内学界的研究热点,而国外学界的相

---

① 王羽强:《国外"城乡统筹"研究现状及经典理论述评——基于 EBSCO 及牛津期刊数据库的文献检索》,《前沿》,2012 年第 7 期,第 11—13 页。

② 宋迎昌:《城乡融合发展的路径选择与政策思路——基于文献研究的视角》,《杭州师范大学学报(社会科学版)》,2019 年第 1 期,第 131—136 页。

③ 何红:《城乡融合发展的核心内容与路径分析》,《农业经济》,2018 年第 2 期,第 91—92 页。

关研究则偏少①。综合国内学界现有研究,针对城乡融合的相关研究多集中于城乡融合发展与乡村振兴的关系、城乡融合的实现路径、城乡融合发展的理论基础和现实基础等几个方面。

　　由于产业是推进城乡融合的第一任务,城乡融合的核心是经济的融合。② 因而有研究指出,实现城乡产业融合发展,首先需要推进城乡要素市场的一体化进程,促进生产要素的城乡间双向流动,③具体就是要充分发挥要素和产业的融合功能。④ 结合马克思主义城乡关系理论启示,工农产业融合是城乡融合的客观要求,"消除城乡对立和城乡差别的核心办法是生产力高速发展,进而带动农业技术的发展,在加快农业现代化进程的同时,缩小城乡差距,实现城乡的融合发展"⑤。然而改革开放以来,我国协调城乡发展的路径或模式难以真正实现城乡融合,根本原因在于"以城带乡、以工促农"没有改变城乡之间"强—弱""上—下"基本格局。⑥ 所以基于城乡关系角度出发,"城乡融合发展就是城市和农村打破原有的分割壁垒,实现生产要素的优化组合,"且以县域为基本单元实现城乡要素的合理流动和组合优化。⑦ 由此,"三农"及经济社会发展的政策转型成为

---

① 宋迎昌:《城乡融合发展的路径选择与政策思路——基于文献研究的视角》,《杭州师范大学学报(社会科学版)》,2019 年第 1 期,第 131—136 页。
② 陈艳清:《关于城乡融合发展的思考与实践——兼谈城乡融合的五种模式》,《中国农垦》,2015 年第 9 期,第 30—32 页;刘家宝:《基于马克思主义城乡关系论的中国城乡融合发展研究》,《决策探索(下)》,2019 年第 2 期,第 11—12 页。
③ 吕凤勇:《乡村振兴战略的根本途径在于城乡融合》,《中国国情国力》,2018 年第 6 期,第 53—55 页;李红玉:《城乡融合型城镇化——中国新型城镇战略模式研究》,《学习与探索》,2013 年第 9 期,第 98—102 页。
④ 陈明星:《积极探索城乡融合发展长效机制》,《区域经济评论》,2018 年第 3 期,第 119—121 页。
⑤ 盛辉:《马克思恩格斯城乡融合思想及其时代意蕴》,《改革与战略》,2018 年第 1 期,第 45—48 页;吕萍:《马克思主义城乡关系理论对新时代的启示》,《黑龙江日报》,2018 年 6 月 19 日第 6 版;刘家宝:《基于马克思主义城乡关系论的中国城乡融合发展研究》,《决策探索(下)》,2019 年第 2 期,第 11—12 页。
⑥ 徐祥临:《新时代城乡关系与推进之路——习近平总书记"城乡融合发展"思想的历史性贡献》,《国家治理》,2018 年第 14 期,第 18—21 页。
⑦ 刘武:《新型城乡关系视阈下城乡融合发展路径探究》,《理论建设》,2018 年第 6 期,第 70—75 页。

推进城乡融合的"重中之重"。①

同时有研究指出,城乡融合发展既要发挥城市集聚效应,又要协调城乡区域发展。② 这就要求城乡融合应坚持新型城镇化和乡村振兴双轮驱动,其具体路径之一就是要以农村产业融合发展同新型城镇化战略形成有序对接,使城乡经济达到互助、融合发展的效果。③ 所以推进城乡融合,一方面要以市场为依托,实现城乡产业优势互补发展;④另一方面"要破除城乡要素流动的制度障碍,带动城乡要素双向流动,实现农业部门、非农部门的生产要素优化配置"⑤。但综合现有研究,多是针对城乡经济、文化、公共服务等方面的融合而展开的宏观视角分析,指出了推进城乡融合的关键是要打破城乡壁垒,发挥以城带乡作用,实现城乡要素对流,但对此缺乏微观层面的关于农业产业发展作用城乡融合的深入研究。⑥

(二)城乡融合进程中关于就地就近城镇化的相关研究

1. 新型城镇化的就地就近城镇化发展需求

2006 年 10 月,中共十六届六中全会提出"积极推进农村社区建设",将城市社区理念引入农村。2012 年,中共十八大报告指出要"增强中小城

① 姜长云:《建立健全城乡融合发展的体制机制和政策体系》,《区域经济评论》,2018 年第 3 期,第 114—116 页。

② 陈钊、陆铭、许政:《中国城市化和区域发展的未来之路:城乡融合、空间集聚与区域协调》,《江海学刊》,2009 年第 2 期,第 75—80 页。

③ 颜家瑶:《新型城镇化和乡村振兴双轮驱动背景下的城乡融合发展路径探析》,《市场研究》,2019 年第 1 期,第 41—43 页;付翠莲:《新时代以城乡融合促进乡村振兴:目标、难点与路径》,《通化师范学院学报》,2018 年第 1 期,第 1—8 页;刘武:《新型城乡关系视阈下城乡融合发展路径探究》,《理论建设》,2018 年第 6 期,第 70—75 页。

④ 叶兴庆:《新时代中国乡村振兴战略论纲》,《改革》,2018 年第 1 期,第 65—73 页。

⑤ 刘明辉、卢飞:《城乡要素错配与城乡融合发展——基于中国省级面板数据的实证研究》,《农业技术经济》,2019 年第 2 期,第 33—46 页。

⑥ 如付翠莲:《新时代以城乡融合促进乡村振兴:目标、难点与路径》,《通化师范学院学报》,2018 年第 1 期,第 1—8 页;盛辉:《马克思恩格斯城乡融合思想及其时代意蕴》,《改革与战略》,2018 年第 1 期,第 45—48 页;陈文胜:《城乡融合发展是实施乡村振兴战略的根本途径》,《中国乡村发现》,2018 年第 6 期,第 115—121 页。

市和小城镇产业发展、公共服务、吸纳就业、人口集聚功能"[1]，坚持"以人为本"的新型城镇化发展理念，并在随后的政府工作报告中提出解决好"三个1亿人"问题。2014年中央"一号文件"又明确提出，"鼓励各地从实际出发制定相关政策，解决好辖区内农业转移人口在本地城镇的落户问题"[2]。2016年中央经济会议强调："推进城镇化，要更加注重以人为核心"，"促进区域发展，要更加注重人口经济和资源环境空间均衡"，强调以人为核心的新型城镇化发展道路。综合各方面的政策引导，正如有学者研究所认为的，是中央一系列文件精神引发了学界发出"中国应走农民'就地城镇化'道路"的呼声[3]。

　　但就城乡可持续发展而言，城乡协调并进发展要求增强乡村区域的产业经济能力，以破解城乡发展失衡问题。因为我国异地城镇化导致大中城市承载压力不断增加，而就近城镇化可以实现城镇化的可持续发展且符合我国城镇化人口流动规律，是进行中国特色社会主义新型城镇化建设的必然路径选择。[4] 具体而言，就是"一方面，大中城市的集聚经济开始出现边际递减效应，部分产业开始出现向周边地区进行转移的现象；另一方面，农业转移人口向大中城市进行城镇化转移的成本不断增加，农业转移人口的转移意愿开始发生变化。"[5]费孝通也认为，推广"小城镇"发展模式有利于解决农村释放出来的劳动力转移就业问题，将小城镇作为人口"蓄水池"吸纳农村向外流动的人口，为农村和城市两极"减负"，从而实

---

① 胡锦涛：《坚定不移沿着中国特色社会主义道路前进，为全面建成小康社会而奋斗》（二〇一二年十一月八日），中共中央文献研究室编：《十八大以来重要文献选编》上，北京：中央文献出版社，2014年，第18页。

② 《中共中央、国务院关于全面深化农村改革加快推进农业现代化的若干意见》（二〇一四年一月二日），中共中央文献研究室编：《十八大以来重要文献选编》上，北京：中央文献出版社，2014年，第714页。

③ 厉以宁：《中国应走农民"就地城镇化"道路》，《热点观察》，2013年第11期，第30页。

④ 李强、陈振华、张莹：《就近城镇化与就地城镇化》，《广东社会科学》，2015年第1期，第186—199页。

⑤ 曾鹏、李洪涛：《中西部地区城市群培育与人口就近城镇化：机理、关系与演化》，《海派经济学》，2017年第3期，第69—87页。

现社会的总体稳定[1]，即农村工业化带动劳动力从农业向工业转移，解决劳动力内卷化问题[2]。而且城镇化动力来源不同，其可持续发展的能力也存在差异。农村产业经济发展带动下的就地城镇化是以村社主导，以村庄规划为手段，以适应工业化和改善生活条件为目的的渐进式城市化；而以往地方政府行政主导下的城镇化为激进式城镇化，以"撤村并居"为手段，是以土地指标和城市化率为目标的激进城市化。尽管激进式城镇化有利于快速打破城乡二元体制，但多由于和地方经济结构不相匹配，从而面临资金、社会稳定及社区文化再造等方面的困难。[3] 王小鲁、夏小林等借鉴集聚经济学理论和弗里德曼"中心—边缘模式"研究认为，一个国家在城市体系发展过程中，人口、资源等要素向中心大城市的集中是一个必然过程，但如果由此导致城市规模过大，则将会导致城市的集聚效应下降。[4] 对此，李强、陈振华等指出，就近城镇化对于缓解特大、超大城市过度集聚产生的"城市病"有显著的效果，并且异地城镇化引发农村劳动力不断流出，导致农业经营群体弱化，农村留守问题不断严峻。[5] 王海峰、杨萍进一步研究认为，异地城镇化带来的农民市民化难题会容易导致社会不公平问题发生；加剧农村空心化趋势，不利于农业现代化发展；增加地方财政负担，不利于城市经济发展等一系列问题。[6]

　　然而，根据国家"五普"和"六普"的相关统计数据，接近80％的城乡流动人员流入到人口超过100万的大城市，这说明外来人口向大城市特别是特大、超大城市转移仍是我国城镇人口聚集的主要趋势。[7] 这种城乡人口流动趋势的结果导致区域经济发展不协调、公共服务差异扩大等问题，使

---

[1] 费孝通：《城镇化与21世纪中国农村发展》，《中国城市经济》，2000年第1期，第7—9页。

[2] 黄宗智：《内生型农村城镇化的运行机制》，《安徽大学学报》，2006年第5期，第132—135页。

[3] 曾红萍：《城市化路径的实践与反思：从就地城镇化到激进城市化》，《西北农林科技大学学报(社会科学版)》，2015年第4期，第129—134页。

[4] 王小鲁、夏小林：《优化城市规模 推动经济增长》，《经济研究》，1999年第9期，第22—29页。

[5] 李强、陈振华、张莹：《就近城镇化模式研究》，《广东社会科学》，2017年第4期，第179—190页。

[6] 王海峰、杨萍：《就地城镇化：新型城镇化战略的路径趋势》，《扬州职业大学学报》，2013年第4期，第10—13页。

[7] 李铁：《新型城镇化路径选择》，北京：中国发展出版社，2016年，第9—12页。

我国城镇化结构呈现"倒锥子形",即"城市很'丰满',农村很'骨感'"①。而目前"全国80%以上的地级以上城市存在不同程度的半城镇化现象,且高常住人口城镇化往往伴随高半城镇化和低户籍人口城镇化"②。所以,解决目前我国城镇化进程中出现的结构不平衡问题,亟需通过转变经济发展方式和农民职业技能培训等提高农民的就业竞争力,实现离土不离乡的就地城镇化发展,消除"半城镇化"带来的城乡可持续发展困境。③

城镇化的本质不是农民进城的空间变化和户籍转换,而是涉及生产、生活等多方面的市民化。因此,焦晓云认为,农村就地城镇化的前提是农村经济的发展,并在此基础上农民以原居住地为一定的空间半径,依托中心村和小城镇,实现非农就业,并通过当地农村公共基础设施不断完善、社会公共事业发展和生活方式改变等逐步形成新城镇的城镇化模式。而且农民在农村或小城镇实现就地就近城镇化不仅是国家政策指导下的发展选择,也是依赖自然的人口集聚和因地制宜的低成本等优势来实现城镇化发展的推进模式。④ 相较于异地城镇化,"就近城镇化的市民的生产方式和生活方式已经城镇化了,与家人生活在一起,没有'留守儿童、留守妇女、留守老人'问题。这是当前社会代价最小、市民幸福感最好的城镇化方式。"⑤所以,在县域经济提升的基础上推进城乡融合发展,重视就地就近城镇化建设,更有利于以人为本的城镇化理念得到真正落实⑥。

2. 基于地域差异的就地就近城镇化模式选择

针对不同地区,有学者提出因地制宜的城镇化发展原则,强调中西部地区选择不同于东部地区的城镇化发展路径。因为在中国现行制度框架

① 郑新奇:《就地城镇化:不离乡的进城之路》,《中国国土资源报》,2013年7月22日第6版。
② 李爱民:《中国半城镇化研究》,《人口研究》,2013年第4期,第80页。
③ 焦晓云:《城镇化进程中"半城镇化"问题及对策探析》,《当代经济管理》,2015年第3期,第64—67页;焦晓云:《新型城镇化进程中农村就地城镇化的困境、重点与对策探析——"城市病"治理的另一种思路》,《城市发展研究》,2015年第1期,第108—115页。
④ 陈晓红、谭宇:《就地城镇化对区域消费市场影响的实证研究》,《经济地理》,2015年第3期,第80—86页。
⑤ 辜胜阻:《媒体误读了总理的城镇化路径》,《中国经济周刊》,2014年第10期,第13页。
⑥ 李强:《主动城镇化与被动城镇化》,《西北师大学报(社会科学版)》,2013年第6期,第1—8页。

下,这有利于释放农村剩余劳动力这一人口红利。[1] 石英华认为,中西部地区通过扶持和发展当地产业,通过产业带动就业,实现农民脱离传统农业转化为产业工人;就近在城镇工作和生活,一方面可以有效缓解大城市、特大城市承受人口压力,另一方面又有助于解决农民工城乡"两头家"的问题。[2] 而对此,门丹、齐小兵研究认为,我国中西部地区推进就地就近城镇化不宜"全盘推进",应以最具潜力的农民工为主要对象实施"分步走"的就近城镇化策略,即如何吸引农民工回流和怎样才能使农民在城镇稳定生活下来。[3]

也有学者从我国区域状况出发,通过实证研究指出,在城乡收入差异缩小条件下,农民在城市和乡村空间的选择上尽管存在多方面的影响因素,但更倾向于就地择业和生活,从而表现为在经济发达地区更容易实现就地城镇化。例如祁新华、朱宇等基于中国东南沿海三个地区的实证研究和其他学者的相关研究指出,中国东部沿海由于乡村发展基础普遍较好,并未通过大规模的人口迁移就实现了就地城镇化发展。[4] 因而,不同地域之间在就地就近城镇化的主导要素方面存在差异,如东、中、西部地区分别适宜采用"市场主导下的农村就地城镇化""政府和市场互动下的新型城市群"和"政府主导下新型小城镇化"发展模式。[5] 当然,也有学者指出就地城镇化和就近城镇化的普适性并不相同,认为就地城镇化是通过村庄的就地改造实现的,并非任何地方都具备就地城镇化的条件[6],就

---

① 侯冰婕:《就地、就近、异地城镇化与城镇体系规划理念变革》,《中国城市规划学会、东莞市人民政府. 持续发展 理性规划——2017 中国城市规划年会论文集(16 区域规划与城市经济)》,中国城市规划学会、东莞市人民政府,2017 年,第 10 页。

② 石英华:《就近城镇化:中西部新型城镇化建设的现实选择》,《中国财经报》,2016 年 5 月 5 日第 8 版。

③ 门丹、齐小兵:《回流农民工就近城镇化:比较优势与现实意义》,《经济学家》,2017 年第 9 期,第 81—88 页。

④ 祁新华、朱宇、周燕萍:《乡村劳动力迁移的"双拉力"模型及其就地城镇化效应——基于中国东南沿海三个地区的实证研究》,《地理科学》,2012 年第 1 期,第 25—30 页。

⑤ 储德平、伍骏骞、卫龙宝、李泓沄:《区域分异视角下进城居民再迁意愿分析》,《中国人口·资源与环境》,2017 年第 7 期,第 139—146 页。

⑥ 李强、陈振华、张莹:《就近城镇化模式研究》,《广东社会科学》,2017 年第 4 期,第 179—190 页。

近城镇化则相对而言更具普遍推广性。

3. 就地就近城镇化的必要环节:发展农业产业

产业是城镇化的必要前提,农民市民化的关键就在于是否有足够的产业作支撑。有研究指出,县域经济的发展对于带动就地就近城镇化极为关键。[①] 从推进城乡融合发展的路径方向分析,李强、陈振华等认为,我国以往的大中城市发展思路更多依赖市场和政府的主导,而就地就近城镇化则需要更多地利用乡镇本身的资源优势和特色产业,因地制宜推进城镇化。[②] 而且,建立在就地就近城镇化基础上的乡村产业兴旺发展是可能和可持续的。[③] 王国栋认为,相较于传统城镇化是在城市拉力和农村推力的双重作用下农村人口向城市迁移的过程,就地就近城镇化则是农村人口转变为城镇人口,乡村地域转变为城镇地域的过程,多是在乡村内生力量增长的推动下形成城市化的过程。[④] 但也并非所有农村区域都适用,针对部分发展落后区域,胡小武、张建云、董宏林、刘刚等等学者进一步研究认为,政府要依据农民的意愿、生存发展能力和经济实力等多方面因素引导他们就近循序迁入县级市及县城、建制镇、乡集镇及中心村就业、定居,从而减少农村人口,让农民享受改革的成果。[⑤] 因此,县域产业发展和创新能力提升是就地城镇化接纳农业转移人口的决定性条件,制约着就

[①] 如辜胜阻、刘传江、钟水映:《中国自下而上的城镇化发展研究》,《中国人口科学》,1998 年第 3 期,第 1—10 页;蔡荣、魏佳花、祁春节:《县域经济与城镇化的协调发展》,《统计与决策》,2007 年第 18 期,第 118—120 页;张建华、洪银兴:《都市圈内的城乡一体化》,《经济学家》,2007 年第 5 期,第 98—104 页。

[②] 李强、陈振华、张莹:《就近城镇化与就地城镇化》,《广东社会科学》,2015 年第 1 期,第 186—199 页。

[③] 李强:《就近城镇化与就地城镇化》,《北京日报》,2019 年 2 月 25 日第 18 版。

[④] 王国栋:《中国中部和东部就地城市化的差异:基于中原城市群与海西城市群的比较研究》,《创新》,2010 年第 5 期,第 73—76 页。

[⑤] 胡小武:《人口"就近城镇化":人口迁移新方向》,《西北人口》,2011 年第 1 期,第 1—5 页;张建云:《关于当前传统农业区农村就地城市化问题的思考》,《理论月刊》,2011 年第 8 期,第 64—67 页;董宏林、刘刚、黄亚玲:《西部新农村建设的低成本之路:农民就近转移与住房多模式置换机制相结合》,《宁夏农林科技》,2007 年第 4 期,第 35—37 页。

地城镇化速度与质量。①

在城乡融合发展的支撑要素方面,推进就地就近城镇化需要乡村区域具备产业基础、设施基础和接近城市水平的公共服务等。就农村居民个体而言,刘文勇、杨光研究认为农村人口就近城镇化的动力因素主要有人口密度、交通条件、乡村社区创造力、政策支持和市场机制作用等。胡小武认为,就地就近城镇化超越了新农村建设的模式,它将我国分散的村落型社会改造成城镇化的集中居住、就业模式创新、生活改善之后的"社区型社会"②。所以通过发展县域经济可以实现农业人口的就近城镇化,并以地市为单位可有效推进全域城乡一体化。③ 然而,县域产业经济的发展离不开农业产业经济质量的提升。农业产业化发展的实质在于农工商、产供销的一体化经营,这既改变了传统农业的孤立状态,又打破了工、商业旧格局,形成了农、工、商等的利益共享与风险共担机制。④ 因此,为实现城乡经济联动和就地就近城镇化的高质量发展,农业产业化发展成为促进城乡融合的必要环节。

(三)农村产业融合发展促进城乡融合内在动力提升

1. 农村产业融合发展促进就地就近城镇化的地方实践

我国地域差异大,因而就地就近城镇化的路径也不尽相同。通过延伸第一产业产业链带动就地就近城镇化,如湖北恩施地区结合当地的劳动力供给状况,围绕地域特色富硒绿茶产业打造,促使村民逐渐下山居住生活和参与产业发展,形成村庄、城镇、县城和地区城市共同参与的生产、加工、贸易的一体化产业体系,建立了一套由中心村、城镇、县城和地区城市等构成的"梯度城镇化"系统。还有如山东寿光地区,通过科技创新并结合市场化需求,以蔬菜产业的市场化发展带动农民就地就近市民化。通

---

① 焦晓云:《农村就地城镇化进程中县域创新能力建设的提升路径》,《现代经济探讨》,2015年第10期,第74—77页。

② 胡小武:《人口"就近城镇化":人口迁移新方向》,《西北人口》,2011年第1期,第1—5页。

③ 李强、陈振华、张莹:《就近城镇化模式研究》,《广东社会科学》,2017年第4期,第179—190页。

④ 付学坤:《农业产业化经营与县域经济发展研究》(博士学位论文),四川大学,2005年。

过第三产业为主导的,如旅游产业以农业与乡村旅游结合带动就地就近城镇化发展,例如成都的三圣花乡、浙江安吉的报福村等。

我国幅员辽阔,地区间农村产业融合的发展模式体现也存在较大差异。西部部分地区将农业与服务业结合起来,形成农业生产、旅游、观光、教育等特色产业,促进当地经济发展。如成都市龙泉山福洪镇,通过农村一二三产业融合发展形成产业支撑,拓展了农民就业渠道,实现了产业与城镇一体化发展。再如重庆市石坪村,通过举办采摘、历史文化展览和节庆赛事等活动带动了当地与农业相关的观光旅游、教育培训和文化产业发展;重庆市罗家村通过发展乡村旅游、避暑休闲等,带动了住宿、养老避暑和相关文化产业发展;重庆綦江区八景村通过发展山地娱乐、人文景观观光等产业,带动了竞技体育、观景休闲和大型娱乐等产业发展,等等。而东部地区由于产业基础发达,农村居民通过土地股权置换、宅基地置换等方式,将工作和生活分别置于产业园区和新型社区,实现了就地就近城市化发展。从文化层面讲,农村居民转移到距离原居住村落较近的城镇生产和生活,既可以分享到城市文明的成果,又能够保留熟人社会,如诸城的"多村一社区"发展模式、德州的"两区同建"模式以及烟台的"功能区带动型城乡一体化发展道路"模式。其中,"诸城模式"重在以农村社区为载点深化实施公共服务均等化,将公共管理与服务职能延伸、覆盖至农村基层,有效构筑起以"城区—镇街驻地—农村社区"为框架的新型城镇体系。"德州模式"重在推动新型农村社区和产业园区的同步发展,促进农民就地实现生产方式与生活方式"双改变",探索农业大市、后发地区城乡经济社会一体化发展路径。"烟台模式"重在发展各类园区、度假区、行政区域等功能区,通过产业集群和企业规模化支撑人口集聚化以及带动全域城镇化。

这些地方实践案例,为以农村产业融合发展为支撑的城乡融合发展路径探究,提供了经验理论与实践案例参考。

2. 农村产业融合发展协同就地就近城镇化作用乡村发展

就地就近城镇化的具体实现路径需要农业农村在生产方式上进行三

次产业联动,并以二、三产业为主①,实现城镇化与乡村工业化同步发展②。王石奇也认为,缩小城乡差距需要以调整优化为手段,发挥乡村地方资源优势,在优化第一产业的同时强化第二产业,大力发展第三产业,进而壮大特色产业,通过农村经济增长方式的转变走发展速度与质量、结构、效益等相统一的集约化之路。③

就地就近城镇化与农业产业模式转变息息相关。曾鹏认为,就地城镇化是通过农业向第二、第三产业的价值链拓展和延伸,是农村原住地农民生产生活方式向市民化方向转边,基本实现现代化建设的过程。④ 山东省社会科学院省情研究中心课题组根据实地研究指出,在城镇化初始阶段,发达的农业和农村经济是城镇化的重要基础;在城镇化的深入发展阶段,农业现代化转型将会是城镇化的重要源泉和支撑。⑤ 因而就地城镇化需以产业体系的发展优化为中心,提高农业生产力水平和释放、转移农村剩余劳动力,在生产生活方式上促进农民向市民的转变。毕竟推进就地就近城镇化发展,有效的产业是基础,在经济发展的前提下达到城乡基础设施一体化和公共服务均等化目标,最终实现人、产、城三者的有机统一。⑥ 且有学者研究指出,就地城镇化本身就包含着农村产业发展,需要实现内、外两个关键点:内部关键是农村经济发展、农民收入增加;外部关键是政府加大农村基础设施等公共事业的投入,其中农村产业发展需要打破传统产业壁垒,实现农业与纵向行业的大融合,进而建立起覆盖一二

① 马庆斌:《就地城镇化值得研究与推广》,《宏观经济管理》,2011 年第 11 期,第 25—26 页。
② 胡小武:《人口"就近城镇化":人口迁移新方向》,《西北人口》,2011 年第 1 期,第 1—5 页。
③ 王石奇:《统筹城乡发展缩小城乡差距:北京怀柔区城市化的经验》,《前线》,2005 年第 1 期,第 45—47 页。
④ 曾鹏:《人口就近城镇化的内涵和特征》,《中国人口报》,2017 年 9 月 25 日第 3 版。
⑤ 山东社会科学院省情研究中心课题组:《就地城镇化的特色实践与深化路径研究——以山东省为例》,《东岳论丛》,2014 年第 8 期,第 130—135 页。
⑥ 孙玉玲、王明亮:《就近就地城镇化问题研究》,《城市观察》,2014 年第 5 期,第 144—149 页。

三产业的综合性现代大农业。[①] 最终,通过农业的规模化和现代化经营、村庄整治等实现土地集约利用,提高农业收益率,助推农民市民化发展。

所以,从区域发展的动力支撑和目标指向等角度出发,就地就近城镇化与农村产业融合发展具有作用乡村产业结构升级和资源要素配置优化等方面的一致性体现。

3. 农村产业融合发展促进城乡融合的具体路径体现

赵敏、郑兴明研究指出,农村三产融合发展将能改变以往中央扶持农村发展的方式,提升农业依托产业联动带来的农村自我"造血"能力的提升。[②] 赵云鹏认为,农村三产融合发展可以结合各地资源,从特色小镇和乡村旅游等方面与新型城镇化相结合,满足农民住房需求。[③] 李治、王东阳研究指出,农村产业融合发展带来的关联产业企业集聚和企业网络的空间集聚,有利于加强城乡之间的贸易活动,改善城乡二元结构,进而实现城乡一体化发展。[④] 此外,农村三产融合带来政策机制变革也有助于在人力集聚、土地资源开发利用及城镇化的资金支持等诸多方面促进城乡一体化发展,例如开展村庄整治、宅基地整理,支持农民工返乡创业,鼓励高校及科研院所等科技人员下乡创业等。在农村产业融合过程中,产业边界更加模糊,要求技术、业态及商业模式等不断丰富和创新,同时人才和基础设施等要素的制约瓶颈也将变得更加显著,[⑤]由此刺激城市要素向乡村流动和农村基础设施、公共服务等的发展。

农村产业融合发展有助于缓减大、中城市基础设施建设、就业、住房、

---

① 张建云:《农业园还是工业园? 传统农业区以农业现代化带动农村就地城市化的意义》,《求实》,2011年第11期,第87—89页;张建云:《关于当前传统农业区农村就地城市化问题的思考》,《理论月刊》,2011年第8期,第64—67页。

② 赵敏、郑兴明:《"三产融合"背景下农村土地管理创新研究》,《长春理工大学学报(社会科学版)》,2017年第5期,第10—14页。

③ 赵云鹏:《构建助推三产融合的金融体系》,《中国城乡金融报》,2018年2月7日第B2版。

④ 李治、王东阳:《交易成本视角下农村一二三产业融合发展问题研究》,《中州学刊》,2017年第9期,第54—59页。

⑤ 姜长云:《推进农村三产融合发展贵在创新》,《农民日报》,2016年6月28日第8版;杨尚勤、何予平、王茂林:《推进农村三产融合异军突起》,《甘肃农业》,2017年第8期,第19—22页。

交通等压力,就地转移我国农业剩余劳动力。因此,有学者研究指出,农村一二三产业融合发展成为增加农民就业,提高农民收入,带动就地就近城镇化发展的主要举措之一。如赵燕、解运亮从农村工业化角度研究认为,农村的产业发展是农村城镇化的必要物质前提,不仅可以解决农村乡镇、社区建设的资金来源问题,而且还能解决农村剩余劳动力就业问题。[①] 传统城镇化主要是通过农民到异地发达地区生产和生活,但由于缺少稳定收入及城市较高生存成本等,农民市民化的质量无法保证。因此,收入问题成为农民市民化的最大障碍,而农村产业融合发展对于提高农民收入的作用效果最为直接。同时,我国城镇化的发展历程也验证了农民选择就地城镇化发展具备一定的经济优势。如庞新军、冉光和通过引入带有时变参数状态的空间模型,针对传统城镇化和就地城镇化对农民家庭人均纯收入影响进行对比研究发现,就地城镇化比传统异地城镇化对于提高农村居民家庭人均纯收入更为有效。[②]

4. 农村产业融合发展促进城乡融合的内在机理

关于农村产业融合发展促进城乡融合,目前学界研究主要集中在两个方面。一是农村产业通过产业链延伸和附加值提升等增加了农民收入,有利于缩小城乡收入差距,进而构建新型城乡关系。[③] 例如王山峰、梁瑞华通过实地研究发现,农村产业发展尤其涉农企业能够有效改善农民外出务工情况,通过吸引当地农民就地就近非农转移而缩小城乡收入差距。[④] 也有研究认为,农业产业链的拓展促进了农村二、三产业快速发展,在减少第一产业从业人口的同时推动了更多农业剩余劳动力转移到城镇从事非农产业,从而逐渐实现农民生产、就业、居住和生活方式等方面市

① 赵燕、解运亮:《城镇化进程中农业剩余劳动力转移方式研究——一个马克思主义的分析思路》,《经济问题探索》,2014年第4期,第1—5页。
② 庞新军、冉光和:《传统城镇化与就地城镇化对农民收入的影响研究:基于时变分析的视角》,《中国软科学》,2017年第9期,第91—98页。
③ 赵霞、韩一军、姜楠:《农村三产融合:内涵界定、现实意义及驱动因素分析》,《农业经济问题》,2017年第4期,第49—57页。
④ 王山峰、梁瑞华:《西峡县农村一二三产业融合发展研究》,《海峡科技与产业》,2017年第6期,第41—42页。

民化转变①,并最终在心理上、文化上和自我认知上真正市民化②。二是借助农业多功能性开发突破传统农业模式,实现农业产业体系的现代化升级与内涵提升,带动农民就地就近实现产业转移和生活生产方式转换,③这也正是目前国内多数学者研究的共识。

农村原有区域"守地式"就地就近城镇化的关键就在于农村产业发展,农业多功能价值发挥有助于城乡互联互通,助推城乡融合。刘文勇、杨光(2013)④研究指出,为避免农民城镇化进程中"失地又失业",必须使农民有业可就,依托农村产业发展的带动,使留在农村的农民可以创造财富是关键。因为,就地城镇化就是在不改变农业性质的基础上因地制宜发展现代农业,通过经营方式的科学化和农业技术的现代化等提高农业附加值,使农业成为高效产业⑤。就此,江振娜在借鉴台湾地区农村就地城镇化经验基础上,分析提出用城镇化的技术标准改造农村基础设施和生活环境、用工业化理念组织农业生产和农村服务业,开展特色的农村就地城镇化道路。同时也要尊重农民意愿,发挥民众参与规划的积极性,使农村就地城镇化建设从"要我建"转变为"我要建"。⑥ 所以农村产业融合发展要突出特色,以资源为纽带,实现产业集聚、价值链延长,并结合现代观光农业发展道路,实现农村生产、生活和生态功能的产业化,为农民提供更多的非农就业机会和收入。也就是,城乡融合发展的必要前提需将城

---

① 李刘艳、吴丰华:《改革开放以来我国农民市民化阶段划分与展望》,《经济学家》,2017 年第 8 期,第 89—96 页。

② 胡小武:《人口"就近城镇化":人口迁移新方向》,《西北人口》,2011 年第 1 期,第 1—5 页。

③ 如解安:《三产融合:构建中国现代农业经济体系的有效路径》,《河北学刊》,2018 年第 2 期,第 124—128 页;赵霞、韩一军、姜楠:《农村三产融合:内涵界定、现实意义及驱动因素分析》,《农业经济问题》,2017 年第 4 期,第 49—57 页;李英震、宋宝剑:《农村三产融合发展研究综述》,《大连民族大学学报》,2017 年第 6 期,第 568—571 页;李小静、赵美玲:《农村产业融合推动就地城镇化发展探析》,《农业经济》,2017 年第 11 期,第 83—85 页。

④ 刘文勇、杨光:《以城乡互动推进就地就近城镇化发展分析》,《经济理论与经济管理》,2013 年第 8 期,第 17—23 页。

⑤ 张建云:《关于当前传统农业区农村就地城市化问题的思考》,《理论月刊》,2011 年第 8 期,第 64—67 页。

⑥ 江振娜:《借鉴台湾经验,推进农村就地城镇化建设的思考与建议》,《衡阳师范学院学报》,2015 年第 4 期,第 71—74 页。

市和乡村视为一个有机体,二者应相互支撑。同时,通过挖掘农业的非传统功能,实现农业资源开发与城市的对接①。

另外,农村产业融合发展也有利于城镇化进程中乡村文化的传承与发展。由于以往城镇化偏于注重规模和速度,而忽视了城镇个性化建设。因此结合农村地域特色,发展个性化旅游、文化产业等对于乡土特色和民俗文化传承都将起到极大的积极效应,这也符合《国家新型城镇化规划(2014—2020年)》提出的"文化传承,彰显特色"的原则②。并且乡村文化与旅游产业融合又能够为就地城镇化提供产业依托,解决农民就业增收问题③。

最后,农村产业融合发展对农业科技投入的依赖,在一定程度上也将推进就地就近城镇化发展。吴迪从新型农业科技创新推进就地城镇化角度研究指出,科技创新的投入是自然农业的生态化升级,使传统农业经营模式发生变革效应,通过引进高端产业和先进模式,以新型农业科技创新实现传统农业产业化、工厂化、生态化经营和特色产业园区群体连片等引领农民就地城镇化发展。④ 而且农业科技投入本身也在促进城乡之间的交流互动,进而基于农村产业的地域性而带动就地就近城镇化。由于实现就地就近城镇化亟需依赖城乡互动弥补当前农村产业市场化程度低和产业化程度低的两大不足,即既要促进生产要素的城乡流动,又要构建出农村产业的纵向产业链和拓展其横向规模经济,⑤所以"农村产业融合推动就地城镇化发展的机理与城镇化发展的动力规律具有内在契合性。"⑥

---

① 赵晔:《"三产融合"是乡村振兴战略的主要抓手》,《学习时报》,2017年12月18日第A4版。
② 江振娜:《借鉴台湾经验,推进农村就地城镇化建设的思考与建议》,《衡阳师范学院学报》,2015年第4期,第71—74页。
③ 方世敏、张采青:《就地城镇化背景下乡村旅游产业融合研究》,《怀化学院学报》,2015年第1期,第29—34页。
④ 吴迪:《就地城镇化模式与新型农业科技创新研究》,《学术论坛》,2016年第11期,第58—62页。
⑤ 刘文勇、杨光:《以城乡互动推进就地就近城镇化发展分析》,《经济理论与经济管理》,2013年第8期,第17—23页。
⑥ 李小静、赵美玲:《农村产业融合推动就地城镇化发展探析》,《农业经济》,2017年第11期,第83—85页。

（四）小城镇建设有利于推进城乡融合

1. 建设小城镇有助于"三农"问题解决

传统城镇化进程中，农业农村及小城镇发展过于依赖政策扶持与招商引资，本质上是一种外援型发展，而就地城镇化着力解决这一发展难题，充分挖掘地方优质资源，形成特色产业链，实现内源型发展[①]。适度城镇化可以帮助农村实现工业化和现代化，通过城镇化实现生产要素积聚有利于二三产业发展，进而扩大就业总量，同时还有利于集中治理污染和减少治理成本。而且，我国城镇化的发展实践也证明了就地就近城镇化对于"三农"问题解决的可行性。如杨振生从新型城镇化与新农村建设融合角度对我国运行就近城镇化的可行性、典型做法及运行绩效等多方面展开了深入研究，指出解决"三农"问题的关键在于如何实现就近城镇化。[②] 由于新型城镇化发展需要以"信息化、新型工业化、农业现代化、服务业现代化等产业转型为核心动力，以大中小城市和小城镇空间合理布局为主要形态"[③]，所以"三农"问题解决依赖多级城镇化的作用发挥。

例如，多级城镇化发展体系下，县域小城镇建设有利于解决农村"留守问题"。许传新认为留守妇女本身就是一个弱势群体，需要承担着生理、心理和安全等多重负担。[④] 对于留守儿童，他们正处于成长发育的关键时期，但由于父母照顾和关爱的缺失，从而容易出现思想认知和心理发展等方面的扭曲。而农村留守老人因为生活水平偏低，劳动强度大，精神缺少慰藉，身体健康状况偏差又无人照看。[⑤] 这些问题的存在和不断加剧，不仅会影响大量农村留守家庭的生存与健康发展，而且也会影响整个农村

---

① 潘海生、曹小锋：《就地城镇化：一条新型城镇化道路——浙江小城镇建设的调查》，《政策瞭望》，2010 年第 9 期，第 29—32 页。

② 杨振生：《就近城镇化研究：可行性分析、实践探索与运行启示》，《山东社会科学》，2017 年第 5 期，第 107—112 页。

③ 俞云峰：《新型城市化的实现路径与制度创新研究：城乡统筹的视角》，北京：中国社会科学出版社，2017 年，第 20 页。

④ 许传新：《农村留守妇女研究：回顾与前瞻》，《人口与发展》，2009 年第 6 期，第 54—60、73 页。

⑤ 王俊文、曹涌：《新农村建设视野下的"留守老人"问题研究》，《农业考古》，2009 年第 6 期，第 76—78 页。

社会的和谐稳定。[①] 况且部分留守老人由于监护孙辈,出现了代际经济的逆向流动,这也进一步加剧了老人生活负担。[②] 同时,农村劳动力的大量外流,导致我国粮食安全和农业农村可持续发展受到严重影响,进而阻碍了农业现代化的转型升级和新农村建设。[③] 因此,我国城镇化建设必须与农村可持续发展问题有效结合起来,否则"农民荒"问题将成为制约我国农村发展的根本所在。就地就近城镇化发展为农民开展创业活动带来了政策、财政、金融、商业环境和基础设施等外部条件的优化,将会吸引农村劳动力回流和部分农民工返乡创业,满足农民由正常的生存需求转向发展的诉求。[④] 所以,小城镇建设还有利于农业长远发展。

再如,小城镇建设也有利于推进城乡公共服务领域均衡发展。有学者研究认为,就地就近城镇化和发展农村产业经济是中国社会的未来发展方向。如孟翔飞、刘玉梅从经济学和社会学"双视角"分析认为,中国已进入工业化中后期的城镇化进程及发展模式,选择"城乡一体化"是中国城镇化的本质。[⑤] 因而应建立大、中城市优质资源向小城镇延伸机制,如采取集团化模式把大城市与小城镇的文化、教育、医疗等资源有机整合,既缓解大城市过重的功能负担,又可使小城镇居民也能享受大城市的优质资源,缩小地域差别、城乡差别。[⑥]

2. 建设小城镇有助于发挥其融合城乡的载体作用

加大小城镇建设也成为产业发展和人口流动的合理选择。大中城市

[①] 孙鹃娟:《劳动力迁移过程中的农村留守老人照料问题研究》,《人口学刊》,2006年第4期,第14—18页。

[②] 叶敬忠、贺聪志:《农村劳动力外出务工对留守老人经济供养的影响研究》,《人口研究》,2009年第4期,第44—53页。

[③] 李首成等:《解决农村空心化与社会主义新农村建设关系的探讨》,载民革中央、中华爱国工程联合会、河北农业大学、中国农民大学:《推进社会主义新农村建设研讨会论文集》,2006年,第5页。

[④] 杜丽华:《就地城镇化背景下返乡农民工创业探究》,《农业经济》,2015年第12期,第80—81页。

[⑤] 孟翔飞、刘玉梅:《城市发展理论与辽宁城镇化创新发展模式选择》,《东北财经大学学报》,2010年第5期,第3—10页。

[⑥] 潘海生、曹小锋:《就地城镇化:一条新型城镇化道路——浙江小城镇建设的调查》,《政策瞭望》,2010年第9期,第29—32页。

由于承载力压力和过度城镇化的问题不断严重，一方面使得第二产业和城市群传统优势产业开始向中小城镇转移；[1]另一方面农业转移人口向大中城市转移的意愿不断下降，而向中小城镇进行就近转移的意愿不断增强。[2] 有研究认为，小城镇"作为县域经济发展的次中心和辐射农村腹地的公共服务中心，小城镇是推进新型城镇化进程、加快县域经济发展、实现要素集约配置、实现科学发展的重要一级，是连接乡村与城市、实现经济转型跨越的关键一环。"[3]因而需要充分利用中小城镇的现有优势，通过政策引导拉动农业人口形成就近城镇化。[4]

城乡融合发展离不开工业对农业的反哺，且以县级城市为核心进行反哺，效果最为明显。[5] 由于相对异地城镇化而言，就地就近城镇化是一个"自成体系"和"内应外联"的城镇化方式。通过县域小城镇的示范带动作用，可以加强农村地区产业园发展，进而带动农民就业，避免"空心村"和"空心城"出现。李强、陈振华等研究指出，通过鼓励有条件的小城镇和村庄实现城镇化发展，既可以有效降低城镇化的制度障碍和成本，促进区域均衡发展，又有利于农业农村可持续发展。[6] 尤其中西部地区的城镇化发展，更需依赖县域经济发展的作用发挥。由于产业基础薄弱、辐射能力低、吸引人口能力不足等，导致中西部地区农民市民化以异地城镇化为主。周飞舟认为，中西部地区由于工业基础相对东部地区薄弱，城镇对农民劳动力吸引不足，往往导致城镇新区规划和产业园区缺乏发展生机。[7] 而且

---

[1] 张贵、王树强、刘沙、贾尚键：《基于产业对接与转移的京津冀协同发展研究》，《经济与管理》，2014 年第 4 期，第 14—20 页。

[2] 姚植夫、薛建宏：《新生代农民工市民化意愿影响因素分析》，《人口学刊》，2014 年第 3 期，第 107—112 页。

[3] 山东社会科学院省情研究中心课题组：《就地城镇化的特色实践与深化路径研究——以山东省为例》，《东岳论丛》，2014 年第 8 期，第 130—135 页。

[4] 丁任重、何悦：《城镇蔓延与滞留型城镇化人口》，《中国人口·资源与环境》，2016 年第 4 期，第 30—39 页。

[5] 张建华、洪银兴：《都市圈内的城乡一体化》，《经济学家》，2007 年第 5 期，第 98—104 页。

[6] 李强、陈振华、张莹：《就近城镇化与就地城镇化》，《广东社会科学》，2015 年第 1 期，第 186—199 页。

[7] 周飞舟：《地方产业和就地就近城镇化》，《城市与环境研究》，2016 年第 2 期，第 95—97 页。

中西部地区农村劳动力趋于向东部沿海地区流动,愿意本地就业的劳动力以年龄偏大、人力资本偏低、在东部沿海劳动力市场竞争力低者居多。尽管我国中西部地区大多缺乏技术和资本优势,但自然资源和劳动力人口优势明显。[1] 所以依据发展比较优势理论和城乡"推—拉"模型理论分析,在小城镇建设的实现路径选择方面,中西部地区不能简单复制东部沿海地区的通过促进大城市产业发展吸纳人口的模式,而应根据地域优势,以小城镇或县城为依托发展特色地域产业或服务业,使区域性商品经济与农村经济紧密联系。同时,农民工返乡居住的意向选择也决定了我国今后城镇化建设应加快推进小城镇的经济发展,尤其是城乡经济的融合发展。张甜、朱宇等通过对河南永城市实地调研农民工返乡居住的区域分布、演变及其未来居住意愿等发现,市区是农民工返乡后除农村以外的主要居住选择区,但市民化困难,而乡镇中心由于吸纳人口能力薄弱,被选择的概率较低,因此其研究建议认为地方政府应将小城镇和新型农村社区建设纳入城镇化建设体系,激发县域经济活力,促进产业结构升级和加快产业集聚区的规划建设,引导回流农民工实现就地城镇化。[2]

小城镇不仅是就地就近城镇化的重要载体,而且还与乡村发展具有紧密联系。如潘海生、曹小锋研究指出,就地城镇化发展可以推进农村经济建设和增加农民收入,同时也能够带动农村社会事业和基础设施完善,扩大了内需,增加经济发展的内在动力。[3] 李强、陈振华研究认为,通过就地、就近城镇化带动农民兼业化和经营职业化,逐渐使农民摆脱身份的束缚而成为一种职业,符合当前农民工的城镇化意愿,对农民进城和留守农村进行了合理分流。[4] 总之,以小城镇为纽带构建城乡经济互通互联发

① 毛新雅、翟振武:《中国人口流迁与区域经济增长收敛性研究》,《中国人口科学》,2013 年第 1 期,第 46—56、127 页。
② 张甜、朱宇、林李月:《就地城镇化背景下回流农民工居住区位选择——以河南省永城市为例》,《经济地理》,2017 年第 4 期,第 84—91 页。
③ 潘海生、曹小锋:《就地城镇化:一条新型城镇化道路——浙江小城镇建设的调查》,《政策瞭望》,2010 年第 9 期,第 29—32 页。
④ 李强、陈振华、张莹:《就近城镇化与就地城镇化》,《广东社会科学》,2015 年第 1 期,第 186—199 页。

展,成为推进城乡融合发展的基本要求。

(五) 新型城镇化与农业产业发展间的耦合关系研究

振兴乡村,"产业兴旺应与新型城镇化相互促进,协同在解决'三农'问题上发挥作用,是我国现代化经济体系的基础。"[1]长期以来学界关于城镇化和农村产业等相关问题研究,多将二者置于各自独立的研究体系之中而缺少相关的交叉研究。但自乡村振兴战略和构建城乡融合体制机制与政策体系等发展要求被提出以来,从城乡关系视角研究新型城镇化与乡村产业振兴之间相互作用关系的研究成了学界热点。

如有研究提出,传统农区的新型城镇化和农业现代化协调发展应以产城融合、工农互促和城乡统筹为关键点,以农业为基础向农村二三产业扩散发展,进而以就地就近城镇化实现农民就业的非农化转移。[2] 同时就我国乡村发展实际需求和城乡良性互动发展而言,一方面农村内生发展力增强和转型离不开市作用的参与;另一方面,当前我国城镇化和农村发展之间已初步形成了耦合协调发展格局,城镇化与农村发展之间的耦合协调作用主要表现为相互促进与支撑作用。[3] 具体而言,城乡耦合发展的基础在于微观要素的作用耦合,以城乡产业结构为载体表现为功能的耦合,进而在城乡产业合理布局基础上,改变农民异地城镇化趋势,实现就地就近城镇化与农业农村发展的统一。[4] 然而这些研究多是以数量模型形式进行的量化研究,由于我国地域复杂性特点,在具体问题量化分析

---

① 李国祥:《实现乡村产业兴旺必须正确认识和处理的若干重大关系》,《中州学刊》,2018 年第 1 期,第 32—38 页。

② 张开华、郑甘甜:《传统农区新型城镇化与农业现代化耦合协调路径研究》,《华东师范大学学报(哲学社会科学版)》,2017 年第 4 期,第 123—129、164 页。

③ John Friedmann, "Four Theses in Study of China's Urbanization", *China City Planning Review*, Vol. 15, No. 02(December, 2006), pp. 80—85;马力阳、罗其友:《我国城镇化与农村发展耦合协调时空特征及机制》,《地域研究与开发》,2017 年第 6 期,第 45—49、92 页。

④ 黄鹏:《城镇化与新农村建设耦合机制探析》,《社会科学家》,2016 年第 4 期,第 50—54 页;肖金成:《建设现代化区域发展体系》,《宏观经济管理》,2019 年第 3 期,第 38—40、65 页;李梦娜:《新型城镇化与乡村振兴的战略耦合机制研究》,《当代经济管理》,2019 年第 5 期,第 10—15 页。

的基础上更亟需从理论视角构建出城镇化与农业现代化间的耦合关系理论,以服务于新时代城乡融合发展体制机制建立健全。

党的十九大提出"以城市群为主体构建大中小城市和小城镇协调发展的城镇格局,加快农业转移人口市民化。"[1]伴随新型城镇化战略深入发展和农村产业融合地方实践推进,工农互促发展的程度提高将会促使工农城乡耦合协调发展水平提升,[2]由此就地就近城镇化和农村产业融合发展的耦合作用将会更加广泛。这不仅为新型城镇化与农村产业融合交叉领域研究提出了理论诉求,而且也为此提供了现实基础,特别是城镇化与新农村建设间的系统耦合中,土地、劳动力及产业等要素的耦合是最为重要的耦合因素[3]。因此,借助"耦合"概念的内涵指导,以推进城乡融合发展为目标导向分析就地就近城镇化与农村产业融合发展之间是否构成耦合作用关系,具有迫切的理论与现实意义。

综上所述,城乡融合发展需要从区域环境、人口流动、区域经济及政府职能等四个方面发挥共同作用。[4] 目前关于农村产业融合发展的理论、政策和实地案例分析以及就地就近城镇化发展等方面已有研究,为开展农业产业视阈下城乡融合发展的路径探索奠定了丰厚的研究基础。

二、 研究现状评析

目前学界针对城乡融合发展的研究多集中在动力机制、区域模式、困境及对策建议等方面,在宏观层面缺乏整体战略的理论性研究,同时在制度设计、政策引导、路径推进等方面也缺乏微观层面的深度研究。关于城镇化作用城乡融合的研究,当前学界关注的焦点多集中在农村人口城镇

---

① 习近平:《决胜全面建成小康社会 夺取新时代中国特色社会主义伟大胜利——在中国共产党第十九次全国代表大会上的报告》,北京:人民出版社,2017 年,第 33 页。

② 龚勤林、邹冬寒:《乡村振兴背景下工农城乡耦合协调水平测度及提升研究》,《软科学》,http://kns.cnki.net/kcms/detail/51.1268.G3.20200420.1629.006.html。

③ 黄鹏:《城镇化与新农村建设耦合机制探析》,《社会科学家》,2016 年第 4 期,第 50—54 页。

④ Emmanuel Mutisya, Masaru Yarime, "Moving towards Urban Sustainability in Kenya: a Framework for Integration of Environmental, Economic, Social and Governance Dimensions", *Sustainability Science*, Vol. 9, NO. 2(April, 2014), pp. 205—215.

化的空间差异,人口城镇化与土地城镇化、工业化和非农化的关系以及农民市民化动力机制等方面,而关于就地就近城镇化协同农村产业融合推进农村经济发展,进而吸引农村人口回流和实现农村居民就地就近择业生活等,则少有具体推进路径的微观剖析。

针对就地城镇化、就近城镇化与异地城镇化三者而言,目前学界关于三者的内涵研究并无本质差异,都是农民生活方式的城市化、思想行为的现代化和农民就业方式的非农化。因此,学界多将就地城镇化和就近城镇化视为相对于传统异地城镇化的新型城镇化模式,并且视就地城镇化和就近城镇化为新型城镇化的主要内容。基于城乡一体化目标的实现,学者们普遍认为就地就近城镇化是推进城乡融合的重要举措,有利于在乡村与城市地位平等的条件下通过依赖农村产业化发展构建出城乡交流互动的融合机制。

目前,国内学者针对农村产业融合发展的研究,多集中在农村产业融合发展的概念与内涵、一二三产业相互作用机制、交易成本与利益联结、实地案例剖析等几个方面。在农村三产融合发展协同就地就近城镇化以助推城乡融合方面,多数研究者指出了发展农业产业和县域经济的必要性。但不足之处在于,多是笼统地提出通过提高农民经济收入以缩小城乡差距,实现城乡一体化发展,而对于具体的实现路径还缺乏深度研究。同时,目前已有的实地案例研究多是地域化的案例分析,缺少关于农村产业融合发展助推城乡融合的相关理论体系构建。基于乡村振兴目标,学界已有针对实现城乡融合的相关研究,多将推进城乡融合视为促进农业农村现代化的途径,且把农村内生发展视为城乡均衡发展的关键。但研究也多将就地就近城镇化和农村产业融合研究视为两个不同的研究体系,注重二者的"内聚性"①而呈现研究的分离,未在城乡等值背景下将城

---

① 参见林明、任浩、董必荣:《技术多样化结构二元平衡、企业内聚性与探索式创新绩效》,《科研管理》,2015 年第 4 期,第 65—72 页。在研究中,用"内聚性"这一概念以指明当前学界针对农村产业融合发展和就地就近城镇化的相关研究已有的范式、视角、对象等路径依赖的特点,将二者视为独立研究单元的成果颇多,而对新的研究对象、视角、领域及方法的探索与尝试等尚有较大空间,进而需开拓二者"交集"视域下的相关研究。

市和乡村视为一个有机整体。

综上所述,基于对学界现有关于城乡融合、就地就近城镇化和农村产业融合发展等研究的现状与存在不足的总结,不难发现:转移农村人口到城镇实现市民化发展,是今后较长时期内我国城镇化工作的重点;尽管国内学界针对就地就近城镇化的空间界定尚存在不统一、边界模糊等现象,但关于就地就近城镇化发展能够有效促进城乡融合的价值功效等已基本形成共识;在政策定位及学界研究等层面,实施农村三产融合成为解决我国"三农"问题和推进城乡融合发展的重要举措。因而,本书基于城乡融合发展目标取向,分析农村产业融合发展对于城乡融合的作用机理,进而结合我国城镇化实际探索农业产业视阈下推进城乡融合发展的可行性路径。

第四节　本书研究方法

1. 功能分析法

目前,国内外学者针对城镇化的研究成果繁多,然而我国城镇化演进既有国际城镇化的普遍规律,又有独特之处。农村三产融合发展概念首先产生于国外,而国内学者结合我国实际进一步丰富和创新了其内涵,同时国内相关实地案例研究成果众多。因此探究农村产业融合发展与城镇化、城乡融合等的作用关系,需要在已有城镇化和农村产业融合发展等相关大量文献中梳理出它们的功能作用和体现形式。

2. 实证研究法

在理论分析与演绎基础上,结合国内农村产业融合发展的成绩取得和具体产业实践等实证,分析农村产业融合发展促进城乡融合的内在构成因素及联系,从而检验相关理论推理并求证农业产业视角下城乡融合实践路径选取的可行性与运行机制。在分析研究现实发展的基础上,既检验理论推理的科学性,又优化对策建议的实践性。

3. 比较研究法

通过比较不同国家及区域推进农业农村创新发展的经验举措,从中发掘可资借鉴之处。进而结合国内实际凝练理论指导,增进优化农业产业视角下新时代我国城乡融合发展实践的可行性路径。

第五节　创新之处与研究难点

一、研究创新

研究视角创新。本书跳出了传统的唯"工业化"带动城镇化的研究路径,借助经济学、政策学等相关学科知识,以农村产业发展提升乡村内生力量为研究视角入手,探究农村产业融合发展增进农业农村内生发展动力的机制,及其与就地就近城镇化协同运行的机理,从而丰富了新时代我国城乡融合发展研究的研究领域和研究视角。

研究内容创新。当前学界关于新型城镇化、就地就近城镇化及农村产业融合发展的相关研究已经相当丰富。但以城乡融合为导向,将农村产业融合发展与就地就近城镇化协同作用机理作为主要研究内容之一的现有研究成果,目前还较为有限。尤其是以乡村振兴战略实施为背景的新近研究,成果还非常稀少。

研究思路创新。本书不仅有理论演绎,还有结合实地案例的佐证分析。通过理论与实证比较研究及政策解析,推理和验证农村产业发展促进城乡融合的理论与现实可行性。从理论到实证,再从实证回归理论,避免了以往相关的理论研究、政策解读及实证研究互相分离的研究现象发生。

二、研究难点

城乡融合的内涵和实质决定了提升城乡发展质量的路径与对策富有系统性和体系性,农村产业融合发展是传统农业现代化转型的客观趋势,涉及要素融合与优化配置,研究过程中需要运用马克思主义理论、历史学、经济学、社会学及管理学等多学科理论及相关研究方法。

具体而言,本书研究难点主要体现在以下几个方面。第一,多学科交叉,综合运用多种研究方法的难度大。如既需要结合中国特殊国情,运用经济学和社会学等原理分析城乡产业变化和人口变迁的关系,又需要运用历史学和管理学等研究方法分析党协调城乡发展的历程,从而在现实问题剖析、理论推演与历史发展分析等相结合的基础上探讨未来一段时期内我国城乡社会发展的趋势,难度较大。第二,全面获取相关政策文件并进行合理分析的难度大。由于近些年我国城乡社会急速发展,国家针对城镇化和农业农村发展等出台了大量政策文件。因此,要全面掌握相关政策并从中提炼关键信息,以准确把握政策导向和实施要点,在"量"和"质"两方面都存在较大难度。第三,理论比较并分析实证存在困难。马克思主义理论是党制定政策的方法论指导,我国社会主义市场经济发展也借鉴了部分西方经济学理论知识。因而以马克思主义理论为主导的前提下,在分析政策和借鉴相关西方经济学理论过程中存在理论甄别与取舍的难度。

综上所述,本论文在多学科交叉、政策提炼、理论甄别与借鉴等多方面存在研究的难点。

第二章 中国特色城乡融合坚持并创新农业农村发展

城乡融合本质上是城乡要素自由流通、互为促进的动态渐进过程,中国特色社会主义发展历程决定了城乡融合问题研究不能忽视历史脉络的继承。"观察历史的中国是观察当代的中国的一个重要角度。"①从历史角度分析,以马克思主义理论为指导,坚持农业基础性地位并协调城乡互助并进发展是新中国成立至今中国共产党一以贯之的政策主张。但特殊的历史发展阶段和市场经济条件下城市与乡村固有的经济能力差异等因素,造就了我国城乡"二元结构"格局。因此,梳理新中国成立后党协调城乡发展的政策演变,有利于更好地分析和把握新时代城乡融合发展在中国特色社会主义现代化进程中的历史方位,明晰坚持城乡协调并进发展的历史渊源与当前发展的时代使命。

第一节 中国特色城乡融合发展的理念由来

一、城乡融合发展的概念起源

关于"城乡一体化"或"城乡融合"等词汇,在早期西方学者的著作中较少提及,但蕴含"以城带乡、工农互惠的城乡一体化"思想的相关成果则较多,为马克思、恩格斯研究城乡关系发展问题提供了理论素材。有代表性

---

① 习近平:《习近平致信祝贺第二十二届国际历史科学大会开幕》,《人民日报》,2015 年 8 月 24 日第 1 版。

的"城乡一体化"理念,较早出现于亚当·斯密的"地理—贸易"城乡关系理论阐述和杜能的"农业区位理论"假设①,他们分别以工农互换为基础的理想化城乡产业布局假设和将城乡关系视为整体的科学抽象法,对于城乡融合发展的概念阐释具有重要的启示意义。

"空想社会主义学说是马克思主义的三个理论来源之一。"②工业化初期,空想社会主义者们就从资本主义工业发展导致的城市繁荣与乡村衰败对比中创立了城乡融合发展的理论雏形。如托马斯·莫尔构建的"乌托邦"、夏尔·博立叶的"法朗吉"、康帕内拉的"太阳城"、巴贝夫的"大国民公社"以及罗伯特·欧文主张的以城市与乡村、工业与农业、脑力与体力等相结合为代表的"新和谐公社",圣西门的"城乡人口平等思想"、斯图亚特的"城乡互惠原则",等等。空想社会主义者基于对资本主义社会早期出现的城乡发展不平等问题的批判,设想通过合理发展城市,将城市建设与经济社会发展联系在一起以更好地促进城乡、工农之间协调发展。马克思、恩格斯非常重视空想社会主义理论关于未来人类社会城乡关系发展的设想,由此成为他们关于城乡融合发展理论阐述的直接素材来源,但不同之处在于,马克思、恩格斯在批判继承前人研究的基础上指出了人类社会发展进程中城市和乡村由同一到分离、对立,再发展为融合一体过程的必然趋势。马克思、恩格斯揭示了伴随人类社会生产力进步,"城市和乡村的对立的消灭不仅是可能的"③发展规律,而且这也是随着城乡、工农生产不断进步,彼此共同发展的实际需求体现。

① 叶超、曹志冬:《城乡关系的自然顺序及其演变——亚当·斯密的城乡关系理论解析》,《经济地理》,2008 年 01 期,第 79—82、95 页;[德]杜能:《孤立国农业和国民经济的关系》,吴衡康译,北京:商务印书馆,1986 年,第 325 页。

② 胡锦涛:《在省部级主要领导干部提高构建社会主义和谐社会能力专题研讨班上的讲话》(二〇〇五年二月十九日),中共中央文献研究室编:《十六大以来重要文献选编》中,北京:中央文献出版社,2006 年,第 701 页。

③ 弗·恩格斯:《反杜林论》,中共中央马克思恩格斯列宁斯大林著作编译局编译:《马克思恩格斯选集》第三卷,北京:人民出版社,2012 年,第 684 页。

二、马克思恩格斯关于城乡融合发展的相关阐释

马克思、恩格斯基于生产力发展,阐述了城市和乡村分别以工业与农业为产业代表的城乡不同分工,城市与乡村从同一到分离、对立,再到融合,是人类社会生产力进步的客观规律。

马克思、恩格斯指出:"物质劳动和精神劳动的最大的一次分工,就是城市和乡村的分离",①即"工商业劳动同农业劳动的分离"是城乡分离与对立的根源所在。尽管分工的出现是城市和乡村从浑然一体走向分离与对立的直接原因,但生产力的进步是导致这一"直接原因"的根源所在。因此,消除城乡之间的差距,社会生产力的不断发展是关键;并且"消灭城乡之间的对立,是共同体的首要条件之一,这个条件又取决于许多物质前提,而且任何人一看就知道,这个条件单靠意志是不能实现的"②。所以,为了预防分工不断明细的大工业化浪潮"使城市最终战胜了乡村"③,进而致使城乡之间的分离进一步加深,乡村城市化也成为生产力不断进步条件下促进城乡差距缩小,打破工农产业和地域界限,实现城乡融合发展的重要途径。

随着社会生产力不断进步,不仅使消灭城乡间对立成了可能,而且"消灭这种对立日益成为工业生产和农业生产的实际要求"④,"只有通过城市和乡村的融合,现在的空气、水和土地的污染才能排除,只有通过这种融合,才能使目前城市中病弱群众的粪便不致引起疾病,而被用作植物的肥料。"⑤正如马克思在《政治经济学批判(1857—1858 年手稿)》中所阐

---

① 卡·马克思、弗·恩格斯:《德意志意识形态》,中共中央马克思恩格斯列宁斯大林著作编译局编译:《马克思恩格斯选集》第一卷,北京:人民出版社,2012 年,第 184 页。
② 卡·马克思、弗·恩格斯:《德意志意识形态》,中共中央马克思恩格斯列宁斯大林著作编译局编译:《马克思恩格斯选集》第一卷,北京:人民出版社,2012 年,第 185 页。
③ 卡·马克思、弗·恩格斯:《德意志意识形态》,中共中央马克思恩格斯列宁斯大林著作编译局编译:《马克思恩格斯选集》第一卷,北京:人民出版社,2012 年,第 194 页。
④ 弗·恩格斯:《论住宅问题》,中共中央马克思恩格斯列宁斯大林著作编译局编译:《马克思恩格斯选集》第三卷,北京:人民出版社,2012 年,第 264 页。
⑤ 弗·恩格斯:《反杜林论》,中共中央马克思恩格斯列宁斯大林著作编译局编译:《马克思恩格斯选集》第三卷,北京:人民出版社,2012 年,第 684 页。

述的:"现代的[历史]是乡村城市化,而不像在古代那样"①。因此,尽管"城市的繁荣"使农业摆脱了"最初的粗陋状态"②,但城乡融合发展并不是城市取代农村或城市乡村化发展,而是在社会生产力不断进步作用下实现城乡均衡发展和优势结合,进而达到社会整体的进步。

针对如何消除城乡对立这个问题,马克思、恩格斯认为,伴随"使人口尽可能地平均分布于全国"③;"把农业和工业结合起来"④;"城市和农村生活方式的优点结合起来,避免二者的片面性和缺点"⑤等,从事农业和工业生产的将是"同一些人,而不再是两个不同的阶级"⑥。由此,在城乡地位平等、互相交流中促使城乡关系从对立转变为融合发展。马克思、恩格斯关于资本主义生产的批判,是在指出了其矛盾性一面的同时,也肯定了其社会化和合理化生产的另一面。伴随社会生产力进步,"资本主义生产方式同时为一种新的更高级的综合,即农业和工业在它们对立发展的形态的基础上的联合,创造了物质前提。"⑦马克思、恩格斯认为,城市和乡村在各自生产力不断发展的条件下将会扬弃和超越它们自身的"片面性和缺点",并以此为基础向城乡融合互动发展转变。然而,马克思、恩格斯也指出,在资本主义制度下城乡关系对立是无法根本消除的,"只有按照一个统一的大的计划协调地配置自己的生产力的社会,才能使工业在全国分

---

① 卡·马克思:《政治经济学批判(1857—1858年手稿)》,中共中央马克思恩格斯列宁斯大林著作编译局编译:《马克思恩格斯选集》第二卷,北京:人民出版社,2012年,第733页。

② 弗·恩格斯:《德国农民战争》,中共中央马克思恩格斯列宁斯大林著作编译局编译:《马克思恩格斯文集》第二卷,北京:人民出版社,2009年,第222页。

③ 弗·恩格斯:《论住宅问题》,中共中央马克思恩格斯列宁斯大林著作编译局编译:《马克思恩格斯选集》第三卷,北京:人民出版社,2012年,第265页。

④ 卡·马克思、弗·恩格斯:《共产党宣言》,中共中央马克思恩格斯列宁斯大林著作编译局编译:《马克思恩格斯选集》第一卷,北京:人民出版社,2012年,第422页。

⑤ 弗·恩格斯:《共产主义原理》,中共中央马克思恩格斯列宁斯大林著作编译局编译:《马克思恩格斯选集》第一卷,北京:人民出版社,2012年,第305页。

⑥ 弗·恩格斯:《共产主义原理》,中共中央马克思恩格斯列宁斯大林著作编译局编译:《马克思恩格斯选集》第一卷,北京:人民出版社,2012年,第308页。

⑦ 卡·马克思:《资本论》第一卷,中共中央马克思恩格斯列宁斯大林著作编译局编译:《马克思恩格斯选集》第二卷,北京:人民出版社,2012年,第233页。

布得最适合于它自身的发展和其他生产要素的保持或发展"①。于是随着工业化生产逐步摆脱自身生产原料所需的地域限制,大工业在全国的均衡分布也就成了可能,农民也不再局限于单一和孤立的农业生产。所以,社会生产力持续进步条件下的城乡工业化均衡发展和农业与城市产业的结合,为城乡关系从分离、对立转变为融合发展提供了可能。

马克思、恩格斯关于城乡融合的理论阐述指明,社会主义制度的确立奠定了实现城乡融合的生产关系前提,发展并协调城乡生产力布局是实现城乡融合的基础,工农结合是实现城乡融合的客观规律,以城带乡是实现城乡融合的重要途径。

因此,以农业为基础融入二三产业要素,实现产业融合发展本身就属于马克思、恩格斯关于"工农结合"和"使人口尽可能地平均分布于全国"等城乡融合发展理论范畴,即农村一二三产业融合发展作为推进城乡融合发展的手段之一,符合马克思、恩格斯关于城乡融合发展实现的理论内涵。面对城乡差距的现实存在,坚持并创新农业农村发展以提高农村生产力水平是实现城乡融合的基础。

三、列宁、斯大林关于实现城乡融合发展的理论阐述

新中国成立之初,由于社会主义建设的实践经验缺乏,且基于意识形态和国际局势等因素影响,以苏联为参考成为中国共产党领导建设新中国的"自然"选择。"改革开放以前,中国旧的经济模式基本上是'斯大林模式',"②所以计划经济体制时期我国城乡、工农发展的政策选取,一定程度上也是我们党对列宁、斯大林等苏联领导人关于指导本国社会发展的理论借鉴。

针对"城乡融合"问题,列宁没有作专门论述。但他分析指出,商品经济随着社会分工发展将使更多产业从农业中分离出来,由此也使农业人

① 弗·恩格斯:《反杜林论》,中共中央马克思恩格斯列宁斯大林著作编译局编译:《马克思恩格斯选集》第三卷,北京:人民出版社,2012年,第683—684页。

② 简新华、何志扬、黄锟:《中国城镇化与特色城镇化道路》,济南:山东人民出版社,2010年,总论,第5页。

口转变为工业人口,所以资本主义商品经济发展的基本特性就是城市工业化吸引更多人口转变为产业工人。然而,这并不意味着城市具有全面的先进性。尽管城市相对乡村具有明显优势,但城市的优势地位不能成为"剥削"乡村的"资本"。列宁强调:"城乡分离、城乡对立、城市剥削乡村(这些是发展着的资本主义到处都有的旅伴)是'商业财富'(西斯蒙第的用语)比'土地财富'(农业财富)占优势的必然产物"。① 因而,"城市比乡村占优势(无论在经济、政治、精神以及其他一切方面)是有了商品生产和资本主义的一切国家(包括俄国在内)的共同的必然的现象,"②但是要弥补城市优势的片面性和改变农村落后、闭塞、不发达等局势并最终达到城乡人口融合,使农村摆脱孤立无援的"正是农业人口和非农业人口的生活条件接近"③。所以,列宁在肯定城市具有优势一面的同时,也客观地指出了农村相对落后的地位,只有满足城乡居民生活的均等,才能创造出城乡融合发展的基础条件。

从城乡对立消亡的本质上讲,斯大林认为城乡之间对立的消灭不能简单地认为大城市的消失,而应当认识大城市的优势地位和其存在、发展的原因。因为"不仅大城市不会毁灭,并且还要出现新的大城市,它们是文化最发达的中心,它们不仅是大工业的中心,而且是农产品加工和一切食品工业部门强大发展的中心。这种情况将促进全国文化的繁荣,将使城市和乡村有同等的生活条件"。④ 但在发展城市工业方面,斯大林强调工业化发展要坚持社会主义方向,不能像资本主义国家那样靠对内剥削与对外侵略等手段获得国民经济积累,要坚持"靠本国节约来发展工业的道

---

① 列宁:《评经济浪漫主义》,中共中央马克思恩格斯列宁斯大林著作编译局编译:《列宁全集》第二卷,北京:人民出版社,2013年,第196—197页。

② 列宁:《评经济浪漫主义》,中共中央马克思恩格斯列宁斯大林著作编译局编译:《列宁全集》第二卷,北京:人民出版社,2013年,第197页。

③ 列宁:《评经济浪漫主义》,中共中央马克思恩格斯列宁斯大林著作编译局编译:《列宁全集》第二卷,北京:人民出版社,2013年,第197页。

④ 斯大林:《苏联社会主义经济问题》,中共中央马克思恩格斯列宁斯大林著作编译局编译:《斯大林文集》,北京:人民出版社,1985年,第617页。

路,即社会主义积累的道路"[1]。斯大林还认为保持工农业产品之间的"剪刀差"有其存在的合理性,因为要保持工业化的快速发展,"剪刀差"能够提供快速的工业化积累。同时,"这不仅是工业本身所需要的,而且首先是农业,是农民所需要的"[2]。由于农业发展相对落后,斯大林还认为社会主义国家应避免走西方资本主义国家两极分化的道路,需将农民组织成合作社,保持农业生产力进步。可以说,斯大林关于社会主义国家工业化资金积累、工农产品"剪刀差"、农业生产合作社以及城市功能发挥优于乡村等问题的认识,对于新中国成立初期城乡发展举措的选择产生了最为直接的影响。

借鉴斯大林指导苏联社会主义建设经验,中国共产党提出大力发展农业,以工农互助实现国家工业化发展。因而此时党和国家领导人认为,新中国工业化发展应采取的基本步骤是:在恢复有益于人民的经济生产活动基础上,先要用主要力量来发展农业和轻工业,建立必要的国防工业;然后再大力推进重工业发展,并在重工业发展基础上促进轻工业发展,实现农业生产机械化,"中国工业化的过程大体要循着这样的道路前进"[3]。

从空想社会主义提出"城乡融合"设想,到马克思、恩格斯对其进行科学阐述,再到列宁、斯大林关于指导社会主义国家城乡发展的理论与实践探索,这些为新中国成立之初党协调城乡发展提供了理论指导和直接的参考,但同时也预示了我国在传统农业大国基础上生成城乡融合的特殊历程。

四、 中国共产党关于协调城乡发展的理念创新

中国特色城乡融合发展的理念由来不仅是中国共产党对马克思主义

---

[1] 斯大林:《关于苏联经济状况和党的政策》,中共中央马克思恩格斯列宁斯大林著作编译局编译:《斯大林选集》上卷,北京:人民出版社,1979 年,第 464 页。

[2] 斯大林:《在对内政策方面的意见分歧》,中共中央马克思恩格斯列宁斯大林著作编译局编译:《斯大林选集》下卷,北京:人民出版社,1979 年,第 149 页。

[3] 刘少奇:《国家的工业化和人民生活水平的提高》(一九五〇年),中共中央文献研究室编:《建国以来重要文献选编》第一册,北京:中央文献出版社,1992 年,第 528 页。

城乡关系思想的简单遵循,更是党关于推进中国特色社会主义事业发展的理念创新结果。新中国成立后,党在借鉴苏联经验的基础上,基于我国经济社会发展实际而逐步开始了具有中国特色的协调城乡发展探索,中国共产党历代领导集体结合我国城乡发展的阶段性变化,不断创新协调城乡发展的指导理念和实践路径。

新中国成立初期,社会经济发展面临的两大难题就是如何解决人们的吃饭问题和国家工业化资金积累问题。因此,一方面,党强调大力发展农业生产。正如毛泽东在《论十大关系》中所强调的,尽管发展重工业是我国社会主义建设的重点,"但是决不可以因此忽视生活资料尤其是粮食的生产"①。因为"农业关系国计民生极大"②,社会主义建设应认识到"城市与乡村、工业与农业都是辩证的两方面,决不能取消或忽视任何一方面。我们强调城市领导乡村、工业领导农业,决不是忽视广大的农业生产对发展工业的作用。"③。所以新中国成立之初,在关于城乡关系问题的认识中,农业被视为城市发展和国家工业化建设的基础和根本保障。另一方面,党高度重视国家工业化的社会主义方向问题,坚持依靠"本国节约"的方式完成工业化积累。可以说,这一时期党关于城乡发展的理念指导是以国家工业化实现为中心的,坚持发展农业以服务工业化需求。

此后以邓小平为核心的党中央领导集体从国内与国际现实出发,围绕经济建设而进行了一系列涉及城乡发展的体制机制改革,在建立统分结合的农村家庭联产承包责任制的同时,着力进行城市经济体制改革,推动以市场为引导的城乡商品经济发展,促进了城乡间的联系与互动发展。邓小平从我国经济体制转型的渐进改革中分析城乡互动发展,打破了计划经济时代城乡发展分离的格局,其在市场经济条件下兼顾城乡的理念

---

① 毛泽东:《论十大关系》(一九五六年四月二十五日),中共中央文献研究室编:《毛泽东文集》第七卷,北京:人民出版社,1999 年,第 24 页。

② 毛泽东:《在省市自治区党委书记会议上的讲话》(一九五七年一月二十七日),中共中央文献研究室编:《毛泽东文集》第七卷,北京:人民出版社,1999 年,第 199 页。

③ 周恩来:《当前财经形势和新中国经济的几种关系》(一九四九年十二月二十二日、二十三日),《周恩来选集》下卷,北京:人民出版社,1984 年,第 8 页。

指导,为城乡融合奠定了发展基础。

基于社会主义市场经济体系的逐步完善和城乡发展现实对比,以江泽民为核心的党中央领导集体对于城乡、工农协调发展问题高度重视,强调"当工业发展到一定程度和一定阶段后,工业就有个着重和大力支持农业、武装农业的问题,"①以此确保城乡经济良性互动发展。在党的十六大报告中,江泽民提出了统筹城乡经济社会发展的新理念,这一指导理念的提出和实施进一步弱化了城乡间"主"与"次"的地位差别,为社会主义市场经济条件下保障城乡均衡发展提供了政策指导。进入21世纪初期,我国城乡差距问题依然形势严峻,以胡锦涛同志为总书记的党中央在明确"两个趋向"基础上提出了统筹城乡发展的政策指导,强调增加农业投入,加大工业反哺农业和城市支持乡村的力度。统筹城乡发展要求以缩小城乡差距为实质,而这一时期推进中国特色城镇化和建设社会主义新农村等举措实施,分别从城市和乡村两个方面着力解决城乡发展失衡问题。中国特色社会主义进入新时代后,城乡发展不平衡不充分问题仍然比较突出,"我国最大的发展差距、最大的收入分配差距,首先是在城乡之间。"②因此以习近平为核心的党中央创造性地提出"要走城乡融合发展之路,向改革要动力,加快建立健全城乡融合发展体制机制和政策体系"③的新理念指导,习近平认为"社会建设要以共建共享为基本原则,"④且中央文件中也明确指出,要"推进城乡要素平等交换和公共资源均衡配置,让农民平等参与现代化进程、共同分享现代化成果"⑤,由此我们党开启了城乡共

① 中共中央文献研究室编:《江泽民思想年编(1989～2008)》,北京:中央文献出版社,2010年,第189页。

② 李克强:《关于深化经济体制改革的若干问题》(二〇一四年二月十八日),中共中央文献研究室编:《十八大以来重要文献选编》上,北京:中央文献出版社,2014年,第803页。

③《中共中央国务院关于建立健全城乡融合发展体制机制和政策体系的意见》,《人民日报》,2019年5月6日第1版。

④ 习近平:《在浙江调研时的讲话(2015年5月25日—27日)》,《人民日报》,2015年5月28日第1版。

⑤《中共中央、国务院关于全面深化农村改革加快推进农业现代化的若干意见》(二〇一四年一月二日),中共中央文献研究室编:《十八大以来重要文献选编》上,北京:中央文献出版社,2014年,第702—703页。

建共享和共生共荣的融合发展阶段。

总结而言,改革开放后基于社会主义市场经济驱动,在城乡市场由分割向融合转变过程中,城乡要素流动逐渐加强和城乡联系逐步增进,要求中国共产党依据城乡发展的现实状况而阶段性地调整关于城乡发展的理念指导。从新中国成立初期优先发展重工业的城乡发展理念指导,到包产到户和放活城乡经济的改革尝试,再到统筹城乡发展、城乡一体化发展及新型城镇化战略和乡村振兴战略等指导城乡经济社会发展的理念相继提出与实施,党协调城乡发展的相关理念指导既一脉相承,又与时俱进,在坚持发展农业农村的基础上以持续增强城乡联系而缩小城乡差距和促进城乡互助并进发展。

第二节 城乡从分离到融合:一以贯之地坚持农业农村发展

费孝通在分析研究江村土地制度时,曾引用其老师马林诺夫斯基一段话,即"任何仅从法律的观点来研究土地占有的企图,必然导致不能令人满意的结果。如果对当地人的经济生活不具有完本的知识,就不能对土地的占有进行定义和描述。"[1]借此强调的一个重要研究方法,就是要回归事件本身,在其具体的情境中进行分析、体察与考量,有助于把握事物发展的内在逻辑与实质。同时"对历史缺乏了解,是难以解释中国的发展问题。"[2]社会发展进步的迭代,使研究与分析中国特色城乡融合发展相关问题需探本溯源,回顾新中国成立以来中国共产党指导城乡发展的历程,进而结合我国城乡关系演变的阶段性历史环境探究其内在逻辑主线。虽然新中国成立以来,我国城乡关系发展历经曲折,但党始终坚持以马克思主义城乡融合理论为指导,探索城乡协调发展的推进路径。

---

① 费孝通:《江村经济》,南京:江苏人民出版社,1986年,第124页。
② 张培刚:《懂得历史,才能更好地理解中国的发展》,《江汉论坛》,2001年第11期,第5—8页。

一、城乡"二元结构"的形成

以毛泽东为核心的党的第一代中央领导集体从新中国成立时我国的传统农业生产和社会生产力落后等实际出发,强调实现农业现代化和国家工业现代化发展。对此,毛泽东等领导人在提出坚持农业的基础地位作用的同时,围绕国家工业化实现而进行了一系列指导城乡发展的相关探索和实践。

(一)城乡发展的"二元结构"演变

党的十四大报告曾就计划经济体制对我国经济社会发展的贡献问题给出这样的客观描述,"原有经济体制有它的历史由来,起过重要的积极作用,但是随着条件的变化,越来越不适应现代化建设的要求"①。从城乡关系、工农关系等视角分析计划经济体制下我国城乡发展的历程,则呈现出曲折发展的特点。一方面是由于党关于我国社会主义建设的相关实践处于探索阶段;另一方面是由于国际、国内的复杂环境对我国经济社会的正常发展造成了急剧的冲击,改变了城乡关系良性发展的"轨道",进而使我国城乡关系发展产生了分离与矛盾固化。

以毛泽东为核心的党中央在进行社会主义革命和建设的探索中,坚持马克思主义关于农业是国民经济基础这一理念指导,明确了农业生产的重要性。毛泽东指出:"我国是一个有六亿五千万人口的大国,吃饭是第一件大事"②,并将"重轻农"的发展次序调整为"农轻重",告诫全党"不抓粮食,总有一天要天下大乱"③。一方面,这是基于对苏联经验的总结,另一方面也是基于对新中国经济建设教训的反思和对国内外时局的客观分析。毛泽东认为,在国际援助受限的情形下,发展农业是完成国家工业化

---

① 江泽民:《加快改革开放和现代化建设步伐,夺取有中国特色社会主义事业的更大胜利——在中国共产党第十四次全国代表大会上的报告》(一九九二年十月十二日),中共中央文献研究室编:《改革开放三十年重要文献选编》上,北京:人民出版社,2008年,第650页。
② 毛泽东:《党内通信》(一九五九年四月二十九日),中共中央文献研究室编:《毛泽东文集》第八卷,北京:人民出版社,1999年,第49页。
③ 毛泽东:《在省市自治区党委书记会议上的讲话》(一九五七年一月二十七日),中共中央文献研究室编:《毛泽东文集》第七卷,北京:人民出版社,1999年,第199页。

积累的必要基础。首先,农民以交纳农业税的形式直接支援了工业化建设,而且轻工业生产在满足农民生活生产资料交换的同时也为工业化资金积累提供了渠道。其次,农业不仅关系城乡居民的吃饭问题,更关系轻工业原料供给和市场消化等问题,没有农业就难以保证轻工业的顺利发展。再次,农村是重工业产品的重要消费市场,如化肥、电力、煤炭及各种农业机械等产品。最后,工业发展必须要同农业生产相"配合","工业上必须照顾农业技术的提高,努力提供水利和农业耕作上所需要的简单机器,将来还要提供拖拉机、康拜因,扶助农业走向集体化。而农业必须生产更大量的粮食和原料,以供给日益增加的工业需要;并以剩余的农产品出口交换机器,维持出入口贸易的平衡;还必须节约出劳动力以供工业发展之需要。"[1]另外,农业生产发展也将会向工业部门转移更多剩余劳动力,提高工业化发展的人力资源供给。同时毛泽东还从政治立场的高度指出,工农业产品的互相支援有利于形成工人阶级领导下的工农联盟。因此,工业化发展,既需要农业的支持,也需要"工业部门面向农村,支援农业"[2],城乡、工农之间是互助发展的。

但是,此时城乡互助发展的政策"表象"之下却是"以农补工、以乡养城"的发展实效,以实现国家工业化为目标追求。早在抗日战争时期,毛泽东就提出工业是"最有发展、最富于生命力、足以引起一切变化的力量"[3],并强调这是共产党员和非共产党员都要努力的对象。在人民解放战争时期,毛泽东进一步指出新民主主义革命的最后目的就是要消灭封建制度,发展农业生产,为发展工业生产"变农业国为工业国的任务奠定了基

---

① 任弼时:《在中共七届二中全会上的发言》(一九四九年三月十三日),中共中央文献研究室、中央档案馆编:《建党以来重要文献选编(1921~1949)》第二十六册,北京:中央文献出版社,2011年,第180页。

② 毛泽东:《在省市自治区党委书记会议上的讲话》(一九五七年一月二十七日),中共中央文献研究室编:《毛泽东文集》第七卷,北京:人民出版社,1999年,第200页。

③ 毛泽东:《共产党是要努力于中国的工业化的》(一九四四年五月二十二日),中共中央文献研究室、中央档案馆编:《建党以来重要文献选编(1921~1949)》第二十一册,北京:中央文献出版社,2011年,第272页。

础"①。新中国成立后,伴随国民经济恢复和社会主义改造的基本完成,国家工业化被提升为社会主义建设的中心地位。毛泽东强调要加快完成国家工业化任务,从工业化角度思考农业的地位和作用,确立了工业为主导、农业为基础,农业服务工业、农村支持城市的重要思想。② 新民主主义革命的彻底胜利意味着发展社会生产力,将政治、文化、经济等落后的农业大国发展成为现代化工业强国成为中国社会主义建设的目标追求。对此,毛泽东认为现代化的基础和核心内容在于工业化,因而过渡时期总路线的表述将工业化确定为社会主义的发展方向,指出"社会主义工业化就是要使中国由工业不发达的国家变成工业发达的国家。"③并且过渡时期教育方针的政策指引也对此作了有力证明。当时中共中央提出,应向各地干部尤其是小学教师"说明国民教育必须服从国家工业化,只有工业生产有了大的发展,农业、交通运输业、商业以及文化教育事业,才有可能得到相应的发展"④。为保证农业为工业发展服务,国家教育要引导农村高小毕业生除小部分升入中学外,绝大部分都要积极、自觉愉快地投入农业生产中,从事农业活动成为"今后安排中小学毕业生的主要方向"⑤。毛泽东认为,农民是工业市场的主体参与者,不仅能够供给工业化所需的"最

① 毛泽东:《在晋绥干部会议上的讲话(一九四八年四月一日)》,《毛泽东选集》第四卷,北京:人民出版社,1991年,第1316页。

② 伴随新中国成立后社会和经济秩序恢复,1953年开始实施了新中国第一个"五年计划"。然而,大规模经济建设导致的国家投资增长过快,使得积累和消费、工业与农业、计划分配与市场等之间的矛盾以农副产品供给不足的形式表现了出来。因此,政务院于1953年发布了《政务院关于实行粮食的计划收购和计划供应的命令》,对粮食等农副产品实行统购统销政策。如该文件规定,生产粮食的农民应按照国家规定的收购粮种、收购价格和计划收购的分配数量将余粮售给国家,农民在缴纳公粮和计划收购粮以外的余粮,可以自由存储和自由使用。

③ 中共中央文献研究室编:《毛泽东思想形成与发展大事记》,北京:中央文献出版社,2011年,第585页。

④ 《中共中央批转山东分局办公厅关于各地解决高小毕业生出路问题的情况报告》(一九五四年一月七日),中央档案馆、中共中央文献研究室编:《中共中央文件选集(一九四九年十月~一九六六年五月)》第15册,北京:人民出版社,2013年,第45页。

⑤ 刘少奇:《关于中小学毕业生参加农业生产问题》(一九五七年四月八日),中共中央文献研究室编:《建国以来重要文献选编》第十册,北京:中央文献出版社,1994年,第186页。

丰富的粮食和原料,并吸收最大量的工业品"①,而且农民作为工业阶级的最可靠同盟者,是国家工业化的忠实支持者。

然而,以工业现代化为目标和中心,并非意味着对农业发展投入的忽视。针对新中国这样一个传统且落后的农业大国,如何解决工业与农业、经济发展与人民生活水平提高、农业的当前利益和长远发展等的协调问题,毛泽东提出以工业为主导,以农业为基础,农业现代化和工业现代化同时并进,即不仅"用机械装备农业,是农、林、牧三结合大发展的决定性条件"②,而且还要提高农村的整体发展水平,只有"把农村也改造得和城市差不多,这才是真正的工农联盟。"③故而"把我国建成一个工业国,其实也包括了农业的现代化。"④毛泽东认为,只有在我国建立一个现代化的工业和农业基础,才能获得比较充分的物质基础,那时"我们的国家(上层建筑)才算充分巩固,社会主义社会才算从根本上建成了。"⑤因此,1954 年的一届全国人大一次会议将农业现代化列为"四个现代化"之一。随后 1956 年中共八大对当时国内主要矛盾作了分析,指出党和全国人民面对的主要矛盾"已经是人民对于建立先进的工业国的要求同落后的农业国的现实之间的矛盾"⑥,为将我国尽快从落后农业国发展为先进工业国,农业现代化建设作为党的重要任务被写进了《中国共产党章程》。

针对如何推进农业现代化,1956 年毛泽东向全党发出"向科学进军"

---

① 《中共中央批转关于一九六五年财贸工作的两个文件》(一九六五年五月二十九日),中央档案馆、中共中央文献研究室编:《中共中央文件选集(一九四九年十月～一九六六年五月)》第 48 册,北京:人民出版社,2013 年,第 347 页。

② 毛泽东:《关于发展畜牧业问题》(一九五九年十月三十一日),中共中央文献研究室编:《毛泽东文集》第八卷,北京:人民出版社,1999 年,第 101 页。

③ 中共中央文献研究室编:《毛泽东思想形成与发展大事记》,北京:中央文献出版社,2011 年,第 585 页。

④ 《做革命的促进派——毛泽东在中共八届三中全会上的讲话》(一九五七年十月九日),中央档案馆、中共中央文献研究室编:《中共中央文件选集(一九四九年十月～一九六六年五月)》第 26 册,北京:人民出版社,2013 年,第 251 页。

⑤ 毛泽东:《一九五七年夏季的形势》(一九五七年七月),中共中央文献研究室编:《建国以来重要文献选编》第十册,北京:中央文献出版社,1994 年,第 491 页。

⑥ 《中国共产党第八次全国代表大会关于政治报告的决议》(一九五六年九月二十七日中国共产党第八次全国代表大会通过),中央档案馆、中共中央文献研究室编:《中共中央文件选集(一九四九年十月～一九六六年五月)》第 24 册,北京:人民出版社,2013 年,第 248 页。

的号召,并在 1957 年指出,"将来,中国要变成世界第一个高产的国家,"[1]所以"搞农业不学技术不行了"[2]。对此,毛泽东提出实施农业集体化生产、机械化耕作、科学种田等提高农业生产和现代化水平。如为提高农业机械化水平,他倡导改良农具,并要求机械部和农业部门尽快"拟出一个适合我国条件的农业机械化方案"[3],还主持制定了《1956 年到 1967 年全国农业发展纲要》(以下简称《纲要》)。为全面落实《纲要》,明确科技的重要性,毛泽东在《工作方法六十条(草案)》中号召全党"一定要学习并且完成这个历史所赋予我们的伟大的技术革命"[4]。毋庸置疑,毛泽东关于包括水利化、化学化和电气化等在内的,以农业机械化为中心的科技进步实现农业现代化发展思路的提出,对于我国农业生产进步起到了显著的促进作用。但仍需客观地承认,毛泽东关于农业现代化的理解或认识多体现在农业集中经营和生产工具进步等方面,其根源在于对社会主义现代化道路的探索,毛泽东将工业现代化强国视为社会主义的发展目标,而农业现代化则是这一目标实现的基础,发挥着支持和保障作用。

所以,尽管这一时期党和中央政府提出了工农现代化的发展理念,但关于发展农业的相关指导是围绕国家工业化实现这个中心所推进的,具有浓厚的农业为工业服务色彩。虽然"城市和乡村要互助合作"[5]是新中国党的第一代中央领导集体探索的符合中国实际的城乡发展道路,但迫于国际局势变化,快速实现国家工业化成为 20 世纪 50 年代后我国社会主

---

[1]《做革命的促进派——毛泽东在中共八届三中全会上的讲话》(一九五七年十月九日),中央档案馆、中共中央文献研究室编:《中共中央文件选集(一九四九年十月~一九六六年五月)》第 26 册,北京:人民出版社,2013 年,第 248 页。

[2]《做革命的促进派——毛泽东在中共八届三中全会上的讲话》(一九五七年十月九日),中央档案馆、中共中央文献研究室编:《中共中央文件选集(一九四九年十月~一九六六年五月)》第 26 册,北京:人民出版社,2013 年,第 250 页。

[3]《中共中央关于组织全民讨论一九五六年到一九六七年全国农业发展纲要(修正草案)的通知》(一九五七年十月二十六日),中央档案馆、中共中央文献研究室编:《中共中央文件选集(一九四九年十月~一九六六年五月)》第 26 册,北京:人民出版社,2013 年,第 323 页。

[4] 毛泽东:《工作方法六十条(草案)》(一九五八年一月),中共中央文献研究室编:《毛泽东文集》第七卷,北京:人民出版社,1999 年,第 350 页。

[5] 张闻天:《城市的地位和城市工作中的阶级路线》(一九四八年八月三十一日),《张闻天选集》,北京:人民出版社,1985 年,第 389 页。

义建设的首要目标。就此,社会主义计划体制的独特优势①的发挥使我国在取得国家工业化发展成就的同时,党对城乡发展的实践探索也出现了偏离预先规划的情形。在农业产出剩余不足和城市工业化积累匮乏等形势下,为实现重工业优先发展,党提出了"以农养工、以乡养城"的政策指导,并由此形成了以城市为偏向的城乡"二元结构"经济特征和城乡居民公共服务保障体系差异的体制特征,如统购统销政策、城乡户籍政策、人民公社化运动、城镇社会福利保障等为主要内容的城乡不平衡发展政策,逐渐导致了城乡要素自由流通的停滞和"二元结构"的形成。

(二)关于这一时期我们党协调城乡发展的总结

以毛泽东为核心的党的第一代中央领导集体基于中国国情实际和对苏联经验的反思,提出以工业为主导、以农业为基础的城乡互助发展实现社会主义工业化。其中,毛泽东等中央领导人高度重视农业的国民经济基础地位作用,提出的农民共同富裕、科学种田、农业机械化等观念对我国农业农村发展具有长远指导意义。但这一时期我国城乡发展出现的较大曲折转变②也充分说明,工业化进程要同农业发展保持协调才能有效推

---

① "社会主义计划体制最先由苏联采用的,之后又进入中国,旨在帮助后发展国家追赶已经实现工业化的地区。它使中国能够积累资本,并将资源用于最优先的领域。"参见〔美〕傅高义:《邓小平时代》,冯克利译,北京:生活·读书·新知三联书店,2013年,第459页。

② 1951年国务院批准实施《城市户口管理暂行条例》时,也在该条例中明确强调了"保障人民之安全及居住,迁徙自由"的原则。但我国城镇化发展并非一直保持向上发展的态势。因发展方针选取起伏较大,历经"一五"时期项目带动的自由城镇化、"二五"时期"盲进盲停"的无序城镇化、"三五"和"四五"时期动荡萧条的停滞城镇化、"五五"时期改造恢复的积极城镇化等曲折发展。整体而言,从新中国成立到1960年,我国城镇化快速发展,平均每年城镇人口增加7.1%。尤其"一五"计划时期,从农村招收了大批人员到城市从事产业工人工作。由此,城市的大规模工业建设也引发了"粮荒",而此时统购统销制度在保证城市工业发展所需的同时,中央也出台户籍管理制度等严格限制人口流动,减少城市粮食供给负担。1961年至1978年间,我国城镇化建设几乎处于停滞状态,城市人口基本依赖城镇人口的自然增长,城镇化率也从1960年的19.7%下降到1978年的17.9%。同时,为了克服这一期间因"大跃进"和人民公社化运动等造成的社会生产生活困难,党中央、国务院采取了压缩城镇人口和缩减市镇等措施。1962年中共中央、国务院发布了《关于当前城市若干问题的指示》,要求全党各级领导机关压缩城镇职工和人口计划,撤销不符合标准的建制镇;1963年又颁布了《关于调整市镇建制、缩小城市郊区的指示》,在撤销了一批不符合标准的建制市同时,还对市的郊区范围作了压缩调整。参见《城市户口登记管理暂行条例》,《中国法律法规大全(CD-ROM)》,北京:北京大学出版社,1998年,第121页;方创琳:《改革开放40年:中国城镇化与城市群之变》,《中国经济报告》,2018年第12期,第92—96页。

进经济社会整体进步。抛开这一时期诸多政治因素的影响,新中国成立之初,在生产力技术水平落后、工业化资金积累不足等条件下优先发展重工业的赶超战略模式,加剧了我国重工业建设周期与资本禀赋之间的矛盾,进而使农业"失血"过多而发展滞后。因此,农业劳动生产率和商品率偏低的状况制约了城镇化与工业化发展,"以农补工"的重工业优先发展模式迫使人为造就了农村发展农业、城市发展工业的城乡二元结构,其深层次原因在于计划经济体制限制了多元经济成分并存,工商业国有化、农业集体化及农民合作社等经济模式束缚了微观经济个体的自主发展空间,城乡交流渠道逐渐趋于单一。同时,资源分配过度向城市倾斜,以保障工业尤其重工业赶超发展,这些社会管理体制和计划经济操控手段等阻碍了城乡生产要素的自由流动,进而致使城乡发展分离。

这一时期,我们党关于发展农业的技术改进及对农业在国民经济中基础地位的认识和定位,对我国后来实施改革开放和发展国民经济起到了重要启示作用。因为城镇化初期阶段对于经济发展发挥着吸纳农村剩余劳动力,以要素供给提高农业生产,缩小工农、城乡差别等作用,然而这一时期控制农村人口向城市流动和发动城市青年下乡[1],以及建立户籍

---

[1] 出于缓解城市就业压力、培养社会主义接班人、建设社会主义新农村、屯垦戍边等多方面考虑,党中央从 20 世纪 50 年代中期开始,发动了知识青年上山下乡运动,一直持续到 20 世纪 80 年代初,历时 27 年时间。1957 年,中共中央、国务院连续下发通知,规定企业、事业单位、机关、学校等不能随意招工,如果招用临时工,应首先从城市失业人员和适龄就业人口中招收,不能解决时,才能从农村招工。并且还规定了临时雇工数量和期限,设立劝阻站及专门遣送流出农民的机构,劝阻和遣返盲流农民回乡。参见 孙成民:《决策知青上山下乡的初心》,《毛泽东思想研究》,2019 年第 1 期,第 121—126 页;杨三省主编:《城乡发展一体化:现代化建设的重要目标和必由之路》,西安:陕西师范大学出版总社有限公司,2016 年,第 23—24 页。

制①等反城镇化倾向造成了城乡二元经济结构和二元社会结构,抑制了城乡融合发展。因此,如何发展农业产业、维护农民利益和提升城乡互助与融合发展内涵,进而实现城乡一体化等,成为我国社会发展进入改革开放时期所面对的重点问题。

二、 城乡经济社会互动发展

党的十一届三中全会的召开,标志着我国经济社会发展开始逐步由计划经济向社会主义市场经济转变,城乡关系也随之发生转变。党的十四大报告正式提出,"我国经济体制改革的目标是建立社会主义市场经济体制"②,由此经济体制改革成为深化改革的重要推手,城乡经济社会交流随之提升,朝着互动方向发展。

(一) 关于城乡经济社会互动发展的实践探索

1. 加快城乡改革发展,保持社会基本稳定

"发展才是硬道理"③。改革开放之初,我国经济对外开放度极低,城乡商品经济也严重落后,消费品短缺,城乡居民物质生活匮乏。邓小平多次强调要进一步解放思想,加快城乡改革的步伐,"中国解决所有问题的关键是要靠自己的发展。"④加快城乡生产发展,不仅是经济问题,更是

---

① 1958 年 1 月,第一届全国人大常委会通过的《中华人民共和国户口登记条例》的公布,标志着我国城乡分割的二元户籍制度正式以法律形式确立。户籍制的确立,限制了人口自由流动,将居民分为城镇非农户口和农村农业户口等两个不同的利益群体。因为"户籍制度不仅有限制人口流动的功能,而且与粮食供给制度、副食品和燃料供给制度、生产资料供给制度、住宅制度、教育制度、就业制度、医疗制度、养老保险制度、劳动保护制度、人才制度、兵役制度、生育制度等结合在一起,使不同户口类型的人享受国家不同的社会福利,而农民与国家诸多社会福利基本上是无缘的。"参见杨三省主编:《城乡发展一体化:现代化建设的重要目标和必由之路》,西安:陕西师范大学出版社有限公司,2016 年,第 24 页。

② 江泽民:《加快改革开放和现代化建设步伐,夺取有中国特色社会主义事业的更大胜利》(一九九二年十月十二日),中共中央文献研究室编:《十四大以来重要文献选编》上,北京:人民出版社,1996 年,第 18—19 页。

③ 邓小平:《在武昌、深圳、珠海、上海等地的谈话要点》(一九九二年一月十八日——二月二十一日),《邓小平文选》第三卷,北京:人民出版社,1993 年,第 377 页。

④ 邓小平:《思想更解放一些,改革的步子更快一些》(一九八八年五月二十五日),《邓小平文选》第三卷,北京:人民出版社,1993 年,第 265 页。

政治问题。特别是苏东剧变发生后,邓小平告诫全党:"世界上一些国家发生问题,从根本上说,都是因为经济上不去,没有饭吃,没有衣穿,工资增长被通货膨胀抵消,生活水平下降,长期过紧日子。"①而我国社会政治局势稳定,根本在于改革开放以来人民生活水平显著提高,党从中获得了人民群众的拥护。所以,以邓小平为核心的党中央坚持将改革创新发展作为提升经济水平进而确保社会环境稳定的重要途径,例如允许城镇个体私营经济发展,其除了活跃商品经济发展,还发挥维持社会稳定的较大作用。随着大批上山下乡青年返城,"由于当时的财政捉襟见肘,政府无力在国营企业中扩大就业",于是以允许家庭搞"个体户"形式避免大批人因失业而造成社会动荡。② 所以,扩大就业和提高城乡居民生活水平是这一时期党获得人民群众政治拥护的基本前提,也是推进城乡互动发展的出发点。

改革开放首先从农村开始,家庭联产承包责任制极大地激发了农村活力,粮食生产取得了显著成绩,农业剩余劳动力也开始大量向城市流动。1984 年,改革的重点从农村转向城市,城市商品经营限制的放开促使个体私营经济蓬勃发展,为城乡居民创造了在城镇谋求发展的大量机遇。然而,因为城乡二元户籍制度等并未取消③,所以尽管城乡居民生活质量得到了提升,但城乡发展二元格局状态并没有得到实质性改变。对此,邓小平强调要继续扩大改革的领域,加快生产发展,在改革和发展过程中解决所遇到的难题。并且邓小平也坚定地认为,和平与发展成为时代主题后,国际局势为我国社会主义建设和发展创造了良好环境,所以应"抓住

---

① 邓小平:《国际形势和经济问题》(一九九○年三月三日),《邓小平文选》第三卷,北京:人民出版社,1993 年,第 354 页。

② [美]傅高义:《邓小平时代》,冯克利译,北京:生活·读书·新知三联书店,2013 年,第 383 页。

③ 1994 年,国家取消了按商品粮为标准划分的农业和非农业户口,改为以居住地和职业为划分标准的农业和非农业户口,实行以常住户口、暂住户口、寄住户口等形式的户籍登记制度。同时,尽管国家在 1997 年放松了小城镇落户政策,但城乡二元固化的态势并未根本改变,城乡居民收入差异随着城镇经济改革实施而不断扩大,城乡居民收入从 1985 的 1.86∶1 扩大到了 2002 年的 3.11∶1。参见谢志强、姜典航:《城乡关系演变:历史轨迹及其基本特点》,《中共中央党校学报》,2011 年第 4 期,第 68—73 页。

时机,发展自己,关键是发展经济"①。

2. 重视农业生产,巩固农业基础地位

鉴于计划经济时代"优先发展重工业"的历史教训,邓小平从生产的最终目的出发,提出以农、轻、重顺序着手国民经济改革发展和实施"三步走"战略,并指出中国经济的发展,首先要看占人口80％的农民能否实现温饱。对此,他强调:"农业是根本,不要忘掉"②。

第一,农业决定温饱问题,事关政局稳定。邓小平针对当时中国80％的人口在农村这一国情,从改革、发展与稳定的角度指出,如果不解决农民的吃饭问题,"没有农村这一稳定的基础是不行的","社会就不会是安定的"③。他高度重视"无粮则乱"这一经济问题和政治问题。第二,农业决定农民脱贫致富,关乎小康社会建设。改革开放最初,邓小平认为争取国民经济的根本好转需从恢复农业着手,"因为农村人口占我国人口的百分之八十","农民没有摆脱贫困,就是我国没有摆脱贫困"④。况且"工业的发展,商业的和其他的经济活动,不能建立在百分之八十的人口贫困的基础之上"⑤。如果农民没有摆脱贫困问题,就无法实现社会整体进步和社会主义共同富裕的目标。第三,对于国民经济现代化而言,没有农业现代化,就没有国民经济的现代化。农业关系国家现代化进程,在国民经济建设中"工业越发展,越要把农业放在第一位"⑥。因此,邓小平从政局稳定、国民经济繁荣和社会现代化进程等层面,强调了农业的基础地位。

---

① 邓小平:《在武昌、深圳、珠海、上海等地的谈话要点》(一九九二年一月十八日——二月二十一日),《邓小平文选》第三卷,北京:人民出版社,1993 年,第 375 页。

② 邓小平:《各项工作都要有助于建设有中国特色的社会主义》(一九八三年一月十二日),《邓小平文选》第三卷,北京:人民出版社,1993 年,第 23 页。

③ 邓小平:《建设有中国特色的社会主义》(一九八四年六月三十日),《邓小平文选》第三卷,北京:人民出版社,1993 年,第 65 页。

④ 邓小平:《政治上发展民主,经济上实行改革》(一九八五年四月十五日),《邓小平文选》第三卷,北京:人民出版社,1993 年,第 117 页。

⑤ 邓小平:《改革的步子要加快》(一九八七年六月十二日),《邓小平文选》第三卷,北京:人民出版社,1993 年,第 237 页。

⑥ 邓小平:《关于发展工业的几点意见》(一九七五年八月十八日),《邓小平文选》第二卷,北京:人民出版社,1994 年,第 29 页。

　　伴随改革深入发展,江泽民强调我国社会城乡统筹发展应"坚定不移地把农业放在经济工作的首位"①,这不仅是对马克思主义关于农业在国民经济和社会发展中具有基础地位思想的坚持,更是结合我国社会发展实际的时代要求。进入 20 世纪 90 年代后,伴随社会主义市场经济发展的逐渐深入,农业在市场化竞争和经济资源配置中处于弱势地位。对此,江泽民认为,若忽视农业的基础地位将导致城乡之间、工农之间、发达地区与欠发达地区之间的差距进一步扩大,二元经济结构矛盾的增加将进一步阻碍城乡共同进步,况且"近几年来我国工业高速增长,农业却明显滞后,工农业发展不协调的情况比较突出"②。所以要实现城乡协调并进发展,不仅需要发展市场经济,还需要更好地发挥政府作用,统筹城乡资源合理分配,弥补农业农村在市场经济中的弱势不足。

　　而且国民经济稳定增长的基本前提之一是保持并扩大内需,农村地区具有进一步扩大内需的巨大潜力,增加农民收入并不断提升农民消费占比是城乡经济良性循环的关键环节。如果"农民收入和农村购买力上不去,扩大内需的方针就难以真正落实,经济发展出现的好形势也难以保持。"③因此,城乡经济社会互动发展的关键之一就是要坚持农业基础地位不动摇,着力推进农业农村农民发展。

　　3. 兼顾工农,统筹城乡共同发展

　　邓小平认为,农业对于工业和国民经济发展具有不可替代的基础地位作用,中国作为一个农业大国,不能脱离农业发展工业。但同时,工业对于农业发展具有带动和促进作用,"中国农村的发展道路不仅是农、林、牧、副、渔,还要搞工业。只有这样,才能增加收入,才能适应农业机械化的需

---

① 中共中央文献研究室编:《江泽民论有中国特色社会主义(专题摘编)》,北京:中央文献出版社,2002 年,第 119 页。

② 江泽民:《要始终高度重视农业、农村、农民问题》(一九九三年十月十八日),《论社会主义市场经济》,北京:中央文献出版社,2006 年,第 141 页。

③ 江泽民:《当前经济工作需要把握的几个问题》(二〇〇〇年十一月二十八日),中共中央文献研究室编:《十五大以来重要文献选编》中,北京:人民出版社,2001 年,第 1463 页。

要。"①工业发展不仅能为农业提供先进机械设备和技术,而且还能吸纳农业剩余劳动力;农业生产进步带动农民购买力提升,扩大了工业品消费市场,农业剩余劳动力转移又推动了工业地发展,②二者相辅相成,相互依赖。因此,邓小平指出,应当"确立以农业为基础、为农业服务的思想"③,其早在 1962 年就明确提出:"支援农业的工业不能减,而且要搞好"④。

进入 20 世纪 90 年代后,改革开放虽然取得了显著成效,但城乡发展差距的扩大要求更进一步加强工业支持农业的力度,促进城乡发展协调。江泽民结合我国工业化发展历程指出,在"建国初期实行依靠农业积累发展工业的战略是必要的。现在条件不同了,应该调整结构,包括调整基本建设投资、财政预算内资金、信贷资金结构。宁肯暂时少上几个工业项目,也要保证农业发展的紧迫需要"⑤。江泽民认为,在我国工业化初期,牺牲农业发展保证工业化发展起步是必要的,但在工业化发展到一定阶段后就应当支持农业发展,实现工农协调进步。1995 年,江泽民在江西考察时对此又作了详细说明,指出:"我国农业为工业的发展,为初步实现国家的工业化,提供了很大的支撑力量,作出了重要贡献。当工业发展到一定程度和一定阶段后,工业就有个着重和大力支持农业、武装农业的问题,这包括工业要拿出一部分人力、物力、财力来支援农业,包括工业要提供更多的适用先进技术和设备来武装农业,也包括在某个时期暂时少上一点

---

① 中共中央文献研究室编:《邓小平年谱(1975～1997)》上卷,北京:中央文献出版社,2004年,第 115 页。

② 邓小平:《在武昌、深圳、珠海、上海等地的谈话要点》(一九九二年一月十八日——二月二十一日),《邓小平文选》第三卷,北京:人民出版社,1993 年,第 376 页。

③ 邓小平:《关于发展工业的几点意见》(一九七五年八月十八日),《邓小平文选》第二卷,北京:人民出版社,1994 年,第 28 页。

④ 邓小平:《怎样恢复农业生产》(一九六二年七月七日),《邓小平文选》第一卷,北京:人民出版社,1994 年,第 326 页。

⑤ 中共中央文献研究室编:《江泽民论有中国特色社会主义(专题摘编)》,北京:中央文献出版社,2002 年,第 119 页。

工业项目,以增加对农业的投入,扶持农业的发展,等等。"①这些讲话,进一步明确了我国社会主义经济发展应当统筹城乡要素流通,兼顾城乡、工农共同进步的发展取向。

4. 发展乡村工业和小城镇,进一步促进城乡互动发展

早在新中国成立之初,邓小平主持西南局地方工作时就已意识到了城乡经济交流的问题存在,指出:"城乡交换出现矛盾,城市的产品多不合农民的需要,而农民需要的城市又没有。"②对于如何解决这个"矛盾",邓小平在1975年时就曾提出,城市应将帮助农村发展小型工业纳入自己的规划,即"工业区、工业城市要带动附近农村,帮助农村发展小型工业,搞好农业生产,并且把这一点纳入自己的计划"③。他还明确指出,真正的社会主义就是要缩小城乡差距,农村仅进行粮食和副业生产是不够的,"农业现代化不单单是机械化,还包括应用和发展科学技术等。城市可以帮助农村搞一些机械化的养鸡场、养猪场,这一方面能增加农民的收入,另一方面能改善城市的副食品供应"④。农业发展和农产品增加,也需要各类农产品加工、农业科技、运输、电力及水利等产业发展,"总之,农业要工业化才行"⑤。

"农村经济的繁荣,带来了小城镇的复兴。"⑥伴随改革开放带来的社会经济不断发展,城乡、沿海与内地等相互间经济交流和要素流动不断加深,城市对乡村的辐射和带动效应也愈加广泛,从物质层面延伸至生活文

---

① 江泽民:《农村改革和发展中的几个重要问题》(一九九五年三月二十三日),《论社会主义市场经济》,北京:中央文献出版社,2006年,第213—214页。
② 马京波:《重读邓小平》,北京:人民出版社,2004年,第348页。
③ 邓小平:《关于发展工业的几点意见》(一九七五年八月十八日),《邓小平文选》第二卷,北京:人民出版社,1994年,第28页。
④ 邓小平:《关于发展工业的几点意见》(一九七五年八月十八日),《邓小平文选》第二卷,北京:人民出版社,1994年,第28页。
⑤ 中共中央文献研究室编:《邓小平年谱(1975～1997)》上卷,北京:中央文献出版社,2004年,第303页。
⑥ 费孝通:《志在富农》,上海:上海人民出版社,2004年,第63页。

化领域①。在此过程中,小城镇作为城乡经济的"中间地带",发挥着重要的衔接作用。江泽民指出:"发展小城镇是一个大战略。城乡差距大,农业人口多,是长期制约我国经济良性循环和社会协调发展的重要因素。加快小城镇建设,不仅有利于转移农业富余劳动力,解决农村经济发展的一系列深层次矛盾,而且有利于启动民间投资,带动最终消费,为下世纪国民经济发展提供广阔的市场空间和持续的增长动力。"②因此,江泽民提出要将加大对小城镇的建设纳入国民经济和社会发展规划之中,并提出制定符合实际的政策保障,赋予小城镇衔接城乡发展的桥梁作用。

小城镇和乡镇企业作为城乡经济的衔接点,对于促进城乡交流和缩小城乡差距发挥出了重要作用。改革开放提出后,我国苏南地区率先实践乡村工业化,乡村产业和城镇化的快速推进加速了城乡之间的经济联系,城乡孤立状态日渐被频繁的经济联系和商业往来所打破。城乡关系的实质性变化,促使中央及国家相关职能部门针对经济社会发展的现实要求而重新调整城乡关系③,由此也引发了"城乡一体化"的概念产生。④所以我国城乡一体化发展理念的提出,最初反映的是人们在改革开放之

---

① 针对改革开放后城市对乡村的辐射和带动作用,傅高义在其著作中有这样一段形象的描述:"当邓小平退出政坛时,大批在沿海地区打工数年的年轻人返回家乡,他们不但带回了沿海地区的商品,而且带来了使他们能够自己办企业、为内地建立新标准的观念和生活方式。这个过程加快了全国性城市文化的传播速度。"参见〔美〕傅高义:《邓小平时代》,冯克利译,北京:生活·读书·新知三联书店,2013年,第652页。

② 江泽民:《大力调整经济结构,促进产业优化升级》(一九九九年十一月十五日),《论社会主义市场经济》,北京:中央文献出版社,2006年,第503页。

③ 如1984年发布的《中共中央关于经济体制改革的决定》提出,"要充分发挥城市的中心作用,逐步形成以城市特别是大、中城市为依托的,不同规模的,开放式、网络型的经济区"。1985年,第七个"五年计划"出台,针对城乡发展问题指出,要"逐步建立以大城市为中心的、不同层次、规模不等、各有特色的经济区网络"。因而在改革开放之初,中共中央关于创新城乡发展实践的方向指导偏于依托城乡流通网络建设,发挥城市的带动和辐射作用。参见中共中央文献研究室编:《十二大以来重要文献选编》中,北京:人民出版社,1986年,第574、809页。

④ "乡镇企业发展初期城乡联系的事实大多是偶然的结合,后来才逐步有意识和有组织地予以加强,从技术、管理、融资、市场多方面把城乡企业结成相互不能分离的关系,出现日趋壮大的横向联营和城乡一体化。"参见费孝通:《志在富农》,上海:上海人民出版社,2004年,第348页。

初所渴望的城乡"二元结构"打破和城乡互动协调发展机制构建的创新与实践探索。

（二）关于这一阶段我们党协调城乡发展的总结

计划经济时代，占总人口 80％的农村居民受本身家庭、农村环境及农业生产等束缚，较少与城市发生直接联系。而"城市中的单位——如政府机关、学校、工厂和军队驻地——都是相对自足的大院，很多单位设有传达室，来客进去之前要向门卫报告。这些封闭的社区为职工及其家属提供基本必需品，如住房、食品、托儿所、学校、医疗和福利。居民很难在自己的工作单位之外得到这些服务。"[1]因此，城乡作为两个相对封闭的经济单元，缺少微观层面的经济交流，阻碍了城乡融合进步。而改革开放后的相关举措实施，如首先发生于农村的经济体制改革[2]解放了农业生产力，再加上城市经济主体放活等政策创新，"刺激"了城乡要素流通，城乡居民收入也随之大幅度增加[3]。

在经济体制深化改革过程中，党非常重视巩固农业基础地位和缩小城乡发展差距，1982 年至 1986 年的每年中央"一号文件"都以农业农村发

---

[1] ［美］傅高义：《邓小平时代》，冯克利译，北京：生活・读书・新知三联书店，2013 年，第 650 页。

[2] 农村经济体制改革将市场化要素引入农业农村发展中，如党的十一届四中全会通过的《中共中央关于加快农业发展若干问题的决定》提出："社员自留地、自留畜、家庭副业和农村集市贸易，是社会主义经济的附属和补充"，因此发展社会主义经济就"应当鼓励和扶持农民经营家庭副业"。1985 年，中共中央、国务院发布《关于进一步活跃农村经济的十项政策》，提出以市场调节大部分农产品的价格，结束了我国计划经济体制下的农产品统购统销政策，进一步加大了城乡之间的互动交流，也由此刺激了农村剩余劳动力向城市的流动。党的十四届三中全会通过的《中共中央关于建立社会主义市场经济体制若干问题的决定》，针对城乡户籍问题明确指出，"逐步改革小城镇的户籍管理制度，允许农民进入小城镇务工经商，促进农村剩余劳动力的转移"。这些政策的出台，从机制体制层面打破了城乡之间对立分隔的壁垒，有利于城乡生产力要素的合理配置，促进了城乡生产和社会生活的结合。参见中共中央文献研究室编：《三中全会以来重要文献选编》上，北京：人民出版社，1982 年，第 185 页；中共中央文献研究室编：《改革开放三十年重要文献选编》上，北京：人民出版社，2008 年，第 743 页。

[3] 1978—1984 年，农村居民家庭人均纯收入增长了 165.9％，年均增长 23.7％；同期城镇居民家庭人均生活费收入增长了 89.9％，年均增长 12.8％。1988 年，农民非农收入比重已从 1978 年的 15％上升到了 36.6％。参见薛晴、马凤娟、孙秀芳：《中国特色城乡发展一体化理论的形成与发展》，北京：经济科学出版社，2017 年，第 79 页。

展为主题,对此给出了证明。但为避免城市无法负担大量进城农民和"上山下乡"返城人员所需的粮食和就业需求,改革开放之初保留了城乡户籍制度及具有城市偏向的财政金融制度①,同时还鼓励发展乡镇企业,吸收农村剩余劳动力。尽管农民从业领域得到了拓展,增加了非农收入,但城乡"二元结构"并未从根本上得以改变,与户籍制相关的城市公共服务体系无法覆盖新增的农民工群体。而且至今,这些仍是我国城乡经济社会发展中改革的重点和难点领域。

农业不仅是国民经济发展的基础性保障,农业现代化还是全面现代化的关键基础。邓小平不仅从经济层面指出了农业现代化发展的重要性,还从政治角度阐释了农业发展进步的必要性。针对实现社会主义农业现代化问题,他强调"以家庭联产承包为主的责任制、统分结合的双层经营体制,""决不是解决温饱问题的权宜之计"②,而是我国乡村集体经济组织的基本制度,农业要实现"两个飞跃"③发展。"两个飞跃"的提出和农业基本经营制度的长期性确立,无疑为我国农业现代化转型升级提供了方向指引与制度保障。

城乡收入不平衡问题的根源在于农业和非农产业间的收益率差异影响着城乡之间的人口流动,进而限制了城乡融合进程。改革开放首先在

---

① 农村家庭联产承包责任制实施后的二十多年内,农民经济负担主要由四大部分:向国家交纳各种农业税;乡村集体经济组织的内部提留、统筹费及劳务;社会性集资、摊派和行政事业性收费与罚款;工农业产品价格"剪刀差"。其中,1979—1994 年,国家以隐蔽形式(剪刀差)从农业中抽走资金大约为 1.5 万亿元。同期农村信用社的准备金累计上缴 618.14 亿元,一般转存款上划 601.96 亿元,但这些资金无法被农民自主使用,且以利率倒挂形式限制了农民发展致富的速度。参见李茂岚主编:《中国农民负担问题研究》,太原:山西经济出版社,1996 年,第 78 页;《农业投入》总课题组:《农业保护:现状、依据和政策建议》,《中国社会科学》,1996 年第 1 期,第 56—71 页。

② 《中共中央关于进一步加强农业和农村工作的决定》(一九九一年十一月二十九日中国共产党第十三届中央委员会第八次全体会议通过),中共中央文献研究室编:《改革开放三十年重要文献选编》上,北京:人民出版社,2008 年,第 608 页。

③ 邓小平认为,我国社会主义农业的改革和发展从长远分析,会有两个飞跃,即:"第一个飞跃,是废除人民公社,实行家庭联产承包为主的责任制。这是一个很大的前进,要长期坚持不变。第二个飞跃,是适应科学种田和生产社会化的需要,发展适度规模经营,发展集体经济。这又是一个很大的前进,当然这是很长的过程。"参见《邓小平文选》第三卷,北京:人民出版社,1993 年,第 355 页。

农村开始,但农民经济收益并没有得到持续性增长,从 1984 年以城市为改革重点开始,城乡差距不断扩大。伴随快速城镇化发展和非农就业机遇增加,农村大量优质劳动力受城乡预期比较收益作用而流向城市,这也符合经济发展客观规律,即产业和人口向优势区域集中。[①] 再加上我国对外开放不断深入,国际粮价"天花板"效应也限制了农民务农收入。所以改革开放后,我国城乡居民收入差距呈现先缩小后又不断扩大的发展轨迹。[②]而且伴随沿海经济特区设立后所引发的市场机遇扩增,进一步加速了城市经济繁荣,导致农村产业要素持续流向城市和城乡"二元结构"固化进一步加深,"三农"问题由此不断突出。

三、 统筹城乡一体化发展

2002 年,党的十六大提出全面建设小康社会的发展目标,强调将建设现代农业、发展农村经济和增加农民收入作为全面建设小康社会的重要任务,这为 21 世纪我党关于协调城乡、工农发展的政策制定与实践开展确立了指导方位。

(一) 统筹城乡一体化发展的推进

城市和乡村作为人类社会经济活动的两个空间,分别是工业和农业的集中分布所在,乡村为城市发展提供原料和劳动力资源,而城市辐射和带动农业产业发展,吸纳农村剩余劳动力。但当工业化发展进入中后期,其自身积累能力不断增长而致使农业变为相对弱势的产业,此时如果忽视工农发展能力的差异,则乡村优质劳动力、资金、土地等要素将不断被

---

① 习近平:《推动形成优势互补高质量发展的区域经济布局》,《求是》,2019 年第 24 期,第 4—9 页。

② 1978—1984 年,全国农民实际人均纯收入平均增长 15.1%,而 1990—1994 年,这一数值仅为 4.3%。1978—1985 年,城乡居民消费水平差距从 2.93：1 缩小至 2.31：1,而到 1989 年时这一数值扩大至 2.84：1;1984—1989 年,城乡收入差距从 1.84：1 扩大至 2.28：1。参见李茂岚主编:《中国农民负担问题研究》,太原:山西经济出版社,1996 年,第 72 页;《农业投入》总课题组:《农业保护:现状、依据和政策建议》,《中国社会科学》,1996 年第 1 期,第 56—71 页;薛晴、马凤娟、孙秀芳:《中国特色城乡发展一体化理论的形成与发展》,北京:经济科学出版社,2017 年,第 79、81 页。

城市吸取,农业农村发展进而将会陷入不可持续的状态。为确保农业的基础地位作用,需扩大并创新实施工业反哺农业、城市支持乡村的城乡发展模式。

20 世纪 90 年代后期开始,在农产品买方市场逐渐形成的情形下,农民增产不增收的矛盾愈加突出,致使农民务农积极性下降。因而在城乡预期收益比较的驱使下,农村劳动力大量流失,影响到了农业农村的长远发展。以胡锦涛同志为总书记的党中央从我国工业化进入中后期阶段后具备了工业反哺农业、城市支持农村发展的能力这一国情现实出发,提出了"多予、少取、放活"的农业发展方针。具体而言,就是要改变以往城市偏向的财政体系,加大"三农"资金投入;加快农业税费改革和基层治理体系科学化转变,减轻农民经济负担;创新农业农村体制机制,加快农村市场化体系建设,赋予城乡居民平等的市场机遇,从而有效缩小城乡发展差距。

继 2002 年党的十六大报告提出"统筹城乡"发展概念后,2003 年党的十六届三中全会提出了"五个统筹"①,将统筹城乡发展列为首位。同时针对我国城乡二元结构逐渐固化和城乡发展差距逐渐拉大等问题,胡锦涛提出:"要坚持把解决好'三农'问题作为全党工作的重中之重,坚持统筹城乡发展,充分发挥城市对农村的辐射和带动作用,充分发挥工业对农业的支持和反哺作用,逐步建立有利于改变城乡二元经济结构的体制。"②例如统筹城乡土地、资金、劳动力等要素资源,提高农业产业发展水平,并使城乡居民享有平等的居住、教育、就业、医疗、社保等公共服务保障,就此开展了免除农业税、新农村建设和乡村医疗改革等一系列工作。

---

① 即"统筹城乡发展、统筹区域发展、统筹经济社会发展、统筹人与自然和谐发展、统筹国内发展和对外开放"。参见《中共中央关于完善社会主义市场经济体制若干问题的决定》(二〇〇三年十月十四日中国共产党第十六届中央委员会第三次全体会议通过),中共中央文献研究室编:《十六大以来重要文献选编》上,北京:中央文献出版社,2005 年,第 465 页。

② 胡锦涛:《构建社会主义和谐社会》(二〇〇五年二月十九日),《胡锦涛文选》第二卷,北京:人民出版社,2016 年,第 288 页。

2004 年,胡锦涛在党的十六届四中全会上提出了"两个趋势"①的论断,并在随后的中央经济会议上明确强调,我国社会发展已进入"以工促农、以城带乡"阶段。但这并非意味着是对城市发展的忽视,反而是为了更好地实现城乡发展均衡与协调并进。胡锦涛强调,为更好地统筹城乡社会经济发展,"要充分发挥城市对农村的带动作用、农村对城市的促进作用,实现城乡经济社会发展一体化。这既是解决农业、农村、农民问题的重大举措,又是增强城市发展后劲的有效措施"②。2007 年,党的十七大正式提出:"建立以工促农、以城带乡长效机制,形成城乡经济社会发展一体化新格局"③。这是"城乡一体化"首次从实践表述上升为国家战略,其发展内涵也从以往的经济联系延伸至经济、社会、文化等全方位领域。2008 年10 月,中共十七届三中全会通过的《中共中央关于推进农村改革发展若干重大问题的决定》提出坚持农业基础地位,并设定了到 2020 年实现城乡经济社会发展一体化体制机制基本建立的发展目标。2010 年 10 月,中共十七届五中全会通过的《中共中央关于制定国民经济和社会发展第十二个五年规划的建议》指出,我国农业基础仍然薄弱,城乡区域发展不协调问题仍然突出,强调要加强农业基础地位,统筹城乡发展和积极稳妥推进城镇化,实现区域良性互动与协调发展。

2012 年,党的十八大进一步强调:"推动城乡发展一体化。要加大统筹城乡发展力度,增强农村发展活力,逐步缩小城乡差距,促进城乡共同繁荣"④。党的十八大后,以习近平为核心的党中央重新审视城镇化对于

① 即"综观一些工业化国家发展历程,在工业化初始阶段,农业支持工业、为工业提供积累是带有普遍性的趋向;但在工业化达到相当程度以后,工业反哺农业、城市支持农村,实现工业与农业、城市与农村协调发展,也是带有普遍性的趋向。"参见《胡锦涛文选》第二卷,北京:人民出版社,2016 年,第 247 页。
② 胡锦涛:《三十年农村改革发展的成功经验》(二〇〇八年九月九日),《胡锦涛文选》第三卷,北京:人民出版社,2016 年,第 91 页。
③ 胡锦涛:《高举中国特色社会主义伟大旗帜,为夺取全面建设小康社会新胜利而奋斗》(二〇〇七年十月十五日),中共中央文献研究室编:《十七大以来重要文献选编》上,北京:中央文献出版社,2009 年,第 18 页。
④ 胡锦涛:《坚定不移沿着中国特色社会主义道路前进,为全面建成小康社会而奋斗》(二〇一二年十一月八日),《胡锦涛文选》第三卷,北京:人民出版社,2016 年,第 631 页。

我国经济社会发展的重要意义,并总结以往发展经验和存在的问题,提出实施新型城镇化战略,以创新发展达到城乡一体化。针对"三农"问题,2013 年和 2014 年的中央"一号文件"都进一步明确了统筹城乡一体化发展的内容要求,以期"健全城乡发展一体化体制机制"①。统筹城乡一体化发展,目的在于缩小城乡差距,推动城乡要素互相流动和公共服务均衡配置,提高农民经济收入和公共服务享有水平,使农民共享改革开放的发展成果。

(二) 关于这一阶段我们党协调城乡发展的总结

统筹城乡经济发展主要涉及城乡资源的优化配置、城乡产业的统筹发展、城乡居民的国民待遇统筹等多个方面,其首要目的在于构建"以工哺农"的体制机制,促进农业农村农民有效发展,协调城乡关系与构建城乡一体化发展格局。虽然经过了改革开放多年的发展积淀,但进入 21 世纪以来我国"农业基础仍然薄弱,最需要加强;农村发展仍然滞后,最需要扶持;农民增收仍然困难,最需要加快"②。因此,在全面小康社会建设提出后,党和国家充分重视农业农村发展,并在 2008 年党的十七届三中全会上提出建立城乡经济社会发展一体化的体制机制,会议通过的《中共中央关于推进农村改革发展若干重大问题的决定》将城乡经济社会一体化发展作为农村改革的阶段性目标之一。同时,为全面促进城乡均衡发展,民生领域也被纳为重点。

从中国特色社会主义制度层面出发强调促进城乡经济社会一体化发展体制机制构建,使得"三农"问题成为进入 21 世纪后党的政策重点。2004—2012 年连续九年的中央"一号文件"都聚焦"三农"问题,针对不同的阶段性问题,围绕"强农惠农富农"这一中心展开了多方面的政策改革

---

① 《关于全面深化农村改革加快推进农业现代化的若干意见》,人民出版社汇编:《中共中央国务院关于"三农"工作的一号文件汇编:1982~2014》,北京:人民出版社,2014 年,第 287 页。

② 《中国共产党第十七届中央委员会第三次全体会议公报》(二〇〇八年十月十二日中国共产党第十七届中央委员会第三次全体会议通过),中共中央文献研究室编:《改革开放三十年重要文献选编》下,北京:人民出版社,2008 年,第 1867 页。

与创新实践。为提高农民务农积极性,中央还提出实施种粮补贴政策和免除农业税等重大调整,成为我国城乡关系历史性转折的突出标志。[1] 在农村基础设施和公共服务质量提升方面,2005年,党的十六届五中全会提出了建设社会主义新农村的重大历史任务,实施了以新农村建设为主要体现形式的农村生产生活环境整体建设和提升工程。此后,党中央还给出了一系列政策引导[2],对打破城乡二元格局、平衡城乡发展地位、提升农村发展动力和促进农民富裕等具有重要理论和实践指导意义。由此,基于中央政策指引,全国各地纷纷纠正以往城市发展依赖向农村"汲取"资源的行政措施,创新改革"三农"支持,如增加农村基础设施建设资金投入,探索农村社会保障制度等。

回顾中国共产党统筹协调城乡发展的历程,社会主义中国在探索现代化道路的过程中始终将农业视为国民经济的基础而高度重视,农村作为农业生产的空间载体、农民作为农业生产的主体也被赋予重要发展地位,不断优化城乡发展的政策指导以缩小城乡差距。由于计划经济时代的特殊性,城乡并未享有平等的经济地位,改革开放后城乡发展差距进一步拉大,乡村要素不断流向城市。在坚持可持续地缩小城乡差距的目标指引下,我国城乡关系发生了从"分离"向"融合"的转变。但长期以来我国工业反哺农业、城市带动乡村的城乡发展模式因缺少有效的载体,导致政策落实困难,表现为从政策号召到地方实践的转化路径单一,过度依赖国家行政主导而未在城乡间形成如资金、人才、技术、信息等合理流动、可持续的、良性互动的城乡融合发展局面,导致农业弱势地位并未随着城镇化、工业化、信息化等发展而得到根本性的改变。

实现城乡融合发展,不仅要继续坚持城市带动农村和工业反哺农业

---

[1] 武力:《论改革开放以来中国城乡关系的两次转变》,《教学与研究》,2008年第10期,第12—18页。

[2] 为更好地推进"以工哺农",实现城乡均衡发展,如2006年中共十六届六中全会提出以和谐社会构建为理念指导,强调纠正城乡发展失衡问题。2007年,党的十七大报告更是明确提出了城乡一体化发展的目标取向,强调建立以城带乡、以工促农的长效机制。2008年,党的十七届三中全会通过了《中共中央关于推进农村改革发展若干重大问题的决定》,详细部署了城乡经济社会一体化发展的实施举措,等等。

的政策指导,还要坚持城乡平等、均衡发展的理念而不断提升农业产业发展能力,进而改变以往城乡关系中以城市为重心的发展指导,实现城乡等值基础上的均衡发展,然而制约这一转变的关键仍在于乡村内在发展能力能否被激活和提升。统筹城乡一体化发展阶段,国家在"三农"领域的资金投入和实践创新不断增加,但并未取得理想预期,主要表现为农业现代化水平不高,仍以简单机械化为主;农业与二三产业协调发展程度有限,三大产业相互渗透的融合度较低,农产品附加值低;农地仍以粗放经营为主,规模小,市场反应滞后。同时,农村教育、医疗等资源配置仍然不足,城乡收入差距仍然较大①,等等。这些深层次问题未得到彻底解决,根源在于"以工补农、以城带乡"的城乡统筹发展模式并没有从根本上激活乡村内生发展活力,农业农村仍处于被动发展的局面。新时代乡村振兴战略的提出,赋予了城乡等值发展地位,即"乡村是具有自然、社会、经济特征的地域综合体,兼具生产、生活、生态、文化等多重功能,与城镇相互促进、共生共存,共同构成人类活动的主要空间。"②所以推进新时代城乡融合发展,在坚持农业农村发展的同时,还要创新发展理念,赋予城乡等值的经济社会功能角色,乡村不再是城市的附属,而是同城市并行发展的地域空间和我国经济社会发展的有效支撑。

第三节 农业农村市场化改革与探索:城乡衔接的逐步增进

城乡作为工农产业分别集聚发展的空间,市场机制的作用发挥为城乡联系的发生搭建了途径。改革开放以来,我们党针对农业创新发展和

---

① 《中华人民共和国国民经济和社会发展统计公报(2003～2012)》数据显示:2003—2012年,城乡居民可支配收入增速分别为:9%、7.7%、9.6%、10.4%、12.2%、8.4%、9.8%、7.8%、8.4%、9.6%;同期农村居民的分别为 4.3%、6.8%、6.2%、7.4%、9.5%、8%、8.5%、10.9%、11.4%、10.7%。《中国统计年鉴(2012)》数据显示:2003—2012年,农村家庭恩格尔系数处于 40%—50%的小康水平区间,而同期城市居民家庭的恩格尔系数处于30%—40%的富裕水平区间。
② 中共中央 国务院:《乡村振兴战略规划(2018—2022年)》,2018年9月。

农村市场化经济运行等进行了一系列改革探索实践,由此基于农业农村市场化创新发展的探索实践而达到了逐步增进城乡衔接的实效,为新时代进一步创新农业农村发展明晰了方向。

一、以乡镇企业为代表的农村市场化改革尝试

乡镇企业作为在乡镇地区兴办的具有支农富农功能的农村集体或农民若干个体集资筹办的企业统称,体现出多层次、多门类及多形式的发展特点,经营内容涉及农业种植养殖、农产品加工、餐饮、旅游、建筑、工业产品制造与维修、运输等多行业领域。在有效地吸收和消化农业剩余劳动力的同时,乡镇企业的出现和兴起又很好地促进了农村非农经济产业,推进了小城镇地区的城镇化发展。

家庭联产承包责任制的改革实施,赋予了农民耕作自主权,农业产业由此也获得了立竿见影的发展成效。但由于城市区域的改革滞后于农村地区,导致大量农业剩余劳动力和农产品无法及时被城镇消化,农村地区因此存在大量的劳动力和农产品剩余[①]。当时"我国百分之八十的人口是农民",如果由此导致"农民没有积极性,国家就发展不起来。"毕竟"总不能老把农民束缚在小块土地上,那样有什么希望?"[②]对此,为打破传统农业产业结构束缚,寻找农村区域经济发展的突破口,中共中央于1984年中央"一号文件"中将农村社队集体经济产业定性为农村经济实现非农化增长的关键突破口,提出乡镇企业是国营企业的重要补充,应"按照互惠的原则,通过提供当地农民需要的各种服务,与农民共同建设农村的物质文明和精神文明,为促进商品生产发展、加强工农联盟、建设社会主义新农村

[①] 参见赵颖文、吕火明:《刍议改革开放以来中国农业农村经济发展:主要成就、问题挑战及发展应对》,《农业现代化研究》,2019年第3期,第377—386页;国家统计局:《改革开放40年我国农业农村发展成就综述》,《中国农业文摘—农业工程》,2019年第1期,第17—22页;本刊编辑部:《中国乡村产业发展70年:从艰难孕育到百舸争流》,《乡村科技》,2019年第28期,第2—3页。

[②] 邓小平:《怎样评价一个国家的政治体制》(一九八七年三月二十七日),《邓小平文选》第三卷,北京:人民出版社,1993年,第213—214页。

做出新的贡献"①。并在之后1985年和1986年的"一号文件"及1987年的"五号文件"中,持续提出放宽涉及限制乡镇企业发展的相关条件的指示。② 基于中央政策的肯定和指引,乡镇企业在全国范围内遍地开花,成为有效增加乡村居民收入和解决了农村剩余劳动力转移就业问题的重要途径,这也成为地方政府大力支持乡镇企业发展的初始动机。

以"大包干"为起点的农地经营制度改革开启了我国由计划经济体制向社会主义市场经济的转变,促进了企业和个人追求经济发展的内在动力提升,城乡各地纷纷探索自主发展模式和致富途径。由于传统农业单一的产业结构必须要有其他产业协同才能满足农民收入需求不断增加的意愿,凭借劳动力资源丰富、用工成本低、接近原材料产地等优势,再加上农业剩余劳动力在获得务工收入的同时还能兼顾家庭,因而乡镇企业在

---

① 《中共中央关于一九八四年农村工作的通知》(一九八四年一月一日),中共中央文献研究室编:《十二大以来重要文献选编》上,北京:人民出版社,1986年,第429页。

② 如1985年中央"一号文件"提出:"国家将以一定的财力物力支持粮棉集中产区发展农产品加工业,调整产业结构。""对饲料工业、食品工业、小能源工业的投资和其他乡镇企业的技术改造费,在贷款数额和利率上给予优惠。"又如1986年中央"一号文件"提出:"乡镇企业的贷款,应按地区、按行业、按用途区别对待,对应当鼓励的行业和后进地区,对流动资金和技术改造,可适当放宽。""国家从征收的乡镇企业所得税和工商税的增长部分中,拿出一部分用于扶持农业;从乡镇企业征收的奖金税归乡财政掌握(没有乡财政的由县财政代管),也用于农业,不准挪用。"并肯定了乡镇企业所发挥的效能,指出"乡镇企业在短短几年时间里,产值已达两千亿元以上,吸收劳力六千万人,为我国农村克服耕地有限、劳力过多、资金短缺的困难,为建立新的城乡关系,找到了一条有效的途径……中央各部门和各地方,都应当积极扶持,合理规划,正确引导,加强管理,使之保持健康发展"。再如,1987年中央"五号文件"提出:"各级政府、各个部门,都应当从全局出发,从调动广大农民积极性出发,为农村经济创造新的发展条件。一刻也不能忽视农村经济的增长,一刻也不能忽视为农民增加收入开辟来源。""农民组织起来进入流通,完善自我服务,开展同各方面的对话,反映了农村商品经济发展的客观要求和必然趋势,今后还会更多地涌现出来,各有关部门均应给予热情支持和帮助。""有条件的地方,还要组织资源开发,兴办集体企业,以增强为农户服务和发展基础设施的经济实力。"参见1985年中央"一号文件":《关于进一步活跃农村经济的十项政策》;1986年中央"一号文件":《关于1986年农村工作的部署》;1987年中央"五号文件":《把农村改革引向深入》。

改革开放初期发展势头迅猛①。但城乡"二元"结构仍在制度层面限制了城乡要素流通,致使以社队为基础的乡镇企业不得不采取就地取材、就地加工和就地销售的原则探寻农村非农经济的发展可能。因此乡镇企业发展之初,由于缺乏充足的产业要素而较多依靠"乡土性"资源②形成低成本的资本积累机制,孕育企业并推动其成长。也由此造就了农业剩余劳动力在农村内部的产业转移,"离土不离乡、进厂不进城"现象成为这一时期农业剩余劳动力转移的鲜明特点。

乡镇企业的发展加速了农村市场化进程,其较高的产值能力③既有效地吸纳了农村剩余劳动力,也明显地带动了小城镇兴起和城镇化加速,农村人口开始向城镇区域大规模转移。对此,费孝通认为这是中国工业化发展的必然之路。④ 因为,消化剩余农产品和转移农业剩余劳动力必须要

---

① 在 1984 年中央发布"一号文件"正式将"社队企业"更名为"乡镇企业",仅当年乡镇企业数量就由 1983 年的 134.64 万户增加到了 606 万户。特别是 1992 年邓小平南方谈话后,乡镇企业发展进入了更加快速的发展阶段。1997 年,乡镇企业吸纳就业人数为 4 039.15 万人,同 1978 年相比净增了 42.9%;1999 年,乡镇企业创造工业增加值 6 247.16 亿元,是 1978 年的 29.84 倍。乡镇企业的总就业人数,从 1978 年的 2 826.5 万人增长到了 1988 年的 9 366.7 万人,到 2004 年达到了 1.38 亿人。详情参见中华人民共和国农业部编:《新中国农业 60 年统计资料》,北京:中国农业出版社,2009 年,第 53 页;伊莱亚斯·哈沃尔、亚历历克西斯·丹塔斯、杨侠:《改革的政治经济分析与当代中国的转型》,《当代世界与社会主义》,2019 年第 3 期,第 126—131 页。

② 主要是指基于血缘和地缘关系而形成的地域化社会关系网络为乡镇企业发展提供启动功效,以及乡镇企业所在地和经营所需的生产资料来源等,均以乡村为主,且产品也多以初级工业品为主,即集血缘、地缘和业缘为一体。参见 陆远、王志萍:《传统与现代之间:乡镇企业兴衰与中国农村社会变迁——以苏州吴江区七都镇为例》,《浙江学刊》,2019 年第 1 期,第 42—49 页。

③ "1978 年底,我国的乡村两级集体企业(即社队企业)已有 152.4 万家,拥有固定资产 229.5 亿元。此后,随着经济体制改革的逐渐深入,乡镇企业的发展速度也不断加快。1996 年乡镇企业个数已达到 2 336 万个。乡镇企业占据中国工业的半壁江山(1999 年乡镇工业增加值占国内工业增加值的比重达到 48.45%);"到 90 年代末,乡镇企业产量占到了工业总产量的 40%,出口占到了国家总出口额的 27%"。参见张晓山:《改革开放四十年与农业农村经济发展——从"大包干"到城乡融合发展》,《学习与探索》,2018 年第 12 期,第 1—7,205 页;伊莱亚斯·哈沃尔、亚历克西斯·丹塔斯、杨侠:《改革的政治经济分析与当代中国的转型》,《当代世界与社会主义》,2019 年第 3 期,第 126—131 页。

④ 丁元竹:《"但恨年迈来更迟"——20 世纪 80 年代费孝通对乡镇企业发展的探索》,《中国发展观察》,2018 年第 16 期,第 19—23 页。

借助市场经济作用机制,由此才能避免重蹈计划经济时代的覆辙而顺利推进城乡可持续发展。故而小城镇作为城乡联接的中介,承担着商品流通的集散地角色,乡镇工业逐渐成为城市工业体系的一部分,城市工业与乡镇工业的密切结合逐渐衍变为区域经济的必然趋势,构成"区域经济系统"[1],这就打破了我国计划经济模式下一二三产业割裂发展的城乡关系逻辑,即仅将农村视为工业生产的原料供应地和产品消费市场,以及"农业的根本出路在于机械化"[2]等。

要素总是趋向高生产率、高回报率的产业或地区流动。进入 21 世纪后,随着城镇化加速和城市工业与服务业体系发展成熟,再加上 1983 年以后国家对农民外出务工限制的放松等,乡镇企业的人口吸纳能力相对大中城市而言则日渐趋弱。但这并不能否认乡镇企业在改革开放初期所发挥出的显著的吸纳农村剩余劳动力和增加农业产业附加值的作用,为我国农村市场化经济建设奠定了经验和产业基础。正如邓小平所言,乡镇企业的"异军突起"是农村改革中"完全没有预料到的最大的收获",在保持数年"百分之二十几的增长率"的同时"解决了占农村剩余劳动力百分之五十的人的出路问题。"[3]所以,乡镇企业的发展优化了农村社会内部分工,在提高农民现代化水平的同时加速了农村社会的商品化、工业化和城镇化发展趋势。[4] 同时,这一时期国家政策的激励也为乡镇企业和县域基层政府等谋划产业赋予了相应的权力、资源及市场竞争等自由运行空间,进而促使产业绩效成为衡量发展成效的重要指标。市场化不仅是市场经济体系的建立健全,"更是市场机制、市场意识和市场准则深入骨髓"而成

---

① 丁元竹:《"但恨年迈我来迟"——20 世纪 80 年代费孝通对乡镇企业发展的探索》,《中国发展观察》,2018 年第 16 期,第 19—23 页。

② 毛泽东:《党内通信》(一九五九年四月二十九日),中共中央文献研究室编:《建国以来重要文献选编》第十二册,北京:中央文献出版社,1997 年,第 285 页。

③ 邓小平:《改革的步子要加快》(一九八七年六月十二日),《邓小平文选》第三卷,北京:人民出版社,1993 年,第 238 页。

④ 冯治、禹仁朋:《邓小平农村改革的逻辑起点、结构安排和价值意蕴》,《邓小平研究》,2019年第 2 期,第 26—34 页。

为人们的思维方式。[①] 可以说,企业以技术为导向的发展进步,改变了乡土社会那种将长辈经验世代相传奉为权威的价值标准和安土重迁的"小农意识",进而农民逐渐被引入到了现代商品市场经济大潮中。因此尽管乡镇企业的历史较为短暂,但在改革开放背景下作为基于农村产业资源和现代产业要素集聚的产业化经营体,其发展实践在带动改革开放初期城乡衔接的同时,也为后来我国农村产业市场化发展提供了方向启示。

二、"贸工农一体化、产供销一条龙"发展探索

乡镇企业以其集聚性根植于小城镇发展,在工农互动发展过程中通过产业和空间集聚形成作用于小城镇发展的经济和社会结构运行机制,其反哺性和地域根植性在乡镇地区城镇化中发挥出得天独厚的优势。[②]但随着我国从计划经济向社会主义市场经济转型的基本完成,国企改革的全面深化以及城市二、三产业体系发展成熟,乡镇企业的发展弊端也愈加明显,其封闭性、社区性、行政与财政依附严重、产权不清及市场竞争力不足等问题逐渐成为发展的阻碍。且伴随农民进城政策逐步放开,乡镇企业由于人力资源流失而进一步加剧了其发展的困难局势。因此,面对量大、面广且分散经营的农户家庭,如何带动农业增效和农民增收等就成了现实而迫切的发展难题,促使国家在政策层面不得不尝试新举措以推进农村产业经济的持续发展。

现代农业的本质和特征表现是以市场为导向的产业化农业(商品农业),以满足市场需求为产业经营的主导。伴随改革开放深入发展,国家相

---

① 吴强:《习近平同志关于农村市场化建设的思想》,《延边党校学报》,2015年第6期,第16—19页。
② 唐伟成、罗震东、耿磊:《重启内生发展道路:乡镇企业在苏南小城镇发展演化中的作用与机制再思考》,《城市规划学刊》,2013年第2期,第95—101页。

关政策也逐渐放宽和变活,尤其农业产业领域。[1] 以农户家庭经营为主体的农业产业迫切需要搭建与市场的有效对接,提高农业经营收入,因而基于农村改革的深入和城乡商品经济的发展等,以农民合作社或其他组织为引领的"贸工农一体化、产供销一条龙"经营模式在我国农村产业发展中快速兴起,成为我国农业产业经营向社会主义市场经济转变的重要一步。并且1997年中共中央、国务院发布的文件也明确提出,"农业产业化经营是推进农业和农村经济实现两个根本性转变的一种有效方式,"而结合当时我国农村经济实际,农业产业化的途径就是"产加销一条龙、贸工农或农工商一体化",[2]这一改革探索的根本就是要保护农民利益,将农业农村同市场连接起来,带动农民经营同市场联结。因为伴随商品经济发展和农民生产提升,农业生产、加工与流通间的脱节问题制约了农村经济,特别是在城乡分割的旧体制下,农产品生产同城市加工业相分离,农民只能以低廉价格出售农产品,难以享有农产品加工的增值收益,抑制了农业生产进步。并且,农民同市场的脱节,也造成了如农民盲目跟风,生产或销售"扎堆"问题交替出现;小农户分散经营同现代农业不相适应,限制了专业化、社会化、科技化和商品化生产发展;农业生产比较利益下降,农民务农积极性下降等诸多问题。为解决这些矛盾,促进农业农村发展,国家在政策层面提出了"贸工农一体化、产供销一条龙"的农业产业化发展

---

[1] 20世纪90年代后期,规模化和集约化生产成为农业产业化的必要条件。农业生产在解决全国人民温饱问题后出现了新的发展问题,即在农户家庭经营基础上如何进一步促进农业生产,实现农民生活富裕并逐渐实现小康。对此,党的十三届八中全会通过的《关于进一步加强农业和农村工作的决定》提出了90年代促进农业农村经济发展的一系列改革方针。为进一步落实工作,促进农民增收和解决分散农户适应市场困难等问题,国务院于1993年印发了《九十年代中国农业发展纲要》,提出:"实行'种养加'、'贸工农'结合,开拓农村新兴产业,促进农林牧渔业与二产业协调发展,发展贸工农一体化、产供销一条龙的系列化综合服务。"1997年,当时的国家经贸委等联合印发了《〈关于发展贸工农一体化的意见〉的通知》,进一步从构建贸工农一体化试点、利益联结机制、运行机制、银企合作等诸多方面详细地提出了发展指导,等等。

[2] 张根生:《积极推进产加销一条龙、贸工农一体化为重点的农业产业化》,《广东社会科学》,1997年06期,第18—24页。

模式,鼓励农村专业性的商品生产。[1]

"贸工农一体化、产加销一条龙"产业化经营带动了工业化产业要素和资金等向农业农村流动,如"公司(龙头企业)＋农户"的产供销合作模式,不仅提高了农业生产的要素供给水平,还提高了农民经营的组织化程度,化解了"小生产"同"大市场"间的矛盾。农业同二三产业协同发展,取得了使农业的内涵不断拓展、农工商之间联系更为紧密、农业产业链也更为完整的发展实效。[2] 也就是,"贸工农一体化、产加销一条龙"经营使小农户家庭经营同适度规模农业生产与建立规范有序市场流通形成了有机衔接,既稳定并结合了农业生产和市场连接,也使农民利益在产业链构建中得到了确保,同时还带动了农业科技投用和农业生产性服务组织的发展。概而言之,这一发展举措探索出了从分散的农户家庭经营向农业产业化[3]经营逐步转变的可行性路径,提高了农民的市场参与度,使农村改革同城市改革连接了起来,农业生产被引入了社会主义市场经济,进而以农业为基础多种产业协同经营的模式创新与经营效益提升等促进了工农结合,优化了城乡要素配置。

三、 农业产业化经营的深入推进

我国加入世贸组织后,农业领域也成为对外贸易的重要组成部分。因此,面对国际农产品竞争,我国农业产业结构单一、商品化程度低等状况制约了其国际市场竞争力。2001 年,党中央、国务院综合国际与国内经济环境发布了《中华人民共和国国民经济和社会发展第十个五年计划纲

---

[1] 参见江泽民:《要始终高度重视农业、农村、农民问题》(一九九三年十月十八日),《论社会主义市场经济》,北京:中央文献出版社,2006 年,第 146 页。

[2] 刘福毅、杨金柱、陈建昌:《农业产业化中的金融功能拓展:金贸工农一体化案例》,《金融发展研究》,2011 年第 12 期,第 41—45 页。

[3] 农业产业化,就是农业生产"以国内外市场需求为取向,以提高经济效益为核心的,以当地资源优势和加工流通企业为依据,以农产品生产基地为基础,对农产品区域化布局、专业化生产、企业化管理、社会化服务、产加销、贸工农一体化经营所形成的一种较为完整的产业系统。"参见王慧娟:《对农业产业化生成、发展及作用的再认识》,《中国经贸导刊》,2011 年第 19 期,第 32—33 页。

要》,明确将农业产业化经营确定为推进农业现代化发展的重要途径,鼓励如"公司加农户""订单农业"等多形式发展模式。同时还在政策、财政等方面鼓励与扶持农产品加工、销售、科研等产业单位与农户构建起利益共享机制,提升农户市场参与度。农业产业化经营作为"贸工农一体化、产供销一条龙"的进一步发展,也因此成为自 2004 年始连续多年中央"一号文件"强调的政策要点。①

伴随统筹城乡一体化发展的具体深入,国家政策进一步将培育乡村产业内生发展驱动力作为重点,鼓励多种形式的农业产业化经营,扶持种养大户、涉农龙头企业、家庭农场、农民合作社等多种新型农业经营主体发展。这些新型农业经营主体的经营业务涉及农产品加工与营销、观光、文创、生态体验、康养、餐饮等诸多领域,进而形成了农业与二三产业融合发展格局,拓展了农业产业链。2012 年,原农业部和财政部联合出台文件(《国务院关于支持农业产业化龙头企业发展的意见》),启动实施农产品产地初加工补助政策,明确指出农业产业化龙头企业集资本、技术和人才等要素,是带动农户专业化、标准化、规模化和集约化生产和构建现代农业产业体系的重要主体,也是推进农业产业化经营的重点。2014 年,原农业部又发布了《农业部关于进一步促进休闲农业持续健康发展的通知》,强调休闲农业对于农业增效、农民增收、农村环境改善、增加就业容量和促进经济社会发展等发挥着显著促进作用,能够有效推动一二三产业良性互动,拓展农业多功能价值空间。基于国家政策指导,在鼓励农业产业化发展方面形成了从国家层面顶层设计到地方政府具体落实的宏观到微观的发展指导体系。

---

① 如 2004 年中央"一号文件"(以下各年"一号文件"简称"文件")提出:"加快发展农业产业化经营。各级财政要安排支持农业产业化发展的专项资金,较大幅度地增加对龙头企业的投入。"2005 年"文件"提出:"继续加大对多种所有制、多种经营形式的农业产业化龙头企业的支持力度。鼓励龙头企业以多种利益联结方式,带动基地和农户发展。"2006 年"文件"提出:"要着力培育一批竞争力、带动力强的龙头企业和企业集群示范基地,推广龙头企业、合作组织与农户有机结合的组织形式,让农民从产业化经营中得到更多的实惠。"2007 年"文件"提出:"开发农业多种功能,健全发展现代农业的产业体系"。2008 年"文件"在倡导地方政府继续发展农业产业化时,要扶持涉农企业等集群、跨区域发展,还进一步提出:"支持发展'一村一品'"。参见人民出版社汇编:《中共中央国务院关于"三农"工作的一号文件汇编:1982~2014》,北京:人民出版社,2014 年,第 83、107、120、144、162 页。

尽管改革开放后中国共产党所进行的上述实践探索举措主要以农业农村为实施对象,但这些改革举措的出台却是城乡发展变化的共同作用的结果。由于改革开放的探索实施在城乡间不同步,农村作为改革的先行者,农业生产力水平的提升使得城市空间在改革开放最初还难以容纳大量的农业剩余劳动力资源,因而以乡镇企业为代表的农村市场化改革为农民就地就近非农就业提供了新空间。同时,乡镇企业的兴起增进了城乡联系,打破了传统概念上的工农产业分布格局,工业化生产要素"下乡"为农村市场化转变、农业产业链拓展与延伸以及农民就业非农转移等提供了方向条件,并为探索农业生产与城市产业要素结合而创新农业产业经营积累了发展经验和奠定了产业基础。随着改革开放的不断深入,城乡经济活力对比使得农村市场化程度和市场对接能力等偏低的问题愈加突出,而农业生产的产业化转化不仅缓解了农民因市场对接困难而生产积极性较低的问题,还为小农户经营同农业的适度规模经营建立有效衔接提供了路径探索和利益链构建尝试。加入世贸组织后,农业生产相对落后的现实促使党在政策上将开发农业多功能价值、提升乡村经济内涵及丰富农业经营主体结构等作为深入推进农业产业化发展的重要举措,进一步提升了乡村市场化发展能力。可以说,从农村市场化改革尝试到"农工贸一体化、产供销一条龙"农业产业化转型探索,再到多样化农业经营模式培育,这一改革实践历程逐步凸显了基于市场衔接城乡而创新农业农村发展的重要作用。概而言之,经济社会的稳定发展离不开以农业产业发展为基础,农村的地域属性决定了以农业为产业主导的特点,由此保持城乡协调发展需要市场机制下的城市产业要素不断融入农业农村,进而以农村产业结构的内涵提升增进城乡发展联系,于是农业农村的改革创新发展成为基于市场衔接而巩固城乡协调发展的必要环节。

"农业现代化的基本标志之一,是农业部门的人均收入与城市非农产业部门人均收入的趋同。农业劳动生产率的提高,是实现这一趋同目标的根本途径"。[1] 政策上的历史欠账和市场经济条件下城乡长期不平衡不

---

① 郭剑雄:《工业化进程中的农业发展》,北京:中国社会科学出版社,2017年,第9页。

充分发展等,促使党对于农业农村顺应市场化发展做出重大政策创新,为农业产业转型发展引入了二三产业要素资源并赋予了乡村产业自主发展的空间。党的十九大提出了构建城乡融合发展体制机制和政策体系,加快推进农业农村现代化的要求,但从改革开放经验价值赋能①后续发展的角度分析,这一方面离不开国家的政策利导,将顶层设计与基层实践创新相结合,为乡村产业自主发展提供自由运行空间;另一方面,"农村市场化是农村改革和发展的基础和关键"②,构建多层次、全方位、多功能的农村市场化体系是加快农业农村发展的重要举措。由于一个新发展观念能否被纳入政策范畴,离不开已有的确定认知作为参考以进行考量,进而明晰新观念政策化的合理性和探寻其演进空间,③也就是通过参考已有经验来确定新观念能否被纳为政策并被予以实施的合理性。因此,以农村产业创新发展为基础实现城乡均衡发展转变,需要坚持市场化运行原则。正如改革开放初期居民收入高增长率带动了消费能力④,进而刺激了乡镇企业产品生产的爆炸性增长⑤,新时代人们日益增长的美好生活需要与发展不平衡不充分的社会主要矛盾转化为乡村依赖农村产业融合实现城乡发

---

① "'赋能'一词最早出现在积极心理学中,原意是为某一主体赋予某种能力或能量,旨在通过言行、环境或态度的变化给其带来正能量。后被广泛应用于商业和管理学等领域,以最大限度发挥个体的才智和潜力。"所谓政策赋能,就是以政策利导激发政策对象的内在积极主动性,使参与主体朝着满足政策预期的利好方向发展。参见刘承昊:《乡村振兴:电商赋能与地方政府外部供给的困境与对策》,《西北农林科技大学学报(社会科学版)》,2019年第4期,第122—130页。

② 习近平:《中国农村市场化建设研究》,北京:人民出版社,2001年,第21页。

③ 董玄、陈思丞、孟庆国:《对比观念、共同认知与政策制定——以土地托管政策过程为例》,《公共行政评论》,2019年第3期,第48—66、190页。

④ 据资料统计,改革开放初期我国城镇居民的人均可支配收入从1978年的343元增长到了1991年的1701元,年均实际增长6.0%;人均消费支出从1978年的311元增长到了1991年的1454元,年均实际增长5.5%。农村居民的人均可支配收入从1978年的134元增长到了1991年的709元,年均实际增长9.3%;人均消费支出从1978年的116元增长到了1991年的620元,年均实际增长7.5%。参见 国家统计局:《居民生活水平不断提高 消费质量明显改善——改革开放40年经济社会发展成就系列报告之四》,2018年8月31日,http://www.stats.gov.cn/ztjc/ztfx/ggkf40n/201808/t20180831_1620079.html。

⑤ 伊莱亚斯·哈沃尔、亚历克西斯·丹塔斯、杨侠:《改革的政治经济分析与当代中国的转型》,《当代世界与社会主义》,2019年第3期,第126—131页。

展进一步的衔接提供了可能。依据我国农村地域特点因地制宜地实现以农业为基础的一二三产业各有侧重的产业融合发展，是农业产业由增产向提质的进一步创新发展。产业作为支撑地域经济发展和影响人口集中分布的关键因素，改革开放以来我国城乡人口流动的变化是以产业为引导的渐变过程，城乡协调并进发展首先需要在产业要素方面实现流通和均衡分布，打破以往城乡产业分离的格局，进而以农业现代化水平提升缩小城乡劳动力收入差距。所以，改革开放40多年来中国共产党关于农业农村创新发展的渐进性改革实施和发展积淀，不仅为新时代城市支持乡村和乡村内生自主发展的有机统一逐渐明晰了以市场为基础密切城乡联系的发展方向，还为此奠定了衔接城乡的农业产业市场化发展基础和探索农村产业融合的改革实践基础。

城市和乡村作为经济社会发展的空间载体，二者在发展上是相互依赖的，农业现代化是城镇化的基础，城镇化则为农业现代化提供了目标指向，城镇化与农业现代化相互协调，带动城乡共生共荣发展。回顾并总结历史，虽然党采取了一系列举措以缩小城乡差距，但城乡不平衡的发展格局并未得以彻底扭转，推进城乡融合发展的根本在于以市场为纽带促进城乡要素互相流通。其中，农业作为国民经济发展的基础，尽管新中国成立以来各时期内党协调城乡发展的主题或内容侧重不同，但坚持农业基础地位是党指导城乡发展政策制定的基本立场。

由于我国经济体制从计划经济向市场经济转变过程中并未形成基于古典市场经济条件下的城乡要素配置机制，因而造成了城乡二元结构问题的长期性和复杂性。进入21世纪以来，基于城镇化辐射带动功能作用下的"以城带乡、以工补农"模式对农业农村发展和农民市民化等起到了显著的促进作用，但并未真正改变我国城乡二元结构格局和扭转城乡差距扩大趋势，这其中既有体制机制的原因，也有城乡市场联系不足的因素。然而，体制机制改革和市场经济是互为补充、共同作用经济社会发展的，且市场机制的作用发挥更有利于保证体制机制改革的任务落地。总体而言，改革开放以来国家行政主导下的城乡经济体制改革提升了城乡产业经营主体积极性,但实践也表明,国家行政主导在赋予城乡经济发展活力的同时,伴随而来的城乡差距问题也"误导"了政策制定过程中对于"三农"发展能力的"评估研判"。在城乡发展对比中,农业产业被习惯性认为是弱竞争力产业,是被扶持发展的对象,因此,"'三农'成为各级'党政权力'利用其掌握的财力和资源加以改造的对象,进而呈现出政府与市场功能错位、农民利益空间压缩和农业农村发展潜力压制"①。

城乡关系是经济社会的基本关系,乡村作为经济社会发展的重要基础,乡村发展的过程就是不断缩小城乡差距并逐步实现城乡一体化的过程②,城乡关系的变化既是认识乡村发展状况的基本面,也是政策优化的重要依据。如果"没有农业农村现代化,就没有整个国家现代化。在现代化进程中,如何处理好工农关系、城乡关系,在一定程度上决定着现代化的成败。"③党的十九大报告指出,促进农村一二三产业融合发展是乡村振兴战略的重点之一,且在随后的相关文件中进一步将农村一二三产业融合发展定位于"农业农村经济转型升级的重要抓手和有效途径"④这一重要位置。因此,新时代城乡融合发展的关键环节就在于能否基于市场机制而进一步创新农业农村发展,激发农村内生发展活力,改变以往行政力量推动下的路径依赖,变行政主导为市场主导,即在社会主义市场经济不断深入发展的条件下,通过农业产业优化升级刺激城乡产业要素相互流通加强,是新时代我国城乡融合发展的一项合理路径选择。

综合上述分析发现,城乡关系问题伴随人类社会生产力进步而呈现

---

① 翟坤周:《"三农"发展的时代意蕴与乡村振兴的集成路径》,《福建论坛(人文社会科学版)》,2019年第6期,第48—56页。

② 杜志雄、张兴华:《世界农村发展与城乡关系演变趋势及政策分析》,《调研世界》,2006年第7期,第7—8、47页。

③ 习近平:《把乡村振兴战略作为新时代"三农"工作总抓手 促进农业全面升级农村全面进步农民全面发展》,《人民日报》,2018年9月23日第1版。

④ 农业农村部:《农业农村部关于实施农村一二三产业融合发展推进行动的通知》,中华人民共和国农业农村部网,2018年7月20日,http://www.moa.gov.cn/nybgb/2018/201807/201809/t20180912_6157146.htm。

出不同的阶段表现,马克思、恩格斯在批判继承空想社会主义思想家们成果的基础上,关于城乡关系发展规律的科学阐述为我国协调城乡发展提供了思想基础,而列宁、斯大林关于城乡、工农发展的相关论述与实践,为新中国实施城乡发展实践提供了直接的经验借鉴。由于计划经济时代特殊的国际和国内局势,造成了我国城乡二元结构的发生。

持续稳步推进改革开放创新发展,要求做好新时代城乡发展的政策规划与改革创新,首先需要分析和总结以往党协调城乡发展的实践历程,以更好地保证新时代城乡融合发展实践运行稳健。回顾新中国成立以来中国共产党协调城乡共同发展的历史,从追求社会主义工业化到小康社会建设,到全面建成小康社会,再到全面建成社会主义现代化强国,既是中国共产党关于实现现代化的目标分解同中国社会具体发展实际与问题相吻合的过程,也是尊重农民积极性、充分发挥政府主导作用,并不断凸显市场和科技力量作用的过程。这一过程呈现为,借助政策和市场的综合作用优化要素资源在城乡间的合理配置,要求既要发挥"市场在资源配置中起决定性作用",又要"更好发挥政府作用"①进行体制机制改革以破除阻碍城乡要素自由流动的壁垒,形成城乡要素双向流通的良性循环。城乡融合是伴随社会生产发展而不断推进的历史进程,也是针对农业农村发展"短板和潜力的统一","既要注重发展机会公平,又要注重资源配置公平。"②

伴随改革开放的深入和市场经济发展的形势变化,中国共产党针对农业农村发展进行的一系列改革创新发展探索,为社会主义市场经济条件下以城乡产业有机衔接为途径促进城乡融合发展提供了铺垫和实践基础,也为我国城乡均衡发展的实现逐渐明晰了发展取向,是新时代中国特色社会主义党进一步协调城乡接续发展的着力点所在。"城乡一体化"概念的提出,为我国城乡发展提供了目标导向和价值引领,即"在工农城乡

---

① 习近平:《关于〈中共中央关于全面深化改革若干重大问题的决定〉的说明》,《人民日报》,2013 年 11 月 16 日第 1 版。

② 习近平:《以新发展理念引领发展》,中共中央宣传部编:《习近平总书记系列重要讲话读本(2016 年版)》,北京:学习出版社·人民出版社,2016 年,第 134 页。

一体化规划的过程中,应着重突出农业发展的迫切性"①。然而如何实现"城乡一体化",宏观步骤上就需要由理念指引向实践探索转变,微观举措上也需要从外力输入扶持乡村发展向外力输入同乡村内生动力培育结合转变。也就是指,新时代城乡融合发展需要一以贯之地坚持农业的国民经济基础地位,并立足乡村本身,借助城市辐射效应的驱动和农业产业创新发展的内生动力,在城乡产业有机融合基础上实现乡村经济、文化、生态环境、公共服务等整体提升,达到城乡等值与均衡发展状态。

---

① 龚勤林、邹冬寒:《乡村振兴背景下工农城乡耦合协调水平测度及提升研究》,《软科学》, http://kns.cnki.net/kcms/detail/51.1268.G3.20200420.1629.006.html。

第三章 新时代城乡融合依赖乡村基于农村产业融合的内生式转变

新时代乡村振兴战略实施背景下,城乡融合的主要障碍在于乡村发展相对落后,[1]因此如何弥补农业现代化短板成为新时代我们党着力解决的重点难题。党的十九大报告提出建立健全城乡融合发展体制机制和政策体系,改变了以往乡村附属城市的发展地位,明确了乡村在全面建成小康社会和全面建成社会主义现代化强国中的重要地位。可以说,"40年前,我们通过农村改革拉开了改革开放大幕。40年后的今天,我们应该通过振兴乡村,开启城乡融合发展和现代化建设新局面。"[2]协调新时代城乡发展,需要在继续坚持并创新农业农村发展中实现乡村内生发展转变,走一条城乡平等、共生共存的融合发展道路。

第一节 新时代城乡融合发展诉求:乡村内生发展转变

一、 新时代要求中国共产党继续坚持并进一步创新农业农村发展

新中国成立以来,中国共产党始终坚持农业基础性地位,在协调城乡发展中重视农业农村同步发展。改革开发后,基于市场化经济发展,农业农村创新经营在提升乡村发展能力的同时,也增进了城乡发展的衔接。

---

① 刘彦随:《中国新时代城乡融合与乡村振兴》,《地理学报》,2018年第4期,第637—650页。
② 习近平:《把乡村振兴战略作为新时代"三农"工作总抓手 促进农业全面升级农村全面进步农民全面发展》,《人民日报》,2018年9月23日第1版。

中国特色社会主义进入新时代后,经济社会发展的阶段性任务出现变化,要求党继续坚持并进一步创新农业农村发展以实现乡村自身发展能力的提升。

习近平指出,"三农"问题是影响我国全面现代化建设的根本问题,"如果不能解决好'三农'问题,城乡差距扩大的趋势得不到遏制,大量的农民不能转为安居乐业的市民,全面建设小康社会的目标无法实现,甚至会陷入经济停滞、社会动荡,有增长无发展的现代化'陷阱'。"①一方面,"农业是安天下、稳民心的基础产业,'三农'问题始终与我们党和国家的事业休戚相关。"②另一方面,改革开放以来我国经济社会发展的成就取得,证明了解决好"三农"问题的必要性和重要性。"改革开放以来,我们率先推进农村改革,农村面貌发生巨大变化。近年来,党中央坚持把解决好'三农'问题作为全党工作的重中之重,不断加大强农惠农富农政策力度,农业基础地位得到显著加强,农村社会事业得到明显改善,统筹城乡发展、城乡关系调整取得重大进展。"③所以,新时代保持城乡协调并进发展的关键仍在于"三农"问题解决,需要进一步坚持和创新农业农村发展。

然而,解决好新时代"三农"问题,不仅要在城乡融合中发挥"以城带乡"的作用,更为重要的是创新城乡发展指导,在市场机制中增强乡村内生发展能力。改革开放40多年的发展积淀,使我国具备了"以城带乡"的经济基础和物质技术条件。正如习近平总书记所提出的,当前我国社会发展"到了工业反哺农业、城市支持农村的发展阶段"④,而且要"把工业反哺农业、城市支持农村作为一项长期坚持的方针,"⑤但同时也因为改革开

---

① 习近平:《干在实处走在前列——推进浙江新发展的思考与实践》,北京:中共中央党校出版社,2016年,第148页。

② 习近平:《干在实处走在前列——推进浙江新发展的思考与实践》,北京:中共中央党校出版社,2016年,第148页。

③ 习近平:《健全城乡发展一体化体制机制 让广大农民共享改革发展成果》,《人民日报》,2015年5月2日第1版。

④ 习近平:《健全城乡发展一体化体制机制 让广大农民共享改革发展成果》,《人民日报》,2015年5月2日第1版。

⑤ 习近平:《健全城乡发展一体化体制机制 让广大农民共享改革发展成果》,《人民日报》,2015年5月2日第1版。

放以来我国阻碍城乡深度互动与交流发展的体制机制等障碍因素并未得以彻底消除,涵盖户籍制度、教育、医疗、社保、住房等多个领域,使得城乡居民之间、市民与农民工之间等仍存在较大的国民待遇差异。以往各级地方政府城市倾向的经济政策,不仅抬高了社会总体发展的成本,还因为我国城乡二元结构,致使市场机制未在本质上形成影响城乡一体化发展趋势的深层次动力机制。另外,"农村人口城镇化的能力不足和成本过高不仅在实践中已经限制了农村人口城镇化的进程,而且还降低了农民工市民化的预期和意愿。"①对此,习近平强调必须健全体制机制,让广大农民共同分享现代化成果,②着力构建城乡融合体制机制,形成以工促农、以城带乡、工农互惠、城乡一体的新型工农城乡关系,以城乡居民基本权益平等化、城乡公共服务均等化、城乡居民收入均衡化、城乡要素配置合理化和城乡产业发展融合化等要求的逐步实现为内容。

因此,在城乡融合发展基础上实现农民富裕和城乡居民收入机会均等化,并非以往单向度的"以工哺农"发展,而是通过生产要素的合理流动和组合优化逐渐缩小城乡间的发展差距,并最终达到一体化发展。③ 也就是,在工业和城市带动下孕育并不断提升农业农村内生发展能力,并以全面深化改革为保障与内容实质。那么具体而言,就是要我们党继承并创新关于协调城乡共同发展的指导,持续优化政府与市场在引领经济社会发展中的作用关系。城市和乡村作为城乡融合体系内部的两个单元,新时代要求打破城乡属性的要素局限以挖掘"三农"发展潜力,所以更加需要以农业产业市场化水平提升而确保农业农村保持可持续发展能力。但这也并不意味着完全以市场作用机制的发挥替代政策的指导作用。一方面,从二元结构向一体化发展转变的初期,城乡经济发展能力不均衡差距

---

① 简新华、何志扬、黄锟:《中国城镇化与特色城镇化道路》,济南:山东人民出版社,2010 年,第 313 页。

② 习近平:《关于〈中共中央关于全面深化改革若干重大问题的决定〉的说明》(2013 年 11 月 9 日),《习近平谈治国理政》,北京:外文出版社,2014 年,第 81 页。

③ 黄小明:《收入差距、农村人力资本深化与城乡融合》,《经济学家》,2014 年第 1 期,第 84—91 页。

展现出的"虹吸效应"会持续作用,引起城乡生产要素分配不合理趋势拉大。尽管当城市发展到一定程度后,资金、技术、人力等产业要素会向乡村区域流动转移,但这种城市向乡村的"扩散效应"并不能自动驱使城乡发展差距弥合,初期需要政府发挥主导作用,创造平衡工业与农业发展的条件。[①] 另一方面,由于城市和乡村在经济发展能力上存在客观差距,等量产业资源在城乡产业体系中分别产生的效益存在差异。因而在城乡经济能力的不平衡驱使下,乡村资源要素会存在向城市"回流"现象,尤其人力资本要素。

由此在不断推进新时代社会主义市场经济迈向高水平发展的条件下,要求我们党既要坚持农业农村的基础性地位,又要在城乡均衡发展目标指向下不断创新市场和政府的合力作用发挥。最终,通过不断丰富乡村产业结构,实现以农村内生经济能力提升促使乡村获得平等发展地位的转变,进而引发城乡均衡发展实现。

二、 新时代城乡融合要求"以城带乡"与乡村自主发展有机结合

中国特色社会主义进入新时代后,以城乡融合发展为道路选择,实施乡村振兴战略,力求实现城乡一体化发展格局。因而推动城乡融合发展,要求将城乡经济社会发展视为一个有机整体,城市和乡村分别是其内部相互作用的两个基础单元,由此基于经济社会发展进步而言,无论城镇化的拉力作用,还是乡村区域发展形成的推动力作用,它们都应被视为城乡发展的内在驱动。也就是,城乡融合发展是城镇化和乡村产业发展带来的"逆城市化"的双向进程,既离不开以城带乡的作用发挥,也离不开农村区域依据自身资源要素实现的自主发展。

针对城镇化作用于城乡融合而言。推进城乡融合需要城乡公共基础

---

① Ranis G, Fei J, "A Theory of Economic-Development", *American Economic Review*, Vol. 51, No. 4(September, 1961), pp. 533—565.

设施的对接,从而在城乡人口流动中推动农村和城郊地区的城市化发展。[①] 除此以外,实现城乡融合发展,在保证城乡产业融合和要素合理配置基础上的居民收入均衡外,还需要城乡公共服务、基本权益平等化和乡村治理有效。[②] 因而推进新时代城乡融合发展,不仅需要依靠城乡产业的融合,还需要城镇化带动城乡基础设施和公共服务发展均衡。新型城镇化以提升城市经济能力、社会服务能力和居民生活质量等为要义,即城市经济越发达,在提高城市居民生活质量方面就越具有优势,对农村人口就越有吸引力。由此,在城市人口数量不断增加的背景下,为保障城市经济社会机制正常运行,空间规模扩张是城市发展的必然趋势,进而城市首先带动郊区乡村地区实现城镇化发展。所以,城乡间的融合发展从最初时间层面的人口迁移转变为地理空间层面的衔接融合,再到生产生活的全方位渗透融合。但就现实发展而言,这一过程存在的问题是,以城市为主导的城乡融合模式需要依赖城市"具备足够的经济、资源、社会条件,为城乡融合发展过程中城市化、城乡居民生活水平改善、缓解城乡深层次矛盾等提供持久的物质支撑"[③]。与此相对,通过发展农村经济,以农业产业结构转换提高农村居民收入水平和生活质量,以农村消费空间打造和农村市场升级等双重作用刺激城市资金、产业、技术、人才等向农村区域流动,不仅提升了农村人力资源结构,而且还随着城乡经济互动带动了城乡边界融合的扩展,从城乡生产、生活交叉融合发展为地理空间融合。但这一过程因我国地域复杂性而存在是否具有普适性的疑问。且我国国情的特殊性,也决定了不能像西方发达国家那样以企业移民或商业移民形式作为主要推进路径。

　　结合我国城乡社会发展实际,城乡差距问题长期以来影响和制约着

① Partridge M D, Ali M K, Olfert M R, "Rural-to-Urban Commuting: Three Degrees of Integration", *Growth and Change*, Vol. 41, No. 2SI(June, 2010), pp. 303 - 335; Olfert M R, Partridge M D, "Best Practices in Twenty-First-Century Rural Development and Policy", *Growth and Change*, Vol. 41, No. 2SI(May, 2010), pp. 147 - 164.
② 张天佐:《加快构建城乡融合发展体制机制》,《农民日报》,2017 年 11 月 28 日第 1 版。
③ 杨林、郑潇:《城市具备城乡融合发展的承载力吗?——来自 100 个地级市的证据》,《东岳论丛》,2019 年第 1 期,第 121—132 页。

我国社会经济可持续发展,因而"以城带乡"政策被视为统筹城乡发展的重要指导而被长期贯彻,但城乡差距问题并未得以根本解决,而且还呈现逐渐收敛趋势。特别是进入21世纪以来,国家在"以城带乡"方面不断加大政策和财政投入力度,但却并未真正弥合城乡发展差距,反而乡村持续衰败问题不断凸显。但这并不能否定"以城带乡"的作用发挥,因为我国长期"二元结构"发展导致优势产业资源向城市尤其大城市集聚的趋势难以在市场机制作用下自发地逆转,也难以通过政府行政行为实现可持续地向乡村流动。由此,单一的"以城带乡"模式难以改变城乡发展能力的"强—弱"二元结构,也难以扭转城乡要素单向流动趋势的固化。所以,强化乡村区域的产业支撑成为推进新时代城乡融合发展的重要手段。

所以说,新时代城乡融合发展需将"以城带乡"发展和农村自主发展有机结合,改变以往的以城市为核心辐射带动乡村发展的单向作用模式。我国经济社会发展状况和城乡"二元结构"的根深蒂固等现实,决定了我国城乡融合发展需要结合城乡经济、资源要素、社会条件等探索出一条中国特色的城乡融合发展道路,①改变单一城镇化拉力作用,突出乡村平等、自主发展地位和强化乡村内在发展能力,在城市拉力和乡村推力双向作用下推进城乡融合发展。② 而农村产业融合发展基于其发展特性,在政策指导下成为新时代赋能乡村产业创新发展的有效举措,并得到了地方实践的检验。但实施农村产业融合发展是以农业为基础的新产业要素融入过程,地域的独特性和二、三产业要素资源可获得的状况等造就了农村产业融合发展需结合区域农村实际而进行自主选择的特点,也因此推进农村产业融合发展需要"坚持因地制宜,分类指导,探索不同地区、不同产业融合模式"③的原则。

---

① Christopher Ray, "Towards a Meta-Framework of Endogenous Development: Repertoires, Paths, Democracy and Rights", *Sociologia Ruralis*, Vol. 39, No. 4 (October, 1999), pp. 522—537;杨林、郑潇:《城市具备城乡融合发展的承载力吗?——来自100个地级市的证据》,《东岳论丛》,2019年第1期,第121—132页。

② 许彩玲、李建建:《城乡融合发展的科学内涵与实现路径——基于马克思主义城乡关系理论的思考》,《经济学家》,2019年第1期,第96—103页。

③ 国务院办公厅:《国务院办公厅关于推进农村一二三产业融合发展的指导意见》,2016年1月。

"产业兴,则乡村兴。"[1]农村产业融合发展激发了产业要素在农业基础上的集聚效能,以农村产业经济附加值提升和就业创业机遇增加等途径提高了农村区域人口集聚发展的承载力。总之,推进新时代城乡融合的关键之一就是要发挥农村地域资源优势,借助产业融合发展提升乡村的自身发展能力形成与新型城镇化的协同作用,进而以二者的动力作用互补,优化与升级以往"以城带乡"的单向作用结构。

三、 新时代农业农村发展要求改变单向度的"城—乡"作用关系

城市化的本质在于不断缩小城乡差距和消除城乡差别,其最终是城乡一体化发展。[2] 针对我国现实发展而言,尽管新型城镇化战略的实施以城乡一体化为目标指向,但是单纯依赖新型城镇化推进城乡融合,存在周期长、功能与动力结构单向度的问题。并且由于农村长期发展落后的累积,单一的新型城镇化推进模式也难以彻底改变农业农村的弱势地位,"在二元经济条件下市场机制具有很强的推动要素与资源配置向城市倾斜的作用,能够不断再生产出城乡差距,"[3]而难以真正缩小城乡差距和平衡城乡发展地位。由此,虽然新型城镇化理念蕴含着城乡融合和实现城乡发展均衡的基本要求,但当前我国城乡发展不平衡不充分的现实制约了城市辐射带动乡村发展的效能。

党的十八大报告首次提出"新型城镇化"发展理念,且随后党的十八届三中全会对新型城镇化理念给出了明确论述。新型城镇化就是要"推进以人为核心的城镇化,推动大中小城市和小城镇协调发展、产业和城镇融合发展,促进城镇化和新农村建设协调推进"[4]。之后,《国家新型城镇化规划(2014—2020 年)》作为指导新型城镇化实施的正式文件出台,将新

---

[1] 徐锦庚、肖家鑫、王沛:《扎扎实实把乡村振兴战略实施好——习近平总书记重要讲话在山东各界引发热烈反响》,《人民日报》,2018 年 3 月 10 日第 1 版。

[2] 张文和、李明:《城市化定义研究》,《城市发展研究》,2000 年第 5 期,第 32—33 页。

[3] 陈春生:《中小城镇发展与城乡一体化》,北京:中国社会科学出版社,2018 年,绪论第 20 页。

[4]《中共中央关于全面深化改革若干重大问题的决定》(二〇一三年十一月十二日中国共产党第十八届中央委员会第三次全体会议通过),中共中央文献研究室编:《十八大以来重要文献选编》上,北京:中央文献出版社,2014 年,第 524 页。

型城镇化定位为以城乡统筹、城乡一体、产业互动、节约集约、生态宜居、和谐发展为基本特征的城镇化,是大中小城市、小城镇、新型农村社区协调发展、互促共进的城镇化。就农民市民化而言,新型城镇化要求保障农村流出人口顺利融入城市生活,打破"身份"赋予的社会保障与公共服务的限制而真正成为市民。从破解城乡二元结构角度分析,新型城镇化将城市和乡村纳入统一的发展体系,以构建"以工促农、以城带乡"长效机制缩小城乡居民生活差距,达到城乡均衡发展目标,城乡基础设施和公共服务的均等化成为必要内容。产业作为支撑城乡社会发展的必要基础,新型城镇化以新型工业化为动力支撑,以产业链为联系城乡的纽带,推动城市产业体系向农村地区辐射转移,城镇以其经济优势集聚了公共资源。但城镇化对乡村公共品的供给情况取决于"城乡人口的相对规模、公共品溢出效应的大小等条件",传统城镇化模式在一定程度上恶化了农村公共品供给不足的问题。[1] 而在以人为本理念指导下,新型城镇化强调加大城乡公共服务优质资源的双向流动,建立城乡统一的公共服务体制是新型城镇化的重点内容之一。[2]

产业联通带动城乡劳动力、资金、土地等要素互通,进而在更大范围内引领基础设施、教育、文化、能源、卫生、医疗等资源城乡共享。但由于我国城乡不平衡发展历时太久,相对城市而言,农村基础过于薄弱,导致解决城乡不平衡不协调问题迫切需要为农村发展注入新活力。也就是,我国城乡一体化实现的根本路径是大力发展市场经济,但具体路径在于集中农村生产要素、发展农村现代产业和推进农村城镇化。[3] 同时结合我国25个省份连续十年的统计年鉴数据,从城市发展质量、经济发展水平、城乡一体化程度、城乡可持续发展等方面进行详细分析发现,新型城镇化实

---

① 韩川:《城镇化与城乡公共服务均等化关系研究》,《经济问题探索》,2016 年第 7 期,第 79—84 页。

② 张骞予:《以城乡公共服务均等化促进新型城镇化》,《宏观经济管理》,2013 年第 10 期,第 36—37 页。

③ 白永秀、王颂吉:《城乡发展一体化的实质及其实现路径》,《复旦学报(社会科学版)》,2013 年第 4 期,第 149—156、171 页。

施的关键环节就是兼顾乡村发展,将城乡作为有机整体,只重视大城市发展而忽视多级城镇体系建设,也将导致城镇化的质量下降。[①] 所以,新型城镇化的发展内涵蕴含着通过"以城带乡"模式的城乡融合发展内容。

但我国城乡发展失衡趋于固化,束缚了新型城镇化带动城乡融合的效能发挥。中国特色社会主义城乡协调发展道路的探索和实践,不仅是对计划经济体制机制的纠正,也是社会主义市场经济条件下应对社会矛盾问题的实践创新。这其中既有旧有矛盾的累积,也有新矛盾的叠加,而新旧矛盾的核心就是城乡发展失衡问题。由于城乡长期发展不平衡,导致城乡发展能力的"马太效应"愈加明显,趋于固化的边缘。在城乡产业结构方面,我国二、三产业城乡区域分布差异显著,农业产业发展乏力与城乡二元结构共同作用,致使农业产值比重下降同农业从业人口比重下降失衡[②]。这在表明我国人口城镇化滞后的同时,也预示着农业从业者人均农业资源占有量同农业规模化经营之间的深刻矛盾,限制了农业生产率提升。相反,城市二、三产业却保持较高发展速度,以 2017 年为例,二、三产业的产值分别占国内生产总值的 40.5% 和 44.9%。城乡居民收入也由此出现差距的拉大,如表 3.1 所示,改革开放以来,我国城乡居民收入差距一直维持在较高水平且逐渐趋于固化状态。消费对象的选取和消费层次的分化,是由个体收入水平决定的。因此城乡收入水平的差异导致了城乡消费结构的分化,进而城乡消费导向的不同也限制了城乡市场联系和二、三产业的区域分布,并由此形成"产业差异—收入差异—消费差异—产业差异"的循环,加剧城乡二、三产业的分布不均衡状况。

---

① 参见 俞云峰:《新型城市化的实现路径与制度创新研究:城乡统筹的视角》,北京:中国社会科学出版社,2017 年,第 30—47 页。

② 第一产业占 GDP 比重从 1978 年的 27.7% 下降到了 2017 年的 7.9%,同期第一产业从业人口比重从 70.5% 下降到了 27.0%,一产产值比重下降率为 71.48%,而其从业人口比重下降率仅为 61.70%。

表 3.1　改革开放以来城乡居民的可支配收入对比变化(1978—2018 年)

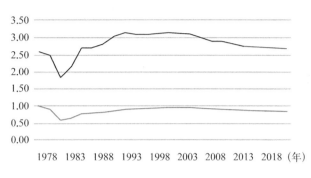

—— 城乡收入绝对数比值 —— 城乡收入指数比值

注:根据《中国统计年鉴 2019》(国家统计局 编,中国统计版版社 2019 年版)数据整理而成,"城乡收入绝对数比值＝城镇居民人均可支配收入绝对数(元)/农村人均纯收入(元);城乡收入指数比值＝城镇居民人均可支配收入指数/农村人均纯收入指数"。

农业农村的"弱势地位"导致的产业要素流失的流向也趋于固化。资金方面,农业生产相对于工业化生产投资回报率偏低,由此致使农村居民银行存款资金并未大规模用于农业农村发展,而是流向了城市二、三产业领域。就农村劳动力流动而言,城乡产业收入差异造成了农村劳动力结构失衡现象持续加重,农民工群体的数量对此给出了直接说明(表 3.2)。此外就土地资源而言,农村发展经受着"双重打击"。一方面,城镇化发展带动城镇规模扩张而不断占据农业农村用地;另一方面,各级地方政府通过低价征地和高价卖出这一"剪刀差"形式同开发商一起分食农业农村土地的高增值收益,而农民却难以获取较高比例的土地增值收益,这已形成"'土地城镇化'窠臼"[①]。因此,城乡发展失衡状况下,农业农村发展面临着资金不足、人力资源匮乏及土地要素价值流失等困境。

---

① 郑雄飞:《地租的时空解构与权利再生产——农村土地"非农化"增值收益分配机制探索》,《社会学研究》,2017 年第 4 期,第 70—93、243—244 页。

表 3.2　2009—2018 年我国农村劳动力城镇就业状况统计

年份	全国就业人数	农民工人数	农民工就业比重
2009	77 995	22 982	0.29
2010	76 990	24 223	0.31
2011	76 420	25 278	0.33
2012	76 704	26 261	0.34
2013	76 977	26 894	0.35
2014	77 253	27 395	0.35
2015	77 451	27 747	0.36
2016	77 603	28 171	0.36
2017	77 640	28 652	0.37
2018	77 586	28 836	0.37

注：数据来源于 2009—2018 年《中国统计年鉴》，中国统计出版社。

农村公共服务质量偏低和供给后劲乏力等形势也趋于固化。我国长期重视城市发展的历史惯性和市场经济条件下城乡社会发展的结果等综合作用,导致我国农村基础设施建设不足和公共服务保障体系不健全等问题日渐突出,城市繁华同乡村衰败形成鲜明对比。近年来,虽然在国家政策大力倾斜下,农村道路、水电等基础设施现状明显改观,但农村教育、医疗、卫生及文化娱乐等相比城市仍存在较大差距。如农村基本养老保险保障水平过低,农民参与积极性不高;合作医疗保障程度偏低,农民看病难、看病贵,因病致贫、返贫等现象仍广泛存在;农村师资队伍建设落后;乡村文化生活匮乏等问题仍缺乏有效制度保障,等等。尽管各级政府针对这些问题不断给出政策倾斜和资金扶持,但单方面依赖行政主导不仅易陷入路径依赖的泥淖,而且也难以根本性改变乡村公共服务自我供给能力不足的实质,城乡自我发展能力的强弱对比决定了各自所属区域的公共服务保障水平。

基于以上关于城乡发展现实对比分析,不难发现,单方面依赖新型城镇化作用是难以彻底改变城乡经济、社会二元格局,保持城乡发展地位平等的。况且,城镇体系的结构失衡也制约了新型城镇化效能发挥。新型城镇化的实施内涵蕴含着城市带动乡村区域发展升级的推进路径,因此城市的辐射力和承载力成为新型城镇化作用城乡融合发展的关键。然而,当前我国大中小城市及小城镇发展能力彼此失衡问题,制约了新型城镇化带动城乡融合的普适性。

当前,虽然新型城镇化的实施正在逐渐弥补传统城镇化发展重规模而轻内涵的不足,但城镇化发展成效是一个长期累积的结果,长期的传统城镇化模式使得人、财及物等要素不断涌向中、大、特大城市,如北京、上海、深圳等城市规模急速扩张,而小城市尤其是小镇资源分配不足,发展后劲较弱。由此,一方面大中小城市发展失衡,出现大城市人口过多与资源环境承载力不匹配现象;另一方面小城市人口吸引力不足,郊区及小城镇无序发展或产业基础薄弱,"精英劳动力"流失问题严重。因此,数量众多的小城镇难以真正带动区域内农业农村长远发展,加剧了乡村衰败速度,毕竟产业带动能力和承载力较强的大城市和特大城市数量有限,辐射带动的乡村区域面积在全国占比偏低。"据统计,2000 年我国自然村落总数为 363 万个,到 2010 年锐减到 271 万个,十年的时间内减少了 90 万个"[1]。"在 1990 年至 2010 年的 20 年时间内,我国行政村数量从 100 多万个减为 64 万多个,每年减少 1.8 万个村落,每天约减少 50 个。"[2]所以,在此形势下依靠新型城镇化发展带动城乡共同进步,难以在短期内扭转乡村衰败消亡的趋势,进而确保农业农村可持续发展。

同时由于我国区域辽阔,东西部发展差异较大,分享改革发展红利的机遇不同,由此导致东中西部同等行政级别城市间或同一地域内不同行政级别城市间都存在经济体量的差异。而且根据 2017 年《中国统计年鉴》数据显示,我国城镇化率从东部沿海地区到西部边远地区呈现梯度发展现状,例如 2017 年,东部、中部、西部、东北地区等四个区域城镇化率分别为 67.0%、54.3%、51.6% 和 62.0%,最高区域和最低区域之间仍存在

① 冯骥才:《传统村落的困境与出路——兼谈传统村落是另一类文化遗产》,《民间文化论坛》,2013 年第 1 期,第 7—12 页。
② 李培林:《从"农民的终结"到"村落的终结"》,《传承》,2012 年第 15 期,第 84—85 页。

15.4个百分点的差距。这些都预示我国在从传统城镇化向新型城镇化转变过程中,不同地域新型城镇化统筹城乡发展的能力不同,因而在城镇结构失衡状况下,单纯依赖新型城镇化作用将难以真正发挥"以城带乡"的政策实效。再加上传统城镇化模式过分依赖土地财政,导致土地城镇化和人口城镇化失衡;快速城镇化与农民工市民化缓慢间相矛盾;地方政府城镇化的投资边际效应递减、投融资风险加大同城镇化基础配套设施投资需求巨大间相矛盾等问题,难以短期内消解。且这些问题在我国不同地区存在的严重程度也有较大差异,进一步强化了城镇体系内部结构失衡的状态。

最后,新型城镇化理念的实施,本身也"预先设定"了农业农村的弱势地位和被动发展处境。第一,新型城镇化的根本是实现农村人口有序、自觉市民化,提高农民市民化水平,而城乡融合发展以实现城乡差距缩小和一体化发展为根本。就农民市民化的目标而言,新型城镇化具有直接作用的优势。第二,新型城镇化发展要求打破城乡二元结构,以"城市反哺农村、工业反哺农业"为途径实现城乡经济协调发展,不断缩小城乡差距,是城乡融合发展的主导力量。第三,新型城镇化强调"以人为本",以城乡经济、文化、社会等共同发展为目标导向,并借助城市公共服务体系向乡村地区的辐射扩散达到城乡居民生活质量均质化。因此,新型城镇化在城乡融合发展中引领城市文明向乡村地区的传播。第四,新型城镇化以新型工业化为基础实现工业和农业的协调并进和城乡要素的互联互通,凭借城市先进产业要素驱动农业农村发展。

综上所述,尽管新型城镇化战略在理念上将城市与农村视为有机整体,统筹规划,但在实施和推进过程中主要依靠城镇化作用驱动城乡产业互联和要素互通,城乡发展现实差异限制了其带动乡村发展的实效发挥。

四、 新时代协调城乡发展要求以实现城乡均衡为发展取向

改革开放前,由于特殊的发展历程致使城乡发展"分离";改革开放后,

因为制度供给滞后导致城乡二元结构问题不断突出,但"农业劳动是其他一切劳动得以独立存在的自然基础和前提"①,党始终将农业放在国民经济发展的基础地位,视农业为我国经济发展战略的根本保障。伴随城镇化发展和城乡差距扩大,乡村现代化成为我国整体现代化的短板,农业落后、农村凋敝和农民流失等问题制约了城乡社会可持续发展,因此,党的十八大以来关于弥合城乡差距和实现城乡均衡发展的相关探索逐渐成了党主导城乡发展的取向。

(一) 构建农民共建共享机制保障全面小康社会建成

党的十八大以来,我国综合国力和社会各项事业都取得了较大进步,但在向小康社会全面建成和全面现代化迈进过程中,农业相对落后、农村贫困等仍是城乡融合和一体化发展的制约因素,再加上我国社会主要矛盾的转化,亟需改变这一现状。乡村振兴战略坚持农业农村优先发展的原则,充分说明农业农村在全面建成小康社会工作中的重中之重地位,因为实现经济持续健康发展与社会和谐稳定的要求之一就是"要加强和巩固农业基础地位,加大对农业的支持力度,加强和完善强农惠农富农政策"②。所以结合时代发展要求,习近平强调:"农业还是'四化同步'的短腿,农村还是全面建成小康社会的短板。中国要强,农业必须强;中国要美,农村必须美;中国要富,农民必须富"③,农民问题作为"三农"问题的核心,维护农民权益是关键。④ 因此,解决好新时代"三农"问题的重点就是使农民平等、自觉地参与到城乡现代化建设之中,并共享改革发展成果。

农民平等参与现代化建设和共享现代化成果,既是我国社会主义性质的本质要求,也是我国经济社会发展的现实诉求。新中国成立以来,尤其是在计划经济体制下,农民为国家工业化发展做出了巨大贡献,但在工

---

① 卡·马克思:《经济学手稿(1861—1863年手稿)》,中共中央马克思恩格斯列宁斯大林著作编译局编译:《马克思恩格斯全集》第三十三卷,北京:人民出版社,2004年,第27页。

② 习近平:《中共中央召开党外人士座谈会》,《人民日报》,2012年12月7日第1版。

③ 习近平:《在中央农村工作会议上的讲话》(二〇一三年十二月二十三日),中共中央文献研究室编:《十八大以来重要文献选编》上,北京:中央文献出版社,2014年,第658页。

④ 赵忠升:《"三农"问题的核心:农民的权益与能力》,《农业经济问题》,2012年第11期,第59—66、111页。

农业产品价格"剪刀差"作用下,农民并未以平等身份共享工业化发展成果。改革开放后,尽管农业产业和农民生活水平等都取得了较大进步,但城乡居民在"二元结构"下不仅经济收入存在较大差距,而且还存在以户籍制为代表的一系列不平等国民待遇,如教育、医疗、社保、住房等等。因此,全面建成小康社会就不得不使农民共享现代化发展成果,不断缩小城乡基础设施、经济收入和公共服务等多方面差距。

"小康不小康,关键看老乡。"①尽管相对于共产主义终极目标,全面小康建成和实现共同富裕只是其阶段性进程,但使全体社会成员"共同享受大家创造出来的福利",并"保证一切社会成员有富足的和一天比一天充裕的物质生活"②,是人们满足基本物质需求之外,社会公平等在精神需求层面的价值体现。马克思主义唯物史观的"出发点是从事实际活动的人"③,以及人的物质活动和以此形成的物质关系,不能离开"人"而独立存在。中国共产党坚持以马克思主义理论为发展指导,其以"人"为本的实质在于为"什么人"的问题上。针对"为了谁"的问题,习近平强调以百姓为中心,把人民对于美好生活的向往作为党的奋斗目标,促进社会公平正义,"让广大农民平等参与现代化进程、共同分享现代化成果。"④

城乡共同富裕是全面建成小康社会的基本前提,"没有农村的小康,特别是没有贫困地区的小康,就没有全面建成小康社会。"⑤虽然我国城镇化取得了长足进步,但鉴于"虚高"的城镇化率和庞大的农村人口基数,在全面建成小康社会的进程中,农村发展仍是关键环节。习近平强调:"中国

① 习近平:《在中央农村工作会议上的讲话》(二〇一三年十二月二十三日),中共中央文献研究室编:《十八大以来重要文献选编》上,北京:中央文献出版社,2014 年,第 658 页。
② 卡·马克思:《法国工人党纲领导言(草案)》,中共中央马克思恩格斯列宁斯大林著作编译局编译:《马克思恩格斯选集》第三卷,北京:人民出版社,2012 年,第 814 页。
③ 卡·马克思、弗·恩格斯:《德意志意识形态》,中共中央马克思恩格斯列宁斯大林著作编译局编译:《马克思恩格斯选集》第一卷,北京:人民出版社,2012 年,第 152 页。
④ 胡锦涛:《坚定不移沿着中国特色社会主义道路前进,为全面建成小康社会而奋斗》(二〇一二年十一月八日),中共中央文献研究室编:《十八大以来重要文献选编》上,北京:中央文献出版社,2014 年,第 18 页。
⑤ 习近平:《推动贫困地区脱贫致富、加快发展》(2012 年 12 月 29 日、30 日),《习近平谈治国理政》,北京:外文出版社,2014 年,第 189 页。

要富,农民必须富。农业基础稳固,农村和谐稳定,农民安居乐业,整个大局就有保障,各项工作都会比较主动"①,满足农民对于富裕的内在追求,是我们党牢固执政根基的保障。

党的十九大报告提出构建城乡融合发展的体制机制,并将乡村振兴战略实施作为推动"三农"现代化的现实举措。因此坚持城乡融合发展理念,提升城乡要素双向流动并优先发展农业农村,在工农互惠、城乡互促中带动农民共同赢得发展成为全面建成小康社会的必要环节和基本要求。

(二) 构建新型城乡关系促进城乡协同并进发展

尽管从 2004 年至今,每年中央"一号文件"都聚焦"三农"问题,"三农"问题成为全党工作重中之重,但乡村产业落后、基础设施与社会保障体系不健全、城乡居民收入差距较大(如 2018 年城镇居民收入是农村居民的 2.69 倍②)等问题仍比较突出。基于城乡发展不平衡不充分现实,党的十九大报告提出实施乡村振兴战略,以"产业兴旺、生态宜居、乡风文明、治理有效、生活富裕"为基本方针。

然而,乡村全面振兴离不开农村产业高质量发展为内在支撑。这也正是"产业兴旺"被列为"20 字方针"首位的原因所在。我国农村地区农民从事农业生产多以自给为目的,尽管长期以来国家采取了取消农业税、发放种粮补贴、鼓励科技下乡等多项举措来提高农民务农积极性,但一方面因农药、化肥、农机、人工、种子等价格上涨导致农业生产成本增加,"2005—2015 年,中国三种粮食(稻谷、小麦、玉米)每亩总成本平均每年上涨 9.7%,每亩生产成本平均每年上涨 8.9%"③;另一方面,因受国际粮价"天花板"效应及农户家庭生活成本上升等因素影响,农民通过种粮获得的经济收益已难满足家庭开支所需,1979—2015 年我国"农村居民人均纯

---

① 中共中央文献研究室编:《习近平关于协调推进"四个全面"战略布局论述摘编》,北京:中央文献出版社,2015 年,第 36 页。

② 参见 国家统计局:《2018 年居民收入和消费支出情况》,2019 年 1 月 21 日,http://www.stats.gov.cn/tjsj/zxfb/201901/t20190121_1645791.html。

③ 魏后凯、闫坤、谭秋成等编:《中国农村发展报告 2017:以全面深化改革激发农村发展新动能》,北京:中国社会科学出版社,2017 年,第 11 页。

收入年均增长 7.6%,人均消费支出年均增长 6.8%"①,在此形势下更多农户家庭选择兼业形式以增加家庭经济收入。然而,这并不意味着农业产业就失去了价值可增长的空间。与当前多数普通农户家庭经营仍以传统主粮生产为主不同,新型农业经营主体基于城镇化进程中城乡居民人口结构和消费结构等变化,以市场为导向,在农业生产中自觉采取标准化生产模式,降本增效,确保农产品质量,并以品牌化经营提高市场竞争力和产品经济效益(如开展有地理标志的绿色、有机、无公害农产品生产等等),发展态势良好②。因此,借助城镇产业要素融入改造传统农业生产,依托城镇市场的刺激转变农业经营模式和产业结构,有助于改善农业农村发展落后现状。进入 21 世纪以来,国家关于"以工补农、以城带乡"的政策支持和资金投入不断加大,但成效有限,党的十八届三中全会提出必须健全体制机制,"形成以工促农、以城带乡、工农互惠、城乡一体的新型工农、城乡关系"③。因而构建新型城乡关系,一方面要健全新型农业经营体系和服务体系,发展现代农业;另一方面,还要实现城乡资源合理分配,消除城乡体制机制差距,就其本质而言则是以农业现代化、农村城镇化、农民市民化为导向,强化农业产业化发展,在工农产业融合基础上全面提升农业农村的价值空间。

因此,新型城镇化和乡村振兴并不矛盾,应同步协调推进,④在探索城市发展和以城带乡发展新动能的同时,还须要结合农村实际而进行城乡

---

① 魏后凯、闫坤、谭秋成等编:《中国农村发展报告 2017:以全面深化改革激发农村发展新动能》,北京:中国社会科学出版社,2017 年,第 5—6 页。

② 截至 2016 年底,全国纳入农业部门名录的家庭农场 44.5 万户,依法登记的农民专业合作社 179.4 万家,各类农业产业化龙头企业 13 万个,各类农业社会化服务组织 115 万个。参见农业部新闻办公室:《国新办举行政策吹风会,农业部副部长叶贞琴介绍新型农业经营主体培育有关情况——加快培育新型农业经营主体 带动小农户共同发展》,2017 年 12 月 15 日,http://www.moa.gov.cn/xw/zwdt/201712/t20171219_6123309.htm。

③ 胡锦涛:《坚定不移沿着中国特色社会主义道路前进,为全面建成小康社会而奋斗》(二〇一二年十一月八日),中共中央文献研究室编:《十八大以来重要文献选编》上,北京:中央文献出版社,2014 年,第 19 页。

④ 叶兴庆:《实施好乡村振兴战略的原则与抓手》,《农村工作通讯》,2018 年 07 期,第 11—13 页。

整体层面的系统性设计。国际经验表明,若不能正确处理工农、城乡关系,"农业发展跟不上,农村发展跟不上,农产品供应不足,不能有效吸纳农村劳动力,"将会导致城乡发展陷入困境,甚至造成社会动荡。①若延续传统农业产业结构扩大投资,将会进一步加重生产相对过剩问题。所以,构建新型城乡关系的必要环节就是加强城乡产业交流互动,在发展城镇产业的同时,需以农业产业为基础融入二三产业要素,实现农业产业链延伸、资源链整合和价值链提升等,进而增强农村产业的劳动力吸纳能力、市场对接能力。

(三)确立以农村产业融合赋能乡村的发展指导

2015 年 12 月,国务院办公厅印发的《关于推进农村一二三产业融合发展的指导意见》指出,推进农村一二三产业融合发展是拓宽农民增收渠道和构建现代农业产业体系的重要举措,是加快农业发展方式转变和探索中国特色农业现代化道路的必然要求。

"要理解农村产业融合发展中的作用机理,首先必须理解农村产业融合发展的动因。"②就农村产业融合发展理念缘起而言,并非国内首创,同时产业融合理念也并非首先出现于农业领域。产业融合作为经济现象之一,最早源于数字媒体技术出现后所引发的其与通信、邮政、广播、报刊、广告、电视及出版等传统媒体行业的交叉融合发展现象。③关于产业融合的早期相关研究,多是以信息通信领域案例分析为基础的理论研究,且多属于二、三产业间的融合发展研究,较少涉及农业产业领域④。而将产业融合理念引入农业领域,提出并广泛推动运用以农业为主体的一二三产业

---

① 习近平:《把乡村振兴战略作为新时代"三农"工作总抓手》,《社会主义论坛》,2019 年第 7 期,第 4—6 页。

② 宗锦耀主编:《农村一二三产业融合发展理论与实践》,北京:中国农业出版社,2017 年,第 25 页。

③ 张来武:《产业融合背景下六次产业的理论与实践》,《中国软科学》,2018 年第 5 期,第 1—5 页。

④ 参见 詹浩勇:《产业融合的涵义及其理论研究》,《广西工学院学报》,2005 年 S2 期,第 6—9 页;吴颖、刘志迎、丰志培:《产业融合问题的理论研究动态》,《产业经济研究》,2004 年 04 期,第 64—70 页;马健:《产业融合理论研究评述》,《经济学动态》,2002 年第 5 期,第 78—81 页。

融合发展理念的,首先是日本。进入 21 世纪后,日本农民收入大幅度下滑,"2008 年农户收入的绝对值(294 万日元)下降到 1995 年的农户收入(689 万日元)的不到一半"①,原因则在于农产品供给结构简单,农民获利空间收缩,且随着城镇化发展,农村劳动力流失和老龄化等问题的加重,进一步限制了农业产业发展。

　　为摆脱发展困境,实现农村可持续发展和农业生产增值增效,进而提高农民收入,日本政府采取了一系列应对措施以改进农业经营模式和产业结构,并尝试将产业链中的二、三产业附加值尽可能留在农村。其中由日本东京大学名誉教授今村奈良臣提出的"六次产业化"理论,受到当时日本学界和政府部门的大力推崇,成为日本引导农业产业创新发展的理论指南。今村奈良臣通过研究分析指出,日本农村生产的农产品和国民最终消费的农产品间存在的价值差异是由二、三产业生产环节产生的,因此提高农民收入,必须要在农业基础上引入产业链整合模式,即将农产品生产、加工、销售、流通和服务等整合于一体,以最大化地将农业增加值留在农业领域内,并使由产业链整合衍生出的农产品加工与服务等就业机会留在农村,进而最大程度地增加农民收入。由于一、二、三无论相加或相乘的结果都为六,因而这一产业链整合发展理念被称为农业"六次产业化"理论。后来,今村奈良臣进一步强调这一产业链整合模式是基于农业产业链延伸和产业范围拓展的一、二、三产业相互融合发展,故"第六产业"是一、二、三产业的相乘。②

---

① 谭明交:《农村一二三产业融合发展:理论与实证研究》(博士学位论文),华中农业大学,2016 年,第 106 页。

② 姜长云:《日本的"六次产业化"与我国推进农村一二三产业融合发展》,《农业经济与管理》,2015 年第 3 期,第 5—10 页。

日本农业"六次产业化"发展成效显著①,丰富了农业产业内涵和增加了农业产业附加值,对于提高农民收入和推进农村可持续发展起到了显著作用。由于我国同日本的农业资源禀赋条件相似,且当前我国农村同日本农村曾出现的人口老龄化、劳动力流失、农村过疏化等情况也有一定程度的相似。于是,日本农村"六次产业化"发展模式所取得的成效对我国农业产业转型发展产生了较强的启示作用,其理论及相关实践很快成为被国内学界和相关政府部门共同关注的课题。②

实现城乡二元经济向一元经济转化,农业生产商品化转型升级是其中的必要环节,然而"这一转型过程是不可能自发完成的,政策的介入是转型能够顺利完成的一个重要条件"③,由此需要在政策方面做出关于推进实施农村产业融合的发展指导。邓小平在党的十一届三中全会上曾强调,"一个国家,一个民族,如果一切从本本出发,思想僵化,迷信盛行,那它就不能前进,它的生机就停止了"④。所以改革开放以来,我国城乡具体实践路径选取的根本指导思想是以实践检验为导向,解决现实迫切问题和取得发展实效。这些并非国家"顶层设计"的预先架设,相反却是形势倒逼

① 日本农林水产省的资料显示,2013 年,与食品相关的"六次产业化"产值已达 1 兆日元,占农业产业总值的 10%。日本政府曾计划在 6 年时间内,即到 2019 年将农业食品产业"六次产业化"的总值提高到 10 兆日元,相当于 2013 年的农业产业总产值,"六次产业化"被日本政府视为带动农业农村发展和促进农民增收的中坚力量。目前,日本农业"六次产业化"的形式多样且相互之间融合发展,主要形式有直销、观光农业、民宿农庄、农产品加工、农家乐等,其中农民选择最多的是农产品直销和加工,分别占"六次产业化"形式的80.6%和68.5%;其次就是农家乐和观光农业,分别占比 23.6%和 15.8%。参见 朱富云、柯福德:《农业六次产业化发展现状与逆社会分工视角下的主要特征——日本案例及对我国农业发展的启示》,《浙江农业学报》,2015 年 12 期,第 2234—2239 页;张益、胡盛红、宋启道:《日本六次产业化对中国农村三产融合的借鉴和启示》,《中国经贸导刊(理论版)》,2017 年 26 期,第 13—14 页。

② 分别以"六次产业化"、"日本农村产业融合"和"第六产业"等为主题进行文献检索发现,国内学界针对"农村产业融合"的相关研究成果自 2015 年开始迅速增加,这同 2014 年底中央农村工作会议提出农村三产融合发展和 2015 年相关政策文件出台等,在时间节点上形成同步。

③ 陈春生:《中小城镇发展与城乡一体化》,北京:中国社会科学出版社,2018 年,第 43 页。

④ 邓小平:《解放思想,实事求是,团结一致向前看》(一九七八年十二月十三日),中共中央文献研究室编:《改革开放三十年重要文献选编》上,北京:人民出版社,2008 年,第 3 页。

和国家行政层面谋求发展实际而相互博弈与权衡的结果[1]，由此我国经济社会发展实际同政策变化间也呈现出"基层创新—实践检验—政策调整"[2]的特点。进入 21 世纪后，我国普通农户家庭从事农业经营普遍存在的生产结构传统化、生产目的自足为主、生产行为趋于兼业性等问题，同各类新型农业经营主体市场化经营和快速发展态势等形成明显反差，加之供给侧结构性改革实施，促使我国在政策上针对农业经营主体和经营模式等做出逐步调整。

目前我国农业产业总体仍处于产业现代化的初始阶段，占我国农业产业主体地位的普通农户家庭经营仍基本停留在简单机械化耕作阶段，存在农村产业结构层次低、农业产业链短、价值链整合不足和产加销脱节等多方面问题。伴随城镇化和工业化发展，农村大量优质劳动力向城市区域转移的趋势进一步加剧了农业农村可持续发展的压力。党中央、国务院就此高度重视农业产业转型升级发展，以农业经营模式创新驱动农产品附加值提升，进而达到增加农民收入和保持农业农村可持续发展的目的。在坚持以城带乡和加大以工补农的方针指导下，近些年尤其是党的十八大以来的中央"一号文件"都一致强调坚持农业现代化同城镇化、新型工业化、信息化等同步发展，促进城乡要素流动和农业发展方式转

---

[1] 改革开放的发展探索中，党和国家领导人着重强调了改革开放的深入推进要本着实事求是的态度，尊重实践和依靠实践，通过符合实际的形式追求发展实效。例如，针对改革之初恢复和发展农业生产问题，邓小平指出："生产关系究竟以什么形式为最好，恐怕要采取这样一种态度，就是哪种形式在哪个地方能够比较容易比较快地恢复和发展农业生产，就采取哪种形式；群众愿意采取哪种形式，就应该采取哪种形式，不合法的使它合法起来。"又如，针对完善家庭联产承包责任制，促进农业进一步发展问题。江泽民指出，应"从当地实际情况出发，逐步健全统分结合的双层经营体制，把集体经济的优越性和农民家庭经营的积极性都发挥出来"。再如，针对农地适度规模化经营问题，胡锦涛指出："土地使用权的合理流转，要坚持自愿、有偿的原则依法进行，不得以任何理由强制农户转让。少数确实具备条件的地方，可以在提高农业集约化程度和群众自愿的基础上，发展多种形式的土地适度规模经营。"参见《邓小平文选》第一卷，北京：人民出版社，1994 年，第 323 页；中共中央文献研究室编：《江泽民论有中国特色社会主义（专题摘编）》，北京：中央文献出版社，2002 年，第 121 页；中共中央文献研究室编：《改革开放三十年重要文献选编》下，北京：人民出版社，2008 年，第 984 页。

[2] 张晓山、韩俊、魏后凯、何秀荣、朱玲：《改革开放 40 年与农业农村经济发展》，《经济学动态》，2018 年第 12 期，第 4—16 页。

变,以农业现代化为"三农"工作的重点内容。① 因而,以拓宽农民增收渠道,构建现代农业产业体系、生产体系、经营体系和缩小城乡差距等为现阶段发展目标,党中央、国务院高度重视推进农业供给侧结构性改革,创新农业产业发展。党的十八届五中全会提出推进"种养加一体、一二三产业融合发展",并在2015年中央"一号文件"中正式提出"推进农村一二三产业融合发展",强调延长农业产业链、提高农业附加值的发展要求,以实现农民收入提高。2015年底,国务院印发了《关于推进农村一二三产业融合发展的指导意见》,对农村三产融合的方式、经营主体、利益联结机制、服务体系和推进机制建设等多方面进行了详细论述。2016年,中央"一号文件"再次强调推动农村产业融合发展;2017年,党的十九大报告明确提出将农村一二三产业融合发展作为乡村振兴战略的重要组成;2018年,中央"一号文件"提出构建农村一二三产业融合发展体系。由此,历经持续的政策改革与调整,我国关于农村产业融合发展的政策指导被逐步确立,体系也不断丰富,成为新时代中国特色社会主义农业现代化道路探索的鲜明特点。

中国特色社会主义新时代承担着"从全面建成小康社会到基本实现现代化,再到全面建成社会主义现代化强国"的战略安排,②而当前我国农

---

① 如2012年中央"一号文件"(以下各年"一号文件"简称"文件")提出:"推进工业化、城镇化和农业现代化,围绕强科技保发展、强生产保供给、强民生保稳定"。2013年"文件"提出:"必须统筹协调,促进工业化、信息化、城镇化、农业现代化同步发展,着力强化现代农业基础支撑"。2014年"文件"提出:"工业化信息化城镇化快速发展对同步推进农业现代化的要求更为紧迫","坚持农业基础地位不动摇,加快推进农业现代化"。2015年"文件"提出:加速"城乡资源要素流动","在优化农业结构上开辟新途径,在转变农业发展方式上寻求新突破"。2016年"文件"提出:"必须坚持工业反哺农业、城市支持农村","深度挖掘农业的多种功能"。2017年"文件"提出:"以推进农业供给侧结构性改革为主线","聚集现代生产要素"深入实施农村产业融合发展。2018年"文件"提出:"加快形成工农互促、城乡互补、全面融合、共同繁荣的新型工农城乡关系"。2019年"文件"提出:"改变农村要素单向流出格局,推动资源要素向农村流动"。2020年"文件"提出:"推动人才下乡","强化科技支撑作用"。2021年"文件"提出:"加快打通城乡要素平等交换、双向流动的制度性通道"。2022年"文件"提出:"支持大中城市疏解产业向县域延伸,引导产业有序梯度转移",等等。
② 习近平:《决胜全面建成小康社会 夺取新时代中国特色社会主义伟大胜利——在中国共产党第十九次全国代表大会上的报告》,北京:人民出版社,2017年,第29页。

业农村发展落后的现状却成了全面建成小康社会的难点和基本实现现代化的"短板"。因而党在政策安排上跳出了农村封闭空间,给出以融入城市产业要素创新发展农业的指导,农村产业融合发展成为培育农业内生发展活力和提升乡村区域产业内涵的重要途径。

总而言之,改革开放至今,我国工业化发展取得了显著成效,因此中央在政策上倾向于以统筹城乡、新农村建设、农业税减免、农资补贴等手段加大工业反哺农业的力度,带动农业农村发展。但长期"多予少取"政策并未真正激活乡村内生发展潜力,"城乡二元结构没有根本改变,城乡发展差距不断拉大趋势没有根本扭转"[①]。虽然新型城镇化战略具备统筹城乡整体发展的内涵和理念指导,但限于我国城乡现实差距和新型城镇化辐射带动乡村的单向作用,使得乡村处于被动发展的局面。由此,纯粹依赖新型城镇化推进城乡融合发展存在动力结构单一的问题,只有结合乡村内生发展的动力机制,形成作用城乡要素双向流通的农村产业"拉力"和城镇化"推力",才能达到持续推进城乡融合的发展实效。所以,推进新时代城乡融合发展,问题的关键就是要继续坚持"以城带乡"发展的同时,如何在市场机制中以农业产业转型升级形成作用城乡要素双向流通的有效刺激。

第二节　新时代中国特色城乡融合的现实发展蕴意

一、新时代为城乡融合赋予了培育农村内生动力的发展使命

尽管"统筹城乡""城乡一体化"及"城乡融合"等关于协调城乡关系发展的描述均与城乡关系"对立""分离"相左,但"统筹城乡"侧重于强调城乡关系调节的手段,"城乡一体化"更强调城乡关系发展的目标和结果,而"城

[①] 习近平:《关于〈中共中央关于全面深化改革若干重大问题的决定〉的说明》(二○一三年十一月九日),中共中央文献研究室编:《十八大以来重要文献选编》上,北京:中央文献出版社,2014年,第503页。

乡融合"则更强调城乡关系发展的过程与路径,突出"城乡平等""互促互动"和"全民参与"。① 这三个概念的先后提出,是同我国社会发展的阶段性要求相统一的。回顾党协调城乡发展的历史,更应从时代使命出发审视新时代城乡融合进程。

新中国成立初期,恢复战争创伤、发展国民经济与保障城乡居民基本生存所需是当务之急,同时发展社会主义工业是保障国防和社会主义现代化的基本要求。因此,提出"城乡互助"的发展指导,其目标主要是为满足城市工业发展和城乡居民衣食生存等所需,以物质层面的城乡工农产品相互支援为主要内容。但后来由于社会主义探索阶段的特殊政策和发展背景,造成城乡互动交流脱离了生产力基础,由此导致我国农业农村发展缺乏后劲。改革开放后,提高城乡居民的物质生活水平成为经济社会发展的主要内容,但由于城乡产业回报率不同,致使城乡差距扩大的趋势不断上升。进入 21 世纪,历经改革开放多年积累,我国城市和乡村都取得了显著发展成效,但城市发展动力不足和农民务农积极性下降等社会现实,促使我们党进一步深化了邓小平提出的"先富带动后富"理论对实践的指导,进而基于我国工业化发展进入中后期具备了"以工哺农"的能力,不断创新协调城乡关系的政策举措。为统筹城乡发展,党的十六大指出,我国"城乡二元经济结构还没有改变,地区差距扩大的趋势尚未扭转"②,要继续统筹城乡经济社会发展,建设现代农业,发展农村经济,增加农民收入。针对农村发展落后、农民收入低等问题,党的十七大强调我国城乡"收入分配差距拉大趋势还未根本扭转","同时农业基础薄弱、农村发展滞后的局面尚未改变,缩小城乡、区域发展差距和促进经济社会协调发展任

---

① 宋迎昌:《城乡融合发展的路径选择与政策思路——基于文献研究的视角》,《杭州师范大学学报(社会科学版)》,2019 年第 1 期,第 131—136 页。

② 江泽民:《全面建设小康社会,开创中国特色社会主义事业新局面——在中国共产党第十六次全国代表大会上的报告》(二○○二年十一月八日),中共中央文献研究室编:《改革开放三十年重要文献选编》下,北京:人民出版社,2008 年,第 1249 页。

务艰巨"①,要加强农业基础地位,统筹城乡发展,形成城乡经济社会发展一体化新格局。但经济发展新常态下,人口城镇化速度和土地城镇化速度放缓,城镇化内部分化困难进一步凸显了提高农业农村发展质量的迫切性。一线城市较中小城市具备强势人口吸引力,小城镇及乡村地区人口流失严重,迫切需要解决传统城镇化发展带来的城乡失衡以及农业现代化转型困难等问题。就此,党的十八大提出:"城乡发展一体化是解决'三农'问题的根本途径。要加大统筹城乡发展力度,增强农村发展活力,逐步缩小城乡差距,促进城乡共同繁荣。"②党的十九大报告再次明确指出,我国城乡区域发展和收入分配差距依然较大,特别是中国特色社会主义进入新时代后,我国经济社会发展步入了由高速增长向高质量增长的转型阶段,要求加快建设现代经济体系,"协同推进新型工业化、信息化、城镇化、农业现代化,这有利于化解各种'成长的烦恼'"③,然而"同步推进新型工业化、信息化、城镇化、农业现代化,薄弱环节是农业现代化"④。中国特色社会主义进入新时代后,我国社会主要矛盾的变化在城乡之间,尤其广大乡村地区表现更为明显。⑤ 因此,实施城乡融合发展不仅是满足富裕农民的经济发展要求,也是促进城市产业要素向农村区域转移,以农业农村发展能力的提升达到城乡均衡发展的时代要求。

所以从"统筹城乡发展"到"城乡发展一体化",再到"城乡融合发展",最后到"乡村振兴战略",是党关于城乡发展从宏观布局到微观实践的逐

---

① 胡锦涛:《高举中国特色社会主义伟大旗帜,为夺取全面建设小康社会新胜利而奋斗》(二〇〇七年十月十五日),中共中央文献研究室编:《十七大以来重要文献选编》上,北京:中央文献出版社,2009 年,第 10—11 页。

② 胡锦涛:《坚定不移沿着中国特色社会主义道路前进,为全面建成小康社会而奋斗》(二〇一二年十一月八日),中共中央文献研究室编:《十八大以来重要文献选编》上,北京:中央文献出版社,2014 年,第 18 页。

③ 习近平:《谋求持久发展 共筑亚太梦想——在亚太经合组织工商领导人峰会开幕式上的演讲》,《人民日报》,2014 年 11 月 10 日第 2 版。

④ 习近平:《抓住机遇立足优势积极作为 系统谋划"十三五"经济社会发展》,《人民日报》,2015 年 05 月 29 日第 1 版。

⑤《中共中央 国务院关于实施乡村振兴战略的意见》,中华人民共和国农业农村部网,2018 年 2 月 5 日,http://www. moa. gov. cn/ztzl/yhwj2018/zyyhwj/201802/t20180205_6136410. htm。

层深入和当前推进我国城乡发展的当务之急,也是新时代党旨在优化资源配置与提升乡村内生发展能力的以人民为中心的制度建设体现①。

二、 新时代城乡融合以城乡产业要素自由流通为基础

马克思、恩格斯认为,城乡关系的产生与演变是以社会生产力发展为基础的,生产力决定分工,又进一步决定着城乡关系演变。城乡分工"首先引起工商业劳动同农业劳动的分离,从而也引起城乡的分离和城乡利益的对立"②。随着分工不断细化,城乡对立的关系也发生相应转化,城乡之间"分离"和"对立"仅仅是社会生产力"有所发展但又发展不足"且"受到严重压抑的一种反映"。然而"生产本身又是以个人彼此之间的交往为前提的"③,而且"这种交往的形式又是由生产决定的",④"只有随着生产力的这种普遍发展,人们的普遍交往才能建立起来"⑤。所以"马克思十分看重生产率缓解城乡对立、促进城乡关系协调发展的作用",建立在生产之上的经济融合是城乡融合的核心。⑥ 伴随社会生产进步,城乡之间首先发生的产业互动融合是社会生产力发展的必然趋势。

在协调城乡发展方面,党始终坚持城乡、工农互助发展的思想理念,但在形式上却体现出从工农产品互相供给到城乡产业彼此融合,再到城乡产业要素资源整合的发展历程。以毛泽东为核心的第一代党中央领带集体,在新中国成立后通过社会主义改造废除了城乡对立的经济基础,以

---

① 张丙宣、华逸婕:《激励结构、内生能力与乡村振兴》,《浙江社会科学》,2018年第5期,第56—63、157—158页。
② 卡·马克思、弗·恩格斯:《德意志意识形态》,中共中央马克思恩格斯列宁斯大林著作编译局编译:《马克思恩格斯选集》第一卷,北京:人民出版社,2012年,第147—148页。
③ 卡·马克思、弗·恩格斯:《德意志意识形态》,中共中央马克思恩格斯列宁斯大林著作编译局编译:《马克思恩格斯选集》第一卷,北京:人民出版社,2012年,第147页。
④ 卡·马克思、弗·恩格斯:《德意志意识形态》,中共中央马克思恩格斯列宁斯大林著作编译局编译:《马克思恩格斯选集》第一卷,北京:人民出版社,2012年,第147页。
⑤ 卡·马克思、弗·恩格斯:《德意志意识形态》,中共中央马克思恩格斯列宁斯大林著作编译局编译:《马克思恩格斯选集》第一卷,北京:人民出版社,2012年,第166页。
⑥ 刘家宝:《基于马克思主义城乡关系论的中国城乡融合发展研究》,《决策探索(下)》,2019年第2期,第11—12页。

计划经济体制为主导,服务社会主义工业化发展,推动城乡、工农之间进行工业品和农产品互换流通。改革开放后,邓小平基于历史经验总结和现实发展需求,更加深入地分析了城乡互促发展的必要性,强调"中国经济能不能发展,首先要看农村能不能发展"①,城市支援农村,"工业支援农业,促进农业现代化,是工业的重大任务"②。这为我国城乡产业相互融合发展奠定了实践方向,突出了国家整体现代化建设必须以农业农村发展为基础保障。江泽民更进一步提出:"必须从全局出发,高度重视农业,使农村改革和城市改革相互配合、协调发展"③,将有利于改变城乡二元经济结构的体制建设。这也是我国社会主义市场经济建设的主要内容,为推进城乡产业融合奠定了市场化基础。2004 年中央经济工作会议上,胡锦涛指出:"我国总体上已进入以工促农、以城带乡的发展阶段,"④并在党的十七大报告中进一步强调:"建立以工促农、以城带乡的长效机制,形成城乡经济社会发展一体化新格局"。⑤ 随后党的十七届三中全会通过的《中共中央关于推进农村改革发展若干重大问题的决定》提出:"建立促进城乡经济社会发展一体化制度"⑥,为我国城乡经济社会发展明确了目标方向。党的十八大报告提出,城乡发展一体化是解决"三农"问题的"根本途径",应着力构建城乡一体的新型城乡关系。然而伴随城乡社会均衡发展

---

① 邓小平:《我们的宏伟目标和根本政策》(一九八四年十月六日),《邓小平文选》第三卷,北京:人民出版社,1993 年,第 77—78 页。

② 邓小平:《关于发展工业的几点意见》(一九七五年八月十八日),《邓小平文选》第二卷,北京:人民出版社,1994 年,第 28 页。

③《中共中央关于农业和农村工作若干重大问题的决定》(一九九八年十月十四日中国共产党第十五届中央委员会第三次全体会议通过),中共中央文献研究室编:《改革开放三十年重要文献选编》下,北京:人民出版社,2008 年,第 981 页。

④《中国共产党第十七届中央委员会第三次全体会议公报》(二○○八年十月十二日中国共产党第十七届中央委员会第三次全体会议通过),中共中央文献研究室编:《改革开放三十年重要文献选编》下,北京:人民出版社,2008 年,第 1867 页。

⑤ 胡锦涛:《转变经济发展方式,实现又好又快发展》(二○○六年十二月五日、二○○七年六月二十五日),《胡锦涛文选》第二卷,北京:人民出版社,2016 年,第 547 页。

⑥《中共中央关于推进农村改革发展若干重大问题的决定》(二○○八年十月十二日中国共产党第十七届中央委员会第三次全体会议通过),中共中央文献研究室编:《改革开放三十年重要文献选编》下,北京:人民出版社,2008 年,第 1854 页。

的时代要求提出,破解"三农"难题以实现城乡一体化格局发生了从宏观城乡产业协同到微观要素资源流通体制机制构建的转变,使得城乡融合发展更进一步延伸至城乡资源要素的优化配置层面。

2019 年,中共中央、国务院发布了《关于建立健全城乡融合发展体制机制和政策体系的意见》,提出搭建城乡产业协同发展平台和培育城乡产业协同发展先行区,推动城乡要素跨界配置和产业有机融合。城市在经济社会发展中居于主导地位,但由于我国城乡发展长期失衡,单纯依赖城市的带动和辐射作用已难以实现城乡社会整体平衡发展和充分发展的要求。城乡融合是城乡两个系统在经济、人口、社会、生态及空间等多方面的相互作用与协调发展的一个过程,实质性改变的根本在于城乡要素相互自由交流、整合与重新优化配置。因此,在社会主义市场经济条件下,城乡融合发展需要整合城乡产业要素,以城乡产业协同能力提升带动城乡要素自由流通,即以产业发展先行,引导城乡社会的全面协同与融合发展。

三、 新时代城乡融合是"五位一体"总体布局下乡村全面进步的过程

重塑城乡关系,走城乡融合的发展道路是伴随我国社会主要矛盾转化而极具时代迫切感的现实要求。历经改革开放 40 多年的发展,我国经济社会开始步入高质量发展阶段,进一步缩小城乡差距和化解城乡发展不平衡不充分矛盾等成为"五位一体"总体布局下统筹城乡"一盘棋"的内在实质。新时代"坚持和发展什么样的中国特色社会主义"和"怎样坚持和发展中国特色社会主义",要求在以经济建设为中心基础上实现政治、经济、文化、社会和生态等多方面协调发展。习近平指出:"发展是党执政兴国的第一要务,是解决中国所有问题的关键。"[1]因而,新时代谋划我国城乡融合发展的基本依据,需要坚持以经济建设为中心,构建城乡经济融合

---

① 习近平:《在庆祝中国共产党成立九十五周年大会上的讲话》,北京:人民出版社,2017 年,第 15 页。

发展机制。同时,"人民立场是中国共产党的根本政治立场"①,消除影响城乡要素流通不畅和公共资源配置不合理的体制机制障碍因素,离不开以人民为中心的发展理念指导,做好政治建设成为保障城乡融合发展的根本保障。另外,中华文明5 000多年历史和我们党与人民的伟大斗争,"积淀着中华民族最深层的精神追求,代表着中华民族独特的精神标识,"②发挥文化在协调城乡发展中的引领和支撑作用,有利于城乡共同发展的民众凝聚力汇聚和积极性调动。在社会建设方面,党的十九大关于我国社会主要矛盾转化的论述,进一步强调了城乡民生领域实现均衡发展的迫切性,正如习近平所指出的,"现阶段,城乡差距大最直观的是基础设施和公共服务差距大。农业农村优先发展,要体现在公共资源配置上"③。由于民生连着民心,民心关系国运,因此坚持"五位一体"布局下的社会建设是推进新时代城乡协调发展的重要基础。我国市场经济发展的"特殊性"④,导致了我国城乡发展在经济、社会、政治、文化等层面都存在二元结构。党的十八大以来,我们党进一步将生态文明建设纳入中国特色社会主义事业总体布局,强调"在生态环境保护建设上,一定要树立大局观、长远观、整体观,坚持保护优先,坚持节约资源和保护环境的基本国策,"⑤全面推进经济建设、政治建设、文化建设、社会建设、生态文明建设,实现以人为本、全面协调可持续的科学发展。

针对城乡发展而言,城乡融合进程中全面落实"五位一体"总体布局,有利于真正实现城乡均衡发展新格局。结合内容或实质,新时代城乡融

① 习近平:《在庆祝中国共产党成立九十五周年大会上的讲话》,北京:人民出版社,2017年,第18页。
② 习近平:《在庆祝中国共产党成立九十五周年大会上的讲话》,北京:人民出版社,2017年,第13页。
③ 习近平:《习近平论"三农"》,《人民日报海外版》,2019年5月8日第5版。
④ "特殊性"是指:改革开放以前的计划经济体制限制了市场经济发展,改革开放以来的市场经济体制建设并不同于西方自发演进模式,而是基于拉动经济增长前提下带有鲜明的政府主导特征。在实现经济增长的同时也造成了生产要素与社会资源配置的政策扭曲,限制了市场机制作用发挥。参见白永秀、王颂吉:《城乡发展一体化的实质及其实现路径》,《复旦学报(社会科学版)》,2013年第4期,第149—156、171页。
⑤ 习近平:《总书记两会新语》,《人民日报》,2016年3月16日第9版。

合的内涵不仅仅局限于经济发展单一领域,而是围绕城市和乡村两个基本单元的系统性协调一体化为内容的。一方面,城市和乡村作为人与人共处、人与自然共发展的空间载体,城乡本身具备可被协调和融合发展的特性,如表现为地域空间变化、产业互通关联、城乡文化渗透、人口转移发展等。另一方面,城乡从"二元"结构向"一元"结构转变,不是城市或乡村孤立地发展,而是伴随着工业现代化、农业现代化、城乡基础设施和服务业现代化等多领域之间的相互联系、共同发展的进程。随着城乡社会交流的深入和城镇化体系发展,我国城乡融合发展的内容也将从城乡经济领域扩展并延伸至城乡社会全方位,因而新时代城乡融合实践涵盖了经济、政治、文化、社会、生态等方面的内涵要求。城乡政治融合,就是要破除户籍制"赋予"城乡居民的身份差异,以及由此带来的社会福利待遇差异。城乡文化融合,就是在城镇化进程中保留农村人文关怀①的同时,不断改变乡村居民落后的生活方式和生活理念,实现人的现代化发展。城乡社会融合,就是要逐渐化解基础设施与公共服务城乡不均衡矛盾,实现城乡公共资源均质化。城乡生态建设融合,就是要将乡村和城市环境治理纳入统一的框架体系中,既要预防城市污染向农村转移,又要通过如美丽乡村工程等在保护乡村自然生态的同时改善人居环境。

伴随我国社会主要矛盾转化,坚持实施"五位一体"总体布局下的乡村全面发展,既是消除城乡间发展不平衡不充分的基本要求,也是城乡居民满足基本物质所需后期待更高质量发展的必要内容。综合我国新型城镇化理念和当前城乡现实发展状况,城乡发展不平衡不充分问题严重制约了城乡整体经济社会发展前进,特别是中国特色社会主义进入新时代后面临的社会主要矛盾转化,更加需要弥补乡村发展相对落后这一"短板"。然而在城镇化进程大趋势下,农村发展仍然离不开"以城带乡"的重

---

① 农村人文关怀,就是一种根植于农业文明,基于宗族、血缘关系的社会成员间互相关心、协作和共生共荣,人与自然之间友善相处、良性互动和共同发展的和谐关系,具体体现为人际关系:友爱、团结和睦;生活方式:人与自然和谐;生活情趣:健康、休闲;生活空间:文体健康和休闲娱乐有场所等多方面。参见白永秀、吴丰华:《城市化进程中的农村人文关怀及其设想》,《改革》,2010年第7期,第111—115页。

要作用发挥,但我国长期的城乡"二元结构"问题限制了城市带动乡村发展的效能发挥。产业作为支撑区域发展的基础,于是在坚持农业的国民经济基础性地位的同时,进一步探索农业产业创新发展空间以实现乡村由"被动"发展向内生式发展转变并逐步弥合城乡系统性发展差距等,成为近年来党协调城乡发展的政策重点。农村产业融合发展也由此走进了政策选取的范畴,且逐步被确立为发展指向,因而基于相关政策赋能,农村产业融合发展实践呈现出快速发展态势。

第三节　当前我国农村产业融合作用乡村内生发展转变的成效

2014 年底,中央农村工作会议提出了促进农村三产融合发展的目标任务,并在 2015 年中央"一号文件"和《国务院办公厅关于推进农村一二三产业融合发展的指导意见》等文件中给出了相关部署。2016 年的中央"一号文件"进一步对农村三产融合经营模式和产业利益联结等作了说明,强调推进农村一二三产业深度融合,在农业产业链整合和价值链提升中使农民共享产业融合发展的增值收益。2016 年出台的《中华人民共和国国民经济和社会发展第十三个五年规划纲要》指出,农村一二三产业融合发展是推进农业现代化的八大重大工程之一。此后连续三年的中央"一号文件"都具体地强调了推进农村三产融合发展工作①,同时国务院及相关

---

① 如 2017 年中央"一号文件"提出探索建立农业农村发展的用地保障机制,将农村三产融合发展纳入重点支持对象;2018 年中央"一号文件"提出构建农村三产融合发展体系,通过着力开发农业多种功能,延长产业链、提升价值链和完善利益链等,使农民合理分享全产业链增值收益。2019 年中央"一号文件"提出依托县域经济促进农村三产融合发展,并强调健全农村三产融合发展利益联结机制,让农民分享到更多的产业增值收益。

部门还推出了一系列专门针对农村三产融合发展的政策指示①,对于农村产业融合发展推进工作做出了全面而日渐系统化的指导,覆盖新型农业经营主体、农村电子商务、农民工返乡创业、农村产权流转交易、农村"互联网＋"和下乡人员创业创新,等等。

从政策提出到实施部署,农村产业融合发展态势良好。截至 2016 年底,家庭农场、涉农企业、农民合作社和专业大户等各类新型农业经营主体和其他产业化组织带动家庭农户 1.22 亿户,其中农业与二三产业融合发展已实现粮油薯增值 2～4 倍、畜牧产品增值 3～4 倍、果品蔬菜增值 5～10 倍②,有效达到了农业多层次增值增效和帮助农民多渠道就业增收的发展效果。尤其是出台的一系列专门关于指导农村一二三产业融合发展、新型农业经营主体培育的指导意见,对于现阶段农村产业融合发展起到了非常有效的促进作用,成绩显著。2017 年农村产业融合发展使订单生产农户的比例达到 45％,经营收入增加了 67％,农户年平均获得的返还

<hr>

① 如 2015 年 12 月,国务院办公厅印发的《关于推进农村一二三产业融合发展的指导意见》(国办发〔2015〕93 号);2016 年 12 月,国务院办公厅印发《国务院办公厅关于进一步促进农产品加工业发展的意见》(国办发〔2016〕93 号);2016 年 11 月,国务院办公厅在《国务院办公厅关于支持农民工等人员返乡创业的意见》(国办发〔2015〕47 号)和《国务院办公厅关于推进农村一二三产业融合发展的指导意见》(国办发〔2015〕93 号)的基础上,为进一步细化和完善扶持政策而印发了《国务院办公厅关于支持返乡下乡人员创业创新促进农村一二三产业融合发展的意见》(国办发〔2016〕84 号);2016 年 4 月,国家发展改革委、工业和信息化部、财政部、国土资源部、农业部、商务部、国家旅游局等多部门联合制定了《农村产业融合发展试点示范实施方案》,在全国范围内组织实施农村产业融合发展"百县千乡万村"试点示范工程。还有如 2016 年 11 月,农业部根据《国民经济和社会发展第十三个五年规划纲要》有关部署要求,印发了《全国农产品加工业与农村一二三产业融合发展规划(2016—2020 年)》。此外,中国农业银行和中华全国供销合作也分别印发《中国农业银行关于做好农村一二三产业融合发展金融服务的意见》《中华全国供销合作总社关于推进农村一二三产业融合发展的实施意见》等文件支持农村三产融合产业发展建设。农业农村部为深入细致地推进农村三产融合发展工作,又先后印发了《农村一二三产业融合发展推进工作方案》《农业部办公厅关于支持创建农村一二三产业融合发展先导区的意见》《农业农村部 财政部关于深入推进农村一二三产业融合发展开展产业兴村强县示范行动的通知》《农业农村部办公厅关于做好 2019 年农民教育培训工作的通知》等多项文件,指导地方实践工作开展。
② 宗锦耀主编:《农村一二三产业融合发展理论与实践》,北京:中国农业出版社,2017 年,序言第 1—2 页。

或分配利润达到 300 多元。① 同时,家庭农场、农业龙头企业、农民合作社、专业大户等各类新型农业经营主体和服务主体发展也呈现快速增长状态。2018 年,工商部门登记在册的农民合作社达 217 万个,家庭农场 60 万个,各类农产品网络销售额达到了 3 000 亿元。休闲农业和乡村旅游接待游客人次将近 30 亿,营业收入超过 8 000 亿元,休闲农业内涵也由原先单纯的观光旅游延伸至民俗、农事节庆、创意农业等。截至 2018 年底,全国农业设施数量达 3 000 多万个,设施农业占地面积近 4 000 万亩。新型农业经营主体和新兴职业农民,成为引领现代农业发展的主力军,②农业产业体系也朝着农业物资供应、农业生产、农产品加工、农业公共服务等多个方面分工发展的趋势,现代农业产业体系逐渐完善。其中,各类新型农业经营主体凭借自身经营优势和农业供给侧结构性改革所赋予的发展空间,成为目前阶段我国农村产业融合发展的主要引领者,并通过与农户构建互惠互利的利益联结机制,带动农户参与到多样化产业生产中。农业产业创新经营和新型农业经营主体的蓬勃发展,既丰富了农业产业经营形式和经营主体,又增加了农村创业增收机遇,具体体现在以下几个方面。

一、 多元化新型农业经营主体引领农村产业融合发展

目前,我国农村产业融合发展进入了快速发展阶段。截至 2016 年底,我国农业产业化龙头企业、农民合作社、家庭农场、专业大户等各类新型农业经营主体数量达 280 万个,全国各类农业产业化组织达 38.6 万个,由此带动新型职业农民队伍不断壮大,2016 年其总人数已超过 1 270 万人。各类新型农业经营主体蓬勃发展,也带动了多种形式的适度规模经营,经

---

① 毛晓雅:《农村一二三产业融合助力乡村振兴》,农业农村部新闻办公室,2018 年 6 月 15 日,http://www.moa.gov.cn/ztzl/scw/zcfgnc/201806/t20180620_6152682.htm。

② 国家统计局:《农村经济持续发展 乡村振兴迈出大步——新中国成立 70 周年经济社会发展成就系列报告之十三》,2019 年 8 月 7 日,http://www.stats.gov.cn/tjsj/zxfb/201908/t20190807_1689636.html。

营面积占比超过了 30%。[①]

（一）农业产业化龙头企业

农业产业化龙头企业主要以农产品加工或流通为规模化经营内容，具有产业带动与辐射能力，是符合政策规定标准且被相关政府部门认定的一类涉农企业。涉农企业通常以订单或合同等形式与农户建立利益联结机制，借助对农产品进行加工、包装、运输、销售等途径，帮助分散的农户经营实现"产供销、农工贸"一体化。所以，涉农企业凭借自身管理、科技、资金、营销等优势，促成了农户与市场的紧密衔接，使农户经营共享生产、加工、流通及销售等产业链资源。

在产业带动方面，农业产业化代表着现代农业发展方向。农业龙头企业以其集聚的资本、技术、人力等要素资源，采取专业化、标准化、规模化和集约化生产，其"作为产业化经营的组织者，一端与广大农户链接，在另一端与流通商或消费者链接，充当着农产品供需市场的桥梁，同时也是产业化经营的营运中心、技术创新主体和市场开拓者"[②]。所以，比较成熟的产业体系和完善的产业链条使农业龙头企业具有较强的市场适应能力和拓展能力，通过与农户构建多样的利益联结机制，将分散的农户经营有效地组织带动起来，经过专业化生产和一体化经营助力化解以往农户家庭经营中所存在的"产加销"或"农工贸"脱节难题，实现小农户与大市场的有效对接。

因此，涉农龙头企业成为推进农业产业化经营的关键载体，对于带动小农户经营与现代农业有效衔接、构建现代化产业体系、促进农业增效和农民增收等都具有重要作用。如农业产业化龙头企业通过"企业＋农户""企业＋中介组织＋农户""协会＋企业＋中介组织联合体＋农户"等多种模式进行适度规模化经营，将小农户引入现代农业产业体系中，尤其在农

---

① 余瑶：《我国新型农业经营主体数量达 280 万个》，《农民日报》，2017 年 3 月 8 日第 6 版。
② 高鸣、郭芸芸：《2018 中国新型农业经营主体发展分析报告（一）——基于农业产业化龙头企业的调查和数据》，《农民日报》，2018 年 2 月 22 日第 4 版。

业生产进行规模化经营的省份[①]。近些年,国家在政策上大力支持农业龙头企业,取得了良好效果。根据农业农村部的数据显示,截至 2016 年底,我国农业产业化龙头企业数量已达 13.03 万个,同期相比增长 1.27%,年销售额约 9.73 万亿元。同时,从当前我国农业产业化地域分布特点分析,东部沿海发达地区和传统农业大省呈现出发展优势,在涉农龙头企业的数量和质量上都处于领先地位。[②]

(二)农民专业合作社组织

2017 年 12 月,新修订的《中华人民共和国农民专业合作社法》将农民专业合作社组织定义为:"在农村家庭承包经营基础上,农产品的生产经营者或者农业生产经营服务的提供者、利用者,自愿联合、民主管理的互助性经济组织。"[③]自 2006 年《中华人民共和国农民专业合作社法》首次颁布以来,农民专业合作社发展迎来了快速增长(如图 3.1)。截至 2017 年 9 月底,全国依法登记的农民合作社数量达 196.9 万家,是 2007 年的 76 倍。近五年年均保持 37.2%的增长率,全国入社农户占总农户的 46.8%,2.3 亿农户家庭经营中入社农户数量超过了 1 亿。

---

① 如"截止到 2017 年,黑龙江省农业产业化龙头企业了引领了 1 600 多个合作社加行业协会,共有耕地面积 9 600 万亩,占全省耕地面积的 54%。其中,带动小农户 320 万户,占全省农户总数的 67%,小农户户均增收 2 460 元。根据全国农村固定观察点调查体系 2016 年 11 月对黑龙江、吉林、辽宁、内蒙古 4 个省(区、市)56 个县(市、区)60 个村 3 254 个农户的专项调查,不考虑自家用工折扣和土地折租,经产业化龙头企业带动的农户稻谷种植亩均收益达到 1 224.34 元。"参见 高鸣、郭芸芸:《2018 中国新型农业经营主体发展分析报告(一)——基于农业产业化龙头企业的调查和数据》,《农民日报》,2018 年 2 月 22 日第 4 版。

② 参见中华人民共和国农业部办公厅:《农业部关于公布第七次监测合格农业产业化国家重点龙头企业名单的通知》,2016 年 10 月。

③ 本刊:《〈中华人民共和国农民专业合作社法〉修订对照表》,《中国农民合作社》,2018 年第 2 期,第 39－43 页。

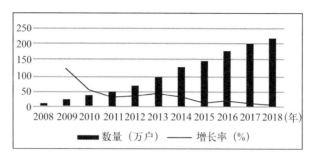

图 3.1　2008—2018 年全国农民专业合作社数量和增长率①

尽管农民专业合作社效能的真实发挥问题存在争议,②但对于那些实际运行的合作社而言,其在带动农民降本增效方面起到了显著的产业辐射和带动作用。据统计,"合作社成员普遍比生产同类产品的非成员增收20％以上,运行规范的示范社高达 30％—50％"③。根据农民日报社三农发展研究中心调查的 579 家典型农民合作社的数据,"能够带动入社农户户均增收 2 000—4 000 元的合作社达到 40.2％,6 000 元以上的达到24.9％,2 000 元以下的 18.1％,4 000—6 000 元的达到 16.9％。"部分农民合作社还通过分红和二次利润返还等形式,增加农民收入。如参与调查的 579 家典型农民合作社中,"有 71.7％近三年进行过分红,有 48.3％实施过对社员农户的二次利润返还。"④并且农民合作社具备发展现代农

---

① 洪梅香:《公平抑或效率:合作社的异化及辨析——兼论土地股份合作社的发展》,《东岳论丛》,2019 年 05 期,第 138—146 页。

② 有学者研究指出,不能片面地认为农民合作社都发挥了产业带动作用,也不能相反地认为绝大多数合作社都是"假合作社"或"空壳合作社",而是应当区分审视农民合作社的效能发挥问题。参见 如孔祥智:《对农民合作社的非议从何而起》,《人民论坛》,2019 年第 4 期,第 64—66 页;陆倩、孙剑、向云:《农民合作社产权治理现状、类型划分及社员利益比较——中国为何缺乏有效的农民合作社》,《经济学家》,2016 年第 9 期,第 86—95 页;潘劲:《中国农民专业合作社:数据背后的解读》,《中国农村观察》,2011 年第 6 期,第 2—11、94 页;何慧丽、杨光耀:《农民合作社:一种典型的本土化社会企业》,《中国农业大学学报(社会科学版)》,2019 年第 3 期,第 127—136 页,等等。

③ 周加来、于璐娜、刘从九等:《农民专业合作社发展研究报告(摘选)》,《中国合作经济》,2019 年第 1 期,第 19—25 页。

④ 彭超、杨久栋:《2018 中国新型农业经营主体发展分析报告(二)——基于农民合作社的调查和数据》,《农民日报》,2018 年 2 月 23 日第 4 版。

业生产性服务产业的资源优势和产业平台,"各类农民合作社生产经营涵盖了农业生产的产前、产中和产后各阶段,连接了农业经营的收购、营销、储运各环节,融合农村产业一产、二产、三产各业态"①。如农民合作社借助成员自愿联合形式,使农村土地经营权流转变得更为顺畅,既弥补了小农户家庭的小规模分散经营不足,又利用合作社成员具有需求共性的特点提高了农业产业化、组织化及市场化程度。另外,与普通农户相比,合作社本身还享受着政府的政策性支持②而具有明显的产业优势。

近年来,农民专业合作社组织呈现出由以往单一的生产服务向生产、供销及信用业务等综合合作方向逐渐演变的趋势,一方面通过"产加销"一体化形式缩减产业链体系内部成本,另一方面开展合作社内部信用合作,化解社员融资难问题,甚至部分合作社还通过与外部金融机构合作以解决社员的资金链困境。"因而,农民专业合作社是现代农业发展的基础,是农业中的现代企业制度,"③其在我国小农户与现代农业有机衔接中发挥着重要的组织带动作用。特别是随着我国社会主要矛盾的转化,农业产业标准化、品牌化、生态化、多元化发展等成为新时代的市场化要求。农民专业合作社组织为适应市场需求变化,目前已经有43.7%的合作社实施了生产与服务的标准化,且朝着品牌化经营方向发展(如表3.3所示)。此外,农民专业合作社也积极参与农村生态环境改善、公共服务与基础设施建设、社区文化建设等方面的工作,对乡村城镇化的发展和质量提升也

---

① 彭超、杨久栋:《2018中国新型农业经营主体发展分析报告(二)——基于农民合作社的调查和数据》,《农民日报》,2018年2月23日第4版。

② 如《财政部 国家税务总局关于农民专业合作社有关税收政策的通知》(财税〔2008〕81号)指出,对农民专业合作社向本社成员销售的农膜、种子、种苗、化肥、农药、农机,免征增值税;对农民专业合作社与本社成员签订的农业产品和农业生产资料购销合同,免征印花税,等等。详情参见:财政部 国家税务总局:《关于农民专业合作社有关税收政策的通知》(财税〔2008〕81号),2008年6月24日,http://www.chinatax.gov.cn/n810341/n810765/n812171/n812700/c1191626/content.html。

③ 孔祥智:《中国农民合作经济组织的发展与创新(1978—2018)》,《南京农业大学学报(社会科学版)》,2018年第6期,第1—10、157页。

发挥着重要作用。[1] 同时,农民专业合作社组织也为地方政府和农民之间搭建起了沟通的"桥梁",既便于政府部门同农民之间信息及时对接,也有助于政府扶持政策更加精准落地,促进政府相关职能运行机制的改进,[2] 对于农村经济社会的长远发展具有重要助推作用。

表 3.3　当前我国农民合作社品牌化经营状况分析

农民合作社品牌化发展程度	占比
拥有自主品牌	29.6%
拥有两个及两个以上品牌	14.5%
已注册商标	65.5%
注册两个及两个以上商标	15.4%
已通过国家无公害、绿色或有机食品认证	49.9%
两种以上产品通过国家无公害、绿色或有机食品认证	23.7%

数据来源:彭超、杨久栋:《2018 中国新型农业经营主体发展分析报告(二)——基于农民合作社的调查和数据》,《农民日报》,2018 年 2 月 23 日第 4 版。

随着产业化发展进步,农民对于合作社功能作用的需求也不断提高。原先农户间的单一合作社组织已难以满足市场化发展需求,"社际联合"逐渐成为新趋势,且在地方实践中表现出了潜在活力和创新发展空间。[3] 同时也为进一步完善和规范农民专业合作社组织,强化其在农业产业现代化发展中的专业化、品牌化等组织带动作用,2017 年 12 月第十二届全国人民代表大会常务委员会审议修订了《中华人民共和国农民专业合作

---

[1] 彭超、杨久栋:《2018 中国新型农业经营主体发展分析报告(二)——基于农民合作社的调查和数据》,《农民日报》,2018 年 2 月 23 日第 4 版。

[2] Guosheng Ma, Juan Chen, "Study on Development Capability of Small Farmer Cooperative Organization in Rural Revitalization", Proceedings of the International Academic Conference on Frontiers in Social Sciences and Management Innovation (IAFSM 2018), Proceedings of the International Academic Conference on Frontiers in Social Sciences and Management Innovation (IAFSM 2018), 2019.

[3] 参见孔祥智:《中国农民合作经济组织的发展与创新(1978—2018)》,《南京农业大学学报(社会科学版)》,2018 年第 6 期,第 1—10、157 页;孔祥智、史冰清、钟真等:《中国农民专业合作社运行机制与社会效应研究——百社千户调查》,北京:中国农业出版社,2012 年,第 10 页。

社法》，专门增加了关于农民专业合作社联社组建及运行的相关规章制度内容。并且国家相关部门也陆续出台了针对性政策，在农民合作社登记、信贷、财政税收、基础设施建设、保险等等多方面予以发展扶持，以促使农民合作社的功能价值得以全面和深入发挥。

（三）家庭农场

尽管农民合作社组织在组织、带动农户规模化经营和帮助农户降本增效等方面发挥出了显著功效，但其"空壳化"问题在学界引起广泛关注[①]的同时也引起了相关政府部门的高度重视，最终将其纳入国家政策的调整范畴[②]，同时也促使国家将扶持的重点拓展至农村规模农业经营户[③]，并在政策上逐渐细化。自2013年中央"一号文件"首次将家庭农场列为新型农业经营主体之一而提出以来，各级地方政府基于本地实际，确定出了

[①] 如学界针对农民专业合作社"空壳化"的内涵、特征、表现、形成原因、解决对策等多个方面分别展开了相关研究。参见于福波：《农民专业合作社"空壳化"问题及对策研究》，《生态经济评论》，2017年第六辑，第111—122页；吴琦：《政策诱变与调适：农民专业合作社"空壳化"的成因与治理》，《大理学院学报》，2015年第1期，第36—40页。潘劲：《中国农民专业合作社：数据背后的解读》，《中国农村观察》，2011年第6期，第2—11、94页；汪怡婷：《农民专业合作社"空壳化"现象分析及应对策略》，《重庆电子工程职业学院学报》，2013年第5期，第23—26页。

[②] 自2007年7月《中华人民共和国农民专业合作社法》实施以来，农民合作社组织在快速发展的同时也大量出现了"数量不实、质量不高"的"空壳社"问题，造成了严重的不利影响。对此，2019年2月，中央农办、农业农村部、市场监管总局、财政部、水利部等11个部门联合印发了《开展农民专业合作社"空壳社"专项清理工作方案》的通知，决定在全国范围内开展农民专业合作社专项清理工作，重点清理整顿无农民成员实际参与、无实质性生产经营活动、涉嫌以合作社名义骗取套取国家财政奖补和项目扶持资金等六类合作社。

[③] 国家统计局关于规模农业经营户的定义及划定标准是：规模农业经营户，指具有较大农业经营规模，以商品化经营为主的农业经营户。规模化标准为：种植业：一年一熟制地区露地种植农作物的土地达到100亩及以上，一年二熟及以上地区露地种植农作物的土地达到50亩及以上，设施农业的设施占地面积25亩及以上；畜牧业：生猪年出栏200头及以上，肉牛年出栏20头及以上，奶牛存栏20头及以上，羊年出栏100只及以上，肉鸡、肉鸭年出栏10 000只及以上，蛋鸡、蛋鸭存栏2 000只及以上，鹅年出栏1 000只及以上；林业：经营林地面积达到500亩及以上；渔业：淡水或海水养殖面积达到50亩及以上，长度24米的捕捞机动船1艘及以上，长度12米的捕捞机动船2艘及以上，其他方式的渔业经营收入30万元及以上；农林牧渔服务业：对本户以外提供农林牧渔服务的经营性收入达到10万元及以上。其他：上述任一条件达不到，但全年农林牧渔业各类农产品销售总额达到10万元及以上的农业经营户，如各类特色种植业、养殖业大户等。参见国家统计局：《第三次全国农业普查主要数据公报（第一号）》，2017年12月14日。

家庭农场的划定标准[①],使得从规模农业经营中分化出的家庭农场数量骤增。[②]

家庭农场作为种养大户的更高级形式[③],是以家庭成员为主要劳动力,通过农业规模化、集约化、商品化生产经营获取家庭主要收入的一类新型农业经营主体。政策上,家庭农场被列为新型农业经营主体之一,是因为其规模化经营不仅能够以农产品商品化生产作为农户家庭的主要经济来源,而且其通过流转农地提高了土地利用率,一定程度上避免了因农村劳动力流失而引发的耕地资源浪费现象发生。此外,农户家庭以规模农业经营获取经济收益,也为我国农村人口在城乡间的合理分布提供了路径选择,有利于农业生产"减人不减产"而保证国家粮食安全。从惠农政策的对象分析,鼓励家庭农场经营并将其纳入新型农业经营主体范畴,也有利于弥补以往政策扶持"漏洞",提高农业保障政策的受益群体。进入21世纪以来实施的一系列"以工补农、以城带乡"举措,地方政府在落实过程中多倾向于将家庭经营置于"小农"位置的"错误认知",使得国家政策扶持和相关财政补贴多流向涉农企业和农民合作社组织等,导致保障粮食安全和城乡经济可持续发展的政策初衷并未全面产生实效。

[①] 目前我国不同地区之间划定家庭农场的标准不同,但基本以流转土地规模和经营农地面积为依据。对于人均耕地面积较大的省份,家庭农场流转耕地面积有达5 000多亩的,而部分人均耕地面积较小的地区,家庭农场面积多集中在50—500亩这一区间。综合当前学界研究,地方政府基本以50亩起底,作为认定家庭农场的基本规模标准。参见姜波:《关于辽宁省家庭农场发展情况的调研报告》,《农业经济》,2013年第11期,第9—10页;漆彩凤、代雅琪、李秀玲:《探访家庭农场 触摸现代农业——关于大冶市陈贵镇家庭农场发展现状的调查》,《农民致富之友》,2013年第22期,第38—39页;袁昌岱、操家齐:《政府与市场双轮驱动下的家庭农场发展路径选择——基于上海松江、浙江宁波的调查数据分析》,《上海经济研究》,2016年第3期,第120—129页;李静:《粮食生产型家庭农场适度规模研究》(博士学位论文),安徽大学,2016年,第43页。

[②] 谷小勇、张巍巍:《新型农业经营主体培育政策反思》,《西北农林科技大学学报(社会科学版)》,2016年第3期,第136—141页。

[③] 有学者研究认为,种养大户的经营模式目前还处于相对粗放型经营状态,是以往小农户经营直接通过经营规模的扩大转变而来,种养规模低于"家庭农场",一般在20—50亩区间。而"家庭农场"则是依靠集约化规模经营提高了单位经营面积的产出率。参见高啸、张新文、戴芬园:《家庭经营模式创新与农业现代化的路径选择——基于联耕联种和按户连片实践的思考》,《农村经济》,2019年第2期,第102—109页。

自 2008 年党的十七届三中全会报告首次将家庭农场作为规模农业经营主体之一而提出,2013 年中央"一号文件"强调,鼓励"坚持依法自愿有偿原则,引导农村土地承包经营权有序流转,鼓励和支持承包土地向专业大户、家庭农场、农民合作社流转,发展多种形式的适度规模经营。"①家庭农场由此正式作为适度规模经营的新型农业经营主体,被纳入政策扶持的对象。截至 2018 年底,全国家庭农场数量已达到 60 万个,而 2013 年底时全国农场仅有 7.23 万个,平均每年增长 10.554 万个,其中 2014 年底达到了 13.9 万个,2015 年底为 34.3 万个。短时间内我国家庭农场数量骤增,一方面说明这一农业经营形式适应当前我国农村实际,符合有务农倾向的农户家庭利益需求,是农民自主选择的结果;另一方面也表明,家庭农场的地位是否被认可和获得扶持,高度依赖国家政策主导,即"升级与发展家庭农场,绝不是能不能的问题,而是政府政策承认不承认和允许不允许的问题"②。

因此,基于国家政策激励和农户家庭内在积极性的共同作用,家庭农场在数量上发生快速增长的同时,在经营技术、理念和内容等方面与普通农户家庭经营相比,也发生了较大改进。不同于普通农户家庭以经营主粮种植为主,当前我国家庭农场经营呈现出以农业为基础的一二三产业融合发展现象,如生态农业、休闲农业、精品农业及循环农业等多样化业态模式。家庭农场经营拓展,延伸了农业产业链,提升了农业产业价值收益空间,这也是新时代我国社会主要矛盾转化背景下农户家庭经营需适应市场化的必然要求。

(四) 农业专业大户

根据 2017 年国家统计局公布的《第三次全国农业普查主要数据公报(第二号)》显示:截至 2016 年,全国规模农业经营农户数量已达到 398 万

---

① 《中共中央国务院关于加快发展现代农业 进一步增强农村发展活力的若干意见》,人民出版社汇编:《中共中央国务院关于"三农"工作的一号文件汇编:1982～2014》,北京:人民出版社,2014 年,第 260 页。
② 温锐、闵桂林:《家庭农场:中国农业发展史上的内生优选经营模式》,《江西财经大学学报》,2018 年第 4 期,第 84—93 页。

户(其中东部地区、中部地区、西部地区及东北地区分别为119、86、110、83万户),专业大户作为其中的重要组成,在我国农业适度规模化经营中占据愈加重要的地位。

关于农业专业大户的概念,目前学界和国家相关政策并未给出明确而统一的界定,结合各地资源禀赋、农业产业现状和经营主体能力等因素,关于农业专业大户划分的标准也显现出区域性差异。[①] 但综合学界目前关于专业大户的概念阐述,普遍将专业大户纳入家庭经营的范畴,且其经营规模介于普通农户和现代家庭农场之间,通常具备相对成熟的生产经验和管理能力[②],即专业大户是在普通农户家庭经营基础上通过增加要素投入,扩大家庭经营容量而达到增加经济收益目的的一类农户家庭经营模式。所以,专业大户是由传统农户家庭经营依赖土地经营权流转而逐渐扩大经营规模,并通过资本、技术和生产经验积累而专门从事某一类农产品生产的新型农业经营主体。

迫于农村"空心化"导致农地资源经营率下降这一现实,振兴乡村要求以农地经营权流转促进农业发展的内生力量培育,而"留守"农村的中

[①] 由于我国地域资源禀赋差异较大,不同地区间人均耕地面积相对悬殊,因此在我国不同地区,划定专业大户的具体参考依据存在差异。如国家统计局认定耕地规模化时,分别以100亩和50亩作为北方和南方地区的认定标准。为便于同其他新型农业经营主体进行区分,笔者在此将农业专业大户界定为由普通家庭经营向家庭农场转变的一种中间规模的经营模式。参见 陈家骥、杨国玉、武小惠:《论农业经营大户》,《中国农村经济》,2007年第4期,第12—17页;龙凤娇:《专业大户对农村金融支持满意度及影响因素分析》(硕士学位论文),华中农业大学,2015年,第17页;石志恒、慕宏杰、晋荣荣等:《专业大户与普通农户农业信息选择行为比较研究——以甘肃省张掖市为例》,《电子科技大学学报(社科版)》,2018年第3期,第74—81页;中华人民共和国国家统计局:《农业生产跃上新台阶 现代农业擘画新蓝图——新中国成立70周年经济社会发展成就系列报告之十二》,2019年8月5日,http://www.stats.gov.cn/tjsj/zxfb/201908/t20190805_1689117.html。

[②] 参见 杨宗、熊凤水:《专业大户培育研究》,《湖北经济学院学报(人文社会科学版)》,2018年第4期,第31—33页;杨慧莲、李艳、韩旭东、郑风田:《土地细碎化增加"规模农户"农业生产成本了吗?——基于全国776个家庭农场和1166个专业大户的微观调查》,《中国土地科学》,2019年第4期,第76—83页。

坚力量群体①凭借资金和经验积累等,通过土地流转形式逐渐扩大经营规模,发展为专业大户。专业大户的规模经营不仅刺激了农地经营权流转机制更为成熟,还提升了农业资源利用率。同时因为他们关心农业技术改进,所以会成为农业新技术、新信息的主动获取者与采用者,例如相对于普通农户,专业大户更善于利用网络媒体、农村信息服务机构及农产品展销会等媒介获取农业信息,在信息获取的渠道方面更加多元化②。此外,由于他们也有能力和主观能动性参与农村公共事务中,是未来引领农业生产与乡村社会全面发展的骨干力量。所以,在农村劳动力进城和留村的分流中,专业大户为乡村振兴发展奠定了产业基础和人力资源基础。

专业大户的出现,既是城镇化进程中农业经营逐渐规模化的客观规律体现,也是农民在乡村地理空间上谋求发展的自主选择行为展现。这也表明,农村产业融合发展是顺应农业发展规律和农民自我发展需求的统一。

总体而言,党的十八大以来农地"三权分置"改革深入推进,促进了农业规模化经营快速发展,以涉农企业、家庭农场、专业大户、农民合作社等为代表的新型农业经营主体成为目前我国推进农业产业规模化、集约化、商品化生产的代表者和引领者。2017 年公布的第三次全国农业普查数据显示:"2016 年全国共有 35.5 万个规模农业经营户和农业经营单位开展餐饮住宿、采摘、垂钓、农事体验等新型经营活动,占规模农业经营户和农业经营单位总数的比重为 5.9%。全国开展旅游接待的村占全部村的比

---

① 如学者贺雪峰将这一类农业经营的农村剩余精英劳动力称为"中农",即未来农村发展的中间力量,因为他们不仅在农业经营方面具备产业优势和自身能力优势,而且也是农村基层治理的骨干力量。笔者在此赞同这一研究观点,认为专业大户是未来我国城镇化进程中农业产业化经营发展趋势的结果,他们不仅是未来我国农业农村发展的重要参与者,也将会是主要的引领者。参见 贺雪峰:《新"中农"是今后中国农村社会的中坚力量》,《农村工作通讯》,2014 年第 7 期,第 45 页;贺雪峰:《乡村治理现代化:村庄与体制》,《求索》,2017 年第 10 期,第 4—10 页。
② 石志恒、慕宏杰、晋荣荣等:《专业大户与普通农户农业信息选择行为比较研究——以甘肃省张掖市为例》,《电子科技大学学报(社科版)》,2018 年第 3 期,第 74—81 页。

重为 4.9％,比 2006 年提高 2.7 个百分点。"[1]据农业农村部统计,"2017 年末全国设施农业占地面积 2 969 千公顷,比 2012 年增长 12.9％,年均增长 2.5％。"[2]截至 2018 年,全国家庭承包耕地流转面积超过了 5.3 亿亩,"农村土地流转有力地推动了农业规模化发展,充分发挥适度规模经营在规模、资金、技术、信息、人才和管理等方面的优势和辐射带动作用,引领和加快推进现代农业建设。"[3]同时,新型农业经营主体也促进了职业农民发展,并带动了大量返乡创业创新人员,为我国农业产业现代化发展开辟了培育和集聚人力资本的新渠道。根据国家统计局数据显示,截至 2018 年底,各类返乡下乡创业创新人员累计有 780 万人,成为新兴职业农民的重要来源,他们同各类新型农业经营主体和服务主体一起,不断为我国农业现代化注入新要素,成为现代农业经营的主力军。

二、 多样化产业融合模式推动农业增产增效

当前我国农村产业融合的模式除农产品加工外,还主要有设施农业、观光休闲农业、"互联网＋"农业等。根据国家统计局数据显示,2018 年底,我国设施农业数量已达到了 3 000 多万个,经营面积有 4 000 万亩。仅 2018 年全国乡村旅游和观光休闲农业接待游客就约有 30 亿人次,营业收入超过 8 000 亿元,且观光农业的内涵还在不断丰富。特别是互联网技术的普及,带动了农村电商产业发展。第三次全国农业普查结果显示,当前我国有 25.1％的乡村设有电商配送服务站,2018 年的农产品电商交易额

---

[1] 中华人民共和国国家统计局:《农村改革书写辉煌历史 乡村振兴擘画宏伟蓝图——改革开放 40 年经济社会发展成就系列报告之二十》,2018 年 9 月 18 日,http://www.stats.gov.cn/ztjc/ztfx/ggkf40n/201809/t20180918_1623595.html。

[2] 中华人民共和国国家统计局:《农村改革书写辉煌历史 乡村振兴擘画宏伟蓝图——改革开放 40 年经济社会发展成就系列报告之二十》,2018 年 9 月 18 日,http://www.stats.gov.cn/ztjc/ztfx/ggkf40n/201809/t20180918_1623595.html。

[3] 中华人民共和国国家统计局:《农村改革书写辉煌历史 乡村振兴擘画宏伟蓝图——改革开放 40 年经济社会发展成就系列报告之二十》,2018 年 9 月 18 日,http://www.stats.gov.cn/ztjc/ztfx/ggkf40n/201809/t20180918_1623595.html。

达到了 3 000 亿元。①设施农业作为技术渗透型产业融合模式的典型代表，"通过外部设备和管理技术等人为因素，改善或创造合适的人造生态环境，为植物或者动物提供其最合适的温度、湿度、光照等条件"，②是农业现代化的重要标志。自 20 世纪 80 年代开始，设施农业就开始以塑料大棚、地膜覆盖、日光温室等形式改造传统粗放型农业生产模式。2011 年出台的《中华人民共和国国民经济和社会发展第十二个五年规划纲要》明确提出，将发展设施农业作为实现我国农业现代化的重要战略。改革开放 40 多年的实践探索和科技进步，促使我国设施农业的产业规模和技术水平等都取得了较大改进，如无土栽培、机械化育苗、生物病虫害防治、温室节能环保及智能化等现代农业科技被不断应用。经营对象也从传统低附加值的大田作物，发展到了覆盖瓜果、花卉、水产、特种作物、反季节蔬菜、无公害有机作物及畜禽等众多高附加值农产品领域，设施农业由此体现出高技术、高投入特点，也决定了其发展需要实现生产框架工厂化、环境控制智能化、运行节能化、过程精细化等。③ 所以，我国设施农业的发展进步，不仅刺激了相关科技研发和装备制造的发展，而且还锻炼提高了农业经营者管理素质，④这对推动城乡产业要素流通和提升农村区域产业技术水平等都发挥出了重要作用。

　　新型农业经营主体借助农业的多功能性，不断拓展农业产业的价值作用空间。当前我国农村产业融合发展的常见模式以产业链延展型为

---

① 中华人民共和国国家统计局：《农村经济持续发展 乡村振兴迈出大步——新中国成立 70 周年经济社会发展成就系列报告之十三》，2019 年 8 月 7 日，http://www.stats.gov.cn/tjsj/zxfb/201908/t20190807_1689636.html。
② 赵德天、翟恩昱、赵啸宇等：《设施农业中微生物农药施用情况及发展前景》，《生物资源》，2019 年第 3 期，第 195—203 页。
③ 粟钟作：《现代设施农业发展趋势及关键技术》，《农家参谋》，2019 年第 9 期，第 29—43 页。
④ 张震、刘学瑜：《我国设施农业发展现状与对策》，《农业经济问题》，2015 年第 5 期，第 64—70、111 页。

主①,如农产品加工业在现阶段的农村产业融合发展中占有发展优势②,其主要以涉农龙头企业为依托,通过整合农产品生产、加工、仓储、运输及销售等产业链环节,延长了农业产业链和提升了价值链,发挥出了振兴乡村产业和带动农民富裕的效果。其中借助高新技术,如物联网、大数据和云计算等的融入而创新农业产业发展,发挥出了拓展农村产业融合边界、创新农业生产与服务对接融合等功效,提升了农业生产的科学化和智能化水平。③ 随着市场需求、产业技术进步、新要素替代等变化,农村产业融合发展的具体融合模式与内容也是动态发展的。所以,农村产业融合发展本身蕴含着业态模式日趋丰富和多样化的发展潜质,是实现农村产业兴旺的重要依托。

然而,结合当前我国农村产业融合发展促进农业增产增效的具体模式,分析视角不同,其体现出的产业融合模式类别也存在差异,大体情形如下。

从融合方向分析,农村产业融合发展是在打破原有产业边界,以产业横向融合、纵向融合和内涵提升等为形式体现的农业产业结构调整。横

---

① 参见 中华人民共和国农业农村部:《农业农村部就一季度农业农村经济运行情况举行发布会》,2018 年 4 月 23 日,http://www.moa.gov.cn/ztzl/scw/scdtnc/201804/t20180424_6140882.htm。

② 在政策上,农产品加工业和乡村休闲旅游业目前是农村产业融合发展的重点。根据农业农村部公布的数据显示,仅 2017 年农产品加工企业主营业务收入超过 22 万亿,与农业总产值之比由 2012 年的 1.9∶1 提高到了 2.3∶1。休闲农业和乡村旅游等产业也蓬勃发展,2017 年营业收入为 7 400 亿元,但同农产品加工相比还存在较大差距。2018 年底,农业农村部又联合 14 个相关部门联合发布了《关于促进农产品精深加工高质量发展若干政策措施的通知》。参见 毛晓雅:《农村一二三产业融合助力乡村振兴》,农业农村部新闻办公室,2018 年 6 月 15 日,http://www.moa.gov.cn/ztzl/scw/zcfgnc/201806/t20180620_6152682.htm。

③ 如南宁市宾阳县利用互联网大数据技术搭建水稻智慧农业大数据平台,动态监测 2 000 亩水稻示范区,"逐步实现监管水稻产业化发展状况,动态监测水稻生产基地建设、产业化主体发展情况、农业观光发展等。并根据地方产业特色,汇聚全县粮食等特色产业的产量、产值、分布等详细情况,实现对具有示范作用的生产主体精准化的动态跟踪和综合展示,提高了农业生产自动化、科学化水平"。此外,该县还计划利用互联网技术构建农产品"溯源"体系,在方便消费者同时,也督促农产品生产主体转型升级和提高产品质量。参见黎业鎏、蒋兆飞、刘清风:《"互联网+"引领农业产业发展》,《南宁日报》,2019 年 8 月 14 日第 3 版。

向融合更多的是在传统农业产业类别基础上,如保持粮棉油肉蛋奶等基本农产品生产供给的同时,顺应城乡居民消费结构升级趋势,增加农产品生产类别和拓展经营领域,如提供更多绿色化、多样化、优质化食品,并不断突出生产的特色化。同时,以农业休闲、生态、生活功能为依托的新兴农业产业,也逐渐成为横向融合发展的重点领域。纵向融合就是推进农业产业的各产业链延伸,打造供应链和提升价值链,形成产前、产中和产后的一体化经营模式,实现农业产业的供求衔接以及农业产业链与市场的高度衔接。农业产业的内涵提升模式,即借助农村产业融合发展实现农业社会化服务体系健全,使农业的分工与协作更加密切,增加农业产业的整体创新发展驱动力。

从产业链视角分析,农村产业融合发展主要有五种模式类型。一是农产品加工销售型。这类产业链分布主要集中于产业园区、中心村镇或县城工业园区等涉农企业,通过利用本地农产品资源进行加工和销售等经营活动。二是产加销一体化型。与加工销售型不同之处在于,这一产业链的结构模式侧重于"地产地销",集农产品生产、加工、销售或消费等一体。三是乡村休闲体验型。这类产业链利用地域特色文化或自然资源,以乡村休闲、体验、观光等带动农村餐饮、旅游等产业发展。四是农村专业生产直销型。这一产业链的特点在于农村进行专业化农产品生产,并同城镇超市、社区、加工厂等对接,实行"生产+直销"的模式。五是产城融合型。该产业融合模式是借助政府主导下的农业特色产业园区建设和特色小镇规划等,在为农村产业融合发展提供产业集聚优势的同时,也为农村产业同城镇市场的互动提供了便利。

从经营主体角度分析,农村产业融合发展体现形式主要有以下几种类型。生产性主体经营向后延伸型,如专业种养大户、家庭农场、农民合作社等在主要从事第一产业生产基础上,增加加工、餐饮、体验、休闲观光等经营环节。涉农企业引领型,涉农企业在农村相关产业经营中,以成熟的产业经营链带动生产与市场两端逐渐成熟,并以利益联结机制构建形式带动农民参与产业发展之中。经营体集聚型,产业发展是多要素的汇聚与关联,如农村某一特色食品加工产业的兴起将会带动如包装、物流等关联产业主体的集聚发展,进而形成驱动乡村区域经济发展的增长极。产业链组合型,即涉及农业产加销一体化链条各环节的经营体,通过产业链组合,以产业联盟形式共享农业资源开发的价值增值。

从一、二、三产业的主体地位体现视角分析,农村产业融合发展的主体经营内容也有不同侧重。以一产为主体的产业融合发展模式,如在特色农产品生产基础上引入加工、体验、仓储、物流、物联网等二三产业形成的融合发展模式。以二产为主体的产业融合发展模式,如引入特色工艺促进原农产品加工向产业链的前、后两端延伸。以三产为主体带动的产业融合发展模式,以原材料特色化种养或产品的文化价值挖掘等拓展产业的价值链,如依托乡村特色人文资源或自然资源等开发,以旅游产业刺激农村种养、农产品加工、餐饮、住宿等产业发展。以新科技投入带动农业附加值提升,进而形成以科技产业为主导的发展模式,如依托科技成果转化实现农产品栽培技术或加工环节工艺水平等提升,进而提升产业效率。

现代农业体系建设要求以农业内部结构的优化和丰富为必要基础,农村产业融合发展以新要素融入实现了农业产业结构优化或内涵提升,使农村发生了由资源优势向产业优势的转化,进而通过市场化机制运行增进城乡联系。因为农村产品的供给和城市产业要素向农业产业的融入增加了城乡之间"交换"的发生,"交换没有造成生产领域之间的差别,而是使不同的生产领域发生关系,从而使它们转化为社会总生产的多少互相依赖的部门"[1],对城乡融合起到正向促进作用。同时,伴随如生产、加工、流通及消费等多方面因素变化,农村产业融合发展的内涵与具体运行模式也并非局限于某一时期内的固定产业结构或业态,将表现为边界不断拓展和内涵不断丰富的动态进程。因此,农村产业融合发展对于提升乡村区域产业经济活力和促进城乡融合而言,其效能的发挥空间也将是不断拓展的。

---

[1] 卡·马克思:《资本论》第一卷,中共中央马克思恩格斯列宁斯大林著作编译局编译:《马克思恩格斯选集》第二卷,北京:人民出版社,2012年,第215页。

三、 日趋紧密的利益联结机制保障发展成果惠及农民

目前,我国农村产业融合发展的参与主体主要有普通农户、涉农企业、农民合作社、家庭农场和专业大户等共同构成,然而农户家庭经营的基础性地位决定新型农业经营主体发展必须要以发展成果惠及普通农户家庭为根本,同时新型农业经营体系构建与完善也离不开新型农业经营主体间的合作共赢[①]。当前,我国农村发展实践表明,农村产业融合发展逐渐形成了日趋完善的利益联结机制,普遍采取的利益联结机制类别有:订单型,即涉农企业与农户签订合作协议,以订单收购形式与农户共享产业利益;合作型,与订单型类似,但不同之处在于涉农企业以"二次返利"或以"保底＋分红"等形式与农户共享产业链后端的价值增值收益;股份合作型,即农户以土地、物资、人力等要素参与产业化经营,进而获取利润分红;生产服务带动型,即各类新型农业服务主体通过向农户提供农资、技术、培训、市场对接等服务,实现供需双方协同发展。

普通农户家庭同各类新型农业经营主体间进行利益分享,是农村产业融合可持续发展的关键保障。根据目前我国各地农村产业融合发展状况,普通农户经营同各类新型农业经营主体间存在订单形式、股份形式、土地流转再就业形式及生产服务协作形式等多种利益联结构成形式。土地流转再就业形式是农村产业融合中较为常见的利益联结形式,而且基于"投资回报率"考虑,也易于被普通农户家庭和新型农业经营主体双方接受。在农村人口向城镇寻求就业发展机遇大趋势和我国保障农户家庭承包经营权政策底线的双重影响下,农户出租农地经营权以获得租金收益是趋近零风险的,而且在农民以外出务工收入作为家庭主要经济收入的条件下,农民更愿意选择农地经营权流转形式参与农村产业融合发展,甚至部分农民就地以自家农地的流入对象作为务工选择。然而,也正是由于农户仅仅以农地流转获取租金收益或简单的工资收益而不承担经营

---

① 姜长云:《完善农村一二三产业融合发展的利益联结机制要拓宽视野》,《中国发展观察》,2016 年第 2 期,第 42—43、45 页。

风险及成本,所以土地流转再就业形式属于一种较为松散状态的农村产业融合利益链,并需在政策方面给以规范性引导和在法律方面作以相关保障。

相对农户流转农地经营权再就业形式而言,订单合同形式的利益联结机制则较为紧密一些,涉农企业与农户之间存在直接联系,刺激农户转变经营结构和提升生产水平。涉农企业以订单形式同农户签订合同,回收农户产品作为原材料进行加工生产,如"公司+基地+农户"形式,企业以农户家庭的农地为原材料生产基地,同农户以约定的数量、质量和价格等形成订单合同,既保障了企业原材料供给的数量和质量,也保证了农民的经济收益稳定。而且,部分企业还以经营利润二次结算或返还等形式,进一步提高农户的合作积极性。

分散的农户家庭经营由于占据耕地经营权和劳动力资源,成为农村产业融合发展的必要组成。借助股份合作形式,农户以农地、劳动力等作为资产入股,同涉农企业构建合作关系,农民通过"保底收益+股份分红""股份分红+务工收入""资产分红""产值分成""资产分红+二次返利"等多种形式获得收益,从而农户与涉农企业形成风险共担、互惠互利的利益共同体。如河北省隆尧县固城镇小孟村推行"党支部+公司+合作社+农户"的发展模式,吸引了500多户村民从事甜瓜产业。目前"在邢台全市,120多万农民在合作社、龙头企业、农业产业化联合体的带动下,'拴'在产业链,融入价值链"[1],经营方式发生了非常大的变化。

尽管当前我国农村产业融合发展的利益联结机制构建还存在普通农户在资源分配、利益分享等方面话语权较弱的问题,但农村产业融合发展

---

[1] 顾仲阳、邱洪生、张丹峰:《订单生产 这样种地有赚头(田间追踪高质量·组织方式之变)》,《人民日报》,2019年8月23日第19版。

带动农民增收富裕的实效[1]证明,通过构建完善、科学和更加紧密的利益联结机制实现农村产业融合发展参与主体的互利互惠、合作共享与协同发展等,成为未来我国农业生产借助新型农业经营体系构建实现农业现代化的基本要求。

四、产业示范引领农村产业融合蓬勃发展

深入推进农村产业融合发展示范园(区)建设不仅是我国农业产业现代化转型的发展方向,也是新时代党主导实施乡村振兴战略的关键举措之一。因而在政策制定、产业规划与扶持、宣传推广等方面,各级政府部门都给予了系统性安排和统筹规划,从小规模的产业示范园建设到地方产业融合先进示范区规划,形成了多层级产业示范体系。

目前大多数地方政府根据本地产业特点规划建设了特色农业产业示范园,如农业产业科技园、农民创业园区、农产品加工园区、农产品物流园区等等,进而通过产业集聚吸引各产业链要素资源汇集,帮助经营主体达到降本增效的效果。如安徽省铜陵市枞阳县将电子商务作为县域农业产业转型升级的重要途径,规划建设电子商务产业园,以电商产业带动农业转型升级。电商产业园由此发挥出了汇集产业资源的作用,园区集中了农民电商培训、物流、农产品包装设计、电商技术指导、相关法律咨询服务等多项业务,方便传统农户向电商户转型过程中能够获得全方位的指导与帮助。

特色产业示范区以精品品牌培育引领产业规范化、标准化和品牌化发展。农业产业品牌化和标准化生产作为农村产业融合发展水平的重要

---

[1] "据测算,农村产业融合使订单生产农户的比例达到 45%,经营收入增加了 67%,农户年平均获得的返点或分配利润达到 300 多元。""近年来,我国休闲农业和乡村旅游蓬勃发展,2017 年接待游客 28 亿人次,营业收入 7 400 亿元,从业人员 1 100 万人,带动 750 万户农民受益,成为天然的农村产业融合主体。"参见 毛晓雅:《农村一二三产业融合助力乡村振兴》,农业农村部新闻办公室,2018 年 6 月 15 日,http://www.moa.gov.cn/ztzl/scw/zcfgnc/201806/t20180620_6152682.htm。

标志,对此相关政策文件①已明确提出,鼓励地方农村产业融合发展实践以多种形式完善精品品牌体系创建工作。如安徽省砀山县依托水果资源优势,发展农产品电商产业,2018年县域电商交易额达40多亿元,带动10万多人从事电商物流等相关产业。目前,全县70余万亩水果基地整体通过无公害产地认证,建成了标准化生产、品牌化销售的砀山梨示范基地21家(国家级15家、省级6家),孵化出1 500多个农产品电商品牌。同时,依托水果产业链延伸,县域内果醋、果酒、果胶及果品医疗等高附加值产品也逐渐呈现标准化、品牌化发展趋势。

最后,相关部门的典型宣传推介工作的开展,进一步示范引导了农村产业融合的高质量发展。如为了贯彻落实《国务院办公厅关于支持返乡下乡人员创业创新促进农村一二三产业融合发展的意见》中关于"整合创建一批具有区域特色的返乡下乡人员创业创新园区(基地)"要求,农业农村部计划筹建全国农村创业创新园区(基地)目录,并以目录形式每年向返乡下乡本乡人员推介和向全社会公布,这既为返乡下乡及本乡人员创业就业提供了可选择场所信息等便利服务,又帮助园区提高了宣传推介力度,进一步彰显其产业引导作用。并且相关负责部门还将在此基础上遴选优秀示范基地,以典型示范辐射带动周边农业产业更好地创新与集群发展。2018年数据显示,农业农村部宣传推介的农产品加工业典型已达208个,全国休闲农业和乡村旅游示范县(区、市)达388个,重要农业文化遗产达91项,美丽休闲乡村数量达560个,还有2 160个景点和670个精品路线。此外,农业农村部还在全国范围内评选出155个县(市、区)作为2018年全国农村一二三产业融合发展先导区。产业带头人和地域特色农产品生产对于农业农村发展的引领和带动作用,也是至关重要的。对此,农业农村部开展了农村创业创新优秀带头人和典型县的宣传推介工作,截至2018年6月,已树立了200个农村创业创新优秀带头人和100个典型县。

---

① 如《国务院办公厅关于推进农村一二三产业融合发展的指导意见》(国办发〔2015〕93号)中就明确提出:"扶持发展一乡(县)一业、一村一品,加快培育乡村手工艺品和农村土特产品品牌,推进农产品品牌建设。"

　　总结当前我国农村产业融合发展实际,在产业链整合方面,农村产业融合发展覆盖农业生产、农产品加工、销售、流通、储藏等产业链体系。在农村产业结构创新发展方面,农村产业融合发展除拓展或延伸"产—销"或"产—加—销"等传统产业模式外,还借助如乡旅、电商及新兴科技等衍生新型产购销经营模式。农村产业融合发展对于农民务农收益而言,家庭农场、农民合作社、涉农企业及专业大户等各类新型农业经营主体除发挥产业引领示范作用外,还通过构建利益联结机制带动普通农户参与利益共享机制,借助农村产业融合发展的产业模式多样化、产业结构多层次化和产业内容多元化等途径,提升了农业产业价值增长空间,并使产业价值增值更多地留在农村,有助于带动广大农户实现增收。

　　最后,城乡融合发展进程中,农业发展不单单局限于国民经济基础这单一视域——体现粮食生产和经济价值,还具有生态和社会价值,而一定范围的农业农村资源禀赋和发展程度差异赋予了三次产业结构空间转换与交叉融合的发展可能。2019 年发布的《关于建立健全城乡融合发展体制机制和政策体系的意见》,再次强调了农业农村的生态和社会价值功能对三次产业结构空间转换的积极作用。因此,在农业多功能价值挖掘方面,农村产业融合发展凭借绿色化、生态化和特色化等经营挖掘农业多功能价值,不仅有助于城乡实现经济层面的产业结构转换,还有助于实现空间层面的产业转移,进而带动工农、城乡关系重塑。也就是,农村产业融合发展本身蕴含着融合城乡的功能作用。

　　所以说,新时代城乡融合作为党协调城乡并进发展的新体现和新要求,不仅需要继续坚持农业农村发展,而且还需要进一步创新农业农村发展,在城乡地位平等基础上借助市场化机制的作用发挥,助力城乡均衡发展转变。而农村产业融合发展以市场为导向,其产业发展实效表明,将农村产业融合作为新时代创新农业农村发展的新方向和新模式,能够获得促进城乡融合和乡村内生转型发展的"双赢"功效。并且,关于农村产业融合发展实施的政策体系也逐渐丰富和完善,成为振兴乡村发展的重要指导组成。

我国城乡二元结构问题的形成与固化,既有计划经济时代发展导致的特殊性,也有传统农业社会向现代工业社会转变过程中经济结构改变导致的普遍性,破解城乡二元结构问题以推进城乡融合发展,落脚点在于将城市和乡村放置于平等发展的地位。结合当前我国城乡发展实际,单纯依赖新型城镇化发展难以真正实现城乡发展均衡,乡村的弱势地位决定了"以城带乡"的效能局限性,也决定了城乡发展不平等和农业农村发展不充分等问题无法从根本上得以彻底解决。这不单是我国城乡二元结构的结果所致,也是市场经济条件下城乡自身发展能力"禀赋"差异的结果,当前我国城乡发展失衡的固化趋势也进一步明确了提高农业农村自身发展能力的迫切性和必要性。新时代我们党以"城乡融合"为理念指导城乡协调发展,既不是城市的单极"扩张",也不是乡村传统产业模式的继续和依赖外界资源输入式发展,而是在一个更加开放、科学和公平有序的发展环境中,将城乡视为一个功能互补、发展互促的有机整体,打破城乡要素概念而实现自由流通,激发乡村内在活力,最终使城乡在生产、生活和生态等多方面朝着一体化格局方向发展。

党的十九大提出以城乡融合发展促进农业农村现代化,关键是要探索出以城带乡和工业反哺农业的"微观"推进路径。乡村振兴战略实施,以产业兴旺作为振兴乡村的扎实基础和强劲依托,以农村产业融合发展为重要途径支撑乡村全面发展。农村产业融合发展兼具承接城市产业要素"下乡"和以多样化产品体系对接城市市场的双重功能,为衔接城乡发展开辟了通道。所以,新时代城乡融合发展一方面要通过新型城镇化增进城市对农村的带动作用,另一方面要凭借农业产业现代化转型升级刺激城市产业要素融入,增强乡村自身发展能力。同时,由于新中国成立以来,我们党关于农业生产的功能定位始终坚持着农业是国民经济基础这一宗旨,将支持农民和农村发展作为坚持农业的国民经济基础产业定位的辅助性策略而广泛存在于地方实践中。基于当前我国城乡发展现实,城乡不平衡不充分发展使得城镇化"潮流下"农业劳动力流失、农村空心化、农地撂荒等问题不断加剧,我国农业现代化发展受到"人—物—产业"分离的束缚。"四化同步"发展要求下,"三农"现代化被纳入城市与乡村共融共存、传统与现代交替更迭、人类社会与自然生态和谐共生等运行机制之中,既要以新型城镇化实施纠正以往城镇化"以城吞乡"的错误发展模式,又要避免城乡同质化问题发生,所以需要改变乡村以往的被动发展局势,在城乡功能互补基础上借助乡村区域的产业规划、人力资本积累和城乡要素互通等条件,逐步将农村内部产业兴旺转化为推动城乡融合发展的内生动力[1]。农业产业发展的要素需求,以及农村产品供给结构与品质的改善等,刺激城市与乡村互补发展,所以在城乡共存、融合共生发展目标指引下,农村产业融合发展以农业为本体、农民为主体、农村为载体,促使"三农"由分离向协同方向转换,最终以"三农"协同实现乡村内生式发展转型,补齐"四化同步"的"短板"。

　　近年来我们党关于农业经营模式和经营主体的相关政策调整,促进农村产业融合呈现蓬勃发展态势,在新型农业经营主体类别及规模、产业链打造、利益链构建、典型示范等多方面取得了发展实效,逐渐展现了带动乡村内生发展的功效。因而摆脱单向度的城镇化思维,以农村产业融合发展为支撑破解城乡发展失衡难题,不仅是新时代党提出的"三农"工作重点议题,也是密切城乡经济联系,以城乡产业融合带动城乡全面融合的路径选择。

---

[1] 黄小明:《收入差距、农村人力资本深化与城乡融合》,《经济学家》,2014年第1期,第84—91页。

第四章　新时代城乡融合基于农村产业融合助推作用的发展转变

当前我国社会突出的城乡发展不平衡不充分问题制约了城乡融合发展的实现,其主要障碍在于缺乏市场机制作用下的城乡产业要素双向流通,城乡要素的功能表达存在严重差异。农村产业融合发展以农业为基础,借助城市产业要素融入而整合一二三产业资源,并以市场为导向,通过向城市输送产品与产业发展刺激二、三产业要素融入的良性循环,增进了城乡产业关联,促使形成以城乡产业融合为带动的城乡均衡发展格局。城镇化和乡村内生发展作为城乡融合的动力源,农村产业融合发展作用乡村内生发展转变,为新时代城乡融合提供了助推作用。

第一节　农村产业融合发展助推新时代城乡融合的理论依据

一、经济转型阶段关于二元经济结构理论的借鉴

认清我国当前居于发展中国家的国际定位和将长期处于社会主义初级阶段的基本国情,是改革开放以来中国共产党指导经济社会发展的出发点。在党的十九大报告中,习近平总书记再次强调了这一认识,指出尽管中国特色社会主义进入了新时代,但"我国仍处于并将长期处于社会主义初级阶段的基本国情没有变,我国是世界最大发展中国家的国际地位

没有变,全党要牢牢把握社会主义初级阶段这个基本国情,牢牢立足社会主义初级阶段这个最大实际"①。所以,当前我国处于发展中国家的基本国情很大程度上决定了我国城市现代工业化发展同农村相对落后的农业生产并存的城乡发展面貌。

针对发展中国家城乡、工农发展不协调问题,早在 20 世纪五六十年代就有不少国外学者将其视为研究的重点。其中有代表性的学者如刘易斯、费景汉、拉尼斯、舒尔茨、钱纳里、乔根森等,他们将城乡工农业发展及产业分布等问题作为研究对象,发展为二元经济相关理论。此外,关于传统农业改造、农业供给侧结构性改革及其他相关理论等也都极具针对性和启示作用。那么,借鉴这些理论,将会为新时代我国乡村依赖农村产业融合发展实现内生转型,进而助推城乡融合带来哪些指导价值呢?

(一)"刘易斯—费景汉—拉尼斯"二元结构模型理论

虽然"二元结构"的概念和理论最初是由荷兰社会学家 J. 伯克在其1953 年出版的专著《二元社会的经济学和经济政策》中最早提出的,但此时的"二元结构"还仅仅是一个广泛的社会学概念。J. 伯克认为,社会特征是由呈现相互依存关系的社会精神、组织形式及技术等共同决定,因此不发达国家引进另外一种社会精神、组织形式和技术时,会导致社会结构出现二元性。② 然而,"二元结构"理论真正从社会学向经济学领域延伸,离不开经济学家威廉·阿瑟·刘易斯提出的发展中国家存在农村剩余劳动力转移模型理论。

刘易斯发表的具有广泛影响力的《劳动力无限供给条件下的经济发展》一文,提出了著名的"二元经济理论"模型。该模型认为,发展中国家同时存在两个部门,一个是资金相对充足,技术较为先进的工业部门,另一个是劳动力"无限供给"的传统农业部门,其特征是资金相对稀缺和技术

① 习近平:《决胜全面建成小康社会 夺取新时代中国特色社会主义伟大胜利——在中国共产党第十九次全国代表大会上的报告》,北京:人民出版社,2017 年,第 12 页。
② 吴天然、胡怀邦、俞海、陈伟明:《二元经济结构理论与我国的发展道路——兼论环二元经济结构的形成及转换》,《经济理论与经济管理》,1993 年第 4 期,第 8—14 页。

落后,生产效率低。在发展中国家,城市现代工业部门被视为经济增长的主导部门,其生产规模一般较大,技术和管理也较为先进,生产追求利润最大化,产品生产以市场销售为目的。传统农业生产则规模普遍较小、技术落后,生产以满足自身消费为目的,较少通过市场销售,而且传统农业部门中的人口相对于有限的资本和自然资源而言,存量较大,农业劳动力生产率随着农村人口增加而将持续下降直至为零。因此,刘易斯提出发展中国家的传统农业存在劳动力过剩现象,农业劳动力生产一般只能维持自身和家庭最低限度的生活需求。与之相反,城市工业由于劳动力生产率较高,工资水平高于农业劳动者的收入。所以,在不受外界影响状况下会产生农业劳动者向城市流动的趋势,直至农业剩余劳动力被吸收完全,由此工业部门就可以在不改变原有工资水平情况下持续得到来自农村的劳动力供给。

刘易斯通过研究指出,发展中国家的现代工业部门由于劳动边际生产率较高,成为带动经济发展和社会进步的主要力量;而传统农业部门由于劳动边际生产率偏低,甚至是零或负数,是导致发展中国家经济长期停滞不前的主要根源。因此,刘易斯认为,发展中国家消除城乡二元结构的主要途径就是引导农业剩余劳动力向城市现代工业部门转移。当农业剩余劳动力全部转移到工业部门之后,劳动力将如同其他生产要素一样成为稀缺资源从而诱发产业结构演变,提高城镇化质量,最终达到城乡一体化发展。也就是,生产要素从劳动生产率低的传统农业部门向劳动生产率高的现代工业部门转移,是经济增长的重要推力,这一过程的发生是和城乡经济发展及农村人口向城镇转移同步进行的。

费景汉和拉尼斯在刘易斯二元经济结构理论的基础上,进行了更进一步研究,弥补了刘易斯模型的不足。他们认为刘易斯二元经济结构理论忽视了农业对工业增长的促进作用,也忽视了农业生产效率的提高对于增加农产品剩余,进而促进农业剩余劳动力向现代工业部门转移的这一前提。就此他们进行了研究补充,构建出了"费景汉—拉尼斯农业劳动力转移模型理论",强调应将农业劳动力转移同工业、农业两个部门的产业进步相结合进行研究。与刘易斯相同,费景汉和拉尼斯也认为农业剩余劳动力转移要依赖工业部门的扩张,他们关于工业部门扩张和农业劳动力转移的分析与刘易斯模型也基本相同,因此他们的理论模型和刘易斯模型通常被称为"刘易斯—费景汉—拉尼斯模型"。但不同之处在于,费景汉和拉尼斯不仅分析了农业劳动力向工业部门的转移过程,而且还进一步分析了农业劳动力流出对农业部门产生的影响。他们研究指出:一方面,边际生产力为零的农业劳动力流出不影响农业部门总产出;另一方面,当边际生产率为零的农业劳动力完全被工业部门吸收后,如果农业劳动力还持续向工业部门转移,则农业部门总产出会下降。由此说明,工业部门发展扩张并不会"主动"提升传统农业部门发展。所以,发展中国家不能只关注城市工业发展,否则将会导致农业产业的发展停滞或萎缩。同时,费景汉、拉尼斯也研究指出,发展中国家经济增长和城乡二元结构消除最困难的阶段就是随着边际生产力为正数的农业劳动力向工业部门转移,从而会导致粮食价格增长和工业工资上涨。这一阶段农业劳动力流出越多,导致工业工资上涨的弹性空间也就越小,从而使工业部门的扩张也严重受限。因此,发展中国家要成功跨域这一障碍,关键在于重视农业发展,通过农业生产率提高实现农业劳动力的真正"剩余"。

结合刘易斯、费景汉和拉尼斯等关于农业劳动力转移的理论分析,我国现代化发展也应避免简单依赖工业化或城镇化的单一发展模式,必须要重视农业农村发展,使其借助工业化要素融入而实现内生式发展,通过农业产业效率提升、产业结构丰富和就业岗位衍生等化解城乡集聚经济差距过大问题,并辅助公共产品供给均衡带动城乡劳动力合理分布。农村产业融合发展以其产业要素构成,凭借吸纳工业化产业要素这一途径而提高了农业产业效率和经济附加值。并且结合我们党关于协调城乡发展的政策指引和城乡融合政策生成的背景,也充分印证了刘易斯—费景汉—拉尼斯二元结构理论关于发展中国家城乡、工农协调发展的理论分析。

(二) 托达罗模型关于刘易斯模型的理论回应

刘易斯、费景汉和拉尼斯等研究的基础,是对发达国家经济发展历程的经验总结和理论分析,研究存在的不足是三位学者认为发展中国家的城乡二元经济结构转变主要是依靠工业部门发挥主导作用,而农业部门只是处于从属的被动地位。[①] 导致他们获得这一研究结论倾向的原因,在于研究条件的假设没有注意到发展中国家也会因城乡消费需求变化及农业剩余劳动力可转移范围的拓展等,产生新的影响农业剩余劳动力转移的因素。尤其刘易斯模型关于城市不存在失业;农村零值边际生产力假设;农村剩余劳动力被吸纳完毕前,城市部门吸引劳动力的工资保持不变等研究假设与发展中国家的实际并不相符。同时,相关研究理论也并不能解释发展中国家出现的城市失业与农村劳动力向城市转移增长等问题并存现象。而且依据刘易斯模型理论的发展逻辑,发展中国家在工农产业初期也将会出现严重制约农业农村发展的现象。

因而针对刘易斯模型理论存在的不足,美国经济学家托达罗发表了关于农村劳动力向城市迁移决策和就业概率劳动力流动行为模型,他根据发展中国家城乡普遍存在失业现象为研究前提,针对城乡人口流动提出了与刘易斯模型相反的研究假设。与刘易斯重点分析农村劳动力过剩问题等不同,托达罗将城市失业问题作为研究重点,指出为弥补城乡发展差距应注重农业农村发展。

首先,托达罗认为,如果保持城市工资增长率一直高于农村人均收入增长率,那么尽管城市存在失业,农村劳动力也将持续向城市流动。在此情形下,虽然创造或扩大城市就业规模会增加城市就业机会,但由此也诱导人们提升预期收入,进而加剧城市失业状况。其次,政府对城市工资的

---

① 如费景汉、拉尼斯认为:"任何试图加快工业化步伐的不发达经济,当其无视先行的——或至少与其他部门同时进行的农业部门革命的必要性,都将在前进中遇到极大的困难。因此,我们强烈地意识到这样的事实,即任何只是反映工业部门吸收劳动力能力的成功标准,纯粹是明确总结农业部门同时释放劳动力能力的指数。"参见 [美] 费景汉、古斯塔夫·拉尼斯:《劳动剩余经济的发展——理论与政策》,赵天朗等译,北京:经济科学出版社,1992 年,第 12 页。

政策干预,尤其是最低工资标准的政策形成,会增加城乡要素配置的不均衡,导致更多乡村劳动力涌入城市,增加城市的失业率。再次,发展教育如果没有灵活性和针对性,缺乏侧重,也将会致使城市劳动力过度饱和与农村劳动力资源匮乏。因为农村人口受教育程度越高,其向城市转移的预期收益也就越高。最后,托达罗认为城乡发展均衡的关键是要以发展农业农村缩小城乡之间的经济机会不均等现象,提升农村就业机会和实现城乡实际收入的适当均衡。[①] 也就是,发展农村经济和促进农民富裕成为解决"城市病"与"农村病"的必要方法。[②]

托达罗认为超过城市就业需求的农村劳动力供给,不仅是发展中国家不发达的一项标志,更是限制发展中国家进一步发展的障碍因素。因为,"现代工业部门的大多数职位需要大量的补充资源的投入,使得城市职位的创造远比农村职位创造困难,代价也更为昂贵"。[③] 对此,托达罗研究指出,城市失业问题的解决在很大程度上要依靠农业农村的发展。而这恰好同刘易斯模型理论形成鲜明对比,更加充分论证了城乡地位的平等性。但历史事实证明,按照托达罗模型的理论指导,也将难以实现国民经济的顺利发展,特别是农业产业。因为,一些发展中国家在发展历程中都自觉或不自觉地按照这个理论模型的政策含义,执行了一系列强化乡村的发展举措,尤其是中国。[④] 20 世纪 60 年代至 90 年代期间,我国城乡发展实践与托达罗模型的理论极为契合。这一时期,我国实施严格的行政手段:限制城乡人口流动;控制大、中城市发展规模;大兴农田水利建设,推广农业科技等;动员城市青年下乡,缓解城市粮食供给和就业等压力;在"以粮为纲"的政策指导下,强调农业发展的重要性;大力发展乡镇企业,

① ［美］M. P. 托达罗:《第三世界的经济发展》,于同申、苏蓉生等译,北京:中国人民大学出版社,1988 年,第 358 页。

② 周天勇、胡锋:《托达罗人口流动模型的反思和改进》,《中国人口科学》,2007 年第 1 期,第 18—26 页。

③ ［美］M. P. 托达罗:《第三世界的经济发展》,于同申、苏蓉生等译,北京:中国人民大学出版社,1988 年,第 356 页。

④ 周天勇:《托达罗模型的缺陷及其相反的政策含义——中国剩余劳动力转移和就业容量扩张的思路》,《经济研究》,2001 年第 3 期,第 75—82 页。

提高农村区域的就业机会,等等。尽管这一阶段有"文革"对城乡社会生产造成的巨大影响,但综合分析改革开放前后的政策举措证明,单纯依赖托达罗模型理论指导也难以为我国现实发展指出具有可行性的城乡融合实施路径。一方面是,由于在农业人口占比较高的条件下,农业发展的低水平均衡状态会导致农业资本的积累能力较弱。在农业向现代化转型升级过程中,农业资本相对于农业劳动力而言属于更为稀缺的资源,因此即便农业资本的边际生产力较高,也会因为农业资本积累不足而导致高资本含量的现代化生产设备、模式等推广困难。同时,在农业发展低水平状况下增加农业就业机会,也会造成"人—地"关系紧张而限制了农业现代化的适度规模经营发展。另一方面,托达罗理论反映出反城市化倾向的理论指导,会导致经济发展空间的分散化和资源配置率、利用率偏低等问题,这也正是空间分散型经济发展模式效率低且成本高的原因所在。毕竟,空间集聚、企业外部化、规模化及分工协作等都对国民经济增长存在较大影响作用,不能忽视城市化的功能效应。①

所以,结合托达罗的相关理论与我国城乡发展经验,新时代城乡融合发展既要重视农业农村发展,也要注重城镇化作用。这不仅是因为城镇化所带来的经济集聚效应,更因为城镇化发展在提升农村生产和生活设施的同时,也提高了居民消费水平,进而能有效通过消费市场拉动国民经济增长。但农村消费水平的提升决定于农村消费空间和消费能力两方面因素,这就要求农村既要具有满足城乡市场消费的产品,又要农民依托相应的产业实现经济收入增长。也因此,我国城乡融合发展的路径探索,迫切需要构建出城镇化与农业现代化协同作用的合力机制,而农村产业融合发展无疑为城镇化和农业现代化协同的合力机制形成补充了动力来源。

(三)乔根森关于农业剩余劳动力转移的理论分析

美国经济学家戴尔·乔根森依据新古典主义的分析方法研究认为,农业剩余劳动力转移的基本前提是农业剩余。乔根森理论假定农业产出

---

① 周天勇:《托达罗模型的缺陷及其相反的政策含义——中国剩余劳动力转移和就业容量扩张的思路》,《经济研究》,2001年03期,第75—82页。

都是粮食,由于粮食的需求缺乏弹性,只有当人口增长率达到最大和农业产出增长超过人口增长后才会出现农业剩余。乔根森以农业剩余为零作为农业剩余劳动力转移的分界点,当农业剩余大于零时才可能出现农业剩余劳动力转移,否则就不存在农业剩余劳动力转移,且农业剩余劳动力随着农业剩余总量的增大而增加。因此乔根森作了农业总产出同人口增长趋势相一致的研究假设,即随着农业生产技术进步,农业剩余的总量不断增加,则将有更多剩余劳动力向城市工业部门转移。由此乔根森认为,农业剩余的规模决定着城市工业部门的发展程度和农业剩余劳动力转移的总量,农业剩余是工业发展的基础和城乡劳动力转移的决定条件。所以乔根森研究指出,农业进步是城市工业发展的先决条件。

然而许多发展中国家如我国,由于城市大规模工业化出现较晚且城市工业发展需要大量的资本积累,这就导致城乡之间自然的人口转移比较困难。因而,乔根森关于农业剩余劳动力转移的理论也并完全契合发展中国家实际。但是,乔根森理论关于农业发展对经济增长的促进作用,以及对工业发展的保障作用的理论阐述,对于发展中国家缩小城乡发展差距和提升农业农村发展地位等,具有较强的理论启示意义。而且与刘易斯模型、费景汉—拉尼斯模型等理论认为农业剩余劳动力未被城市工业部门吸纳完之前,城市工资率是固定不变的所不同,乔根森认为城市工资率的变动是随着产业资本积累上升和技术的进步等而不断提高的,并且农业剩余劳动力向城市的转移是人们消费结构变化的必然趋势。随着收入和需求结构的变化,人们对于粮食的需求相对减少,而对工业品的需求不断增加,农业劳动力随之也向工业品生产部门转移。

因此,结合乔根森理论探索新时代城乡融合发展的路径,关键之一是要重视产业技术投入,只有工农产业技术不断创新,才能在保证农村剩余劳动力合理向城市转移的同时,也能使城市工业凭借技术改进增加资本积累和创造出新的就业机会,实现城乡劳动力资源合理流动。而且,农业技术进步带来的产品质量提升和产业模式创新,也有利于保障农业生产需适应城乡社会消费结构变化趋势的要求。例如,以农业为基础借助高新科技要素融入而形成的如"互联网＋"农业、设施农业等农村产业融合发展模式,在提高农业产业发展水平的同时,也为科技要素的城乡合理配置和城乡产业均衡发展等提供了条件。

(四) 钱纳里关于经济结构①转变背景下的发展理论

基于国际比较,美国经济学家霍利斯·钱纳里倡导通过结构分析法进行问题分析,总结归纳不同国家发展进程中经济结构变化所体现出的共性和特殊性。钱纳里研究认为:"发展就是经济结构的成功转变"②,所谓"经济结构转变"就是"随人均收入增长而发生的需求、贸易、生产和要素使用结构的全面变化",且资源由农业向工业转移是这一转变的基本特征。③ 因此结合对发达国家和发展中国家长期的经济发展分析,④钱纳里认为这些结构变化是从传统经济体系向现代经济体系转换的体现。⑤

发展本身是一个动态进程,但钱纳里通过静态研究,对比发展前后两种状态的区别和变化指出,经济发展的基本标志就是经济结构发生的明显变化。所以,钱纳里将经济结构的转变视为促进经济发展的根源,其实质在于以经济结构变化为表象的资源要素在不同部门之间实现了重新配置。由于不同部门之间的生产率不同,"对于整个经济来说,要素生产率的增长往往包含结构转变的成分,这是在资源从低生产率活动到高生产率活动再配置时出现的",进而使经济增长不仅来源于总量增长,还来源于"流向生产率更高的部门的资源再配置。"⑥所以当经济结构转变时,资源

---

① "经济结构"就是"不同部门中劳动、资本和自然资源等生产要素的供给及使用"。参见〔美〕H.钱纳里等:《工业化和经济增长的比较研究》,吴奇等译,上海:上海三联书店,1989年,第57页。

② 〔美〕H.钱纳里等:《工业化和经济增长的比较研究》,吴奇等译,上海:上海三联书店,1989年,原版前言。

③ 〔美〕H.钱纳里等:《工业化和经济增长的比较研究》,吴奇等译,上海:上海三联书店,1989年,第48页、原版前言。

④ 参见〔美〕霍利斯·钱纳里、〔以〕莫伊思·赛尔昆:《发展的型式1950—1970》,李新华等译,北京:经济科学出版社,1988年,第16、17、18页。

⑤ 参见〔美〕霍利斯·钱纳里:《结构变化与发展政策》,朱东海等译,北京:经济科学出版社,1991年,序言。

⑥ 〔美〕H.钱纳里等:《工业化和经济增长的比较研究》,吴奇等译,上海:上海三联书店,1989年,第311、360页。

从低生产率部门向高生产率部门转移,促进了经济发展。同时,由于发展中国家的市场要素不均衡现象比发达国家更普遍,钱纳里指出这种资源配置和转移对于发展中国家经济进步更为重要,因为"发展中国家的种种潜力可能大于发达国家,它们经受着较大的非均衡冲击和程度较高的非均衡市场的制约。"①

从刘易斯、费景汉、拉尼斯等二元经济模型视角讲,国民经济大致有传统农业和现代工业两个部门,而钱纳里的结构转变理论认为经济发展就是传统经济结构向现代经济结构转变的过程,即二元经济结构向一元经济结构转变。因为农业是传统经济结构的主体,所以经济结构转变本身就以传统农业向现代化转变为主要内容之一,同时也包含有农业在经济总体中的规律性变化。钱纳里等学者通过运用统一的回归方程,对100多个国家约两万个数据研究分析,得出了所谓的"正常发展模型"指出,随着经济发展带来的人均收入的提高,工业和服务业等产业的产值和就业比重呈现不断上升趋势,且服务业将比工业占据更多份额,而农业的产值比重和就业份额则呈现显著下降趋势。②虽然这一研究结论在钱纳里之前,如威廉·配第、科林·克里克及西蒙·库茨涅茨等学者已作了充分研究,但钱纳里等人的实证研究是对前人理论的进一步验证。所以,农业产值在国民经济发展进程中的占比下降是经济发展的客观结果,但农业产值比重下降与农业现代化发展并不矛盾。新时代我国城乡融合发展路径探索,需要适应经济结构转变而积极投入先进科技和实施制度创新,转变传统农业产业结构,从而实现农业生产适应国民消费升级的需求变化和依托现代高效率产业资源转型发展。对此,农村产业融合发展以市场为导向,基于城乡市场消费需求的升级和多元化发展趋势,有助于在提高农业产业经济内涵过程中提升城乡市场对接,进一步为城乡融合发展赢得市场基础和发展空间。

---

① [美]H.钱纳里等:《工业化和经济增长的比较研究》,吴奇等译,上海:上海三联书店,1989年,第56页。
② [美]霍利斯·钱纳里、[以]莫伊思·赛尔昆:《发展的型式1950—1970》,李新华等译,北京:经济科学出版社,1988年,第32页。

(五) 理论评述:社会发展转型阶段经济增长

城乡由二元结构向一体化发展转型,不仅是发达国家的普遍历程和必要发展环节,也是当前发展中国家面对的共同课题。在对西方相关二元结构理论的梳理对比中发现,早期二元经济结构理论研究的学者们将工业化发展视为带动经济增长和消除城乡二元结构的主要路径,而后来学者研究证明,传统农业自身现代化发展也是促进城乡二元结构消失的重要途径。刘易斯最初提出二元经济理论的关键是以发展中国家劳动力无限供给、工资稳定等为假设的,由此推导出推动二元经济增长的超额利润形成。但与刘易斯模型中二元经济增长时剩余劳动力供给、工资水平及超额利润等保持基本稳定不同,转型阶段经济增长中剩余劳动力逐渐消失、工资水平逐渐上涨和资本的均衡利润获取等,使得经济增长的动力结构发生转变,前者主要以投资为动力来源,而后者则以产业结构内部转型带来的效率提升为动力来源。在二元经济结构条件下,资本相较于劳动力处于短缺状态,进而商品也处于短缺状态,同时由于这一阶段工资水平处于不变状态,投资拉动消费是以非农就业规模扩大为基础的。而经济转型阶段中,资本相对充足,在隐形剩余劳动力逐步消失和工资水平上升等条件下,投资受制于消费,否则增加投资将会出现产能过剩和无效供给现象。

所以,从城乡二元结构向一体化转型阶段,提高劳动生产效率和增加社会消费需求等,主要依靠农业生产效率提升为基础,并以农业和非农产业的效率协调和劳动与资本的报酬公平分配等构成消费增长的主要条件。

城乡融合,本质上是以现代工业文明为代表的城市经济结构与以传统农业为代表的乡村经济从二元分离转变为交流互动,并最终实现城乡社会整体一体化均衡发展的进程。这一过程中,以人为代表的要素流动成为根本。因此,探索城乡融合路径,离不开以人为核心的引导机制和激励机制构建。农业劳动生产率的提高,增强了农业生产性服务产业的吸纳能力,并降低了非农产业劳动力再生成本。同时,我国城乡融合发展主要依赖城镇化的持续推进和农业现代化转型升级,既需要城镇化发展为农业农村提供先进要素资源,转换传统经济结构,又需要农业农村发展为城镇化提供空间基础、人力资源基础和产业基础。所以,城乡融合发展离不开城镇化和农业现代化二者的协同作用发挥。而结合当前我国社会实际,最为迫切的发展重点就是要创新农业产业模式,形成农业产业发展与新型城镇化的合力,共同作用城乡融合进程。

最后,无论是城镇化或农业现代化发展,其本质都离不开先进要素资源对原有经济结构的渗透,优化资源配置和提升利用率。然而,国情不同、区域差异和阶段性发展目标更替等,都可能使得同一要素的作用效能发挥产生高低之别和阶段变化,如何使先进要素融入农业产业后保持效能的高效、持续发挥,需要兼顾差异性选择和因地制宜等原则。因而,农村产业融合发展的多样化产业模式和因地制宜的发展原则等,也为城市产业要素高效率作用农业农村发展创造了价值发挥空间。

二、"改造传统农业"及其他相关理论启示

(一)舒尔茨关于改造传统农业的理论

20 世纪 50 年代,与西方经济学界普遍将研究重心聚焦于工业化带动二元经济结构转化不同,舒尔茨认为研究传统农业应被视为一个经济概念,不能以其他非经济特征分析研究传统农业。于是,他将"完全以农民世代使用的各种生产要素为基础的农业"[①]定义为传统农业,其表现出:生产技术长期不变、生产要素世代祖传、不因经验积累产生较大变化;农民获得与拥有传统生产要素的动机长期不变,如果将这些生产要素视为收入,农民缺乏增加使用传统要素的激励,供给和需求长期处于平衡状态等特点。舒尔茨基于传统农业的这些特性,认为传统农业是"一种特殊类型的经济均衡状态"[②],也因此,"一个依靠传统农业的国家必然是贫穷的"[③]。

但同时,舒尔茨也指出,传统农业国家贫困并非是因为农业资源配置

---

① [美]西奥多·W. 舒尔茨:《改造传统农业》,梁小民译,北京:商务印书馆,2006 年,第 4 页。
② [美]西奥多·W. 舒尔茨:《改造传统农业》,梁小民译,北京:商务印书馆,2006 年,第 24 页。
③ [美]西奥多·W. 舒尔茨:《改造传统农业》,梁小民译,北京:商务印书馆,2006 年,第 4 页。

无效率,传统农业社会农民愚昧、落后和缺乏理性,以及传统农业存在剩余劳动力过多等。相反,他认为传统农业社会的农民是具有理性,且对经济刺激反应灵敏,"农民在他们的经济活动中一般是精明的、讲究实效和善于盘算的。只要有真正的高效益,他们就会做出反应。"①所以,传统农业"在没有其他重大变化的条件下,当较大部分劳动力转移走时,农业生产一般会减少"②,贫穷国家应当努力使制定的"计划和方案创造出诱导农民增加生产的机会"③。对此,舒尔茨提出了"传统农业贫穷而有效率"的假说,并结合多地的实证研究指出,传统农业社会"之所以贫穷是因为经济所依靠的要素在现有条件下无法生产得更多"④。但舒尔茨并不认为农业部门无法成为经济增长的源泉,其关键就是要给予农业投资以平等的获利机会,也就是要使农业投资变得有利可图。舒尔茨指出,"在欠发达国家中间,把农业看作是经济活动的一种低级形式,已十分流行;在经济、政治和社会歧视的共同压力之下,农业已成为这些国家经济计划中的薄弱环节。它们的错误在于没有认识到在给农业以平等经济待遇的条件下其潜在的经济贡献。"⑤并且部分欠发达国家在计划经济作用下牺牲农业而优先发展工业,导致国家经济增长困难甚至陷于不稳定局势,其主要原因就在于农业很少有现代投入。

所以,在给予农业投资平等的获利机会前提下,现代农业生产要素引入成为传统农业摆脱停滞并实现经济增长的根本出路。对此舒尔茨一方面强调,贫穷国家要结合本国实际进行本土化的现代生产要素研发,而且需要政府及相关非营利性机构承担农业新要素推广工作。另一方面,在引入现代农业生产新要素时,舒尔茨也提出市场机制是改造传统农业的

---

① [美]西奥多·W.舒尔茨:《经济增长与农业》,郭熙保等译,北京:北京经济学院出版社,1991年,第13页。
② [美]西奥多·W.舒尔茨:《改造传统农业》,梁小民译,北京:商务印书馆,2006年,第43页。
③ [美]西奥多·W.舒尔茨:《经济增长与农业》,郭熙保等译,北京:北京经济学院出版社,1991年,第13页。
④ [美]西奥多·W.舒尔茨:《改造传统农业》,梁小民译,北京:商务印书馆,2006年,第38页。
⑤ [美]西奥多·W.舒尔茨:《经济增长与农业》,郭熙保等译,北京:北京经济学院出版社,1991年,第3页。

有效安排,而且要素配置方面也并非一味追求规模化,而应以效率为原则在技术和经济等方面做到要素配置的均衡性。舒尔茨关于改造传统农业的相关理论分析,为我国城乡融合发展的路径探索拓展了思路,即转化城乡二元结构,应当积极肯定农业的经济发展地位,通过充分发展现代农业产业实现农业经济效益提升。因此,农业产业现代化转型升级的途径或模式,也理应被纳入城乡融合发展路径选择的范畴。

(二)"城市偏向"相关理论

20世纪70年代末,美国经济学家迈克尔·利普顿提出了"城市偏向"的城乡发展理论,他认为发展中国家的城乡关系实质就是城市利用自身政治优势,使社会资源不合理地流入城市区域,结果导致了城乡发展不平衡与城乡居民待遇不平等问题。以往发展中国家城镇化和工业化发展政策侧重工业优先,通过政府行政计划主导,"剥削"农业或发展进口替代工业等积累工业化发展资金。因此,基于"城市偏向"理论启示,政府应当将城镇和乡村视为一个统一规划的范畴,乡村与城镇应当关联、互动发展,也不能因城镇的非农业功能和行政管理功能而忽略其经济及先进文化等的辐射效应和引领功能。

进入20世纪80年代后,美国经济学家施特尔和泰勒提出了"选择性空间封闭"理论,倡导以基本需求和降低贫困为目标,借助区域内部资源和农业产业,发展劳动密集型的小规模产业,通过这种自下而上模式推进城乡一体化发展。另外,美国经济学家朗迪勒里提出了"次级城市发展"战略,即指导城市发展的政策制定取决于城市的规模等级,由于建立一个次级城市体系以支持城乡之间的经济活动交流和传导行政功能等是必不可少的,城乡之间的联系是平衡城乡发展的关键力量来源。朗迪勒里研究指出,发展中国家要获得城乡全面发展,必须建立一个完整、分散的次级城市体系,通过分散投资加强城乡之间联系。还有如美国经济学家昂温提出的城乡之间相互作用、联系的分析框架理念,试图通过城乡均衡发展规律的探寻强调城乡相互作用的重要性等等。

尽管这些涉及城乡发展的理论提出背景与当前我国社会发展现实相

差悬殊,但这些关于城乡发展均衡的理念及阐述视角,为新时代我国城乡融合的实现明确了乡村自我发展能力提升的必要性和城乡互动发展的科学性。作为发展中国家,我国实现城乡融合发展,关键在于城市产业要素同农业的有机结合,在多级城镇化发展体系基础上借助城乡联系加强提升乡村自我发展能力。

(三) 国外其他相关理论研究

20世纪90年代以来,经济全球化和科技进步等促使城市二、三产业发展迅速,城市规模不断扩大,城乡间联系更加密切,由此城乡差异问题也受到学界更深入关注。加拿大学者麦基通过研究分析亚洲多个核心城市边缘及城市间交通沿线时发现,城市用地和乡村用地相互间杂现象日趋明显,城乡间界限日趋模糊,农业和非农活动联系也更加紧密。基于进一步的研究,麦基指出社会及经济变迁对区域发展影响的重点并非城乡差别,关键在于区域空间经济的互相作用。

20世纪末,美国经济学家道格拉斯从城乡发展相互依赖的角度提出了区域网络发展模型,他认为政府无需主导某一单个大城市作为综合性发展中心,城乡间普遍存在着人、生产、商品、资金及信息等五种"流"的形式而彼此相互依赖。由于这些"流"具有多重要素和效果,将影响它们自身的空间集聚分布。因此,要实现城乡区域的均衡发展,保证"流"的城乡间良性循环是关键。

劳动力作为特殊的产业要素,其转移与分布是城乡发展状况的直观体现。对比刘易斯指出的边际劳动率和工资差异的双重作用将驱动劳动力从农业部门向工业部门转移;托达罗指出的"期望收益"是驱动人口流动主因等,斯塔克进一步研究提出,人口迁移不仅是预期工资收益驱使的结果,更是迁入地与迁出地生活质量综合效益对比的结果。而法国经济学家富拉斯蒂埃则研究认为,技术进步才是驱使劳动力在部门间转移的主要作用因素。另外,农业产品供给也要求同社会发展阶段保持一致,如配第克拉克定理从理论视角指出了人类社会消费结构变化对农业产品供给产生的影响,恩格尔定理阐释了农业作为食物供给部门,将随着经济发展而保持一个稳定或缩减的发展趋势。

农业作为国民经济的基础,其产业结构转型升级是工业化和城镇化深入发展的客观要求,城乡社会的整体进步需求城市产业要素融入农业产业,实现农村区域与城市平等的经济获利权利,进而以农村经济结构丰富和市场活力提升等支撑乡村全面发展。当前我国正处于社会转型发展阶段,推进城乡融合不仅需要从宏观视角进行城乡二元结构问题的制度分析,更需要从微观机理层面进行城乡联系和要素流通的内在逻辑分析,进而增进以农业产业转型升级为支撑的乡村内生动力培育的理论指导体系发展,引导城乡资源整合、产业融合和功能耦合。

三、 农业供给侧结构性改革关于农业产业创新升级发展的引领

2017 年"中央一号"文件提出了农业农村工作以供给侧结构性改革为主线的要求,指出"在确保国家粮食安全的基础上,紧紧围绕市场需求变化,以增加农民收入、保障有效供给为主要目标,以提高农业供给质量为主攻方向,以体制改革和机制创新为根本途径,优化农业产业体系、生产体系、经营体系"。[①] 党的十九大报告在提出乡村振兴战略的同时,还强调推动经济发展质量变革、效率变革、动力变革等,实现全要素生产率提升。在此背景下,农业供给侧结构性改革对于农业产业模式转变和结构内涵提升等具有直接作用,进而借助农村产业融合发展这一实践载体,促使以市场为纽带增进城乡经济联系。

(一)农业供给侧结构性改革引领农业经营内涵提升

农业供给侧结构性改革以"创新、协调、绿色、开放、共享"为指导要义,"是实现我国'十三五'既定发展目标,破解发展难题,厚植发展优势的理论指南,是'十三五'乃至更长时期我国发展思路、发展方向、发展着力点的集中体现。"[②]这不仅是创新国民经济社会发展的理念指导,更是指导农业产

---

① 参见 2017 年中央"一号文件",即《中共中央 国务院关于深入推进农业供给侧结构性改革加快培育农业农村发展新动能的若干意见》。

② 陈昕:《新发展理念的五大特征》,《人民日报》(海外版),2017 年 11 月 29 日第 5 版。

业发展的迫切现实要求和路径突破。

"创新"发展理念有助于解决农业发展的动力问题。长期以来,伴随传统农业产业要素边际效益的问题突显,片面依赖化肥、农药等不仅造成了严重的资源消耗和环境问题,而且也增加了农业经营者的成本负担。所以,迫切需要以产业融合形式实现农业发展动力升级,由资源依赖驱动转变为创新驱动。"协调"发展理念为农业产业发展与城乡融合进程同步提供了理念指导。农村产业融合发展是构建新型城乡关系的重要举措,其中农村产业融合需要城乡要素相互流通,城镇对乡村的产业辐射和市场带动作用将能有效引导农业产业结构升级,同时创新农业产业发展也需协调推进多产业链,以产业链的整合提升区域发展优势。这些都离不开以"协调"为发展理念指导,实现城乡之间、工农之间、农业产业链之间的均衡和互促发展。"绿色"发展理念为农村产业融合发展提供了生产工艺和产品消费的发展指导。城乡居民对于美好生活追求的升级,不仅对农产品的生态、绿色提出要求,而且就生产环节和产地环境的绿色环保等也提出了要求。对此,2017 年以来的中央"一号文件"和《全国农业现代化规划(2016—2020)》等政策文件,都就发展资源节约型、环境友好型和生态保育型绿色农业和生产生活方式提出了发展指导,倡导以农业生产的绿色升级满足消费需求的升级,并为农村产业融合发展提供了产品生产标准。针对农业产业发展,所谓"开放"的发展理念就是要充分利用国际国内两个市场,通过农业产业提质增效而增强农业国际和国内市场竞争力。尽管农村产业融合发展表现为产业创新发展模式,但根本却在于生产出能经受市场检验的产品,这就要求各类新型农业经营主体、新型农业服务主体和普通农户以市场化经营打造具备竞争力的产品。最后,"共享"发展理念为农村产业融合发展指出了"底线"要求,以农民共同富裕为宗旨实现全面建成小康社会的发展目标。当前各类新型农业经营主体和新型农业服务主体呈现迅猛发展态势,但我国农业经营的主体仍是体量庞大的 2.3 亿左右普通农户家庭。因此,各地政府在对新型农业经营主体和新型农业服务主体提供发展扶持的同时,需要注重发挥它们的产业引领和辐射带动作用,助力全体农民共同富裕,这也是农村产业融合发展过程中面临的实质性难题。

概而言之,在农业供给侧结构性改革指引下,农业产业创新发展对于新型产业要素的需求和农业经营的产品供给结构调整等,为城乡互动发展提供了新动能。且"共享"理念下,新型农业经营主体同普通农户多样化利益联结机制的构建,打破了传统农业分散经营格局,形成了"合则聚力"的产业发展效果,增强了乡村对接市场的能力,进而在市场作用下密切了城乡联系。

(二)农业供给侧结构性改革引领农业经营市场化转变

推进农业供给侧结构性改革,要求农业生产满足城乡居民不断上升的物质、文化和生态等需求。农业产品生产和流通,主要依赖市场发挥资源配置作用,需紧紧围绕市场需求变化构建现代农业产业体系、生产体系和经营体系。

然而农业现代化的首要社会功能是解决粮食安全问题,既要有量的供给,又要有质的保证。同时还要坚持以市场为导向的发展原则,不断增强农业应对市场需求变化的能力。因此,一方面在人均主粮消费呈下降趋势而农副产品消费呈上升趋势的条件下,调整农产品供给结构以增加有效供给和减少无效供给,成为农村产业融合发展的重要契机;另一方面,面对当前不断发展的互联网经济,农业与互联网的对接实现了农业资源、产品和市场的极大整合。同时,伴随国内年轻消费群体的成长,基于互联网的消费便捷性,订单消费、共享消费以及休闲观光和体验消费等日趋成为今后我国农业产业的消费热点,为农村产业融合提供了创新经营的发展空间。

所以,不断挖掘农业的生态、文化、社会等方面的价值空间,农业多功能性赋能农业产业在供给侧结构性改革引领下实现由生产导向消费导向转变,从而刺激农业经营的市场化转变。

(三)农业供给侧结构性改革引领农业产业结构优化

"产业结构优化是指通过调整来影响产业结构变化的供给和需求结

构,实现资源优化配置与再配置,推动产业结构多元化、合理化、高级化发展过程,最终实现经济持续快速发展。"①针对农业发展而言,优化农业产业结构的主要体现就是通过"做强"第一产业,"做优"第二产业和"做活"第三产业,以产业链延伸、供应链整合和价值链提升等促使广大农民普遍参与并共享产业价值的增益。现代农业产业体系越健全,分工就越明确,产业链间的协作也就越密切,进而将吸纳更多小农户到新的分工协作体系之中。如湖北潜江市改变传统水稻种植模式,以"优质、生态、无残留"为生产理念进行水稻种植和虾蟹养殖结合的"虾稻共作"模式融合发展,不仅生产出市场竞争力较强的"虾稻"产品,而且还通过带动广大农户进行高标准农田改造,在涉农龙头企业带领下实现了集科研、种植、养殖、加工、出口、餐饮服务、精深加工、节会招商等为一体的完整产业链。

随着科技不断进步,产业要素的界限也将被不断突破与拓展,所以农业产业结构优化是一个持续的发展过程,在经济社会不同阶段,其具体内容也是不断发展着的,并遵循结合市场、资源等条件实现要素在各行业之间有效利用的基本原则。同时,根据克拉克、库兹涅茨等提出的产业结构演进理论,随着经济社会发展,工业和服务业的劳动力比重会不断上升,且服务业的比重上升更明显。由此,农村产业融合发展的内容也将会基于市场主体结构的变化而同步演变,伴随产业链延长和规模化、集约化生产,农业与第三产业融合发展的比重将逐渐上升,例如同教育、旅游、康养、文化等产业间的深度融合。

总之,基于农业供给侧结构性改革引领,并结合社会发展的阶段性变化,农村产业融合发展作为当前实施农业供给侧结构性调整的具体载体之一,将会不断拓展农业产业资源的要素边界并充分挖掘农业多功能价值,提升农业供给效率和优化农村产业结构,为刺激城乡要素流通和实现乡村充分发展提供更多支持。

---

① 吴继轩、蔡乾和、金烨:《中国共产党解决"三农"问题的理论与实践》,兰州:甘肃文化出版社,2015年,第175页。

第二节　农村产业融合作用新时代城乡融合发展转变的多维视阈

农村产业融合作用乡村内生发展进而助推城乡融合,其进程涉及劳动力结构转换、产业内涵提升与空间布局变化、城乡市场对接等多方面。全面认识和分析农村产业融合助推新时代城乡融合发展转变,需要从劳动力分工、产业集群发展和农业多功能性等视阈出发,分析农村产业融合作用下农业产业创新发展所带来的城乡融合发展潜在趋势。

一、分工视阈下的城乡劳动力结构差距弥合

农村产业融合发展作为以农业为基础,融合二、三产业要素的产业转型升级过程,基于分工理论,它既打破了原有农村产业结构下农民从事简单农事劳作的分工体系,又以新产业衍生推进乡村非农生产发展。

分工理论作为经济学理论重要基础,广义上的分工是指一切人类社会活动形式。[①] 而针对分工的狭义理解,早在古希腊时期柏拉图就"城邦"的形成问题指出了分工现象,即"因为我们不能单靠自己达到满足,所以要建立一个城邦","我们邀集许多人住在一起,作为伙伴和助手,这个公共住宅区,我们叫它作城邦。"[②]柏拉图认为这是人类社会分工形成的原因,是人们基于不同的社会生活需求而产生的。但柏拉图所认为的分工,产生的前提是人们在天赋和能力等方面存在差异,进而由于人的需求多样性和人的才能片面性发展导致了分工的出现。马克思、恩格斯批判地继承了这一观点,并基于对人类社会发展规律的科学总结,强调分工是在私有制下带有对抗性质的社会分工,不同于原始社会纯生理基础上产生的自然分工,他们认为"一个存在物如果本身不是第三存在物的对象,就没

---

① 劳文燕:《马克思与柏拉图分工理论中人的发展思想之比较研究》,《哈尔滨学院学报》,2019 年第 5 期,第 1—4 页。
② [古希腊]柏拉图:《理想国》,郭斌和、张竹明译,北京:商务印书馆,1986 年,第 58 页。

有任何存在物作为自己的对象",人作为"能动的自然存在物"所具有的"天赋和才能"本身就具备着"对象性的关系"①。所以分工的产生,首先是以人作为被需求的对象而存在的,于是产业分工产生了对不同素质的劳动者需求,促进了生产力发展进步,并由此创造了劳动收入差异。分工作用下的人们"放弃其他的事情,专搞一行,这样就会每种东西都生产得又多又好"②,即产业分工不仅使从业者在专业化生产的过程中塑造了生产技能优势,而且分工生产促进了不同产业间利益的交换,满足了人们不同需求。所以,分工是促进社会生产效率提高的重要途径,有利于通过提高劳动效率、节约时间成本和促进科技创新等实现利益最大化。同时,正如工场手工业时期"通过劳动工具适合于局部工人的专门的特殊职能,使劳动工具简化、改进和多样化",工场机器的投入使用也为科学研究提供了"实际的支点和刺激"③一样,产业分工不仅提高了生产力水平,而且还进一步创造了生产力。

长期简单重复的劳作会使劳动者丧失积极性,甚至"在特殊业务上,往往因操劳过度而生特殊疾病。"④"如果一个人终生从事少数简单的操作,而这样操作的结果也可能始终是相同的或者说几乎是相同的,那么,他就既没有条件发展他的智力,也没有条件运用他的想象力以寻找克服困难的方法,"⑤所以简单重复劳动下的分工,"使工人越来越片面化和越来越有依赖性"⑥,并且劳动复杂程度不同的分工,与之对应的经济收入也出现等级差异,例如"工场手工业发展了一种劳动力的等级制度,与此相

---

① 卡·马克思:《1844 年经济学哲学手稿》,中共中央马克思恩格斯列宁斯大林著作编译局编译:《马克思恩格斯文集》第一卷,北京:人民出版社,2009 年,第 209—210 页。

② [古希腊]柏拉图:《理想国》,郭斌和、张竹明译,北京:商务印书馆,1986 年,第 60 页。

③ 卡·马克思:《资本论》第一卷,中共中央马克思恩格斯列宁斯大林著作编译局编译:《马克思恩格斯选集》第二卷,北京:人民出版社,2012 年,第 212 页。

④ [英]亚当·斯密:《国民财富的性质和原因的研究》,郭大力、王亚南译,北京:商务印书馆,2013 年,第 75 页。

⑤ 卡·马克思:《经济学手稿(1861—1863 年手稿)》,中共中央马克思恩格斯列宁斯大林著作编译局编译:《马克思恩格斯全集》第三十二卷,北京:人民出版社,1998 年,第 349 页。

⑥ 卡·马克思:《1844 年经济学哲学手稿》,中共中央马克思恩格斯列宁斯大林著作编译局编译:《马克思恩格斯全集》第三卷,北京:人民出版社,2002 年,第 229 页。

适应的是一种工资的等级制度"。① 因此,农村产业融合发展带来的农业产业模式创新,有利于打破城乡原有产业布局和改变传统农业生产模式下农民从事简单农事劳作的状态,以产业创新实现乡村劳动力的内部重新分工分化。所以说,农村产业融合发展以农业产业内涵和生产效率的提升,作用乡村劳动力结构发生"城镇化"转变,这既有助于弥合城乡原有产业间的收入差距,又达到了提高农民生产积极性和产业技能的双重功效。

二、 产业集群视阈下的城乡产业要素关联

"集群"一词源于英文"cluster",意为围绕着某物的一群通常相似的东西②。"产业集群"(Industrial Clusters)指在某一区域的特定产业领域聚集着相互关联的企业、机构或相关产业实体,它们通过空间集聚形成专业化生产要素集聚优势,并通过区域公共资源、市场环境和外部经济共享,降低信息交流和流通成本,达到外部经济效应。③ 伴随 20 世纪 80 年代以来全球产业分工和信息技术进步,"产业集群"一词演变为以高度分工和专业化生产为特征的区域化发展概念。

由于"一个产业的发展过程中,通常会引发其他具有竞争力的新产业,进而连成产业集群。"而"一旦产业集群形成,集群内部的产业之间就形成互助关系",使"产业集群的竞争力大于各个部分加起来的总合"。④ 所以,"产业集群"并非产业在地理空间上的集聚,即具有水平或垂直联系的相关产业机构或企业在地理位置上的空间聚集,而是要产生"1+1>2"的

---

① 卡·马克思:《资本论》第一卷,中共中央马克思恩格斯列宁斯大林著作编译局编译:《马克思恩格斯选集》第二卷,北京:人民出版社,2012 年,第 213 页。
② [英]普洛克特编:《剑桥国际英语词典》,上海:上海外语教育出版社,2001 年,第 444 页。
③ [美]迈克尔·波特:《国家竞争优势》,李明轩、邱如美译,北京:华夏出版社,2002 年,第 140—145 页。
④ [美]迈克尔·波特:《国家竞争优势》,李明轩、邱如美译,北京:华夏出版社,2002 年,第 154、142 页。

效果,以产业经营体的聚合实现比简单加总更大的产业效益。[①] 产业集群内部实现资源共享,对于创新集群成员发展和增强集群产业竞争优势都非常重要,[②]因此产业集群发展并非产业实体空间上的简单组合。例如安徽省铜陵市枞阳县借助传统农业资源优势,以电子商务产业园为载体集合物流、产品包装设计、电商技能培训、自媒体、特色农产品加工及农业大户等多领域经营体共同打造特色农产品产、加、销产业链体系,带动了县域城乡产业资源的整合和农业生产附加值提升,同时产业园区内的非农产业经营主体也借助农产品产业链打造,实现了经营能力的提升或规模扩张。[③] 所以,结合产业集群概念分析,农村产业融合的特色产业园区建设,有助于打破以往的行业分布局限,在更广泛的产业领域实现不同行业经营实体间的技术、信息、流通、销售等多方面联系、互补和技术溢出,进而以产业集群发展带动产城融合。

农村产业融合发展参与主体的集群发展,会进一步促进城乡产业要素流通与融合。一方面,产业集群的重要特征就是通过产业之间的联系而进一步加强商业交流、对话和交易,其社会性会将内部成员紧密地联系在一起,形成价值创造的运行机制。另一方面,产业集群发展增加了集群所在区域的商业机会,同时也使得集群内产业的产品、服务等质量得以提升的机会增加,进而产业集群发展利于创造出更多的自行创业机遇。[④] 所以,产业集群开放性发展优势,为农村产业经济发展带来了更多外部经济效应,有助于农村以商业机会增多带动城乡交流互动增加,并形成良性循环。

---

① 王缉慈、谭文柱、林涛、梅丽霞:《产业集群概念理解的若干误区评析》,《地域研究与开发》,2006 年第 2 期,第 1—6 页;崔立勇:《"产业集群":财经新闻一个被忽视的重要领域》,《中国记者》,2019 年第 5 期,第 108—110 页。

② Julia, Ranjit Voola, "Knowledge Integration and Competitiveness: a Longitudinal Study of an Industry Cluster", *Journal of Knowledge Management*, Vol. 17, No. 2 (March, 2013), pp. 208—225.

③《枞阳县电子商务发展迅速》,铜陵市人民政府网,2016 年 10 月 20 日,http://www.tl.gov.cn/zxzx/xwzx/bmdt/417/201610/t20161020_315366.html.

④ [美]迈克尔·波特:《竞争论》,刘宁、高登第、李明轩译,北京:中信出版社,2009 年,第 204 页。

从产业集群参与主体的实体规模角度分析,农村产业融合发展作为农业产业转型发展的新兴模式,其本身也具有产业主体集群发展的内在需求。因为经营成熟的大型企业间合作,通常不一定需要其他组织和机构参与,相反那些中小企业则非常需要外部经济作用以降低经营成本和达到创新发展。[①] 所以,基于当前我国正处于农村产业融合发展初始阶段这一事实,对于参与农村三产融合发展的各类新型农业经营主体或服务主体而言,它们多属于中小型甚至微型经营体,更有产业集群发展的内在诉求。但这并不意味着推动农村产业融合发展均可依赖政府的主导作用进行产业集聚规划,进而达到产业集群发展的效果。因为,产业集群作为产业实体之间相互协作和对话协商的平台,以产业发展的内需为主导,外界供给为辅助,毕竟"地方经济的发展并非因为基础设施和物质设备上的便利而自动促进。"[②]

三、 农业多功能性视阈下的城乡联系增进

从传统农业到现代农业,农业产业的内涵不断丰富、业态逐渐多样化,且随着农业产业链延伸,传统农产品生产所占比重逐渐下降,其生产环节的上下游产业所占比重却呈现不断上升趋势。"现代多功能农业是现代社会农业发展的新方向,是农业适应现代社会发展的必然要求。"[③]所以,现代农业的基本内涵[④]决定了农业具有多功能价值开发的空间与可能,也决定了城乡联系的范围和内涵将进一步拓展。

---

① 王缉慈:《解开集群概念的困惑——谈谈我国区域的集群发展问题》,《经济经纬》,2006 年第 2 期,第 65—68 页。
② 王缉慈、谭文柱、林涛、梅丽霞:《产业集群概念理解的若干误区评析》,《地域研究与开发》,2006 年第 2 期,第 1—6 页。
③ 张世兵:《现代多功能农业评价体系研究》,北京:经济管理出版社,2015 年,第 14 页。
④ 从内涵角度讲,所谓现代农业就是用现代科技、装备和组织管理方法等实现农业生产的社会化与商品化。其特征表现就是:具有较高的综合生产率、经济效益和市场竞争力;以生物技术促进农业产业与自然生态协调,实现可持续发展;农业从自然或半自然性质的产业转变为依托现代化生产要素的高度商业化产业,通过农业科技投入和现代管理、经营模式进行规范化、专业化、区域化生产;立足市场分工和农民素质提升,进行专业化生产,等等。参见张世兵:《现代多功能农业评价体系研究》,北京:经济管理出版社,2015 年,第 19 页。

2007 年中央"一号文件"就曾提出:"农业不仅具有食品保障功能,而且具有原料供给、就业增收、生态保护、观光休闲、文化传承等功能。建设现代农业,必须注重开发农业的多种功能,向农业的广度和深度进军,促进农业结构不断优化升级。"[1]农村产业融合发展以农业为依托,以产业联动、产业集聚、技术创新及体制机制改革等为途径,实现产业资本、技术和资源要素等跨产业边界重新优化配置,涉及农业生产、农产品加工、销售、流通、餐饮及生态休闲等多领域。与传统农业概念中农业是简单农产品生产相比,现代多功能农业发展是从农业的形式到内涵的全面提升和转变,其在生态、能源、生物技术、民俗文化等多领域打破了传统农业与二、三产业之间缺乏衔接的局限,以产业发展的内在要素关联构建起了城乡联系。

城乡融合,既不是刻意追求城乡发展同质化,也不是压缩或阻碍城市发展以实现城乡发展的绝对均衡,"为了农业的发展而试图限制或者忽视城市的发展的策略会导致低增长率"[2]。城乡融合发展以城市和乡村生产力进步为前提,且通过各自的优势发挥弥补彼此存在的不足或劣势,进而达到城乡互助并进发展。正如马克思、恩格斯结合资本主义生产所揭示的,城乡融合的基础在于城市工业生产同乡村农业生产的互补,"把农业和工业结合起来,促使城乡对立逐步消灭。"[3]但在当前我国城乡收入差距仍较大的时代背景下,农业现代化的首要目标在于实现农业产业转型升级,打破传统农业在自然或半自然条件下的封闭性生产局限,促进农业增效和农民增收,进而缩小城乡差距。而实施农村产业融合发展,有助于改变以往我国农业简单农产品生产的传统产业结构发展模式,以融入文化、信息、技术等新要素,挖掘农业的经济功能、人文功能、生态功能和社会功

---

[1]《中共中央国务院关于积极发展现代农业 扎实推进社会主义新农村建设的若干意见》,人民出版社汇编:《中共中央国务院关于"三农"工作的一号文件汇编:1982~2014》,北京:人民出版社,2014 年,第 144 页。

[2] [美]斯彭斯、安妮兹、巴克利编著:《城镇化与增长:城市是发展中国家繁荣和发展的动机吗?》,陈新译,北京:中国人民大学出版社,2016 年,第 13 页。

[3] 卡·马克思、弗·恩格斯:《共产党宣言》,中共中央马克思恩格斯列宁斯大林著作编译局编译:《马克思恩格斯选集》第一卷,北京:人民出版社,2012 年,第 422 页。

能而实现乡村产业体系逐渐丰富。

从技术、产业现代化和市场化等相互联系的角度分析,城乡居民对更高生活质量的追求和工业社会产业技术时代更进的结合,为农业多功能价值发挥奠定了基础,所以农村产业融合发展的生成也是农村为赢得时代发展机遇而在农业多功能基础上发生的一二三产业边界融合或消失的展现。[①] 由此,农村产业融合发展基于农业的经济效益、社会效益、文化效益和生态效益等,发挥出拓展农业产业体系、联系城乡和促进农民就业增收等功能,因而农村产业融合发展在对城乡社会发展需求给出理性回应的同时,也成了我国农业现代化和城乡协调并进的必然环节。以农村产业融合发展为产业依托,借助政府平台搭建和市场化机制等提升农业多功能性价值发挥,有助于在乡村产业体系逐渐丰富的基础上而基于市场需求与供给的对接拓展城乡联系空间,进而由城乡间的产业联系延伸至生态、文化、教育、医疗等多领域的融合发展。

第三节　农村产业融合发展助推新时代城乡融合的运行机理

一、 以要素融入与产品供给搭建城乡产业有机融合通道

马克思主义城乡关系理论指出,工业和农业的结合促使城乡关系由对立向融合转变,这一过程既需要城市工业化产业体系向农村延伸,又需要农业进行产业化转型,承接新产业要素。农村产业融合发展兼具承接城市产业要素和促进农业产业化转型的双重功能,为城乡产业要素流通

---

① 姜长云:《推进农村一二三产业融合发展 新题应有新解法》,《中国发展观察》,2015 年第 2 期,第 18—22 页;王兴国:《推进农村一二三产业融合发展的思路与政策研究》,《东岳论丛》,2016 年第 2 期,第 30—37 页;梁伟军:《产业融合视角下的中国农业与相关产业融合发展研究》,《科学经济社会》,2011 年第 4 期,第 12—17、24 页;李治、王东阳:《交易成本视角下农村一二三产业融合发展问题研究》,《中州学刊》,2017 年第 9 期,第 54—59 页。

开辟了通道。

"产业融合",顾名思义就是不同产业的各个行业之间或某一产业内部的不同行业之间经过相互交流和渗透,以利益联结为纽带,打破边界限制而融合发展为一体的过程。产业间融合发展,降低了原产业之间的交易成本,并以"耦合化"模式促进原有产业的经济效益和产业综合效益提升。尽管当前学界针对农村产业融合发展的概念界定尚未形成统一定论,但就其内涵而言基本形成共识,即农村产业融合发展不是产加销和农工贸等产业间的简单组合,而是在农业基础上打破原有产业间界限,以新的经营模式、发展业态和组织结构等带动产业要素资源在城乡间重新配置和组合优化,实现农业产业的产业链延伸、价值链增值和供应链整合,进而提升农村经济结构内涵和产业效率。概括而言,"农村三次产业的融合实质是新的经济技术条件下旧产业的聚变与新生。"[1]依据我国地域资源不同,以农村产业融合发展为抓手驱动农业产业发展的业态表现和发展侧重也各不相同,但产业要素来源却存在共性。如以大城市为依托的乡村,重点借助农业与第三产业融合,发展休闲农业及体验农业;粮食主产区乡镇,借助农业与第二产业融合,进行农产品深加工;部分区域经济欠发达地区,借助乡村特色自然风光或古村落等资源,以休闲农业、乡村旅游等带动农村相关产业发展,等等,这些不同发展倾向的产业融合,无论是农业内部产业间整合型融合、农业产业链延展型融合、农业和其他产业交叉型融合、先进技术对农业的渗透型融合等形态,都是在农业基础上坚持市场导向并借助科技革新和产业界限打破等充分挖掘农业多功能性,是以城市现代产业要素投入为支撑的多元化发展。

完成传统农业的现代化改造,发展中国家可依赖行政命令方式主导农业现代化发展,但配置资源的效能发挥较低;也可依托市场机制完成资源的配置与引入,其中"用刺激的办法去指导和奖励农民是一个关键部

---

[1] 陈艳清、魏登峰:《促进"三产融合"发展需要政府有效作为》,《农村工作通讯》,2015年第18期,第37页。

分,一旦有了投资机会和有效刺激,农民将会点石成金"①。由于农村产业融合发展是在农业基础上,借助二、三产业为业态表现的技术②要素融入改变农业资源环境,从而引发农业产业结构改变的。所以乡村原本具有或尚待被开发的产业要素资源,如地域特色自然风光、原始古村落风貌等,其产业价值发掘或产业效能提升更多需要资金、技术、设备、管理、人才、理念等城市产业要素介入后才能产生价值增值。也就是,农村产业融合发展为"下沉"乡村的城市产业要素提供了价值发挥空间,并在市场经济条件下对这些产业要素的载体,如涉农加工企业、物流公司、电商经营体、休闲旅游公司等各类二、三产业经营主体构成了经营向乡村区域延伸的刺激作用。

因此,农村产业融合发展的产业要素构成和产业效能发挥等,为城乡产业有机融合搭建了通道,从而以新产业要素融入和消费产品供给等促使城乡产业融合发展格局形成。同时,新产业要素融入旧有产业体系作为社会生产力发展进步的客观规律,与之伴随的外在变化则为旧有产业边界的突破或运行机制变革。随着我国农村市场化机制建设不断完善,

---

① [美]西奥多·W. 舒尔茨:《改造传统农业》,梁小民译,北京:商务印书馆,2006 年,第 5 页。
② "技术"(technology)一词最初由古希腊语"techne"(技艺、技术、工艺)和"logos"(标识、标志、徽标)演化而来。《现代汉语词典》对于"技术"一词的定义是:"人类在认识自然和利用自然的过程中积累起来并在生产劳动中体现出来的经验和知识,也泛指其他操作方面的技巧。"现代学界多将其概念内涵归纳为"劳动者以科学理论为指导,以生产实践为基础,将科学知识转化为认识与改造自然、变革社会、获得物质生活资料的物质、精神、信息手段的总和(各种工具、设备、经验、工艺、信息的体系)。"而针对现实社会发展应用而言,当前对"技术"一词定义最为全面是世界知识产权组织于 1977 年出版的《供发展中国家使用的许可证贸易手册》给出的定义,即"技术是制造一种产品的系统知识,所采用的一种工艺或提供的一项服务,不论这种知识是否反映在一项发明、一项外形设计、一项实用新型或者一种植物新品种,或者反映在技术情报或技能中,或者反映在专家为设计、安装、开办或维修一个工厂或为管理一个工商业企业或其活动而提供的服务或协助等方面"。技术不仅包含研究、设计及技巧,还涉及管理、劳动力、维修、营销、资金等多方面,即"在人类活动的各个领域通过理性获得的、有绝对效率的所有方法"。参见 中国社会科学院语言研究所词典编辑室编:《现代汉语词典》,北京:商务印书馆,2012 年,第 613 页;石磊、崔晓天、王忠编:《哲学新概念词典》,哈尔滨:黑龙江人民出版社,1988,第 144—145 页;美国科学促进协会:《面向全体美国人的科学》,北京:科学普及出版社,2001 年,第 21 页;Jacques Ellul. *The Technological Society*. New York: Alfred A. knopf, 1964, XXV.

农村产业融合发展将发挥出愈加明显的衔接城乡的作用。

二、以多样化乡村产业拓展城乡间市场联结

城乡融合发展格局构建,是以农民消费能力提升和乡村消费空间拓展为重要支撑的,不以城市为单向的经济社会发展驱动载体,消费群体也并非由城镇居民单独构成。城镇工业和服务业产品既需要乡村地区作为市场,也需要乡村提供基本食物供给之外的多样化、高品质消费产品,如生态化的康养、体验、休闲娱乐场地等。尤其当前我国社会正处于由中等收入水平向高收入水平迈进阶段,消费转型升级在农业多功能需求方面表现更为明显,潜在市场空间巨大。农村产业融合发展在农业农村传统种植和养殖等大产业基础上拓展和延伸了原有产业的内涵与外延,以产业利益链联结为主干促使要素集聚、体制机制革新和产业要素跨界组合,最终以农业产业多元化消费空间打造带动农村区域社会发展。

传统农业种植结构单一,资源利用率低且生态环境压力较大,而农村产业的纵向融合通过在第一产业基础上引进二、三产业,延长了产业链并提升价值作用空间,使以农业为基础的新型农业产业具备了生产、流通、消费等各环节的紧密衔接和资源高效整合功能。基于农业多功能性拓展与延伸,农村产业的横向融合更多地结合了社会生活发展需求,发掘农业的文化、教育、科技及生态等价值,在保持农业国民经济基础地位的同时实现农业非粮食生产功能价值的合理拓展与开发,进而以农业多功能价值发挥赋予传统农业新的经济增长点,突破传统收益边界。由于农村产业融合发展并非一二三产业的模块化组合,而是以新要素注入为根本的产业内涵提升与边界拓展,其中创新科技在新要素中占据主导地位。并且农村产业融合发展以市场为导向追求产业效率和价值空间提升,而传统产业要素在农业领域的作用发挥存在边际效应递减的规律,因此农业不断与新型科技的融合使其保持为"一个比较廉价的经济增长的源泉"①,

---

① [美]西奥多·W.舒尔茨:《改造传统农业》,梁小民译,北京:商务印书馆,2006年,第78页。

而且也只有不间断的新科技要素注入，才能持续挖掘农业的价值增长空间和丰富农业多功能性的价值开发途径。

目前，我国农民仍多从事传统农业生产为主，种植业和养殖业获利空间有限，农业的生态、观光、科教等多功能价值普遍未被开发而发挥出经济效益。对此，农村产业融合发展的实施使农村资源优势转变为产业优势，以多样化产业模式提高乡村的经济获利能力。如日本在 2005 年时就以农业与二、三产业融合发展形式，使农业最终产品消费产值比农业初级产品产值提升 7.3 倍[①]。城乡融合发展的着力点在于借助以城带乡与乡村自主发展的有机统一，使乡村区域既是城镇二、三产业要素的作用空间，又是城镇居民消费的新空间，由此促使农业产业增值增效带动乡村居民收入提高和农村产业经济发展，同时乡村居民收入的增加带动了农村消费能力提升，这为城市经济向乡村延伸奠定了基础，进而有助于形成城乡互促发展的良性循环。

总之，以城乡融合发展为平台实现城乡均衡发展水平的提升，离不开农业产业创新发展为必要驱动力之一，通过产业发展带动要素集聚，进而使资金、产业技术、基础设施和公共服务等产业基础状况改善而逐步实现农村经济发展能力的提升。

三、以乡村产业振兴促进城乡公共事业发展互联互通

长期以来，关于协调城乡发展和推进"三农"现代化，行政主导一直处于资源统筹分配的主体地位。然而进入新时代后，我国社会主要矛盾的转化使得政府在主导社会资源、资本及人才等要素支持"三农"发展过程

[①] 宗锦耀主编：《农村一二三产业融合发展理论与实践》，北京：中国农业出版社，2017 年，第 4 页。

中应避免发生"路径依赖效应"①。在推进城乡融合发展和实施乡村振兴战略过程中,过分依赖政府引导资源要素向乡村区域流动,将可能会导致乡村因内生动力塑造不足而缺乏可持续发展后劲。也正如舒尔茨所描述的,"在欠发达国家中间,把农业看作是经济活动的一种低级形式,已经十分流行;在经济、政治和社会歧视的共同压力之下,农业已成为这些国家经济计划中薄弱环节。它们的错误在于没有认识到在给农业以平等经济待遇的条件下其潜在的经济贡献。"②

产业作为支撑区域社会发展的必要基础,农村产业融合创新农业发展的关键在于使农业投资具有了与城镇产业平等的获利机会。首先,当前我国粮食产量持续增产;农村土地制度改革不断深入;新型农业经营主体不断涌现等,为农村产业融合提供了发展基础。其次,高新产业技术持续创新,为农村产业融合发展提供了技术支撑,如生物、物联网、储藏及物流等技术的发展成熟,使农业生产体系、经营体系、服务体系等不断革新,尤其"互联网+"农业模式的广泛推广,加速了农业产业链延伸和农业多功能开发。最后,城乡居民消费升级为农村产业融合发展提供了广阔市场前景。随着工业化、信息化和新型城镇化发展,城乡居民在消费对象和消费方式等方面发生了重大变化,农产品消费呈现多样化、便捷化和安全化趋势,同时高端化、个性化和体验化农产品消费也逐渐流行,农业的生

---

① 所谓"路径依赖效应",就是指一个国家或地区经济发展与其原有经济基础、制度环境、社会结构和技术特点的密切相关性。"路径依赖"理论最初是由美国经济学家道格拉斯·C.诺思在其《经济史中的结构与变迁》一书中提出。类似于物理学中的惯性,事物一旦进入某一路径,就可能对这种路径产生依赖。诺思关于路径依赖的理论认识强调路径依赖并非一个最终状态,而是一种处于动态和演化的过程,历史发展在路径依赖形成中具有重要作用,即"历史表明,人们过去作出的选择决定了其现在可能的选择"。但偶然的历史事件则决定着制度变迁,一旦进入某一发展路径,其影响功能也将会放大。所以,"路线依赖性是分析理解长期经济变迁的关键"。在经济活动中存在着报酬递增和自我强化的机制,使人们一旦选择走上某一路径,就会在以后的发展中得到不断地自我强化。参见〔美〕道格拉斯·C.诺思:《经济史中的结构与变迁》,陈郁、罗平华等译,上海:上海人民出版社,1994年,中译本序,〔美〕道格拉斯·C.诺思:《制度、制度变迁与经济绩效》,刘守英译,上海:上海三联书店出版,1994年,第150页。
② 〔美〕西奥多·W.舒尔茨:《经济增长与农业》,郭熙保等译,北京:北京经济学院出版社,1992年,第3页。

活和生态功能日益成为消费热点。"产业兴旺、生态宜居、乡风文明、治理有效、生活富裕"作为实施乡村振兴战略的总要求,其中"生态宜居、乡风文明、治理有效"是乡村生活质量不断提升的表现和目标导向,以农民"生活富裕"为基础。但农民"生活富裕"需以农业产业创新发展为支撑,否则脱离"农业强","农民富"和"农村美"就成了"无源之水""无本之木"。然而,追求乡村产业繁荣和经济发展只是振兴乡村的"手段",实质则在于实现乡村的"人气"集聚,"空心化"的乡村是背离这一战略初衷的,而且实施城乡融合的最终目标是为了达到人的自由全面发展。

目前我国已解决了 14 亿人口的温饱问题,正在向全面建成小康社会迈进,人们对于美好生活向往的领域也日益广泛,既要物质富足,又要质量提升,追求更多的获得感、幸福感和安全感,期盼更好的教育、医疗、就业、居住、养老及公共设施,等等。对于这些,乡村地区居民的需求指数体现更高。"当前我国最大的发展不平衡是城乡发展不平衡,最大的发展不充分是农村发展不充分"①。作为城乡融合发展的内在要求,城乡公共服务一体化的重点就是要加快农村公共服务体系建设,推动城市公共服务向农村延伸,实现城乡基本公共服务均等化,逐步缩小城乡公共服务水平的差距。对此,党的十八大报告提出加快形成政府主导、覆盖城乡、可持续发展的基本公共服务体系;党的十八届三中全会再次强调,推进城乡基本公共服务均等化。特别是乡村基础设施建设,与农村经济发展相辅相成,改革开放以来的"要想富,先修路"实践对此已给出了事实证明。然而,目前我国农村基础设施建设还相对滞后,且存在后期维护监管不足等问题,如农村道路建设标准多数不满足国家交通行业的标准,限制了一些货运或其他大型车辆的正常使用;资金不足,建成后因缺乏维护而造成道路正常使用期限较短等,这些都影响了乡村产业发展壮大。在教育方面,乡村教育设施不仅相对落后,而且师资配备不足,同时技能培训的缺位也是当前我国乡村教育的明显短板。在卫生及环境保护方面,目前乡村居民由

---

① 韩长赋:《大力实施乡村振兴战略——认真学习宣传贯彻党的十九大精神》,《人民日报》,2017 年 12 月 11 日第 7 版。

于生态意识欠缺,致使农村环境污染问题严重,尤其化肥、农药等的大量使用已严重损害乡村水源及土壤等资源,而且农村人居环境治理同城市相比还存在硬件设施投用的差距。同时,乡村网络通信设施建设等也较为滞后,难以满足多样化产业经营需求。"中国的城镇化已经由工业拉动的'土地扩张型'转向市民化推动的'品质提升型'进程。"[①]在政府发挥好乡村公共事业建设主导作用的同时,农村产业转型升级发展对乡村基础设施建设和公共服务保障供给形成了正向刺激作用。

目前,我国农业生产已从以往的农产品供给长期短缺状态转变为总量基本平衡,表现出供给结构与总量间的矛盾。例如伴随城市居民增加和消费升级,农产品消费领域对于品质的要求提升,且休闲农业、乡村旅游等内涵型新产业的市场需求也逐渐旺盛,这些消费趋势为农村新型产业发展创造了市场空间。而在此过程中,农村产业发展刺激乡村公共设施和服务发展滞后问题得以加速解决,以实现城乡对接,如为满足乡村旅游和休闲农业等产业发展需求,促使乡村道路建设达到城乡连接。同时,农村产业融合发展的多样化产业模式经营带动相关人力资源参与,从而改变了乡村劳动力素质结构,并刺激生产生活的环境质量提升。例如随着乡村道路基础设施条件不断改善,新兴体验农业、休闲农业等市场需求表现旺盛,由此对于农村区域水电、卫生、住宿、餐饮、环境等需求形成刺激,进而随着经营参与体的人力资源结构提升,对于教育、医疗等领域的需求也逐渐提升。在此形势下,乡村区域的公共事业发展水平将逐渐成为影响产业发展的关键因素,在城镇人口基于观光、体验、就业创业及返乡定居等"逆城市化"流动中,要求道路基础设施、医疗保障体系、教育资源、社会保险等城乡相连相通。对此,如浙江省"一镇一品"和"一乡一业"特色块状经济模式带来的关联产业空间集聚和产业网络集聚,一方面加强了城乡之间的经济往来,带动农村自身产业化发展能力提升;另一方面,农村产业融合发展地方实践不断刺激政策机制变革(如农村宅基地确

---

① 中国社会科学院:《中国城镇发展不尽合理 大城市过度膨胀》,中国新闻网,2013 年 12 月 25 日,http://finance.chinanews.com/house/2013/12 - 25/5660207.shtml。

权、支持农民工返乡创业、鼓励高校及科研院所服务乡村发展等),从人力集聚、科技引入、土地资源利用及资金支持等多方面促进了乡村全面提升。可以说,伴随农村产业融合发展带来的乡村公共事业发展需求,城乡居民对于美好生活的诉求使得建立健全城乡公共事业一体化机制成为现实发展的迫切所需。党的十九大在提出全面建成小康社会的同时,也明确了各级地方政府应加快推进农村公共事业发展的要求。因此,新时代推进城乡公共事业不断发展,既要加大农村公共事业建设力度,又要做到规划建设、资金投用、标准设定、监督管理等多方面城乡互联互通,由此才能促进城乡发展的全面一体化。

同时从目前我国农村劳动力转移趋势角度分析,农业剩余劳动力过度向城市和工业转移,不可避免地造成了农业农村发展失衡。[1] 农村劳动力持续向城镇地区转移的大趋势还将持续较长时间,因而也迫切需要以新型农业产业发展为契机,提升乡村基础设施改善和公共服务水平等,以吸引优质劳动力资源流入乡村,赋能农村产业发展。

概而言之,新时代乡村内生式转型发展之所以依赖农村产业融合,关键与实质就在于其赋予了"三农"平等发展机遇,通过产业创新引导城乡资源要素合理流动与配置优化。所以在乡村振兴战略实施条件下,农村产业融合发展不仅可以创新发展农业产业、增加农民收入和就地转移农村剩余劳动力,还有助于突破体制机制束缚而刺激乡村公共事业发展。这既可缓减大、中城市基础设施建设、就业、住房、交通等压力,又可通过农村新型社区规划建设等建立健全党委领导、政府负责、社会协同、公众参与和社会保障的现代乡村治理体系,最终以产业兴旺为支撑,带动乡村"生态宜居""乡风文明"和"治理有效"等全面振兴。

---

[1] 翟坤周:《"三农"发展的时代意蕴与乡村振兴的集成路径》,《福建论坛(人文社会科学版)》,2019 年第 6 期,第 48—56 页。

第四节 基于农村产业融合发展助推作用的城乡均衡发展转变

一、城乡收入水平与收入结构的弥合

基于传统农业经营模式的广大农民家庭,依赖务农获得的经营收益已难以满足不断上涨的生活、生产开支需求,况且当前我国农民收入的较快增长势头已出现放缓趋势。首先,农民收入总体呈较快增长趋势,但增长速度放缓。近几年,扣除价格因素,全国农村居民人均可支配收入增幅趋于"收敛",如 2016 年、2018 年和 2019 年前三季度实际同比增长分别为 6.5%、6.8%和 6.5%。其次,目前我国城乡收入差距仍存在较大"鸿沟"。改革开放以来,我国城乡居民人均收入差距在 2009 年达到了收入比 3.33 的峰值,此后步入差距逐步缩小的阶段,尽管自 2010 年以来农村居民人均收入增速连续 8 年超过城镇居民,但城乡收入依然有近 3 倍的差距。再次,农民收入结构的变化及其发展趋势也决定着转变农业经营模式的现实必要。农民收入主要由工资性收入、经营性收入、转移性收入、财产性收入等几部分,其中工资性收入和经营净收入仍是当前我国农民经济收入的主要来源,且工资性收入已成为农民增收的第一大来源。如 2018 年,农民工资性收入对农民增收的贡献率达 42.0%,经营性收入的贡献率为 27.9%,转移性收入的为 26.8%,财产性收入的仅为 3.3%。[①] 从 2013 年至 2017 年,尽管农民人均财产性收入持续提升,但占农民人均可支配收入的比重增幅不大,是城乡居民收入差距最大的短板和潜在增长点。[②] 当前我国小农分散经营的基本格局并未发生实质性改变,而且党的十八届三中全会也明确指出坚持农村土地集体所有,坚持家庭经营基础性地位,坚

[①] 班娟娟、秦燕玲:《社科院:2019 年农民人均工资性收入或超 6 500 元》,《经济参考报》,2019 年 4 月 29 日第 A02 版。

[②] 张晓山:《增加农民收入需分类施策》,《经济日报》,2019 年 1 月 24 日第 9 版。

持稳定土地承包关系,这些构成了农户家庭经营和多种新型农业经营主体合作发展的现实基础与底线要求。农村产业融合发展借助专业化的生产经营,有利于增加农民就地就近务工收入,同时农村产业融合的规模化经营也为农民土地资产化转变提供了条件。所以,弥合城乡居民收入差距的"鸿沟",亟须以产业项目为农民土地、宅基地等资源"赋值",既实现农民土地资源向资产的转变,又带动农民从业分化,以专业化经营带动农民工资性收入增加,从而提升农民收入水平并丰富收入来源。

农民选择城市务工就业,多以追求高于务农的预期收益为首要目的,然而面对农民外出务工增收难度加大和局部减收风险增加的形势,离开农业农村的坚实发展,农民的经济收入增长是难以保持稳定的,特别是新冠疫情发生以来。虽然 2016 年以来全国农民人均可支配收入中工资性收入的比重不断上升,但如果没有农业农村发展作为稳定的收入依赖,农民外出务工的工资性收入将难以保证农民整体收入稳定增长,尤其在经济下行和社会转型发展时期,农民外出务工收入增幅下降[1],驱使更多农民选择就地城镇务工[2]。如 2018 年农民工总量为 28 836 万人,比上年增长 0.6%,其中本地农民工增长 0.9%,外出农民工增长 0.5%。但农民就地就近从事非农务工,工资性收入也急剧波动。国家统计局数据显示,2015年以来的农村地区的农民非外出务工收入连续 4 年下降,2018 年上半年农民的非外出务工收入仅为 2014 年的 21%,下降 71%。而且基于城乡二元体制影响,农民进城后在就业、医疗、社保、养老、子女教育等多方面社会保障不完善的状态下,市民化的个体成本负担较重[3]。

总之,面对农民外出务工收入增幅趋缓和市民化个体成本偏高等形势,农村产业融合发展为农民提供了多样化的就业渠道,并赋予了农业资

---

[1] 根据国家统计局公布数据显示,如 2014 年前三季度末,全国农民工月均收入同比增长 10.0%,但 2015 年至 2018 年前三季度末同比却分别增长为 9.1%、5.9%、6.4%、9.4%。

[2] 国家统计局:《2017 年农民工监测调查报告》,2018 年 4 月 27 日,http://www.stats.gov.cn/tjsj/zxfb/201804/t20180427_1596389.html。

[3] 除去生活成本,单个农民完成市民化转型,平均大约需要公共成本 13 万元。参见李凤桃:《专访中国社科院城市发展与环境研究所副所长魏后凯:"中国将在 2050 年完成城镇化"》,《中国经济周刊》,2014 年第 9 期,第 26—28 页。

源转变为资产的条件。伴随城乡收入水平和收入结构等差距的缩小,农民拥有了从事农业或非农产业、留村或进城的多样选择空间,农村居民也将发生"居住"与"身份"的分离。然而由于城乡经济集聚程度和劳动效率等的差异决定了城乡收入不能完全相同,因此农村产业融合发展助推城乡收入均衡,在其产业发展初期阶段更多侧重于赋予了农村同城镇相似的劳动收入结构。针对我国农民人口基数庞大这一现实,即便城镇化率达到80%,仍将有2.5亿农村居民。所以,实现农民就地就近增收和市民化转变,以农村产业融合发展弥合城乡收入结构和收入水平的差距,是我国城乡协调发展的重要保障。

二、乡村从业就业的职业化转型

推进农业现代化发展,是使农业部门同其他产业部门在经济现代化过程中保持一致,加快产出和生产率增长速度的过程,[1]因此在城乡产业分工条件下,农村产业融合发展引发的分工细化,对传统农业劳动力生产的职业化转变提出了要求。所谓"职业化"就是基于市场化发展,从业者根据工作标准化、规范化、制度化等要求,塑造与之相匹配的专业职业技能,从而胜任工作和职业发展,其明显特征就是从业者具有相对固定的工作内容,形成了相对稳定的操作流程与规范,进而获得比较稳定的经济收入。农村产业融合的产业链细化发展,促使农民朝着职业化方向转变。这一过程要求参与的农民个体根据生产环节或内容需求掌握相匹配的生产技能和经营管理能力,如以产品生产、加工、流通和服务等为主要从业内容,并以此作为主要的经济收入来源。

从产业化生产角度分析,生产者的经验素质对于产业顺利发展是至关重要的。当前国内和国际普遍存在的农村一二三产业融合模式中,农业产业内部融合,如种养结合;农业产业外部型融合,如农业与二、三产业融合;农业产业渗透型融合,如农业与高新科技结合,这些产业融合类型

---

① [日]速水佑次郎、[美]弗农·拉坦:《农业发展:国际前景》,吴伟东等译,北京:商务印书馆,2014年,第39页。

的共性或本质在于打破了原有农业产业结构中存在的要素供给弹性限制,从而使农业获得了"生产率和产出迅速增长的能力",反之"如果不能选择一条可以有效消除资源条件制约的发展途径,就会抑制农业发展和整个经济发展过程。"①但这并不代表农村产业融合发展仅仅依赖新要素融入就能够顺利实现产业增值增效,例如相对于农业科技投入,参与农业生产实践的从业者经验积累对于农业生产发展的进步也是必要组成部分。②在农村产业融合发展中,一方面城市产业要素向乡村转移扩散,附带着专业化生产属性,无论哪种具体产业模式,都含有原产业经营环节中的规范性内容作附带;另一方面,产业创新发展产生新的操作内容,需要经营参与者借助经验积累达到产业经营成熟,就此农民以经验积累与技能提升等满足经营职业化需求,成为农村产业融合发展生产专业化的必要组成。

从成本角度分析,在农业生产市场化转型中,农民个体经营由于知识结构、经验水平、信息获取不对称等多方面原因,在产品议价、产业链整合、利益联结等环节存在交易成本问题。而农村产业融合发展中,如涉农龙头企业、农民合作社等新型农业经营主体与普通农户经营通过"公司+农户"、"公司+农户+基地"及"公司+合作社+农户"等形式降低了农民市场化经营的交易成本。因此出于经营成本考虑,普通农户也有同新型农业经营主体合作经营的需求,从而融入专业化经营序列而向职业化方向转变。

从经营内容角度分析,农村产业融合发展以产业化经营为显著特征,满足市场需求为导向而追求经营效益,在农业多功能价值拓展基础上的农业同其他产业的融合与创新,如农业与文化、旅游等产业融合产生的乡村旅游和休闲农业;再如农业与加工业融合产生的品牌化农产品加工业

---

① 〔日〕速水佑次郎、〔美〕弗农·拉坦:《农业发展:国际前景》,吴伟东等译,北京:商务印书馆,2014年,第63页。

② L. H. 贝利:《园艺学的推广工作》,伊萨卡:康奈尔大学农业实验站,1896年,手册第110号,第130—131页;M. L. 莫舍:《艾奥瓦玉米前期产量与后期的相关检验规划》,阿默斯:艾奥瓦州立大学出版社,1962年。转引自:〔日〕速水佑次郎、〔美〕弗农·拉坦:《农业发展:国际前景》,吴伟东等译,北京:商务印书馆,2014年,第47—48页。

等,这些都是以市场需求为导向的产业化经营。所以,市场化机制下农村产业融合的产业化发展,引领农民在产业融合体系内以经营内容为基础实现分工,进而以经营内容的独特性促使农民职业化转型。能否获得从业职业化发展的机遇,是城乡劳动力就业差异的主要体现,也是城乡劳动力生产效率存在差异的主要原因。农村产业融合发展带动的农业产业结构变化,并引发农民从业职业化转变,促进农村劳动力收入水平和劳动力素质共同提升,进而为乡村发展营造出趋于城镇的就业环境。

三、小农户群体经营现代化

新型农业经营主体和服务主体的投资者往往是具有市场经验和专业经营技能的领头人,不仅资金实力较强和经营理念先进,而且具有较为充足的市场资源和人力资源,因而他们既能为农业农村发展提供较为新颖的产业经营模式,又能以优质、高端、高效及品牌化等经营目标为取向,辐射带动合作经营对象。特别是通过领军型新型农业经营主体同普通型新型农业经营主体及农户三者之间构建利益联结机制,形成从领军型经营主体到普通农户的产业传导机制,增强新型农业经营的产业辐射和带动作用。如安徽宿州等地的产业化联合体、四川崇州的农业共营制、浙江的现代农业综合体等多种新型农业经营,以利益联结机制使得小农户合理分享全产业价值链的增值收益,在增加农民经济收益的同时也提升了农民的产业经营能力。

农户家庭经营的基础地位决定了实施农村产业融合发展的关键环节之一是要提高农民参与度,共享价值链增值收益。农业龙头企业利用自身较强的产业融合能力和市场经营能力,在农户选择应用现代科技、管理、经营理念等过程中具有引领带动的作用优势,并引导产业上下游结为利益共同体。以广州温氏集团为例,通过与农户签订委托饲养合同的模式,既向农户提供技术指导、贷款及场地改造等支持,又以"回收"形式确保农户具有稳定收益,这在很大程度上化解了小农户单独饲养规模小、技术落后、抗市场风险能力低等难题。在温氏集团带动下,仅广东新兴县就发展起了 2 300 多户家庭农场,养殖规模平均由每批 7 500 只扩大到了每批 15 000 只,饲养收益明显增加。相对于普通农户零星散养的小规模养殖,涉农龙头企业能够为农户在品种选育、防疫消毒、产品销售等方面提供规范化经营引导,并使农户在产业价值链提升中分享更多的经济收益。

农村市场化发展本身也不断衍生着各产业间的相互交流与融合发展的空间,在此过程中,涉农龙头企业不仅在养殖业方面具有较强的引领带动作用,在种植业方面也具有较强的产业带动能力。如内蒙古乌海市某酒业集团在带动农户种植葡萄以发展酿酒产业的过程中,还引导农户开展与葡萄酒主体相关的文化产业园产业,打造将种植、酿酒和文旅等集于一体的农业生态文化综合型产业。产业链的拓展,带来了价值链的明显提升。早在 2016 年,葡萄种植园区就实现年接待游客 15 万人,带动农户年收入达 600 万元。[1] 类似模式,全国各地仅 2015 年建立的 60 个国家农业产业化示范基地就已集聚各类涉农龙头企业 2 289 家,带动农户502 万户。2017 年数据显示,"各类产业化组织引领农户形成利益共同体,促农增收、助农脱贫,实现小农户与现代农业有机衔接,辐射带动农户1.27 亿户,农户从事产业化经营年户均增收 3 493 元。"[2]

涉农企业等新型农业经营主体改变了传统农村经济结构农业化和农业结构单一化等问题,对于引导农民就业增收具有较强的产业带动能力,进而促使以往散乱各异的普通农户经营向规模化、均质化、统一化等为特点的产业化方向发展,逐步使农村产业经营具备了城市产业经营的特性和市场对接能力。

四、乡村区域的就地就近城镇化转变

城镇作为人们生产、生活在空间上集聚的载体呈现,以产业集群驱动

---

[1] 程鸿飞、买天:《"龙头"领军三产融合——看农业产业化如何在新常态下实现提档升级》,《农村·农业·农民》(A 版),2016 年第 10 期,第 14—16 页。
[2] 农业部新闻办公室:《农业部副部长叶贞琴在国家重点龙头企业负责人培训班上强调龙头企业要成为推动乡村振兴的带动者》,中华人民共和国农业农村部网,2017 年 11 月 20 日,http://www.moa.gov.cn/xw/tpxw/201711/t20171120_5912955.htm。

劳动力集聚是其形成的突出特点。然而"城乡融合是一个人口、资本等要素不断从大城市向乡村和小城镇转移的过程,"也是城市产业向乡村和小城镇扩散的过程。[①] 所以,如同大城市产业"下沉"带动中小城市及村镇的人力集聚能力提升,随着各类新型农业经营主体产业带动和辐射能力增加,乡村工业化要素集聚本身也吸引农业剩余劳动力资源。[②] 并且随着农业产业转型和农村非农就业机会增加,也将吸引高层次和新生劳动力资源选择就地就近择业发展。[③] 也就是,农村产业融合发展的现代化经营模式为乡村就地就近城镇化奠定了非农产业基础,并促使我国农村传统的农业化就业结构发生了非农化转变,即在农村产业融合发展提高农业产业效率的基础上,乡村产业结构的变化带动乡村人力资源结构发生转变,最终乡村居民不再是"农民"的代称,而是居住于乡村的从事不同职业的人们的"统称"。

伴随农业现代化的实现程度,农业产业链的主要增值价值来源会逐渐从生产环节转向流通和服务等环节。[④] 党的十九大报告也提出了"构建现代农业产业体系、生产体系、经营体系"[⑤]的发展要求,现代农业产业体系、生产体系和经营体系的构建与完善不仅是乡村振兴的重要内容,也是农村产业融合发展促进农民"非农化"转移的作用点所在。以美国为例,美

---

① 刘宇、龙启蒙、付雅洁:《基于城乡融合视角的乡村振兴中国道路探索》,《中国发展观察》,2019 年第 8 期,第 53—56 页。

② 陈吉元、胡必亮:《中国的三元经济结构与农业剩余劳动力转移》,《经济研究》,1994 年第 4 期,第 14—22 页。

③ 任义科、赵素敏、杜海峰:《乡村发展与农民工务工地选择——基于 HLM 模型的分析》,《农林经济管理学报》,2020 年第 1 期,第 126—132 页;李国珍、张应良:《村庄衰落的多维表现及有效治理:258 个样本》,《改革》,2013 年第 5 期,第 88—96 页。

④ 现代农业的完整产业链条,包括了包装、运输、批发、零售、食品、消费、广告等等。在美国消费 1 美元的食物,生产环节增值占了 10.4%,食物加工环节增值占 15.3%,包装环节占2.5%,交通环节占 3.2%,批发环节占 9.1%,零售环节占 12.9%,饮食服务环节占到了32.7%,能源环节占了 5.1%,金融保险占了 3.1%,广告占 2.5%,其他占 3.2%,最重要的环节是在食品服务环节。参见姜长云等:《乡村振兴战略:理论、政策和规划研究》,北京:中国财政经济出版社,2018 年,第 138 页。

⑤ 习近平:《决胜全面建成小康社会 夺取新时代中国特色社会主义伟大胜利——在中国共产党第十九次全国代表大会上的报告》,北京:人民出版社,2017 年,第 32 页。

国农业人口仅占总人口的 2.8%,但农业服务业的从业人口占比竟高达
15.3%。农业生产性服务产业的发展和完善,提供了大量非农就业岗位,
农业及其配套产业吸引就业人数占全美国劳动力总数的 13% 左右,涉及
农业管理、农业研发、农业经济、农业金融等多项领域。[①] 因此借鉴发达国
家经验,农业生产性服务体系将会伴随着农业生产体系发展而逐步丰富
和提升,这在化解农地"谁来种"和"怎么种"等难题时,也为农村剩余劳动
力的非农转移提供了发展空间。

　　另外,农村产业融合发展促进生产集中和人口空间分布发生集聚变
动,如借助设施农业或现代农业产业园区等带动农村区域形成集聚发展
趋势。在产业发展中,经营成本决定着产业空间集聚和相关平台基础的
衍生,也由此带动农业产业资本、技术、人力资源及产业模式等的空间集
聚,成为农村产业融合发展的核心区域。产业集聚作为城镇化的基础,特
别是二、三产业在空间上的集中,为农业劳动力的非农化发展提供了指
向。[②] 以湖北省 30 个省级农产品加工园区为例,平均每个园区可吸纳 1
万多名农民,对农民就地就近城镇化起到了重要集聚作用。[③] 所以,基于
农村产业融合发展,乡村产业体系丰富与生产集中等带动的农民非农转
移和集聚发展等,为乡村城镇化奠定了基础。然而,也并非所有村庄都具
备产业振兴和吸引农民"留守"的条件,一方面是农村资源禀赋及地理位
置等客观条件决定了农村产业发展的潜在空间;另一方面是产业经营体
的选址存在"成本比较","遍地开花"不符合我国农村实际,也违背了客观
经济规律。由此以产业禀赋及地理位置等具有比较优势的中心村、镇区、
县城区或特色小镇等为发展结点,吸引产业和人口集聚,成为当前我国多
地农村区域产业融合发展的实践写照。

① 倪洪兴:《开放条件下农产品价格形成机制与价格政策选择》,《中国粮食经济》,2017 年第
　 6 期,第 18—26 页。
② 葛立成:《产业集聚与城市化的地域模式——以浙江省为例》,《中国工业经济》,2004 年第
　 1 期,第 56—62 页。
③ 吴刚、张丹:《"三产融合"助力农业供给侧结构性改革》,《政策》,2018 年第 9 期,第 49—
　 50 页。

发达国家城镇化历程实践证明,工业化发展到一定程度后,其推进城镇化的作用就会降低,第三产业在产业经济发展中的贡献比例不断提高。工业化发展能够有效带动产业升级换代,且第三产业在工业化初期也随之发展,但此时第三产业更多是担负工业化辅助作用。当工业化发展进入中后期,尤其是城镇化发展使分工和产业集聚达到一定程度后,第三产业就更多地发挥着推动经济社会发展的功能价值,并且企业的社会化生产也需要第三产业发挥更多的生产性服务功能,因此经济社会持续发展的动力需求依赖第三产业为长远支撑。由于"产业革命和现代大工业是城市化的动力源和物质技术前提,只有产业发展到一定程度,才可以吸纳大量劳动力,才会吸引人口在城市集聚,才能推进城市化。"[①]所以农村产业融合发展中,以第二产业为发展侧重的产业经营模式借助工业化要素在"种、养"基础上的作用融入,有助于乡村社会以产业集聚效应吸引农村劳动力回流,同时农业"种、养、加"基础之上的第三产业要素汇聚也不断生成产业经济。

产业规模扩张过程中,生产型农产品加工产业内部将会分化出服务型经济主体,且为达到降本增效目的而需要产业链的各环节经营主体间进行合理分工与协作。如以第二产业为主体表现的产业融合模式为例,生产源头的后序产业流程如产品包装、仓储、物流等也是农村产业融合发展的必要组成部分。加之城镇化动力的阶段性演变特点,农业产业、工业产业和第三产业分别为城镇化发展提供了初始动力、根本动力和后续动力。[②]农村产业融合发展基础上衍生的二、三产业经济形态将会成为今后较长时期内我国农业借助一二三产业融合发展的普遍表现,并且农业生产的进步也为乡村非农产业发展提供了较低的劳动力再生成本,有助于进一步提升产业融合体系内非农产业的比重。所以,"从三次产业角度来看,农业现代化、工业化深入发展和服务业社会化是农村城镇化持续发展

---

① 尚娟:《中国特色城镇化道路》,北京:科学出版社,2012年,第89页。
② 孙超英:《发展中国家城市化道路及其借鉴》,《四川行政学院学报》,2002年第5期,第73—77页。

的动力。"①农村产业融合发展为乡村经济的持续发展和城镇化演进等，提供了持续发展的产业要素基础。

此外，农村产业融合发展除提高农村居民经济收入外，还从福利保障层面发挥着替代或弥补城镇保障体系现有不足的作用。城乡差别作为造成人口分布变化的主要诱因，其不仅有经济层面的成本与收益比较，更兼有综合性作用要素，乡村城镇化的可持续发展还离不开公共服务保障体系逐步完善。人口作为影响城乡社会发展的特殊要素，其"迁移方向、迁移距离、迁移规模与速度、迁移方式等都对城镇化产生深远而复杂的影响。"②针对当前我国城乡发展不平衡现状，主要体现在城乡经济收入和公共服务保障两大方面。我国自1998年就颁布并实施了城镇职工养老和医疗保险等相关政策，但关于农民的社会保障体系建设至今仍存在较大不足，且由于相应法律缺失和农民普遍存在社保意识不强、维权意识弱等问题，进一步延缓了农民社会保障福利问题的解决。尽管近几年国家致力于城镇社保机制改革，但迫于财政资金有限，在确保城镇养老保险和失业保险等同时，今后较长时期内难以完全将庞大的农民群体纳入同等的保障范围。因此除持续推进政府资金筹备和体制机制改革等工作外，还需借助农村产业发展以提升农村集体经济收入和农民个体收入，进而以农村集体福利保障体系建设和农户家庭收入提高等途径弥补我国现有社会保障机制的不足。可以说，基于城乡经济二元结构和社会二元结构，农村产业融合发展为就地就近城镇化发展赋予了一定程度的公共服务体系保障。

总体而言，农村产业融合发展的产业内涵赋予了其多样化产业模式，由此产业模式的多样化为农村非农产业发展提供了条件，基于农村产业融合发展为乡村区域所带来的非农产业要素汇集、人口集聚、产业结构转换及乡村公共事业发展等多方面的变化，乡村区域将由此发生就地就近

---

① 储德平：《中国农村城镇化发展：内在机制与实证分析》，北京：世界知识出版社，2017年，第61页。

② 储德平：《中国农村城镇化发展：内在机制与实证分析》，北京：世界知识出版社，2017年，第25页。

城镇化转变。

最后,结合当前我国社会发展现实,中国特色社会主义新时代面临着化解发展不平衡不充分这一社会主要矛盾的时代任务,要求实现城乡产业分布趋于合理、城乡公共服务趋于均等、城乡居民收入差距趋于不断缩小等,而新中国城乡发展实践历程表明,这些在城乡二元结构基础上单方面依赖城镇化作用是难以实现的。推进新时代我国城乡融合发展,要求科学分析社会生产力不断进步条件下市场机制作用的基本规律,通过提升农村区域的市场经济能力形成城乡资源要素配置优化的双向作用力。因而农村产业融合发展助推新时代城乡融合,其根本在于农业产业创新发展使乡村区域逐渐具备了集聚现代化产业要素的条件和能力,乡村由此成为市场化主体基于产业要素集聚而自主发展的新兴场地。所以,新时代推进城乡融合发展,首先需以农村产业融合带来的城乡产业融合发展作基础,通过产业融合带动城乡人口的融合,进而逐步发展为城乡地域的融合,即城乡均衡发展是以城乡产业融合为支撑的渐变过程。

改革开放至今,我国经济社会发展取得了辉煌成就,但这并未改变我国仍处于并将长期处于社会主义初级阶段的基本国情和发展中国家这一国际地位。特别是中国特色社会主义进入新时代后,我国社会主要矛盾的转化进一步突出了协调城乡、工农发展的重要性和必要性,迫切需要化解城乡二元结构问题。对此,西方二元经济理论、改造传统农业理论及其他相关理论为我国城乡融合发展提供了理论指导。通过分析和总结相关理论研究成果发现,不同于二元经济条件下的投资创造消费,伴随我国经济社会发展转型,资本不再是稀缺资源,要求以农业和非农业产业效率相互协调实现经济结构转型,走内涵式增长之路。因而新时代中国社会城乡关系协调发展的当务之急是加速城乡融合互动发展,平衡城乡发展地位,以城乡产业要素合理配置和农业产业结构优化等培育农业农村的内生发展动力。

当前我国农业农村发展相对落后的一项重要原因,是由于农村市场化基础薄弱和人口要素持续流出,且二者相互强化并形成恶性循环。然而,推进经济增长的主要构成要素涉及需求增长空间、经济结构演进、生产要素供给、技术进步、制度完善和政策合理等方面[1],农村产业融合发展则在产业要素、产业结构、经营内容和市场空间等多方面带动农业农村农民摆脱传统生产模式,以供给结构调整满足城乡需求变化。农村一二三产业联动刺激了城市要素向乡村的转移,并以多样化产业模式升级了农村产业结构。同时相关政策供给创新与优化,促使"三农"现代化同城乡互动最终在乡村产业不断升级发展的基础上形成良性循环,提升城乡均衡发展转变的速度与质量。基于政策指导和地方实践探索,农村产业融合发展整合了城乡资源优势,在增加农民就业渠道和提高农民收入等方面展现了产业辐射和带动能力。

城乡融合离不开乡村社会以人作为可持续发展的资本,农村区域借助产业融合实现经济发展,不同于二元结构下的以城带乡,而是以农业产业结构内生效率提升作为经济发展动力来源的,其以带动农业产业创新与转型发展为载体,刺激非农产业要素和高素质劳动力资本等不断在农村地区集聚。农业同现代工业、现代服务业及现代信息化产业等融合,形成了农业同其他产业平等获利的发展格局,实质在于二、三产业要素的融入推动了乡村市场化经营体系形成,改变了传统农业作为"衣食供给"的狭窄领域。所以,农村产业融合发展为农村资源优势向产业优势转变提供了平台,拓展了农村经济获利能力,带动了农村人口结构转变和集聚化发展,由此进一步带动农村公共事业发展水平提升,为农村城镇化发展奠定基础。

农村产业融合发展基于农业多功能性开发,促进农业资源高效利用,以产业链延伸、供应链整合和价值链提升等途径获得农业增值收益,在弥合城乡收入结构的基础上提升了农民经济收入。当前阶段,各类新型农业经营在农村产业融合发展中发挥着产业引领和辐射带动作用,并以产业利益链构建带动小农户经营现代化转型发展。由于农村产业融合发展

---

① 简新华:《中国经济发展探索》,武汉:武汉大学出版社,2007 年,第 598 页。

并非生产要素的简单集聚,而是二、三产业要素以农业为基础打破产业界限的深度融合与持续动态发展的业态变革,因此农村产业融合发展一方面会以更加多样化、高品质的物质和非物质形态产品供给,满足城乡居民日益增长的消费需求,另一方面也会以非农产业要素的不断集聚和产业结构动态转换升级等,带动乡村区域产业经济持续发展。基于此,城乡经济活力差距走向缩小,进一步驱动城乡地位平等和资源配置均衡转变,扭转以往城乡资源单向流动趋势,实现城乡全面均衡发展。

农村产业融合发展的过程,也是城市产业要素向农业农村领域融入渗透和农村产品供给城镇持续双向流通的过程,作为新时代历史条件下城乡协调互助发展的崭新呈现,城乡融合发展具备了城乡产业有机融合这一必要基础。

第五章 新时代城乡融合进程中农村产业融合与就地就近城镇化的耦合

基于当前我国政策取向和地方实践探索,就地就近城镇化和农村产业融合发展构成了作用新时代城乡融合发展的"组合"。建立健全新时代城乡融合发展的体制机制,新型城镇化与乡村振兴战略实施是紧密相关且目标一致的[①],乡村振兴战略需要与新型城镇化战略同步实施[②]。在此条件下,农村产业融合发展与就地就近城镇化在县域内的共同作用,将有助于进一步提升新时代城乡融合的发展层次。

第一节 就地就近城镇化发展的现实性和可行性

一、 我国经济社会的持续发展要求重视就地就近城镇化

《国家新型城镇化规划(2014—2020 年)》明确指出,城镇化是保持经济持续健康发展的强大引擎,多级城镇化发展体系是未来中国经济社会保持健康发展的关键所在。由于我国城乡二元结构不仅包含了经济层面的城乡矛盾,还涉及城乡社会公共服务的多方面,致使城乡发展不平衡不充分矛盾问题日益突出。

就农民个体而言,市民化发展是经济社会前进的必然趋势,也是农民

---

① 陈燕妮:《新时代中国特色新型城镇化思想探析》,《学习论坛》,2019 年第 12 期,第 42—49 页。

② 蔡继明:《乡村振兴离不开新型城镇化》,《建筑时报》,2018 年 2 月 5 日第 8 版。

个体追求发展的客观体现。然而迫于城镇就业、生活及社会公共服务保障等方面的压力，"两栖"生活是当前中国2亿多城乡流动人口的现实选择。异地城镇化条件下，农民工因进城落户困难而难以享有全面或均等的社保、医疗、子女教育等公共保障。又因为他们收入普遍偏低和不稳定，难以承担高成本的城镇生活，并且他们在城镇的亲属关系少，缺乏社交和归属感，再加上土地的强烈"羁绊"①，导致扎根城镇需要承担心理和经济上的双重压力，所以倡导"居住"与"身份"分离的就地就近城镇化成为一种低成本市民化选择。但这也并不意味着就地就近城镇化取代异地城镇化而成为新型城镇化的主流模式，而是以城镇化推进体系不断丰富与完善满足不同农民个体实现市民化的地域选择。再加上，当前我国人口红利的优势正逐渐消退，经济转型升级使农民工返乡面临不可逆转的风险，农民家庭经营受成本增加和主粮价格"天花板"双重挤压，以及外出务工收入增幅趋缓等多因素作用，家庭增收将面临极大挑战。因此，如何实现农民非农收入增收并满足他们市民化意愿，成为新时代亟待解决的难题。

就提升我国城镇化率和农民市民化地域选择而言，就地就近城镇化具有较大发展空间。国际城镇化发展经验表明，城镇化率达到70%后才会逐渐进入发展相对稳定的阶段，而2021年末全国常住人口城镇化率为64.72%，户籍人口城镇化率仅为46.7%，"人""户"分离的人口超过18个百分点。而早在2017年，发达国家如美国、英国、法国、德国及日本等国的城市化率已分别达到了82.06%、83.14%、80.18%、77.26%和91.54%。所以，结合我国户籍制度特点，当前我国城镇化相比发达国家还存在较大

---

① 如吴巍等以南昌市边缘区为案例进行就地城镇化研究指出，虽然农民有就地城镇化行为选择，但并不愿意放弃耕地。即使那些城市谋生能力强的农民，也倾向于土地流转而不愿意进城定居。同时来自生活环境、居住方式改变以及就业转型等方面的压力，也使农民对能否融入城镇生活缺乏信心。再如彭荣胜通过问卷与座谈的方式研究发现，农民即使为了子女教育或子女成家而选择在城镇购房，也会基于城镇就业难度考虑和对承包地的眷恋等而不愿选择在城镇落户。参见 吴巍、陈定、陈敏等：《城乡一体化视角下农民就地城镇化影响因素研究——以南昌市边缘区为例》，《城市发展研究》，2017年第8期，第11—16页；彭荣胜：《传统农区就地就近城镇化的农民意愿与路径选择研究》，《学习与实践》，2016年第4期，第59—67页。

差距。"城市化率在50％～70％是城市病的发作阶段，"[1]再加上我国高速城镇化的背后是土地城镇化快于人口城镇化，导致大城市交通、住房、环境、教育及医疗等资源紧缺问题不断恶化，严重影响了城镇化发展质量。同时，伴随我国农业生产技术更进，传统农业产业结构下的农村优质劳动力资源将不断流失，因而需要借助就地就近城镇化吸纳数量庞大的农业剩余劳动力群体和化解异地城镇化条件下的系列社会矛盾问题。况且农业农村的现代化升级转型和乡村地域文化传承等，也离不开一定数量的农村劳动力作为参与主体。对比德国，其2018年的城市化率就已接近80％，但70％的居民生活在人口规模在2 000人至10 000人的小城镇，所以我国就地就近城镇化尚存巨大的潜在空间。根据数据分析，2013年初我国共有建制镇1.98万个，其建成区平均人口7 000多人，以每个建制镇容纳3万人估算，可再为4.5亿农村人口提供城镇化空间。

另外，持续、多层次推进城镇化也是保障我国经济发展的现实所需。"城镇化是经济社会发展的客观趋势，最大的内需在城镇化，最雄厚的潜力在城镇化。"[2]研究表明，城镇化率每增加1％就可拉动当年国内生产总值增加1％～2％，改革开放以来我国高速城镇化进程为经济发展提供了强大动力支撑，因而为确保国民经济持续发展，我国针对城市规模和发展布局的政策指导是根据不同时期的发展实际而动态调整的。改革开放至20世纪90年代初期，我国一直强调"严格控制大城市"的发展方针，直到"八五"和"九五"规划实施，这期间伴随乡镇企业的快速增加，小城镇发展迅速。2000年以后，国家提出"多样性城镇化道路"的方针，改"严格控制大城市规模"为"完善区域性中心城市功能"和"大中小城市和小城镇协调发展"[3]。2006年以后，国家开始提出以"城市群作为推进城镇化的主体形

---

① 简新华、何志扬、黄锟：《中国城镇化与特色城镇化道路》，济南：山东人民出版社，2010年，第254页。

② 李克强：《把城镇化作为扩大内需的战略重点》，王建主编：《城镇化与中国经济新未来》，北京：中国经济出版社，2013年，第4页。

③《中共中央关于制定国民经济和社会发展第十个五年计划的建议》（中国共产党第十五届中央委员会第五次全体会议二○○○年十月十一日通过），中共中央文献研究室编：《十五大以来重要文献选编》中，北京：人民出版社，2001年，第1382页。

态"。当前我国社会发展进入新的历史阶段,尽管第一产业占 GDP 的比重已下降至 9%,但第一产业的人口比重仍达到 28% 之多,与欧美发达国家的农民人口比例相比还存在较大差距。同时受国际经济下行及中美贸易摩擦等影响,我国对外经济贸易面临沉重压力,城镇化成为我国经济转型发展和扩大内需的最大"潜力所在"①。

因此,基于今后较长时期内仍将有数亿人口留在农村,若要长期发挥我国劳动力资源优势以促进经济发展,实现劳动力保持较长利用周期,需要一方面持续推进新型城镇化建设,以产业为支撑实现更多农村人口的"非农化";另一方面还需发展乡村产业,为农村居民和返乡劳动力创造就业增收机会,实现就地就近市民化。

二、县域城镇化发展的独特性和必要性

城镇化作为经济社会发展客观结果,世界各国都在自发或自觉地探索符合本国实际的城镇化道路,我国人口基数、资源禀赋、户籍制度及城乡二元结构等特殊性,决定了我国城镇化道路实践必须符合社会各阶段发展需求。随着改革开放以来工业化发展,城市经济活力不断提升并吸引农村剩余劳动力持续流入,由此改革的 40 多年也是我国城镇化率高速增长的 40 多年,工业化发展战略成为这一时期我国城镇化的主要驱动。但由于我国不同区域的城市经济活力不同,造成农民进城务工地的选择存在较大的空间距离差异,并演变为异地城镇化、就地城镇化和就近城镇化等不同路径模式。所以结合当前我国农业农村发展相对落后的实际,新时代城乡融合发展离不开城市先进生产力的先导作用发挥,促使城市和乡村各自优势得以最大化发挥,也就是"一方面要继续推动城镇化建设。另一方面,乡村振兴也需要生力军。城镇化进程中农村也不能衰落,要相得益彰、相辅相成"②,继续走城乡互助并进的发展道路。

---

① 李克强:《协调推进工业化城镇化农业现代化 有效释放我国内需巨大潜力》,《人民日报》,2012 年 9 月 20 日第 2 版。
② 林志鹏:《乡村振兴战略需要坚持城乡融合发展的方向》,《红旗文稿》,2018 年第 9 期,第 22—23 页。

　　中国特色社会主义新时代坚持"以人为本"为理念的新型城镇化发展道路,实施大中小城市及小城镇协调发展,县域城镇化的独特性就在于其具有使新型城镇化与乡村振兴相得益彰的发展功效。传统城镇化模式下以大城市带动乡村发展,存在"市场分割、政府主导、GDP 导向、人为压低转型成本等特征,"①不仅导致城乡空间分割和产业分割,加剧了城乡非均衡发展问题,而且当前经济下行与转型升级双重作用,还导致农民工的城市就业流域不断收缩。所以,借助乡村振兴战略实施契机,迫切需要转变以往城镇化路径模式,激发乡村及小城镇发展活力,引导农村人口就地就近合理分布与转移。以《中国县域经济发展研究报告(2014)》数据为例,县(市)面积占国土面积的 95% 以往,拥有全国 75% 的人口和 60% 的 GDP 占比,在国民经济发展中占据基础地位。所以,县域范围内县城和小城镇是新型城镇化的重要一端,县域城镇化发展是整个新型城镇化的基石。② 在坚持多级城镇化发展格局条件下,推进新时代城乡融合需发挥好县域小城镇的"节点"作用,带动和辐射周边农村区域经济、文化、公共服务等发展,以城乡要素流动和二、三产业同农业融合实现城乡产业互通互联。

　　另外,就社会发展成本而言,县域城镇化是一种低成本的路径选择,且农村城镇化的实质也是中小城镇与村镇的建设与发展问题③。尽管在空间、经济及社会等三方面分别构成的异地城镇化驱动力中,地区间的经济差距仍是核心驱动力,④但城市生活的高成本经济负担超越了普通农民家挺可承担能力。如根据对浙江、河南和四川等三省的调研数据研究证明,城市教育质量对农民的吸引力不济城市教育成本对农民的推力。⑤ 再如中国社会科学院 2010 年发布的《经济蓝皮书》显示,早在 2010 年就已经

---

① 陈雪原:《乡镇统筹》,北京:中国社会科学出版社,2018 年,第 1 页。
② 张颖:《县域城镇化是新型城镇化的底座——访国家发展改革委城市和小城镇改革发展中心学术委秘书长冯奎》,《中国县域经济报》,2015 年 8 月 20 日第 4 版。
③ 陈春生:《中小城镇发展与城乡一体化》,北京:中国社会科学出版社,2018 年,绪论第 3 页。
④ 杨传开:《中国多尺度城镇化的人口集聚与动力机制》(博士学位论文),华东师范大学,2016 年,第 1 页。
⑤ 储德平:《中国农村城镇化发展:内在机制与实证分析》,北京:世界知识出版社,2017 年,第 86 页。

有 85％的城镇家庭无力购买当前房价高涨的城市住房,城市和乡村居民的房价收入比分别达 8.31 和 29.44。部分农民城乡"两个家"的行为选择也表明,他们难以抛弃农村户籍带来的耕地、土地流转及免费义务教育等隐性福利资源。同时由于我国人口基数庞大,城镇化率每提升一个百分点就意味着城镇要提供数量庞大的就业和生活资源来满足流入的人口,这给城镇就业和公共服务造成了沉重负担。与欧美及日本等发达国家相比,我国每提高 1％的城镇化率,需转移 1 370.5 万人①,即单纯依赖工业化发展带动城镇化将难以满足城乡转移人口的就业需求。并且从城镇化发展阶段角度分析,伴随城镇基础设施和环境卫生等得到不断改善,公共服务均等化等配套政策也会逐步到位,县域将会成为城镇化步入高级阶段后的主战场。② 因而推动新时代我国城乡可持续发展,迫切要求在农村城镇化基础上扩大农民非农就业领域与提高农民收入,既满足农民的低成本市民化诉求,又兼顾农业农村现代化。

最后,新型城镇化注重内涵式发展,要求以产业为内在支撑,而我国现代化历程的特殊性决定了实施县域城镇化以缓解劳动力资源转移和产业结构转换不同步的压力的必要性,进而以城乡产业均衡发展支撑新型城镇化战略实施。随着社会进步和居民生活水平提高,第一产业在经济发展中的比重逐渐下降,二、三产业将先后在经济增长中贡献的比重不断增加,一、二、三产业在城镇化进程中交替承担着驱动力的"使命",而我国城镇化进程区别于西方发达国家的漫长的、三大产业功能价值发挥具有明显阶段性的历程。我国城镇化的显著成绩取得主要依赖短期内工业化高速发展为支撑,但也由此导致了劳动力资源配置与三大产业结构转换不同步,城乡收入差距成为引发人口流动的主要推力。因此,持续推进新型城镇化发展就需要积极挖掘农业多功能价值,以其多样化产业的经济价值发挥促进县域经济发展,进而缓解我国城镇化人力资源供给与产业

① 尚娟:《中国特色城镇化道路》,北京:科学出版社,2012 年,第 3 页。
② 游祖勇:《高级城镇化阶段 县域的机遇、使命和担当》,《当代县域经济》,2018 年第 3 期,第 20—25 页。

结构不匹配的矛盾。

三、 关于就地就近城镇化趋势上升的分析与研判

为保持大城市良性发展,我国城镇化路径应逐渐由以往农村人口的跨省域异地城镇化为主的模式,向以市域或县域为流入地的就地就近城镇化为主的模式转变。① 如同恩格斯在《英国工人阶级状况》中所描述的,"大城市人口集中这件事本身就已经引起了不良后果",②而这种"不良后果"即"大城市病"问题也日益在国际和国内大城市上演并日趋严重。所以,为保证城市体系可持续发展,国家在政策上已做出统筹协调,"推动大中小城市和小城镇协调发展"③。从我国不同地域城镇化路径特点分析,东部沿海地区由于城乡差距较小,农民多就地就近择业安居,而中西部地区由于本地城市人口吸纳能力有限,农民多以跨省域流动的异地城镇化为主。随着我国劳动密集型产业向中西部转移和东部沿海地区产业结构升级等,中西部地区虽然仍是劳动力外流主导区域,但就地就近择业已逐渐呈现出上升趋势,即本地农民工的增速表现出快于外出农民工增速的现象(如表5.1)。不容否认,迫于"经济理性"作用,导致人口向产业经济高效率区域集聚,但"经济理性人"作为主观能动体,对于影响人口迁移的要素"感知"是动态变化的。也就是,伴随区域间经济收入差距缩小,其他如人居环境、自然环境、亲情环境等要素的影响权重将逐渐上升。异地城镇化发展,农民不仅需要承担房价、医疗、教育及生活品等较高的经济成本,同时还需要承担心理成本如社会认同、工作和生活幸福程度等。④ 因而地域间经济收入差距的缩小,会使得农村剩余劳动力逐渐流向本地中小城市,中西部地区的实地研究对此给出了作证,数据分析表明,"未来农

---

① 王业强、魏后凯:《大城市效率锁定与中国城镇化路径选择》,《中国人口科学》,2018年第2期,第24—38、126页。
② 弗·恩格斯:《英国工人阶级状况》,中共中央马克思恩格斯列宁斯大林著作编译局编译:《马克思恩格斯文集》第一卷,北京:人民出版社,2009年,第409页。
③《国家新型城镇化规划(2014—2020年)》,北京:人民出版社,2014年,第15页。
④ 曾鹏、向丽:《农业转移人口就近城镇化意愿的地区差异研究》,《社会科学文摘》,2017年第10期,第59—61页。

村地区劳动力流出意愿不足,异地城镇化路径存在阻滞风险"[①]。所以从我国地域间发展不均衡趋势逐步转变的角度判断,就地就近城镇化将会在未来我国新型城镇化路径模式中占据突出位置,而且伴随西部大开发、"中部地区崛起"和"一带一路"等国家发展战略的深入推进,中西部地区农民工就地就近转移趋势将可能进一步上升。

表 5.1   2014—2015 年我国中西部地区外出农民工跨省内外流动占比

时间	中部地区		西部地区	
	跨省流动	省内流动	跨省流动	省内流动
2014 年	62.8%	37.2%	53.9%	46.1%
2015 年	61.1%	38.9%	53.5%	46.5%
2016 年	62.0%	38.0%	52.2%	47.8%
2017 年	61.3%	38.7%	51.0%	49.0%
2018 年	60.6%	39.4%	49.4%	50.4%

数据来源:国家统计局:《2014 年全国农民工监测调查报告》《2015 年农民工监测调查报告》《2016 年农民工监测调查报告》《2017 年农民工监测调查报告》《2018 年农民工监测调查报告》。

另外,我国区域间交通日益便捷化发展趋势,也使得以往资源要素过度向大城市及特大城市集聚的单向流动态势逐渐被扭转,为产业的扩散转移和区域均衡分布等提供了可能。正如家用汽车和廉洁电力普及等将会终结一切活动都需集中于城市的过往模式,分散住所和分散就业等低密度的城市发展不仅是理论推理的趋势,也是美国实践发展的验证。[②] 尽管我国体量庞大的人口基数与有限的人均空间等不允许像欧美等发达国家那样走低密度城市化的发展道路,但日益发达的交通设施和快捷的区域联系等促进了城市产业资源向周边区域的转移分散。然而,交通基础设施对于促进整体区域经济社会可持续发展的正向作用发挥需要一定的

① 齐嘉楠、刘鸿雁、李伯华等:《农业人口流出行为、意愿与新型城镇化路径研究》,《人口与社会》,2019 年第 4 期,第 43—59 页。
② 杨三省主编:《城乡发展一体化:现代化建设的重要目标和必由之路》,西安:陕西师范大学出版总社有限公司,2016 年,第 9 页。

配合举措,否则只会进一步加剧中心城市与周边地区间的不平衡发展局势。[1] 相比发达国家以 200 多年的时间完成了城镇化、郊区化、逆城镇化及再城镇化等发展历程,实现城镇率平均 80％以上的高度发展,且也不同于巴西等拉美地区国家的过度城市化,目前我国处于城镇化慢于工业化、大中小城市及乡村之间发展不均衡等问题突出的阶段。因而我国新型城镇化战略提出,在注重发挥大城市集聚和辐射效应的同时,还应当积极发展小城镇建设,这在一定程度上为交通设施改善带动区域均衡发展充当了配套举措的角色。

　　小城镇连接着城市与乡村,其既能够接纳大城市向乡村的发展辐射,又能够集中乡村要素向城市输送,在我国城镇化发展体系中起着承上启下的作用。并且城镇化发展到一定阶段后,中小城镇的就业承载作用将会愈加重要。据第六次人口普查显示,我国乡村居住人口占总人口的 50.32％,由于地域间差异悬殊,导致他们无法全部流入中大城市。但我国中东部地区农村人口相对集中,西部等偏远地区中心村镇等也具有相对集中的人口分布,因而我国农村区域本身就具备着就地就近城镇化的人口基础,县域小城镇将会成为未来就业增长点。所以“面对 6 亿～8 亿正在走进城镇的人群,面对 3 亿希望拥有度假生活的城市中产阶级,非中心城市聚集”是符合市场规律的发展选择。[2]

　　最后,从资金与土地等要素投入角度讲,我国城镇化需要借助农村产业发展和就地就近城镇化来降低成本和缓解大城市扩张带来的土地压力。“国际国内经验都证明,迁移人口偏好进入大城市,特别是 300 万人以上城市,因为农民进城的首要目的是实现非农就业,而只有人口集中的大城市才有较发达的第二、三产业,才能为进城务工的农民提供比较充足的就业岗位。近 5 年,35 个主要城市(一、二线城市)共流入 3 778 万人,其中 75％流入三大都市圈的 8 个大城市和五大枢纽城市(郑州、成都、重庆、武

---

① 孙铁山、李楠:《城市轨道交通发展与产业扩散——以北京为例》,《长白学刊》,2016 年第 2 期,第 50—56 页。

② 林峰:《特色小镇开发运营指南》,北京:中国旅游出版社,2018 年,序言第 2 页。

汉、厦门),三线及以下的城市已经进入人口萎缩阶段。"[1]而且在新型城镇化建设资金和土地等投入方面,若要在 2020 年解决 2 亿农民工的市民化问题,则资金需求总规模约为 279 935 亿元~296 508 亿元;若要在 2030 年再使 2 亿农民工市民化,则新增资金需求总规模约为 282 932 亿元~296 132 亿元。[2] 在土地需求方面,倘若到 2030 年新增转移入城的人口总量为 5.8 亿人,按人均需要建设用地 100 平方米计,所需新增建设用地总量为 5.8 万平方公里。而 2010 年我国建成区面积为 4.05 万平方公里,新增建设用地量要远超现有建成区面积总量。[3] 然而近年来国家政策指导,如国务院提出解决好"三个 1 亿人"问题,中央专门印发《关于实施支持农业转移人口市民化若干财政政策的通知》,加大财政支持。同时开展对农村土地承包经营权、宅基地使用权、集体收益分配权等三项权利的改革工作,通过确权、赋权、流转、抵押、置换等形式避免农民因投资不流通而致使财产变为沉淀资金的可能[4],为探索农民财产资源的价值显化提供了路径,同时也利于解除土地对农民的束缚,为农民实现在城乡之间的自由流动提供了条件。再如,农民土地征收与城乡建设用地增减挂钩、集体经营性建设用地入市等试点的开展等,都提升了农民获得就地就近城镇化发展支持的可能。所以,基于我国未来城镇化的成本代价考虑,近些年的国家政策引领也为就地就近城镇化营造了发展空间。

我国新型城镇化发展不能否定大城市的辐射带动作用,但同时也更加需要农村产业化经济繁荣驱动农民合理选择城镇化的地域空间,进而以农村产业发展刺激农村资源价值显化和降低农民市民化的总成本,实现大中小城市协调发展。也因此,在乡村振兴战略实施背景下,基于城乡融合发展

---

[1] 蔡继明:《重视推进中西部就近城镇化》,《中国社会科学报》,2016 年 3 月 25 日第 5 版。

[2] 石忆邵:《新型城镇化建设对资金的需求及其来源分析》,《中国土地科学》,2013 年 12 期,第 3—6、11 页。

[3] 石忆邵:《对我国新型城镇化顶层设计中若干问题的思考》,《广东社会科学》,2014 年 05 期,第 5—12 页。

[4] 如截至"2015 年年底,中国已经有 5.8 万个村、4.7 万个村民小组实行了集体产权改革,累计向农民股东分红近 2 600 亿元,2015 年当年就分红 411 亿元。"参见 陈雪原:《乡镇统筹》,北京:中国社会科学出版社,2018 年,第 8 页。

目标,迫切需要以农业产业兴旺为支撑的就地就近城镇化路径探索。

第二节　农村产业融合发展与就地就近城镇化的耦合作用

一、农村产业融合发展与就地就近城镇化作用城乡融合的联系

"经济活动不仅仅涉及生产要素的配置、技术水平的选择、企业组织形式的安排等内容,还会涉及空间区位的选择,而且后者还会对前述内容产生重要的影响。"[①]城市体系内部基于产业要素相对集聚程度的差异,形成了不同等级的城市网络节点,而县域经济空间也存在着相似的空间区位发展模式。从功能角度讲,"农村"和"城市"分别是农业和非农产业的集聚区;行政划分方面,二者以"县"为分界线而位于不同的地理空间,综合地理位置、行政划分及功能展现等多方面因素,县城区、(乡)镇中心区等集合农产贸易和农业生产等活动的区域,都应当被视为农村产业融合发展的产业区范畴。而且农村产业融合发展实践中,这些介于传统概念中城市和乡村的"中间地带",往往担负着产业集中或连接城乡的功能,成为农村产业融合发展的产业分布重点区域。尤其是以农产品加工、销售等为核心产业的经营主体,多以县城区、(乡)镇中心区为产业所在地,这些区域既拥有农业产业的生产基础,还兼有市场对接的地理优势,因此理应属于农村产业融合发展的空间覆盖范畴。分析农业部农村社会事业发展中心公布的 2017 年全国农村创业创新园区(基地)目录,发现这一现象更为明显,以河北省的 68 个产业园区为例,其中有一半以上的产业园区位于(乡)镇甚至县一级区域。

那么,农村产业融合发展和就地就近城镇化对城乡融合发展存在着怎样的作用联系呢?要厘清这一问题,首先需要分析"产业化"的概念内涵

---

① 简新华、何志扬、黄锟:《中国城镇化与特色城镇化道路》,济南:山东人民出版社,2010 年,第 41 页。

和其在农业发展中的运作机理。"产业化"概念,最初由"产业"这一介于微观经济细胞与宏观经济结构之间的"集合概念"发展而来,所谓"化",就是形成社会普遍承认的规模程度的过程,即以通行法则和在全社会范围内彻底在"质"的规定性上达到所提倡的目标。因而"产业化"意指某一属性的企业或组织,由社会承认的"量"的集合发展到"质"的规定性上的转变,以其统一性的属性成为国民经济划分的重要组成。所以从运行机理角度讲,"产业化"是市场经济条件下产业基于自身发展需求前提,依赖专业生产、服务和质量监管等进行系列品牌经营以追求效益的过程。因此,以工业、服务业为代表的城市产业化经济,以其较强的市场竞争能力、规模化的行业集聚、专业化和品牌化经营、发展效益目标追求等特性赋予了自身经济辐射和带动能力,推动城镇化发展。农村产业融合发展以市场为导向,通过新型农业经营主体的参与和带动进行区域化、专业化、市场化、品牌化生产,进而以产业化经营形成市场竞争力。并且农村产业融合发展更加突显产业空间的拓展,以二、三产业为主体体现的产业趋向于产业园区、中心村或(乡)镇中心区和县城区集中,最终凭借其产业化经营在县域范围内形成产业发展集聚点。

从经济学视角出发,城镇化的实质内涵就是由基本特征为人口稀疏、体力劳动强度大、个人分散且分布相对均匀的农村经济向具有对立特征的城市经济转变的过程。[①] 城镇化的基本构成要素包含人口集聚、产业集中、交通及水电等生产生活基础设施普及等,其中具备相当的产业基础是城镇化的第一要素,由此刺激人口集聚。为改变"城乡分离的工业化模式、城乡分割的市场机制、城乡有别的治理机制"[②]等城乡二元问题,当前我国相关政策指导和地方发展实践等都强调不断加大乡村基础设施建设力度,并引导城市物流、电商、科技推广站等产业资源向农村区域流动。而且就城镇化动因而言,产业技术改革引发生产的规模化,进而带来规模效益

---

① [美]沃纳·赫希:《城市经济学》,刘世庆等译,北京:中国社会科学出版社,1990年,第22页。
② 王乐君、寇广增:《促进农村一二三产业融合发展的若干思考》,《农业经济问题》,2017年06期,第82—88页。

并形成"规模效益—扩大生产"的循环,在此循环中促使基础设施及相关服务产业发展。[1] 于是,县城区、(乡)镇中心区和中心村凭借其区位优势,在承接城市资源下乡方面占据优势地位,并结合自身农业产业基础,成为农村产业融合发展的产业集聚区"首发地"。而且县城区、(乡)镇中心区和中心村以自身区位的比较优势,也便于在就地就近城镇化过程中形成产业与人口的汇集,成为区域内带动乡村和推进城乡融合的"辐射点"。所以,就地就近城镇化的发生将先以县域内产业集聚地为"节点",形成区域发展增长极并辐射周边乡村,最终达到"以点带面"的发展效果,实现乡村区域发展的整体提升。

因此就作用城乡发展而言,农村产业融合发展和就地就近城镇化都以产业为基础,且基于县城区、(乡)镇中心区和中心村的产业基础属性和区位优势的综合作用,这些地区将成为就地就近城镇化和农村产业融合发展的共同作用空间。

二、"耦合"概念内涵借鉴与分析路径选取

"耦合"(Coupling)一词,原先多出现在物理学、通信工程、软件工程、机械工程等学科领域,指两个或两个以上的电路元件或电路网络等在输入与输出之间存在紧密配合与相互影响,并通过相互作用传输能量的现象。因而,"耦合"概念常被用于"物理学上指两个或几个体系或两种运动形式间通过相互作用而彼此影响以致联合起来的现象。"[2]"现借用于社会科学领域,指两个或以上系统相互作用、相互影响、相互依赖乃至协同的现象。"[3]

新型城镇化坚持以人为本的发展理念,要求打破传统城镇化地理空间局限而实现农民市民化转变,弥补传统城镇化进程中农民离土又离乡的发展不足,由此就地就近城镇化将可能成为新型城镇化发展的新趋势。同时,在乡村振兴战略政策利导作用下,农村一二三产业融合发展被视为

[1] 高珮义:《中外城市化比较研究》,天津:南开大学出版社,2004年,第409—411页。
[2] 黄河清编著:《近现代辞源》,上海:上海辞书出版社,2010年,第560页。
[3] 刘丽芬:《语言景观:多学科耦合界面》,《中国社会科学报》,2019年10月22日第3版。

推进乡村产业振兴的根本途径。① 因而农村产业融合发展同就地就近城镇化既是彼此独立的发展体系,又以发展实效而相互产生联系。一方面,农村产业融合发展在为就地就近城镇化提供粮食生产供给的同时,也由于产业经营体系的不断丰富促进了非农产业发展,并汇集了劳动力资源。此外,实施农村产业融合发展的主要目的之一,是以农业产业价值链的提升带动农民收入提高,农民收入的增加有利于刺激农村消费市场发展,从而为城市产品向农村区域流通提供空间,助推就地就近城镇化。另一方面,就地就近城镇化发展有助于带动农村区域基础设施水平提升和公共服务体系完善,这既有利于为农村产业发展留住"原住农民",又有利于吸引返乡下乡人员,进而保障农村产业长远发展的人力资本供给。由于工农业生产是经济社会发展的物质基础,所以城乡融合发展的推进,首先以城乡经济一元化为基础,并基于就地就近城镇化发展实现城乡社会一体化,从而最终达到城乡全面融合或一体化发展格局(如图 5.1)。

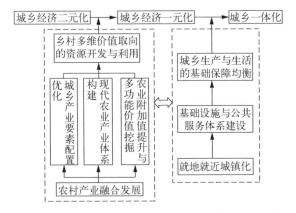

图 5.1 农村产业融合发展与就地就近城镇化作用城乡融合发展的进程分析

此外,城镇化发展也为农村产业融合发展带来了市场空间。就地就近城镇化产生的人口集聚效应,从数量、类别、品质等多方面提高了农产

---

① 参见毛晓雅:《农村一二三产业融合助力乡村振兴》,农业农村部新闻办公室,2018 年 6 月15 日,http://www.moa.gov.cn/ztzl/scw/zcfgnc/201806/t20180620_6152682.htm。

品供给需求,刺激农村产业融合进一步发展。党的十八届三中全会提出,加快新型农业经营体系构建,推进城乡要素平等交换和公共资源均衡配置,以体制机制健全形成城乡一体的新型工农城乡关系。因而在政策引导下,就地就近城镇化和农村产业融合发展相互影响与功能互补,耦合作用城乡融合发展。

就地就近城镇化和农村产业融合发展作为两个不同的发展体系,在地理空间、参与要素、目标取向与产业基础等多方面均有作用"交集",但无论是对二者的构成要素分别进行系统性梳理,还是对贯穿就地就近城镇化和农村产业融合发展的"交集"要素进行单独分析,都难以构建贯穿研究的主线而生动展现农村产业融合发展与就地就近城镇化耦合作用城乡融合的动态进程。因此,为便于研究展开,需以就地就近城镇化和农村产业融合发展的共同作用对象——县域农村产业融合发展汇集点为载体,以农民生产生活诉求为主线,研究分析就地就近城镇化同农村产业融合发展之间的耦合作用关系。这既符合新型城镇化"以人为本"的理念,又满足农民是"三农"问题的关键这一现实要求,毕竟"农业农村工作,说一千道一万,增加农民收入是关键"[①],而且改革开放以来的中国特色社会主义发展,蕴含着农民追求平等、自由和全面发展的历史,城乡一体化的目标导向赋予了农民平等的国民待遇,农民应真正享有自由权、平等权和发展权[②]。

所以,农村产业融合发展与就地就近城镇化耦合作用城乡融合,其实质是社会生产力不断进步条件下农民追求发展的内在诉求和外在政策利导相统一的过程。改革开放的历史进程充分证明,政策赋能有效激发了农民的内在积极性,即政策逐渐赋予了农民更多自主发展权利,被压抑的

---

① 谢环驰:《习近平在山东考察时强调 切实把新发展理念落到实处 不断增强经济社会发展创新力》,《人民日报》,2018 年 6 月 15 日第 1 版。
② 许经勇:《解决"三农"问题的关键:给农民国民待遇》,《厦门大学学报(哲学社会科学版)》,2003 年第 3 期,第 5—12 页。

对自主选择和自由发展的追求逐步回归人们的正常生活中①。对此,如农村家庭经营制度改革和户籍制度改革逐步推进等产生的政策红利,都充分说明政策供给与农民追求发展内在诉求的结合是推动经济社会快速发展的强大动能之一。同时由于人们在生产自身生活资料的同时,"间接地生产着自己的物质生活本身",且"人们用以生产自己的生活资料的方式,首先取决于他们已有的和需要再生产的生活资料本身的特性。"②所以,农民从温饱问题解决向追求小康的迈进过程中,实现平等参与并共享社会发展成果等就成为新时代社会主要矛盾化解和城乡融合发展的必然要求。而且从就地就近城镇化的参与主体结构出发,也应以农民发展诉求为分析研究的主线,因为选择就地就近生产和生活,农民不仅占据数量上的主导优势,在行为选择上也具备"首发"优势。毕竟城乡二元结构条件下,劳动力从城市向农村流动首先是以农民工的回流为主,而非市民向乡村转移。③ 因此,借鉴"耦合"概念分析农村产业融合发展与就地就近城镇化作用城乡融合发展的内在联系,需以农民市民化发展诉求为分析主线。

三、 农村产业融合发展与就地就近城镇化的耦合作用展现

在推进我国城乡融合发展过程中,必须要应对农民市民化的空间选择难题。一方面,农村生活条件的改善使得农民不愿放弃土地权利进城;而另一方面,城市公共服务体系和就业收入等对农民具有较强吸引力,但城镇生活高成本现实和农民对自身在城镇谋生能力的不确定等,又成为阻碍农民进城的障碍因素。④ 然而,农村产业融合发展和就地就近城镇的耦合作用,有助于农民实现"守土"和市民化的"双赢"。

---

① 解安、朱慧勇:《中国城镇化:农民自主选择与社会秩序的统一》,《马克思主义与现实》,2015年第1期,第187—192页。

② 卡·马克思、弗·恩格斯:《德意志意识形态》,中共中央马克思恩格斯列宁斯大林著作编译局编译:《马克思恩格斯选集》第一卷,北京:人民出版社,2012年,第147页。

③ 黄鹏:《城镇化与新农村建设耦合机制探析》,《社会科学家》,2016年第4期,第50—54页。

④ 叶祝颐:《尊重农民不愿进城的选择》,《党政论坛》,2016年第5期,第62页;李明华:《发展农村土地产权交易市场:当前我国农村综合改革的最大红利》,《探索》,2015年第1期,第114—118页。

（一）有利于强化关于农业农村发展的政策指导效能

农业农村创新发展是一个复杂体系,不仅需要一定的新型经营主体参与,还需要一定的产业基础提升,如农村基础设施改善,新近技术投用,高素质劳动力资源引入,等等。近些年,陆续出台的相关惠农支农政策逐渐促使了农村产业融合发展与就地就近城镇化耦合作用的形成,农业和农村的空间"重叠"使得作用二者发展的政策指导强化了彼此的作用效能发挥。

在促进农业产业生产经营方面,如 2015 年国务院印发了《国务院关于进一步做好新形势下就业创业工作的意见》,其中专门指出鼓励和支持农民工返乡创业,发展农民合作社、家庭农场等新型农业经营主体,并强调地方政府要落实定向减税和普遍性降费政策,依托各类园区等存量资源,整合创建一批农民工返乡创业园,强化财政扶持和金融服务。同时还鼓励各类企业和社会机构利用现有资源,搭建一批农业创业创新示范基地和见习基地,培训一批农民创业创新辅导员。为打开新型工业化和农业现代化、城镇化和新农村建设协同发展新局面,国务院于 2015 年 6 月发布了《国务院办公厅关于支持农民工等人员返乡创业的意见》,强调的重点之一就是引导农村一二三产业融合发展带动返乡创业。如提出鼓励创业基础好、创业能力强的返乡人员充分开发乡村、乡土、乡韵潜在价值,促进农村一二三产业融合发展,并附带《鼓励农民工等人员返乡创业三年行动计划纲要(2015—2017 年)》以进一步加强政策的落实。同时,为提高农村地区基础设施建设水平,如早在 2013 年国务院出台了《"宽带中国"战略及实施方案》,提出对农村地区加强各类涉农信息资源的深度开发,完善农村信息化业务平台和服务中心,还有如 2016 年颁布的《关于"十三五"期间实施新一轮农村电网改造升级工程的意见》。同年,国务院还印发了《国务院办公厅关于深入实施"互联网＋流通"行动计划的意见》,鼓励邮政企业等各类市场主体整合农村物流资源,建设改造农村物流公共服务中心和村级网点,切实解决好农产品进城"最初一公里"和工业品下乡"最后一公里"问题。

在金融服务方面,一系列相关政策的出台也形成了农村产业融合发展与就地就近城镇化的耦合作用实效。如2014年4月由国务院办公厅出台的《关于金融服务"三农"发展的若干意见》提出,从深化农村金融体制机制改革、大力发展农村普惠金融、引导加大涉农资金投放、创新农村金融产品和服务方式、加大对重点领域的金融支持、拓展农业保险的广度和深度、稳步培育发展农村资本市场、完善农村金融基础设施及加大对"三农"金融服务的政策支持等九个方面促进农业农村发展。在农村环境、教育、医疗、卫生等方面,相关指导意见或发展规划也陆续出台,如《国务院关于促进旅游业改革发展的若干意见》《关于实施教育扶贫工程的意见》《全国医疗卫生服务体系规划纲要(2015—2020年)》,等等。

农村作为农业生产的空间载体,针对农业或农村发展的相关政策实施,在政策效能上存在边界的交织和交叉重叠,由此尽管针对农业生产和农村公共事业发展的政策侧重不同,但由于作用范围的交互而强化了彼此的效能,强化了改善农村生产和生活政策指导的效能。近年来涉及农业产业发展、返乡创业、农村公共服务保障、农村基础设施建设等方面的政策出台,在分别指导农村产业融合发展和就地就近城镇化的同时,形成了作用农业农村全方位提升的正向合力效应,有利于提升乡村区域内生产生活水平,促进农民市民化转变。

(二) 有利于形成新型工业化要素向农业农村转移的"下沉"机制

农业产业转型升级是中国特色社会主义新时代支撑农村区域全面发展和农民生活质量提升的基础,然而在"以城带乡"发展模式下,传统工业化推动城镇化发展因工农、城乡发展分离而导致人口、资金等要素向城市单向流动,加剧了我国城乡发展不平衡不充分的矛盾。所以"传统高投入、高消耗、高排放的工业化城镇化发展模式难以为继","工业化、信息化、城镇化和农业现代化发展不同步,导致农业根基不稳、城乡区域差距过大、产业结构不合理等突出问题"迫使我国城镇化"由速度型向质量型转型势在必行"[1],并在"以城带乡"方针下形成作用农业农村内在发展提升的有效机制。

---

[1]《国家新型城镇化规划(2014—2020年)》,北京:人民出版社,2014年,第13页。

新型城镇化与工业化、信息化和农业现代化同步发展,且以发挥新型工业化动力作用为主导,其中"农业现代化是重要基础,是发展的根基;信息化具有后发优势,为发展注入新的活力;城镇化是载体和平台,承载工业化和信息化发展空间,带动农业现代化加快发展,发挥着不可替代的融合作用"①。因此,农业农村发展需要借助就地就近城镇化的"载体和平台"作用,形成新型工业化要素作用农业产业发展的机制。2002 年,党的十六大充分总结了我国工业化建设与发展经验,并结合我国国情实际首次正式提出了"新型工业化"发展道路,即"走出一条科技含量高、经济效益好、资源消耗低、环境污染少、人力资源优势得到充分发挥的新型工业化路子"②。不同于传统的资源消耗型、环境污染型、规模盲目扩张型和粗放经营型等工业化道路模式,新型工业化是以信息化、生态化、科技化、管理化等同工业化相融合而带动产业结构优化与集约化发展的,在坚持市场推动和以经济效益为中心的同时,实现人与自然和谐统一与可持续发展。对此,国家一方面在政策指导上要求"必须推动新型工业化、信息化、城镇化、农业现代化同步发展"③,以工业产业转型升级实现环境友好型发展;另一方面要求改变大城市工业产业过度集聚的状态,引导产业体系稳步有序地向中小城市或小城镇地区转移。④"要素的流动和分配是社会发展过程上的特征,也是乡村和城市发展过程中所特有。"⑤因此农村产业融合发展以二三产业要素融入达到农业产业转型的目的,为新型工业化要素

① 《国家新型城镇化规划(2014—2020 年)》,北京:人民出版社,2014 年,第 3 页。
② 胡锦涛:《在中国科学院第十二次院士大会、中国工程院第七次院士大会上的讲话》(二○○四年六月二日),中共中央文献研究室编:《十六大以来重要文献选编》中,北京:中央文献出版社,2006 年,第 115—116 页。
③ 中共中央文献研究室编:《习近平关于全面建成小康社会论述摘编》,北京:中央文献出版社,2016 年,第 33 页。
④ 如《国家新型城镇化规划(2014—2020 年)》提出:"优化城镇规模结构,增强中心城市辐射带动功能,加快发展中小城市,有重点地发展小城镇,促进大中小城市和小城镇协调发展。"(《国家新型城镇化规划(2014—2020 年)》,北京:人民出版社,2014 年,第 35 页。)同时,大城市高昂的土地成本也迫使工业化企业生产向中小城市及小城镇转移,便于降低土地成本和劳动力成本。而且地方政府迫于政绩考评压力,也积极开展招商引资工作。
⑤ 习近平主编:《现代农业理论与实践》,福州:福建教育出版社,1999 年,序言第 1 页。

向乡村区域流动提供了价值发挥的载体,而且伴随生态化理念逐渐融入城乡居民生产生活,市场导向作用下,农村产业融合的多样化业态发展也将进一步借助新型工业化要素实现由要素驱动向创新驱动转变,创新科技投用。

就地就近城镇化以新型城镇化理念为指导,通过新型工业化发展增加城市产业对乡村发展的带动作用,并结合农村产业融合发展的产业特性形成了新型工业化要素由城市向乡村"下沉"后的末端作用空间。也就是,在新型城镇化发展理念下,农村产业融合的创新发展对于新要素融入的需求,刺激了新型工业化要素向乡村流动。最终,新型工业化要素基于就地就近城镇化对于乡村发展的"辐射"作用和农村产业融合发展对于新要素的"承接"作用,共同形成了"下沉"乡村的流动机制,并随着农村产业融合高质量发展和乡村生态环境改善,乡村内生发展也将由单一的农业现代化作用向农业农村现代化双重作用转变。

(三) 有利于构成推进农村公共事业发展的长效机制

乡村区域发展对于农民市民化诉求而言,不仅体现在农村产业发展方面,还体现在不断需求生活质量全面提升的多方面,需要建立起保障乡村公共事业发展的长效机制。因为,虽然当前我国农村道路、水电等基础设施建设已基本全部纳入国家及地方政府财政保障体系,农村教育、医疗、文化等公共事业尽管也有政府财政扶持,但相对体量庞大的城乡公共服务发展需求,政府财政支出对于提升乡村公共事业发展的作用是有限的,一定程度上需要借助村镇自身经济发展带来资金支持。同时,在统收统支的财政体制下,我国大部分小城镇缺少持续提升村镇基础设施建设和公共事业发展水平的资金来源。另外,相对城市高集聚度布局而言,村镇的低密度布局也增加了基础设施建设成本。此外,农村公共服务资金来源欠缺和后续经费投入偏少等,也易导致农村公共服务和基础建设因管理或维护的经费不足而出现实际效能发挥不可持续的现象,如新农村建设中存在的"路灯装上了,但电费没来源"与"文化室有桌椅了,但无书无报"等问题[1]。

---

① 陈鹏展、何蕾春:《新农村建设的几个不等式》,《特区经济》,2007年第9期,第132—133页。

基于供给侧结构性改革引领的农村产业融合发展,在市场化运营中增强了农村内生发展的能力,进而有利于促进地方基础设施建设和公共服务事业发展,协同就地就近城镇化以弥补现有财政保障体系的不足。以北京市房山区长沟镇为例,借助区域生态资源和农业资源优势而创建的特色农业产业基地,早在 2005 年就已实现创收 7.7 亿元,占全镇农村经济营业收入的 39.6%;创税 3 795 万元,占全镇税收的 36.5%。基于特色产业发展带来的财政收入,为进一步完善特色产业园区供水、供电、供暖、污水处理、电信网、路网等配套设施提供了资金支持,如投资 800 万元建设面积为 2 000 平方米的企业服务中心。

总体而言,以新型城镇化为理念指导的就地就近城镇化,除完善和提升小城镇及乡村基础设施外,还有完成改善乡村教育、医疗、文化、卫生等公共事业状况的发展要求,但由于我国政府财政支持现状,农村公共事业发展因资金问题而缺乏可持续发展的作用机制。而农村产业融合发展不仅为乡村区域带来了资金收益以支持公共事业发展,还基于产业多样化发展需求刺激乡村道路、水电、医疗、卫生及环境治理等公共事业建设水平不断提升。乡村基础设施建设和公共服务保障供给是城镇化的基本内容,农村产业融合发展为之提供了进一步发展的支持作用,由此就地就近城镇化与农村产业融合发展共同作用,构成了推进乡村公共事业发展的长效作用机制。

（四）有利于提高县域土地利用效率和价值赋予

农民就地就近市民化转移过程中,空间集聚带来了土地资源整合的需要,而我国土地资源禀赋现实决定了农民市民化发展与单位空间土地资源价值赋予呈现正相关关系,并刺激土地资源利用率不断提高。对于就地就近城镇化发展而言,"县域作为城镇与乡村聚落的复合地域,既是未来城市群人口增长的重要来源地,也是乡村人口就地城镇化的主要容纳地。"[①]但由于体制机制原因,我国小城镇的产业集聚能力相对不足,高

---

① 张荣天:《转型期我国县域城镇化演变机理与模式路径研究》,北京:中国社会科学出版社,2018 年,序第 1 页。

经济效益的优势产业资源多被分配于中大城市或省会城市。同时由于城区、镇区与乡村接壤,建设用地和集体用地"犬牙交错",导致边角地、插花地、夹心地等问题普遍存在。另外,因为土地成本较低,也造成了镇区或城区存在土地规划相对松散、利用效率偏低等问题。小城镇作为农民就地就近市民化发展的主要空间,提高单位土地利用效率是新型城镇化内涵式发展的基本要求。对此,《国家新型城镇化规划(2014—2020年)》提出"优化布局,集约高效"的基本指导原则,要求城镇化建设在严格保护耕地资源的同时,还要合理控制城镇开发边界,提高国土空间利用效率和城市空间利用效率。

"现代农业是一种与现代经济和社会发展相适应的农业发展形态,也是一种与原始农业、传统农业相对而言的高级农业发展状态。"[①]农村产业融合发展作为传统农业的现代化转型,以供给侧结构性改革为引领,这不仅要求我国农业生产由"增量"向"提质"转变,还要求农业产业多元化发展,如结合乡村文化、生态及农事活动等拓展农业多功能价值,不断催生出以市场为导向的新型业态。然而农村产业融合发展的特殊性在于,无论是以一、二、三产业中的任何一种产业模式为主导,都需要整合一定的土地资源作为产业基础。如以第一产业形态为主导的农村产业融合发展模式为例,市场导向作用下实现农产品生产"提质增效",需要以农地适度规模化经营为基础,提高耕地资源利用效率。以第二产业为主体业态的农村产业融合发展模式,在当前地方实践中普遍以产业园区规划的形式实施产业集聚发展,既提升了产业协同发展效益,又降低了产业发展的内部成本。如民宿、农家乐及乡村旅游等以第三产业为主体业态呈现的农村产业融合发展模式,不仅盘活了农村闲置宅基地、耕地和住房等资源,还带动了乡村基础设施建设水平提升,进而有助于农村土地价值增值。

由于城乡用地的土地价值由农业用地价值和"位置价值"构成,农业

---

① 习近平主编:《现代农业理论与实践》,福州:福建教育出版社,1999年,序言第1页。

用地的价值改变直接影响城市的土地价值。[1] 所以,农村产业融合发展同就地就近城镇化在土地资源整合与利用层面的耦合效应,有利于提高县域土地利用效率和弥合城乡土地价值差距,进而引导城乡人口合理分布和促进城乡资源配置优化。

(五) 有利于基于生态化发展形成新的城乡供需衔接

伴随城乡居民生活水平不断提升,农业供给侧结构性改革的市场化导向作用也更加突出,就此生态消费需求越来越被人们所热衷,例如绿色无公害食品、乡村生态旅游、休闲农业与体验农业,等等。同时农村环境治理和生态保护也被纳入指导农村产业融合发展的政策文件中,强调"加强农村环境整治和生态保护,建设持续健康和环境友好的新农村"[2]。保护生态环境,走绿色发展之路,成为今后我国农业农村发展的基本要求。

就地就近城镇化作为新型城镇化推进路径之一,坚持"走以人为本、四化同步、优化布局、生态文明、文化传承"[3]的发展道路,以绿色、生态为理念保障经济社会的高质量发展,这不仅是对世界范围内工业化拉动城镇化发展的经验总结,也是对我国以往粗放型城镇化发展模式的反思。新时代我国经济社会的转型发展,需要完成从"高速度"向"高质量"的转变,走内涵式发展路线。因而以人为本的新型城镇化发展既是经济持续增长的动力来源,也是满足城乡居民生活质量提升的基本要求,例如,基础设施改善、环境优化、公共服务城乡区域一体化,等等。由于"生态宜居内涵着环境、村容、设施建设等在内的乡村自然环境和社会环境均宜居的综合表现"[4],所以新型城镇化理念下的就地就近城镇化发展,需要改变以往城镇化片面追求规模扩张和空间集中的发展模式,转变为以均衡提升

---

[1] [英]马歇尔:《经济学原理》(下),陈良璧译,北京:商务印书馆,2010 年,第 123—124 页。

[2] 国务院办公厅:《国务院办公厅关于推进农村一二三产业融合发展的指导意见》,2016 年 1 月。

[3]《国家新型城镇化规划(2014—2020 年)》,北京:人民出版社,2014 年,第 16 页。

[4] 付翠莲:《新时代以城乡融合促进乡村振兴:目标、难点与路径》,《通化师范学院学报》,2018 年第 1 期,第 1—8 页。

城乡居民生活质量为中心。

因此,坚持绿色、生态发展,不仅是农村产业融合发展和就地就近城镇化的内涵属性,更是以人为本为核心的城乡生产生活高质量发展的要求。就地就近城镇化发展,需要处理好经济发展同生态保护之间的关系,改善农村生态质量和小城镇生产生活环境,并注重乡村文化传承,保护乡风民俗等。在乡村基础设施建设完善、生态环境改善及乡村文化传承等综合作用下,打造乡村及小城镇的宜居环境,进而结合农村产业融合发展以满足城市居民的多元化消费需求。所以,基于城乡消费供需链接,农村产业融合发展同就地就近城镇化将为城乡经济社会生态化高质量发展形成正向互促关系。对此,在我国地方实践中也得到了验证。例如,张家界市以革命纪念场地、土家风情、自然风貌等为资源打造的生态旅游产业,同新型城镇化之间存在显著的耦合发展效应,互为促进,带动地区经济社会向高质量发展。[1]

概而言之,一方面,农村的生态环境资源优势通过农村产业融合发展作用,转化为了产业优势;另一方面,就地就近城镇化发展坚持以人为本,打造生态宜居环境,促使农村及小城镇生产生活环境改善,并逐渐满足城市居民"逆城市化"消费或生活需求。因此基于生态化理念,农村产业融合发展同就地就近城镇化的综合作用,拓展和丰富了城乡消费市场的供需衔接范畴,有利于城乡之间形成以生态化理念为内涵的新的供需衔接。

---

[1] 陈柏福、刘凤、田桓至:《新型城镇化视域下文旅产业融合发展研究——以湖南省张家界市为例》,《长沙大学学报》,2019年第6期,第48—53页。

第三节　耦合作用下的城乡融合发展载体——农业特色小镇[①]

一、特色小镇建设的政策导向与实施内涵

2017 年中央经济会议提出要提高城市群质量,推进大中小城市网络化建设,以增强对农业转移人口的吸引力和承载力。党的十九大报告进一步强调,以"城市群为主体构建大中小城市和小城镇协调发展的城镇格局,加快农业转移人口市民化。"[②]在城市群内部培育不同发展层次的城镇个体,实现错位、分工和优势互补,以网络化发展格局带动城乡社会整体发展质量的提升。2017 年 3 月,住房和城乡建设部召开特色小镇培训会,提出了小城镇大战略,"扭转重城轻镇的观念";"坚持乡村中心主要职责,补齐基础设施和公共服务的短板,"防止脱离"三农";坚持产业市场导向,避免盲目造镇;"突出文化与内涵"等十项要求,[③]彰显了特色小镇协调城乡发展的功能定位和发展要求。

2017 年 12 月,在《关于加快美丽特色小(城)镇建设的指导意见》基础上,国家发展改革委、国土资源部、环境保护部、住房城乡建设部等四部委联合印发了《关于规范推进特色小镇和特色小城镇建设的若干意见》(下文简称《意见》),对于"特色小镇"和"特色小城镇"的概念给出了明确界定,即"特色小镇是在几平方公里土地上集聚特色产业、生产生活生态空间相融合、不同于行政建制镇和产业园区的创新创业平台。特色小城镇是拥

---

① 依据特色小镇主导产业类别不同,如工业特色小镇、服务业特色小镇、康养特色小镇、旅游特色小镇、教育特色小镇、商贸物流特色小镇、农业特色小镇,等等。由于本书是基于农村产业融合发展视角进行的相关研究,因此书中提及的特色小镇是以农业为依托的基础农业型、农旅结合型及农产加工型等导向的农业特色小镇。

② 习近平:《决胜全面建成小康社会 夺取新时代中国特色社会主义伟大胜利——在中国共产党第十九次全国代表大会上的报告》,北京:人民出版社,2017 年,第 33 页。

③《住房城乡建设部召开全国特色小镇培训会 十项要求规范小城镇建设》,《中国建设报》,2017 年 3 月 24 日第 1 版。

有几十平方公里以上土地和一定人口经济规模、特色产业鲜明的行政建制镇。"①尽管国家部委相关负责部门在政策文件中对特色小镇和特色小城镇的概念作了明确区分,且在产业要求、镇域规模、划分标准及发展要求等方面也给出了差异化论述②,然而就特色小镇和特色小城镇发展机理而言,它们都是以一定空间区域为基础的,整合了区域内特有产业经济资源的发展模式,但二者在生成与发展的空间基础和产业基础方面却存在明显差异。特色小镇更加侧重基于土地利用和产业规划而达到产业空间高度集聚,实现生产要素、生活要素和生态要素的高度融合,并以市场化效应为追求,吸引高端产业要素集聚,最终达到产业和经济的转型升级发展。而特色小城镇则更加侧重于对区域内原有产业进行调整,通过新要素引入达到城乡互动、互利和产城融合效果。其中,与特色小镇是一个简单的综合体项目不同,特色小城镇是一个涉及镇区和农村的整体区域发展结构,即"借助几十平方公里建制镇的经济、人口、文化基础,建立在区域范围内原有产业梳理基础上,整合/淘汰传统产业或导入/融合新产业的一个过程"③。也就是,特色小镇以非行政镇区划分为条件,在单位空间内经济要素高度集聚,形成产业空间相对集中的发展平台。因此,"特色小镇在推动人才、技术、资本等高端要素聚集、促进经济转型升级及城乡统筹发展等方面的带动效应更明显;而特色小城镇更多是基于平权架构下的城镇发展及公共服务结构"④。所以就农村产业融合发展与就地就近城镇化耦合作用体现程度而言,特色小镇更具代表性。

综合而言,特色小镇是就地就近城镇化发展与乡村振兴战略实施的重要结合点,推进特色小镇建设工作有利于"释放城乡融合发展和内需增长新空间,促进经济高质量发展"⑤。

---

① 国家发展和改革委员会、国土资源部、环境保护部、住房城乡建设部:《关于规范推进特色小镇和特色小城镇建设的若干意见》,2017 年 12 月。

② 参见国家发展和改革委员会:《关于加快美丽特色小(城)镇建设的指导意见》,2016 年 10 月。

③ 林峰:《特色小镇开发运营指南》,北京:中国旅游出版社,2018 年,第 5 页。

④ 林峰:《特色小镇开发运营指南》,北京:中国旅游出版社,2018 年,第 4 页。

⑤ 国家发展改革委办公厅:《国家发展改革委办公厅关于建立特色小镇和特色小城镇高质量发展机制的通知》,2018 年 8 月。

二、 耦合作用下的农业特色小镇发展

基于相关政策的实施,农村产业融合发展与就地就近城镇化形成了共同作用城乡融合的耦合效应,为县城区、(乡)镇中心区和中心村等位置优势地的城镇化发展奠定了产业、社会公共事业及人口集聚等基础。所以就产生基础而言,农业特色小镇是在一定的基础设施、公共服务、居住社区及以农业为基础的特色产业等综合作用下,实现生产、生活和生态有机融合的空间载体。

从产业视角分析,农业特色小镇发展离不开以农业农村产业资源开发为基础的市场化发展,并配以基础设施、公共服务体系建设为支撑。而对此,农村产业融合发展以供给侧结构性改革为指导,其主体业态鲜明的市场化经营为特色小镇的生成与发展奠定了主导产业基础,尤其文创产业要素融入后带动的特色小镇生成与发展,在我国多地实践中得到了印证,[①]并且由此带来的就地城镇化发展效果也较为明显[②]。从空间、区位和社区功能等方面分析,农业特色小镇不同于特色产业园区,其集中了生产、生活和生态等功能,且作为非建制镇,产业资源的区位决定了农业特色小镇的空间落点。特色小镇的"城镇属性"决定了其应具备适宜人们居住的生活设施,而就地就近城镇化为特色小镇社区功能的生成提供了相应的基础设施与公共服务保障,由此政府的主导作用发挥也是农业特色小镇生成与发展的必要基础。但正如"不能用行政命令的办法发展小城

[①] 目前,在一些具备古村落文化或自然生态优势的地区,借助农业农村的旅游资源开发,形成了一批特色小镇发展的典型代表。参见彭飞仙:《打造特色小镇 助力乡村振兴》,《福州日报》,2020年5月11日第5版;郑雅:《剖析当代特色小镇 认识文化创意产业——以桃花源古镇与弥勒东风韵为例》,《中外企业家》,2020年第15期,第111页;王吉、包倍增、刘晓霞:《四平市特色小镇资源分析与对策建议——以叶赫满族镇为例》,《福建茶叶》,2020年第4期,第157—158页;王慧仙:《基于"三生融合"导向的特色小镇发展与对策研究——以温州瓯海生命健康特色小镇为例》,《山西农经》,2020年第7期,第43—44页;郭敏:《特色小镇助力产业融合发展——甘肃省特色小镇的概念性规划》,《中国建材科技》,2020年第2期,第83—84页,等等。

[②] 陆佩、章锦河、王昶、赵琳:《中国特色小镇的类型划分与空间分布特征》,《经济地理》,2020年第3期,第52—62页。

镇,应该在政府的引导下主要通过市场机制的作用建设小城镇"①,否则一方面是薄弱的小城镇产业基础难以自发形成产业集聚;另一方面,依靠企业为主体带动,完成居住设施和公共服务体系建设与改善是不现实的,这也是造成我国城乡区域发展不平衡不充分的原因所在。② 所以新时代历史条件下,农业特色小镇的生成与发展,是农村产业融合发展的市场化主体和政府主导城镇化的共同作用结果。

农村产业融合发展和就地就近城镇化分别为农业特色小镇发展提供了主导产业和公共事业基础,在非建制镇的空间内实现了生产生活生态有机融合。农村产业融合发展带来的产业创新与非农产业要素集聚等,创造出了人口空间集聚发展的城镇化产业基础。同时,农村"空心化"趋势和整合乡村土地资源的现实要求等,使得以中心村、镇区等为核心的被动或自发的"撤村并居"也成为未来影响我国乡村人口重新分布的一个重要途径,由此也进一步凸显了中心村、镇区、县城区等具有的人口汇聚优势,进而促使在农村一二三产业融合基础上形成特色小镇。镇区传统产业难以带动农村发展,并于农民居住集聚呈现分离格局,关键原因在于缺少以产业为纽带衔接镇区与乡村,而基于农村产业融合发展与就地就近城镇化耦合作用生成的农业特色小镇,实现了产城融合理念下的"产镇融合",是生产、生活及生态融为一体的全要素空间。在我国地方实践发展中,尽管并非所有的特色小镇建设都是依赖农村产业融合发展为产业支撑,如福建省宁德市东侨经济开发区的宁德锂电新能源小镇、浙江省杭州市余杭区的梦想小镇分别以制造业和信息服务业为产业支撑,进行"三生融合"的宜居宜业宜游特色小镇打造,但基于可推广性和破解城乡二元结构问题出发,本文中所提及的特色小镇即农业特色小镇,具有"承接城市和拉动农村发展的功能,"并在地方实践中发挥着带动农民就地就近市民化

① 简新华、何志扬、黄锟:《中国城镇化与特色城镇化道路》,济南:山东人民出版社,2010年,第289页。
② 林峰:《特色小镇开发运营指南》,北京:中国旅游出版社,2018年,序言第9页。

的作用。①

三、农业特色小镇融合城乡的功能展现

以住房城乡建设部公布的第一批 127 个特色小镇为例,特色小镇建设提升了乡村区域整体发展水平,具有明显促进城乡均衡发展的成效。例如,"一是带动产业和农村发展效果明显。新增企业就业人口 10 万人,平均每个小镇新增工作岗位近 800 个。农民人均纯收入比全国平均水平高1/3。二是基础设施进一步完善。90％以上小镇的自来水普及率高于90％,80％小镇的生活垃圾处理率高于 90％,基本达到县城平均水平。三是公共服务能力不断提升。平均每个小镇配有 6 个银行或信用社网点、5个大型连锁超市或商业中心、9 个快递网点以及 15 个文化活动场所或中心。"②虽然第一批特色小镇名单中的农业特色小镇占比仅约为 11％,但由于"人口迁移与城镇化同步发展,人口的迁移方向、迁移距离、迁移规模与速度、迁移方式对城镇化产生深远而复杂的影响。"③劳动力资源的分布变化作为城乡发展对比的直接显现,农业特色小镇融合城乡的功能,在实地案例中得到了体现。如安徽省合肥市巢湖经济开发区三瓜公社小镇,以农业为产业基础,借助网络电商平台和乡村旅游的辅助,通过"互联网＋三农"和"互联网＋农村一二三产业融合发展"等途径打造电子商务驱动下的农旅融合产业,不仅盘活了农村资源,而且激活了农村市场。截至 2019 年 8月,小镇入驻企业 90 家左右,吸纳就业 2 000 人,完成特色产业投资 2 亿元,年接待游客人数 600 万人次,显著地吸引了农村年轻劳动力返乡和新农人入乡创业。

基于城乡可持续发展,农业特色小镇通过就地就近城镇化提升了我

---

① 曾丽英、陈庆勤:《农业特色小镇建设的现状分析及路径优化》,《农业经济》,2020 年第 4
期,第 55—56 页。

②《住房城乡建设部召开全国特色小镇培训会 十项要求规范小城镇建设》,《中国建设报》,
2017 年 3 月 24 日第 1 版。

③ 储德平:《中国农村城镇化发展:内在机制与实证分析》,北京:世界知识出版社,2017 年,第
44 页。

国城镇化质量,减缓了城镇体系内部发展不平衡趋势,进而强化了其连接城乡发展的功能作用。"作为城乡聚落体系的中间环节与过渡地带,小城镇能够为不同人口需求提供多样的城镇化选择,降低了单纯大城市模式所带来的社会成本。"[①]依据世界范围内的城镇化规律,城镇化发展速度在不同阶段的表现不同。城镇化率在30%时开始加速推进,达到70%时趋于平稳,即城镇化率在30%~70%时期是城镇化加速发展阶段。2017年我国常住人口城镇化率为58.52%,户籍人口城镇化率为42.35%,因此,我国城镇化加速发展的空间余量还较大。但我国城镇化水平提升不能单独以城镇化率为衡量指标,由于城乡发展悬殊引发人口不均衡分布,会进一步加剧"大城市病"和"农村病"等问题。所以借助农村产业融合发展建设特色小镇,有助于农村地区以经济活力提升推动农民就地就近市民化发展,从而消减因异地城镇化带来的城乡高成本发展问题,并以城镇体系内部发展均衡促进城乡要素双向自由流通。基于产业发展产生的集聚效应,农业特色小镇将成为辐射带动县域乡村发展的节点。

尽管农业特色小镇的主导产业以农业为基础,但其"城镇属性"对于促进城乡融合而言,发挥着显著的优化农民市民化分布的作用。城乡融合发展不等于城乡等质化发展,城乡产业体系的不同,致使农业特色小镇的产业特征表现出二、三产业的性质。而由于我国城乡二元结构根深蒂固,使得达到城乡发展水平均衡是一个缓慢的渐进过程,在此过程中,农民依据自身发展需求不同而发生地理空间分布的分化转移。我国农村人口存量现状决定了全面现代化的实现需要持续以城镇化为平台,承载农村人口市民化转移。但相较于远距离、大城市的异地城镇化而言,农民出于市民化成本、个人能力、地缘关系、亲情关系、土地权利等多方面因素考虑,农业特色小镇在农民非农就业转移过程中占据区位优势。由此,农业特色小镇在县域范围内缓解了我国城镇体系内部发展不均衡与劳动力资源转入不匹配的矛盾,以就地就近形式优化了城乡劳动力资源配置。

[①] 唐伟成、罗震东、耿磊:《重启内生发展道路:乡镇企业在苏南小城镇发展演化中的作用与机制再思考》,《城市规划学刊》,2013年第2期,第95—101页。

此外,农民因参与农村产业融合发展获得了收入增加,进而提升了更新或升级生产生活用品的经济实力,拉动了乡村消费需求,这为城市商品生产和销售向农村区域转移形成了刺激。特色小镇作为"城之尾"和"村之首",是衔接城乡的"枢纽",具有承接城市产业资源的"首发"优势,并基于其"地缘"和"业缘"特点而易于形成城市产业资源作用农业农村发展的微观路径。因此,从重塑新型城乡关系角度分析,农业特色小镇不仅延长了"以工促农、以城带乡"的"末端"作用,而且还以自身产业特色提高了城市产业要素在农业农村的融入程度和产业发挥的效能,如各类新型机械设备、物流体系、农业服务体系等的出现和逐渐丰富等,为活跃城乡交流和加强城乡联系创造出了更多机会和条件。

农业特色小镇在带动本地农民发展的同时,也有利于吸引农民工返乡就业创业,扩大农业农村发展的参与群体和投资群体。由于当前我国处于城镇化的上升阶段,农民工作为我国特有的城乡二元结构"产物",在"逆城镇化"的返乡就业创业群体中占据"首发"地位和主导地位。尽管农村劳动力向城镇转移仍是当前及今后较长时期内我国城乡人口流动的主流趋势,但自20世纪90年代后期开始,部分地区已出现农民工返乡的迹象,并呈不断上升发展态势。尤其2008年全球金融危机爆发以来,农民工返乡趋势进一步扩大。特别是返乡创业者,对农村富余劳动力就地就近择业发展起到了一定的带动示范效应,他们凭借外出务工积累的资金、人脉、技术、理念及管理等,返乡筹办企业或进行农业高附加值产业经营,实现从"打工者"到"创业者"的转变。

农民工返乡发展以达到经济需求满足为最基本要求,而且"与普通的创业者相比,返乡农民工在创业时,追求经济利益的愿望更为强烈。"[1]然而,选择创业不仅要有创业意愿,还需要对外部环境作综合比较,从而根据自身可利用资源进行创业评估。"在农村剩余劳动力向发达地区和城市跨区域流动务工的进程中,农民工面对外部环境变化带来的机遇及打

---

① 黄晓勇、张春勋:《基于结构化视角的农民工返乡创业研究:以重庆为例》,北京:经济科学出版社,2013年,第47页。

工面临的生存压力,出于生计、自我实现等动机,动员打工过程中积累的人力资本(技术、管理经验)、资金和信息等资源,在乡村、小城镇创办企业,发展工商服务业,投资商品性农业的活动。"[①]这表明:农民工选择返乡就业创业是在社会大环境、家庭及个人等多方面因素的共同作用下,对利益比较后的一种理性思考结果。综合分析,农民工选择返乡的行为逻辑大致如图5.2所示。

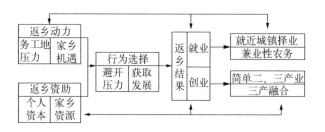

图5.2 农民工返乡就业创业行为逻辑

在经济利益追求方面,由于长期以来农村居民生活水平和收入等低于城镇居民,因此农民工群体的城镇生活体验促使他们有强烈的追求经济水平趋同的心理。同时,农民外出务工本身也兼有自身素质提升的过程,虽然获取经济收入是主要出发点,但务工过程中伴随着自身工作技能的丰富与提升、视野拓展、观念重塑等潜在变化。因此,当家乡产业发展带来比较合适的创业机遇时,外出的部分农民工会基于自身实际而分析返乡创业的成本与预期收益。除追求经济利益外,农民工返乡创业还有获得一定程度社会利益的心理需求。从社会地位角度讲,外出务工尽管经济收入有所提高,但为他人打工的社会地位容易导致被歧视或排挤,农民工难以获得应有的被尊重感;从社会公共服务保障待遇角度讲,农民工在子女教育、医疗、社保、住房等方面与城市居民待遇相差悬殊,这些方面的问题致使农民工在获得一定的经济收益后,也渴望获得社会地位的被认

---

① 黄晓勇、张春勋:《基于结构化视角的农民工返乡创业研究:以重庆为例》,北京:经济科学出版社,2013年,第8页。

可和尊重。此外,农民工选择返乡择业创业,也是在获得经济收入的同时期盼兼顾亲情生活的体现。从社交关系角度讲,农民工外出工作多远离亲朋,生活不稳定且频繁流动,难以获得工作之外的感情交流,缺少归属感。面对城市生存及发展的较大困难,农民工个体通常会基于自身技能与经验、家乡就业创业环境、家庭整体利益等做出综合考虑,抉择是否返乡以获得更为理想的经济及家庭的综合利益最大化。农民工返乡择业创业群体的扩大,意味着农村产业发展参与主体和投资主体得到了增加,并且基于地缘关系,农民工返乡创业能有效提高乡村剩余劳动力和农村资源的利用效率。因而各类特色小镇发展无疑为乡村就业创业环境的改善提供了直接作用,为农民工返乡提供了"众创空间"和就业支撑,帮助返乡农民工实现"离土不离乡"和就地就近发展。对此,农业特色小镇基于农村产业融合发展,为返乡农民工营造了创新发展空间,使其获得了工作与家庭的双赢。①

综合分析,对于作用城乡融合发展而言,农村产业融合发展与就地就近城镇化构成了作用县域农业产业创新经营集聚地的"交集",农业特色小镇作为二者的耦合作用载体,在推动城乡均衡发展转变中具有典型示范意义。产业供给作为驱动城乡人口流动的首要因素,纵观改革开放以来我国城乡发展历史,农业人口转移流动始终以产业供给为风向标,如从农村流向乡镇企业、从内地流向沿海等。所以,要实现城乡要素双向自由流通并达到城乡发展均衡,需求县域农村产业发展集聚地产生类似于"城镇化带来的是劳动力、资本及多种经济要素在空间地域上的高度集中与

---

① 以浙江省桐庐县、龙泉市、庆元县等为例,被地方政府大力推进的特色小镇发挥出承担产业发展和居民生活的职能,很好地带动了返乡农民工就业创业活动。如龙泉市,2013 年至 2015 年返乡人数由 4 395 人增加到 11 680 人;截至 2016 年,庆元县内直接从事农村电商和农家乐的返乡创业人数分别为 2 000 余人和 887 人;桐庐县内农村电商和乡村民宿产业也发展迅速,返乡农民工是创业群体的主要成员,其中仅"农村淘宝",在 2014 年 10 月至 2015 年 6 月的数月时间内就吸引了 241 位农村青年返乡创业,经营额达 1 647 万元。参见徐峻:《农民工返乡创业节点到来说明什么》,《浙江日报》,2016 年 4 月 7 日第 4 版;作者不详:《农民工返乡创业有了桐庐模式》,《领导决策信息》,2016 年 25 期,第 22—23 页。

合理流动所产生的聚集效益和规模效益。"①对此,农村产业融合发展以农业产业内涵升级而生发出新业态,刺激了劳动力资源、资本及其他产业要素逐渐向农村区域汇集,进而与就地就近城镇化协同推进乡村区域发展。

改革开放以来,我国在较长时期内实行的都是自上而下的城镇化制度安排,由于城乡二元结构问题和城乡各自经济能力差异的作用叠加,致使我国城乡之间、城镇体系内部等出现了严重的发展不平衡现象,制约了城乡要素双向自由流通与城乡互促发展的深入推进。同时,就城镇化的经济成本而言,异地城镇化模式对于社会公共财政和市民化发展的个体等均造成了沉重的经济负担,而且城镇化内部分化路径单一,也造成了特大、大城市同中小城市及小城镇之间的发展趋于"两极"分化。因而实施新型城镇化战略,要求以多级城镇化体系发展路径探索为主要内容之一。县域空间基于自身衔接城乡的地域属性和产业特点,以及其具备的人口规模与经济体量等,使得县域范围内的就地就近城镇化发展发挥着提高我国城镇化水平的重要作用。农民的市民化诉求受异地、大城市迁移的经济成本、个人能力禀赋、亲情关系及土地权利割舍等多因素影响而被严重制约,由此低成本的就地就近城镇化成为农民市民化发展的现实选择,且具有较大的潜在发展空间。

新型城镇化战略和乡村振兴战略作为新时代我们党指导国家全面现代化发展的重大部署,在政策体系上构成了就地就近城镇化和农村产业融合发展的作用协同,并针对推进城乡融合发展形成了耦合效应,对于相关政策落实、城市要素"下沉"乡村、乡村公共事业发展、县域土地价值提升和生态化发展等均起到了优化和提升作用。基于农村产业融合发展的特色产业带动和就地就近城镇化对县域内生产生活设施建设与社会公共服务保障事业发展等,以农业为产业基础的特色小镇为衔接城乡融合起到了增进城乡产业资源优化配置的作用,有助于缩小城乡发展差距和帮助农民实现就地就近市民化。农业特色小镇作为生产、生活和生态的全要

---

① 尚娟:《中国特色城镇化道路》,北京:科学出版社,2012年,第1页。

素空间,也在地方实践中展现了带动农民就地就近市民化转变的功能价值。

新时代我国社会主要矛盾发生转变,要求加速城乡要素双向流通,而特色小镇建设改变了以往城镇发展高度依赖人口红利、土地红利及资本驱动的发展模式,逐步扭转了乡村围绕城镇发展的单向结构,对缓解与解决城乡间发展不平衡和"三农"发展不充分等问题提供了突破路径。随着城市居民生活质量提升和消费需求提高,涉农消费领域呈现出安全化、品牌化、特色化及体验化等趋势,对农业的多功能价值挖掘形成了有效刺激。因而以市场为导向,以农业特色小镇为空间载体,农村产业融合发展对于促进城乡融合发挥了赋能城乡等值发展的功能。

由于产业首先满足农民对于经济收益的需求,进而生活环境、教育及医疗等城乡资源对比的落差驱动农民由城镇谋业向城镇定居转变。所以,城乡人口分布的动态变化是以产业为基础的人们追求全面发展的循序渐进过程。目前受我国农业产业现状和城镇化发展阶段等共同影响,不可否认城市产业集聚大趋势对于农村人口的吸纳作用,也就是城乡人口流动仍以农村人口向城市区域流动为主。但农村产业融合发展与就地就近城镇化耦合作用带来的县域生产生活条件逐渐改善的趋势,也将会影响着城乡居民关于生存与发展的地域选择,即城乡融合发展体现出人口的空间分流,并以此带动城乡生产生活全方位要素分布同"人"这一要素流动的一致性。因此,乡村凭借农村产业融合发展培育现代农业产业体系也就超越了产业结构转换这个单一的经济领域。

第六章 当前以乡村内生式发展推进我国城乡融合的机遇、不足及对策

党的十八大以来,针对城乡协调发展问题的一系列政策和实践被陆续推出与实施,从宏观布局到微观举措都给出了系统性统筹,特别是"建立健全城乡融合发展体制机制和政策体系"的发展要求提出和针对乡村振兴进行的相关部署。农村产业融合发展作为当前及今后一段时期内我国实施乡村振兴战略的重点之一,现实发展中还存在诸多困境,以乡村内生式发展转型促进城乡融合是一个机遇与问题挑战并存的过程。

第一节 当前以乡村内生式发展推进我国城乡融合所面临的机遇

新型城镇化战略的稳步推进和乡村振兴战略实施的相关探索实践,为推进新时代城乡融合发展创造了机遇,并且我国社会主要矛盾的转化也为农村产业发展开辟了市场前景。在政策赋能、市场引导和城镇化协同等共同作用下,农村产业融合发展作用下的乡村产业兴旺,有利于推进城乡要素配置优化和塑造新型城乡关系,进而推进城乡融合发展。

一、相关政策布局赋能城乡融合发展

建立健全协调城乡发展的体制机制和政策体系,是新时代推进城乡

融合发展的必要前提。对此,党中央和国家相关职能部门在政策方面不断给出保障和改革创新,赋能城乡融合发展推进。

(一) 新型城镇化战略实施的多领域相关政策推出

虽然新型城镇化战略实施要求弥补我国以往城镇化"重规模、轻质量"的不足,但综合当前不同规模城市的就业机会供给和发展层次差别,不可否认,异地城镇化模式仍将是我国城镇化的主流。然而中小城市落户政策的逐步放开,在为农民市民化赋予政策支持的同时,也为他们从地域文化、感情认同、经济门槛等多方面市民化发展增加了现实可能。特别是《2019 年新型城镇化建设重点任务》方案的出台,更是从要素配置、公共服务、基础设施建设、乡村经济多元化、农民增收富裕等多角度给出了城市支持农村发展的政策指导。所以,新型城镇化是要走一条城乡一体化的新型发展道路,以城乡统筹、城乡一体、产业互动、节约集约、生态宜居、和谐发展为基本特征,是大中小城市、小城镇、新型农村社区协调发展、互促共进的城镇化。就此,一系列相关政策的出台为农民市民化赋予了公平机制和多元空间选择的可能。

2012 年,党的十八大报告明确提出:"推动信息化和工业化深度融合、工业化和城镇化良性互动、城镇化和农业现代化相互协调,促进工业化、信息化、城镇化、农业现代化同步发展。"[1]并要求"必须以改善需求结构、优化产业结构、促进区域协调发展、推进城镇化为重点,着力解决制约经济持续健康发展的重大结构性问题。"[2] 2013 年 12 月,中央召开的城镇化工作会议指出,城镇化是解决农业、农村、农民问题的重要途径。2014 年 3月,《国家新型城镇化规划(2014—2020 年)》作为我国实施新型城镇化战略的纲领性文件正式出台。2015 年召开的中央城市工作会议强调,"我国城镇化必须同农业现代化同步发展,城市工作必须同'三农'工作一起推

---

[1] 中共中央文献研究室编:《十八大以来重要文献选编》(上),北京:中央文献出版社,2014 年,第 16 页。

[2] 中共中央文献研究室编:《十八大以来重要文献选编》(上),北京:中央文献出版社,2014 年,第 17 页。

动,形成城乡发展一体化的新格局。"①2016年2月2日出台的《国务院关于深入推进新型城镇化建设的若干意见》作为中央指导各级政府实施新型城镇化发展的依据,在户籍、土地、财政、住房、投融资及"三个1亿人"问题等多个方面,对推进新型城镇化工作作了总体部署与要求。

在有关具体工作推进的政策指导方面。如为了稳定有序地加快农业转移人口的市民化进程,2013年国务院批转了国家发展和改革委员会等部门的《关于深化收入分配制度改革若干意见的通知》,强调确立公开透明的各类城市农业转移人口落户政策,探索建立政府、企业、个人共同参与的市民化成本分担机制。并在2014至2017年连续四年的中央深化经济体制改革重点工作意见(如《关于2014年深化经济体制改革重点任务的意见》《关于2015年深化经济体制改革重点工作的意见》)中,以及2015年出台的《国务院关于积极发挥新消费引领作用加快培育形成新供给新动力的指导意见》,都对此作了指导性部署。在加快落实户籍制度改革方面,也有相关政策出台,以放宽城镇落户条件促进农民向城镇转移,如《国务院关于进一步推进户籍制度改革的意见》。在促进城乡教育、医疗、卫生和饮食等均衡发展方面,有相关政策文件指导如《关于实施教育扶贫工程的意见》《国务院关于进一步完善城乡义务教育经费保障机制的通知》《国务院关于加快发展民族教育的决定》《全民科学素质行动计划纲要实施方案(2016—2020年)》《全国医疗卫生服务体系规划纲要(2015—2020年)》《国务院关于进一步加强新时期爱国卫生工作的意见》《中国食物与营养发展纲要(2014—2020年)》,等等。在促进农民工就业创业方面,有相关政策文件如《国务院关于进一步做好新形势下就业创业工作的意见》。在绿色经济发展方面,有相关文件如《循环经济发展战略及近期行动计划》《国务院关于加快发展节能环保产业的意见》。在加强城镇化管理创新和机制建设方面,有相关文件如《深化标准化工作改革方案》与《国家标准化体系建设发展规划(2016—2020年)》,等等。

新型城镇化的相关政策出台,不仅有利于就地就近城镇化发展和提

---

① 兰红光:《中央城市工作会议在北京举行》,《人民日报》,2015年12月23日第1版。

高乡村内生式发展转变的可能,而且也利于以民生领域改革为依托带动城乡融合发展,借助"以城带乡"作用发挥而缩小城乡差距和提高乡村居民生活的幸福指数,使以人为本的新型城镇化理念得以具体展现。

（二）关于全方面振兴乡村发展的政策推出

党的十九大报告提出实施乡村振兴战略,并将其作为现代经济体系建设的六大任务之一,且 2018 年中央"一号文件"对此作了专门部署。2017 年召开的中央农村工作会议明确了"走中国特色社会主义乡村振兴道路,让农业成为有奔头的产业,让农民成为有吸引力的职业,让农村成为安居乐业的美丽家园"[①]的发展理念,

新时代我国社会主要矛盾的转化对农业供给侧结构性改革带来了新的发展要求,突出表现就是要丰富产品供给种类和提高产品供给质量,即"增加有效供给和中高端供给,减少无效供给和低端供给","增强供给体系对需求体系和需求结构变化的动态适应性和灵活性。"[②]早在乡村振兴战略提出之前,党中央就已针对农业产业结构问题进行了发展指向的政策安排。在激活农村经济活力,促进农村产业融合发展方面。2015 年 6 月,国务院发布了《国务院办公厅关于支持农民工等人员返乡创业的意见》,提出引导一二三产业融合发展带动返乡创业,将农村一二三产业融合发展定位为拓宽农民增收渠道和缩小城乡差距的重要举措。2015 年 12 月,国务院专门发布了《国务院办公厅关于推进农村一二三产业融合发展的指导意见》,并在 2016 年 2 月发布的《国务院关于深入推进新型城镇化建设的若干意见》中进一步总结强调,要以县级行政区为基础,以建制镇为支点,搭建多层次、宽领域、广覆盖的农村一二三产业融合发展服务平台,大力发展农业新型业态,积极培育新型农业经营主体,鼓励返乡创业集聚发展。

在推进特色小镇建设和乡村旅游产业发展,带动农村产业融合和促进农民增收等方面。2014 年 4 月,由国务院批转的《关于 2014 年深化经

---

① 董峻、王立彬、丁林:《中央农村工作会议在北京举行》,《人民日报》,2017 年 12 月 30 日第 3 版。

② 姜长云等著:《乡村振兴战略:理论、政策和规划研究》,北京:中国财政经济出版社,2018 年,第 37 页。

济体制改革重点任务的意见》提出,因地制宜培育发展特色高效农业和乡村旅游,使农民在农业功能拓展中获得更多收益。2014 年 8 月出台的《国务院关于促进旅游业改革发展的若干意见》指出,中央加大对中西部地区重点景区、乡村旅游、红色旅游、集中连片特困地区生态旅游等旅游基础设施和生态环境保护设施建设的支持力度。为更好地促进农业与旅游业的融合,带动乡村城镇化建设,国务院又于 2015 年 8 月印发了《国务院办公厅关于进一步促进旅游投资和消费的若干意见》,提出乡村旅游应个性化、特色化发展,需结合乡村文化内涵开发特色旅游产品,同时加大乡村旅游扶贫力度,2016 年出台的《国务院关于深入推进新型城镇化建设的若干意见》对此又作了进一步要求。

改善农村产业环境,提升产业支撑。在推动基础设施和公共服务向农村延伸方面,国家也积极推进政策指导,如 2013 年 8 月出台的《"宽带中国"战略及实施方案》、2016 年 2 月出台的《关于"十三五"期间实施新一轮农村电网改造升级工程的意见》、2014 年 4 月出台的《关于金融服务"三农"发展的若干意见》、2015 年 10 月印发的《国务院办公厅关于推进基层综合性文化服务中心建设的指导意见》,等等。为鼓励"大众创业、万众创新",人社部还专门出台了《关于支持和鼓励事业单位专业技术人员创新创业的指导意见》,对农业科技创新和投入也起到了提升作用。在促进互联网与农业融合发展,加快农业产业升级转型方面。2015 年 5 月,国务院批示了《国务院关于大力发展电子商务加快培育经济新动力的意见》,并为进一步促进农村电子商务发展,又分别于 2015 年 10 月和 2016 年 4 月先后发布了《国务院办公厅关于促进农村电子商务加快发展的指导意见》和《国务院办公厅关于深入实施"互联网+流通"行动计划的意见》,以实现农村电子商务与农村一二三产业深度融合,推动乡村创业就业领域拓展。

为鼓励和支持返乡创业人员投入农村三产融合产业,2015 年 4 月,国务院印发了《国务院关于进一步做好新形势下就业创业工作的意见》,强调扶持农村劳动力创业,将农民创业与发展县域经济结合起来,大力发展农产品加工、休闲农业、乡村旅游、农村服务业等劳动密集型产业项目,促进农村一二三产业融合。并于 2016 年 11 月，又印发了《国务院办公厅关于支持返乡下乡人员创业创新促进农村一二三产业融合发展的意见》的文件。为促进农产品加工业发展，2016 年 11 月，当时的农业部印发了《全国农产品加工业与农村一二三产业融合发展规划（2016—2020 年）》，对农村产业融合发展提供了更为详细的政策指导。

特别是在乡村振兴战略提出后，针对农村产业融合发展的政策体系不断丰富，也更加细化和更具针对性。乡村振兴以产业兴旺为首要任务和工作重点，以农村产业融合发展为路径，以农产品加工和乡村休闲旅游为产业融合的重点①。对此，相关的指导政策陆续出台，如《国务院关于促进乡村产业振兴的指导意见》《关于促进小农户和现代农业发展有机衔接的意见》《数字乡村发展战略纲要》《关于进一步促进农产品加工业发展的意见》。还有如农业农村部联合国家发展改革委等 13 个部门印发的《关于大力发展休闲农业的指导意见》，以及编制的《"十三五"全国农产品加工业与农村一二三产业融合发展规划》等，不断充实和丰富促进农村产业融合发展的政策体系。

总之，乡村振兴战略实施背景下，国家政策指导在强调农村产业融合强化农业生产功能的同时，明确了基于农业多功能性而不断挖掘农业农村的生活和生态等方面潜在功能与价值，并指出以城乡要素流通渠道的构建实现城镇产业、人力、资金、技术等要素向乡村区域的流动，进而达到乡村内生发展转变。乡村振兴战略提出，是党基于当前我国社会发展不平衡不充分的社会主要矛盾转化在"三农"领域表现最突出这一现实形势，也是基于我国城镇化、工业化、信息化和农业现代化发展不协调的科学分析和国际经验借鉴等做出的发展部署。为全面促进乡村发展提升，党中央、国务院和农业农村部等相关部门不断根据我国区域特点和地方发展实际而强化政策效能发挥，并积极制订更具针对性的指导意见和政策优化方案，以争取形成全方位的政策供给。

---

① 毛晓雅：《农村一二三产业融合助力乡村振兴》，农业农村部新闻办公室，2018 年 6 月 15 日，http://www.moa.gov.cn/ztzl/scw/zcfgnc/201806/t20180620_6152682.htm。

(三) 关于新型农业经营主体培育和扶持的政策引导

培育和发展新型农业经营主体是农业产业现代化的重要内容,其中就构建新型农业经营体系以促进农村发展而言,党中央、国务院及相关部门也相继出台了诸多政策指导,以更好地发挥新型农业经营主体的产业带动和组织引领作用。

2012 年,党的十八大报告首次提出发展农民专业合作和股份合作,培育新型经营主体,发展多种形式规模经营,构建集约化、专业化、组织化和社会化相结合的新型农业经营体系。2013 年,党的十八届三中全会通过的《中共中央关于全面深化改革若干重大问题的决定》进一步提出,坚持家庭经营在农业中的基础性地位,推进家庭经营、集体经营、合作经营、企业经营等共同发展的农业经营方式创新。2015 年,党的十八届五中全会通过的《中共中央关于制定国民经济和社会发展第十三个五年规划的建议》提出,要构建培育新型农业经营主体的政策体系,并要求着力构建现代农业产业体系、生产体系、经营体系,支持各类新型经营主体。2017 年 5月,中共中央办公厅、国务院印发的《关于加快构建政策体系培育新型农业经营主体的意见》提出,支持新型农业经营主体从事加工流通、直供直销、休闲农业等经营,实现农村一二三产业融合发展。

另外,近几年中央"一号文件"也持续从土地制度改革方面着手,赋能新型农业经营主体发展,激发农村产业内在活力。例如,2012 年中央"一号文件"强调落实现有土地承包关系保持稳定并长久不变的政策,按依法自愿有偿原则引导土地承包经营权流转,发展多种形式的适度规模经营,促进农业生产经营模式创新。2015 年中央"一号文件"指出,加快构建新型农业经营体系,坚持和完善农村基本经营制度,坚持农民家庭经营主体地位,引导土地经营权规范有序流转,创新土地流转和规模经营方式,积极发展多种形式适度规模经营。2017 年中央"一号文件"提出积极发展适度规模经营,通过培育新型农业经营主体和服务主体,借助土地经营权流转、股份合作、代耕代种、托管等方式发展土地流转型、服务带动型等多种形式的规模经营。2019 年中央"一号文件"突出强调做好家庭农场和农民合作社两类新型农业经营主体培育工作,在坚持家庭经营基础性地位的同时赋予了双层经营体制新内涵。

综合分析,这些政策既有助于各类新型农业经营主体发展,增进它们在乡村发展中的产业引领和带动效能,同时也有利于普通农户家庭借助产业资源同各类新型农业经营主体构建起利益联结,参与农业农村现代化发展之中,进而在土地资源整合的基础上推动乡村内生发展。

二、 特色小镇建设的政策推进与地方实践展开

国家发改委、财政部和住建部等多个部门联合,在全国范围内开展了特色小镇培育工程,目的在于挖掘一些具有潜力和特色的乡镇,突破体制机制限制,通过产业发展带动经济增长和就地就近吸引农村劳动力就业,进而引领小城镇发展。相关文件提出截至 2020 年完成 1 000 个左右以休闲旅游、教育科技、传统文化、美丽宜居等为特色的小镇建设,并在建设资金方面给予一定的支持,例如这些特色小镇建设项目不仅可申请专项建设基金,而且中央财政还会对工作开展较好的特色小镇给予适当奖励。自 2016 年 10 月以来,住建部等部门已公布两批特色小镇名单,涵盖全国31 个省份和新疆生产建设兵团,共计 403 个特色鲜明的小镇。这些地方实践以"五位一体"为总体布局,坚持新型城镇化发展理念,注重将产业、生活和生态保护等相统一,进而达到产镇融合的发展状态。对此,相关政策文件也给出了明确指示,将特色产业、宜居宜游、特色文化及可复制性经验等几项内容列为重点考察范围。[①]

尽管已公布名单中的这些特色小镇的主体产业呈现多样化发展态势,但基于同农村的地缘关系,产业发展多涉及农业农村。如目前公布名单(两批共 403 个特色小镇)中 42% 的特色小镇以农村资源要素开发为产业主要构成,并有 33% 的特色小镇主要以农村产业融合发展为支撑,驱动产业要素集聚,实现产城融合发展。如北京市房山区长沟镇,通过扶持果、

---

① 国家发展改革办公厅:《国家发展改革办公厅关于建立特色小镇和特色小城镇高质量发展机制的通知》,2018 年 8 月。

奶、米三大农业龙头,以优种核桃、柿、贡米、奶牛为主的四大农业主导产业蓬勃发展,并结合生态保护和基础设施优化,发展观光、休闲、采摘等产业,在促进农民增收的同时也逐步形成了产业、人口的集聚。再如位于邢台市隆尧县的莲子镇,以优质小麦生产为特色资源,依托食品加工企业形成了一二三产业协调发展的格局,带动种植、养殖、包装、运输、建筑、服务等相关产业迅猛发展,吸引了大量农民就地就近实现非农转移。早在2011年,该镇二、三产业就业人员就已接近2.7万人,占小镇总就业人口的82.25%。同时该镇还开展统筹生产生活规划和文明生态村创建等工作,营造了产业特色鲜明、功能区分完善和环境优美舒适的小城镇发展平台。

"发展美丽特色小(城)镇是推进供给侧结构性改革的重要平台,是深入推进新型城镇化的重要抓手,有利于推动经济转型升级和发展动能转换,有利于促进大中小城市和小城镇协调发展,有利于充分发挥城镇化对新农村建设的辐射带动作用。"[1]因此相关政策文件指导也尝试建立动态奖惩机制,确保特色小镇建设质量,如通过"年度监测评估和动态调整"[2]方式督促地方政府在主导特色小镇建设过程中坚持以质量为首位的原则。此外,互联网技术和交通基础设施建设的不断发展,也为特色小镇提供了连接市场、资本、技术等要素的便利。特别是"互联网+",在为特色小镇建设带来越来越多创新发展模式的同时,其在"消除城乡差别方面起到任何传统经济形态无法企及的快速高效的巨大作用"[3],能够高效地搭建起城乡间的供需衔接和实现生产与消费的精准化匹配。于是,基于相关政策指导、地域资源开发、乡村基础设施建设升级和新兴互联网技术应用等多方面因素的作用,特色小镇建设在我国地方实践中被广泛展开。

---

① 国家发展改革委:《国家发展改革委关于加快美丽特色小(城)镇建设的指导意见》,2016年10月。

② 国家发展改革委办公厅:《国家发展改革委办公厅关于建立特色小镇和特色小城镇高质量发展机制的通知》,2018年8月。

③ 白雪秋、聂志红、黄俊立等:《乡村振兴与中国特色城乡融合发展》,北京:国家行政学院出版社,2018年,第22页。

三、可借鉴的以农业农村现代化协调城乡发展的国际经验

合理分析与把握国际经验同中国特色社会主义发展之间的关系,是改革开放 40 多年来我国社会发展的实践经验总结。当前世界多数发达国家在统筹城乡发展过程中,积累了诸多可供后发国家借鉴的有益经验和探索实践,例如美、法、韩、日等国家,在工业化发展到一定程度后积极投入农业农村现代化,推动城乡均衡发展。先行国家的发展探索和经验累积,为新时代我国城乡融合发展提供了可借鉴的经验资源。

(一)关于美国推进农业农村现代化的经验总结与启示

在美国农业农村现代化的较长时期内,针对农业和农村的相关政策是存在明显区分的。在农业政策供给方面,美国坚持农业生产效率优先并鼓励出口,将农场视为重点支持的对象,且农场的规模越大,得到的农业补贴就越多,但由此也引发了大、小规模农场之间的"马太效应"。与指导农业的政策不同,美国针对农村的相关政策主要是为解决农村发展中出现的问题,并为取得相应目标而制定的。

进入 21 世纪以来,美国指导农业和农村发展的政策实现了融合,并且在政策的制定上,更加注重乡村环境改造和经济结构升级。例如,在打造宜居宜业农村社区方面,2014 年美国农业法案针对农村社区建设,更多侧重基础设施和居民生活生产配套设施的建设:投资建设农村宽带网络设施、供水和污水处理设施;支持农业农村商业活动;为农村学校、医院和公共安全等提供必要生活设施等。同时,针对农村社区房屋改建和贫困地区居民住房改善等问题,美国农业部也积极筹集资金和制定相关项目,确保农村社区居民享有安全、干净和舒适的居住环境。然而,生活环境的改善并非吸引或留住人的根本,农村发展离不开以产业为支撑。因此,美国农业相关负责部门积极援助农村经济发展和商业活动开展,如为提升农村产业附加值,以全国竞赛的形式鼓励农业产业者争取产业增值补助金。[1]

---

[1] USDA, "Value Added Producer Grants", https://www.rd.usda.gov/programs-services/value-added-producer-grants.

在培育农村合作组织方面。美国农业相关政府部门将农村合作组织视为能以较低成本向农民和农村居民提供发展项目,且能够带动发展相对滞后的农村地区获得相关项目支持的有效载体。2014年,美国农业法案专门针对农村合作组织培育问题,授权成立了包括联邦政府和全国性服务组织在内的联合部门,负责跨部门工作。美国农业相关负责部门以增进互信和商业模式合作推广为目标,向农村合作组织、社区合作组织的相关业务开展提供资金支持,进而以农业农村合作组织模式提升农村社区自我发展能力,用于资助农村合作组织发展中心的技术援助、可行性研究、战略与业务规划和领导能力培训等项目财政预算达580万美元。①

在促进农村多元经济发展方面。2014年以来,美国政府将农村小企业和新兴产业作为重点扶持对象,通过挖掘农业在能源、生物等方面的多功能性,增加农业与工业的结合,并以此作为提升农村社区居民生活质量的重要保障。② 其主要做法是促进农村产业链延长和相互间的融合,提升产品质量和丰富种类,进而增加农村区域居民的就业增收机会。围绕以上各方面工作的开展,美国政府的相关实施举措大体如下。

第一,鼓励多样化农业产业模式共同发展。为了应对不同消费群体的需求和偏好,同时增加农村业务和农民收入,政府出台相关政策鼓励常规农业、有机农业、生物技术和转基因农业等多样化农业产业协同发展。与此同时,相关政府部门还积极为农业产业发展提供对应的服务保障,如农业市场服务部门为各种形式的农业生产提供营销服务或平台资源,帮助农民同企业或其他资源主体对接。

第二,开展农产品及其加工品"地产地消"工作。农业领域"地产地消"能带动产地的仓储、加工、包装、营销及流通等相关产业发展,从而衍生出更多就业增收机会。因此,美国在发展农产品出口产业同时,还大力发展农产品的本地消费,如用于支持农贸市场和本地农产品促销、未加工蔬菜

---

① USDA, "Rural Cooperative Development Grant Program", https://www.rd.usda.gov/programs-services/rural-cooperative-development-grant-program.

② USDA, "Rural Development: Highlights of the Agriculture Act of 2014", https://www.rd.usda.gov/files/RDFarmBillHighlights.pdf.

水果采购试点、农产品市场开发及农村商业资助等的财政资金,占农场销售总额的 1.9%。[1] 这些项目举措和资金支持有效地促进了农户、企业和市场三者之间的对接,带动了与农业及农产品加工业相关的生产性服务业发展。单方面地供给产品而缺乏有效的消费,会导致产能相对过剩问题的发生,而美国农业部门为低收入者和特定人群制定了食品和营养品补助计划,如社区事务工程、儿童营养项目、妇婴幼特别补充营养项目等,由农业部门采购当地新鲜食品或帮助受助对象在指定场所购买合格产品,这在一定程度上降低了农产品产能相对过剩问题发生的潜在风险。

第三,基于农业多功能性整合产业链,开发农村多元经济增长空间。美国农业产值约占美国国内生产总值的 1.3%,而乡村居民人口约占总人口的 20%,单靠农业是无法解决农村居民的就业和收入问题的,需要以农业多功能性为基础衍生更多非农就业机会。因此,农民的非农转移成了近年来美国支持农业农村发展的政策重点。2014 年,美国农业法案修订了扩大促进农产品营销的强制性预算,支持范围从农产品直销网点建设扩大到加工、配送、流通和储藏等多个环节,以农业产业链和供给链的延伸增加农村居民就业机遇。另外,美国一直致力于利用各种政策鼓励对替代能源、可再生能源及生物能源的研发与技术应用。对此,美国农业法案将相关项目进行整合,力图通过开发农业生物产品创造出更多绿色就业机会。同时,美国农业部门也积极利用森林和草原等农业资源开发户外体验项目,创造出 20 多万个就业机会,为当地社区带来 130 亿美元的收入。再如,美国农业部门还帮助超过 25 个州的私人土地所有者开辟了约 240 万亩的土地用于狩猎、捕鱼和其他休闲项目经营,[2]这些开发项目为农村区域就业和增收创造了新机遇,促进了就地就近城镇化。此外,政府相关部门在大力支持农村小企业发展和初创中小农牧场等过程中,也为农

---

[1] USDA, "Local and Regional Foods", https://www. ers. usda. gov/agricultural-act-of - 2014 - highlights-and-implications/local-and-regional-foods/.

[2] USDA, "Conservation", https://www. usda. gov/topics/conservation.

村地区创造了更多的就业岗位需求。

第四，注重生态保护，实施农业与生态环境协调发展。农业与资源环境息息相关，美国农业部门为保证农业农村可持续发展，首先与土地所有者合作，开展资源环境保护工作。美国70%的土地是私人所有，因而动员农牧民、农场主及森林所有者参与保护工作成为关键。美国农业相关负责部门不仅为他们提供激励性外部投资，使他们从中获得经济收益，还帮助他们制定保护计划和记录相关数据，如开展农村区域空气、饮用水清洁工作，预防水土流失，保护野生动植物环境，等等。其次，倡议开展景观保护工作。如在密西西比河流域和墨西哥海湾等开展区域景观保护工程，增加了区域内的农业发展和环境保护效益。再次，创新农村资源环境监护和保护方案。自2009年以来，美国农业部相继推出了200多个项目用于资助环境保护方案创新。如美国农业部门帮助农牧民协调相关部门，将自营土地管理与野生动植物保护结合起来；开发新的温室气体评估指南等，将农牧民的资源保护行为、土地管理活动和植树活动等转换成收入。[1] 最后，成立气候变化预防机构，提供有效的自然灾害预防信息。美国农业部专门成立了7个区域气候中心，为农牧民和森林资源经营者提供适应气候变化的科学知识和实践应对信息，如帮助农业生产者预防水土流失、土壤改良、杂草抑制、病虫害周期性预防，等等。[2]

第五，培育和提升农业产业自主发展能力。美国从巴西向世贸组织起诉其棉花补贴案的败诉中意识到，对农业生产者实施全方位和高强度的支持保护政策反而不利于农业竞争力提升，因此美国采取新的政策措施以提高农业生产者的市场竞争力。一是，在大部分价格与收入补贴同农业生产"脱钩"的基础上，以价格损失补贴和农业风险补偿等形式替代以往直接支付、反周期支付和平均作物收入选择等财政补贴项目。这种将以往的固定补贴改为受市场影响而变化的灵活补贴政策，激发了农业生产者自我适应市场的能力。二是，提高农业保险水平和丰富保险种类，

---

① USDA, "Conservation", https://www. usda. gov/topics/conservation.

② USDA, "Climate Solutions", https://www. usda. gov/topics/climate-solutions.

以预防农业补贴政策调整给农业生产者带来的市场风险。并在提高保障水平的同时扩大保险覆盖面,如将传统的农业保险政策与区域覆盖原则结合起来,推出基于县级平均产量或收入的先保险产品,为那些与天气变化密切相关的农业产业提供保险保障。三是,将农业支持政策与资源环境保护结合,保证农业可持续发展能力。2014 年,美国农业法案将农作物保险补贴纳入不符合保护行为规定的扣留福利项目中,对于那些未能通过申请的涉及极易污染农田和湿地的生产者,将不被纳入商品项目、保护项目、作物保险补贴及灾害救助等项目范围,以此激励农业产业者注重环境保护。① 四是,加强和完善农业产业创业扶持。美国针对创业初期的农牧场主专门制定了支持政策,为他们提供贷款和贷款担保,以帮助他们扩大生产经营,仅 2012 年就发放了 13 384 笔直接贷款,共计 11 亿美元;提供了 2 659 笔贷款担保,金额达 6.39 亿美元。② 为进一步提升创业初期的农牧场主经营能力,美国农业法案还上调了用于农牧民技能培训、技术推广与援助等强制性财政预算,用来支持农民职业化发展。

第六,优先并加大对农村小微经营体的扶持。美国农村有着数量众多的小型企业和小农场,它们在乡村经济发展中占据主要地位,也因此成为近年来被扶持的重点对象。如小额贷款申请,对中小农场实施简易申请程序,并将限额提升至 5 万美元;为中小农场分摊有机认证成本;提升保护性贷款担保额度和购买不动产贷款限额,出台小额贷款项目,免除直接经营贷款期限限制;加大对保险费用、政策管理费用、项目申请费用等的减免力度;提高未参加保险项目的灾害救助水平,并鼓励退休农民将到期

---

① USDA, "Agricultural Act of 2014: Highlights and Implications-Conservation", https://www. ers. usda. gov/agricultural-act-of - 2014 - highlights - and - implications/ conservation/.

② USDA, "Beginning Farmers and Ranchers Loans", https://www. fsa. usda. gov/ programs - and - services/farm - loan - programs/beginning - farmers - and - ranchers - loans/index.

的"Conservation Reserve Program"①土地流转给发展初期阶段农牧场主。② 再如,美国农业部实施的食品项目中,以中小农场和小企业为优先采购对象,并帮助中小农牧场主制定更加合理的财务决策,收集信息数据,对接消费机构,获得全面保险和认证良好农业规范等。同时还通过发展社区支持农业,以及建设农场商店和视频中心等形式,帮助中小农场拓展市场空间。③

第七,动员社会资源参与,并注重政策执行效率和可操作路径建设。美国在推进农业农村发展过程中非常注重发挥社会多元主体的作用,动员社会力量参与,以提升项目的执行效率,如在农村社区和农牧场建设中充分依托合作组织和公益性组织为农牧场主提供培训、教育和技术服务等。同时还注重利用生产性服务机构提升相关政府部门的管理和服务水平,如通过互联网技术服务部门构建农产品的采集、流通和追踪等信息服务系统,便于监管食品流通和提升产品质量。为了提升项目可操作性和执行性,2014 年美国农业法案对多项农业农村项目进行整合,消除重复性要求,提升执行程序的简易化程度并做好相关数据整理和收集工作,方便后期政策优化和监督政策实施效果。

综合分析,美国农业强势竞争力和农村现代化等成就取得,离不开政府制定农业农村发展政策的连贯性和解决问题的高度针对性,总体可归纳为:不断提升农业的现代化水平,增强农业生产力、竞争力和抗风险能

---

① The Conservation Reserve Program (CRP) is a cost-share and rental payment program of the United States Department of Agriculture (USDA). Under the program, the government pays farmers to take certain agriculturally used croplands out of production and convert them to vegetative cover, such as cultivated or native bunchgrasses and grasslands, wildlife and pollinators food and shelter plantings, windbreak and shade trees, filter and buffer strips, grassed waterways, and riparian buffers. The purpose of the program is to reduce land erosion, improve water quality and effect wildlife benefits.

② USDA, "Agricultural Act of 2014: Highlights and Implications- Beginning Farmers and Ranchers", https://www. ers. usda. gov/agricultural-act-of – 2014 – highlights-and-implications/ beginning-farmers-and-ranchers/.

③ USDA, "Small and Mid-Sized Famer Resources", https://www. usda. gov/topics/ farming/resources-small-and-mid-sized-farmers.

力;发展并拓展农业产业链的同时,积极引导农村区域非农产业发展,增加乡村地区就业增收机遇;坚持以效率为原则,争取农村产业项目推进的可获得性;促进农村地区创业创新能力提升,实现农村区域多元经营主体包容性发展,如扶持中小农场、牧场和农村小企业共同发展等。

尽管中美两国国情和发展阶段等存在明显差异,但总结美国推进农业农村发展的举措经验,对于我国城乡融合发展的实施具有显著启示作用。

一是要基于农业多功能性,鼓励多样化农业产业模式发展并不断提升农村经济内涵,实现农业价值增值的乡村内部化。以农村产业融合发展为依托,一方面丰富农村的产品供给种类,另一方面整合城乡产业链资源,实现产业资源要素在城乡间的均衡分布,这既为农民增收提供了可能,也为乡村集聚了城市产业要素,有利于推进城乡发展均衡。

二是研究实施国民营养保障计划,政策指引农产品生产与消费的高效衔接。美国农业部门为低收入人群和特定人群制定的食品营养计划,不仅促进了农产品生产、加工、包装、运输等产业链的有效整合,而且还以"地产地消"模式促进了农产品生产与消费的有效对接。当前我国经济社会发展中仍存在着体量庞大的低收入群体,[①]而且城乡社会保障体系的不均衡现状也使得小城镇和乡村地区老龄化及特殊类人群的饮食营养问题非常突出。所以,制定并实施国民营养保障计划,以政策巩固并扩大农业产业消费空间,有助于预防农产品供给结构失衡和进一步深化农业供给侧结构性改革,这也是对我们党坚持的"以人民为中心"发展理念的具体落实。

三是构建科学的生态保护体系,并注重保护产业经营体的利益。生态文明建设是关乎新时代我国经济社会健康发展的重大决策部署,要求

---

① 根据国家统计局的标准,截至 2019 年,我国中等收入群体大概有 4 亿人,还有 10 亿人左右未达到中等收入群体的标准。参见胡畔:《低收入群体是中国经济新动力》,《中国经济时报》,2019 年 9 月 9 日第 A03 版。

"像保护眼睛一样保护生态环境,像对待生命一样对待生态环境"[1],对此从中央到地方都高度重视生态保护工作的开展。然而部分地方环保执法部门的"一刀切"或"简单化"执法行为频繁发生,严重干扰了地方产业的正常发展秩序。尽管生态环境部对此专门发布了《禁止环保"一刀切"工作意见》的文件,但仍难以彻底纠正部分地方执法部门的不合理执法行为,究其原因,从表象分析多属部分地方政府的"庸政懒政怠政"行为所致,但根本原因还是在于当前我国生态保护工作正处于实践探索和体系性构建阶段,环保工作的开展缺乏分类施策、标准明晰、科学有效的治理体系。因此,地方政府迫于行政传导、环保督察等压力而采取了简单化的执法方式,对本地产业发展造成非常严重影响。[2] 我国城乡融合发展的持续推进,离不开城乡产业共同进步,特别是乡村及小城镇产业的发展壮大,所以地方执法部门需要积极探索兼顾产业发展和生态环境治理的科学手段,并充分保护产业者利益,指导、扶持和奖励弱小产业主体参与生态保护,使保护生态真正成为社会民众乐于参与和广泛参与的自觉行为。

最后,多措并举,重点扶持乡村小微经营体发展。目前,我国各类新型农业经营主体多处于产业发展初期阶段,在融资、土地经营权流转、销售、生产技术引进等多方面面临困难。而美国优先以中小农场和小企业为资金扶持和采购对象的举措,对指导我国农村产业发展的相关政策改革和实践创新具有很好的借鉴作用。一方面通过金融政策创新,改变涉农产业体信贷困难;另一方面,鼓励企事业单位、便民超市等优先采购小型农产品经营体的产品,且精准扶贫工程中《政府采购贫困地区农副产品实施方案》的实施,也对此作了有益探索和经验积累。而且,还需要充分调动社会资源,以更广泛的金融、技术和服务来源支持农业产业经营水平提高,

---

[1] 中共中央文献研究室编:《习近平关于全面建成小康社会论述摘编》,北京:中央文献出版社,2016年,第176页。

[2] 吴舜泽:《环保"一刀切"是环境与经济双输的形式主义、官僚主义》,《中国环境报》,2018年9月14日第2版;余斌、袁东明、李广乾:《绿色发展环保整治"简单化"与"一刀切"问题研究与对策建议——以广州花都(清新)产业转移工业园为例》,《发展研究》,2019年第5期,第58—62页;刘传义:《汲取教训,坚决杜绝环保"一刀切"》,《中国环境报》,2019年9月6日第3版。

如对农民进行技能培训、技术指导、法律援助、流通服务,等等。

(二)关于法国推进农业农村现代化的经验总结与启示

20 世纪 60 年代后期,为应对因农村劳动力特别是青年农民流失导致的农村衰败问题,法国政府积极从两方面推行乡村政策,促进农业农村发展转型。第一个方面就是,推动农村经济多元化发展,提倡新型农业规模化经营和注重农业技能型青年人才培养,并完善农业基础设施和生产服务体系建设;第二个方面就是,改善乡村社会、生态及文化等,提升乡村居住环境和公共服务质量,以此提升乡村生活环境的吸引力,进而刺激人口由城市向乡村回流就业和生活。特别是在 20 世纪 70 年代以后,随着城乡居民生活条件改善,法国政府日益关注城乡均衡发展问题,推进乡村生活设施现代化,缩小城乡差距。同时也积极挖掘乡村的多元化价值空间,推动乡村价值发挥从单一的农产品生产到休闲旅游和生态体验等多元化转型,不断丰富乡村经济结构,乡村地区也由此从农民居住地转变为城乡居民共同的住所,促进了逆城市化发展。总体而言,法国指导农业农村现代化发展的具体实践大致如下。

第一,鼓励农地规模化经营,提高农业机械化程度。从 20 世纪 60 年代起,法国政府主导推行"一减一加"政策,即一方面鼓励农村年轻劳动力离土离乡,从农业领域向城镇工业领域转移;另一方面,根据法国人少地多的特点,扩大农场规模,而且确定农场唯一合法继承人,预防碎片化经营。不仅如此,法国政府还推出"父子农场""兄弟农场"等举措,鼓励以土地入股实现经营规模扩大,并以税收优惠等政策倡导农业产业开展联合经营。但同时,政府针对农场的规模也作了限制,防止无限扩大。为保持农业产业高效发展,法国政府引导建立了老年农民退出和青年职业农民培育机制,对于那些自愿退出或流转农场的农场主发放退休金或补助金,并帮助年轻农场主流入土地以扩大经营规模。在农业规模化经营基础上,法国政府坚持"以工养农"理念,甚至不惜举借外债对农业生产进行大规模投资和实施相关补助,尤其是在农场机械化方面,法国仅用 15 年的时间就实现了全国农业机械化,这也为城市产业发展流转出大批农业剩余劳动力,进一步促进了城市化快速发展。

第二,推广现代"理性农业"理念,并加强农村公共服务建设。为提高农产品质量和兼顾乡村资源环境保护,实现可持续发展,法国政府在20世纪80年代末提出了"理性农业"理念,其目的在于减少农业生产过程中对于化肥、农药等的过度依赖,以农业多功能性的开发协调消费者、生产者和资源环境等多方面的利益,实现农业农村可持续发展。对此,法国政府出台了一系列措施,其中的具体实施细则就有14条98项,目标清晰明确,使农场经营者有章可循和有法可依。[1]为缩小城乡生产生活差距,法国政府对农业水利、农村道路、农田土壤、农民生活水电等基础设施进行了大型改良。同时,政府出资补贴专门的农业金融机构,鼓励他们向农民提供优惠贷款。而且,为丰富农业产业服务体系,政府鼓励和扶持农民成立工业供销或服务专业合作社,并借助"农业社会互助"这一形式完成了全国农村人口的社会保险。法国农业互助保险社从最初的农民自发成立到全国范围内迅速推广,离不开政府的认可与支持,且伴随险种的不断丰富,其几乎涵盖了法国农业生产的各个环节和领域。[2]

第三,实施农村产业融合发展,并坚持因地制宜原则。法国在提高农业机械化和规模化水平的同时,也十分注重农业多功能性开发,大力发展农产品加工和乡村旅游等产业,拓展农业农村价值空间。众所周知,法国以葡萄酒酿造闻名世界,其在大力发展优质葡萄种植和酿酒产业过程中,也积极挖掘种植园的旅游价值,发展乡村旅游。对此,法国政府先后推出了国家公园制度、区域自然公园制度、乡村整治规划等,并结合乡村自然文化资源保护和生活接待设施改善等工程,为乡村旅游产业发展提供良好的基础条件。

第四,基于农村资源禀赋和发展基础的差异化,法国政府针对不同农村地区的人口、资源及发展难题等具体情况,采取了灵活多样的发展举措。如1995年,法国政府推出农村复兴区政策,将农村分为城郊农村、新

---

① 戴蓬军、耿黎:《法国的理性农业及启示》,《农业经济》,2010年第12期,第9—11页。
② 吴继轩等:《唐山市城乡一体化的理论与实践》,保定:河北大学出版社,2014年,第32页。

型农村和落后农村,依据它们不同的产业状态而针对性提供如手工业、贸易、研发、制造等领域创业活动的长期税收优惠政策。2005 年,法国政府又进一步推出了"优秀农村中心政策",对优秀中心村镇提供发展资助和政策扶持。[1]

第五,优化农村居住环境,促进城乡交流。从 20 世纪 70 年代末开始,随着法国乡村产业结构不断丰富,尤其是位于沿海和山区等文化或自然资源较丰富区域的农村以及大城市周边的乡村,开始吸引城市居民和部分年轻劳动力流入,乡村生活逐渐成为城市居民追求的对象,甚至部分城市居民开始选择乡村定居。在此背景下,法国政府积极出台政策并完善相关法律,实施乡村规划、土地整理、公共设施提升等工程,例如支持乡村旧宅改造和新宅建设等以满足城市居民到乡村游玩、休憩甚至定居的需求。农民住宅的创新使用,促进了城乡交流,优化了农村居民人力资源结构[2],也为农村产业发展带来了人才供给和消费空间。

法国农业农村发展同城市化紧密相连,以城市化为依托实现农村人口市民化转移,进而为农业现代规模经营奠定基础,并在后期城乡发展中为提升乡村发展质量,采取一系列发展举措缩小城乡差距。这一发展历程对于新时代我国城乡融合发展而言,具有诸多启示。

首先,破解目前我国农业剩余劳动力转移问题,需以城乡共同发展为基础,合理转移农业剩余劳动力资源。因此,我国新型城镇化需要继续加大新型工业化发展力度,以二、三产业发展为农民向城镇区域流动提供充裕的就业空间。同时,还需依据农民自身意愿而有序推进农地经营权流转工作,发展适度规模化农业经营,并以新型职业农民培育保证农业产业现代化的有效劳动力供给。

---

[1] 冯建喜、汤爽爽、罗震东:《法国乡村建设政策与实践——以法兰西岛大区为例》,《乡村规划建设》,2013 年 01 期,第 115—126 页。

[2] 1990 年,法国农村居民中农民、自由职业者和企业主、中高层管理人员、雇员和个人、退休农民、非农民退休人员分别占 9.9%、6.9%、14.9%、27.6%、11.1%、29.6%。参见汤爽爽、冯建喜:《法国快速城市化时期的乡村政策演变与乡村功能拓展》,《国际城市规划》,2017 年第 4 期,第 104—110 页。

其次,坚持可持续发展理念,保护生态资源与农村人文资源。农业生产的自然属性决定了其与生态环境质量密切相关,二者互为作用。新时代我国社会主要矛盾转化,在食品消费方面的体现之一就是对无公害、绿色和有机食品的需求成为共识。这就要求新时代我国农业生产要适应城乡居民消费需求的转变,提高农产品质量,减少农药、化肥等使用量,实现农业生产绿色化、无公害化,并由此逐步构建出农业生产工艺与自然生态间的和谐机制,使农业成为自然环境的有机组成而被赋予除农产品产出之外的更多功能价值。另外,我国悠久的农耕文明和地域文化多样性等特点,成就了中华文明的强大生命力,但当前我国社会工业化、城镇化高速发展淹没了农业农村文化生存空间,农村人文遗迹和自然风景等也处于被忽视的边缘地带。法国关于农村自然和人文资源开发的成功经验表明,随着农村基础设施建设和公共服务体系发展不断健全,农村产业经济和人居环境等方面的价值会不断突显。因此,新时代我国城乡融合发展需坚持新型城镇化发展理念,提升农村公共事业发展水平,并注重农村自然资源和人文资源的保护与开发,使农村产业融合发展和人居环境改善等成为农民市民化的生产生活基础。

再次,提高政策的灵活性和针对性,因地施策。法国政府针对不同地区和不同发展阶段的农业农村实际,进行了差异化政策设计,这对于地域间产业资源禀赋和发展程度均存在较大差别的我国而言,非常值得借鉴,要求对不同地域农业农村的发展层次及目标定位等做出差别化设定。所以我国城乡融合发展的政策制定和实施,也需兼顾统一性和灵活性,以分类施策提高发展实效。

最后,实施农村产业融合发展以促进城乡融合,需要充分盘活乡村"沉睡"资源。如 2018 年中央"一号文件"就农村闲置宅基地问题指出,要完善农民闲置宅基地和闲置农房等相关政策,探索宅基地所有权、资格权、使用权的"三权分置",适度放活农民宅基地和房屋的使用权,进而活跃农村市场经济,促进农民增收。针对类似问题,法国政府在 20 世纪 80 年代采取了乡村废旧住宅改造工程,以满足城市居民的游玩或居住需求,这在提高乡村居民经济收入的同时，也优化了乡村人力资源结构。未来较长时期内，我国农村人口大规模向城市迁移仍是城乡人口流动的大趋势，农村废旧宅基地资源闲置问题将会愈加突出。但目前针对农村废旧宅基地改造利用和新居住设施建设的相关政策法规推出及地方实践等，还处于小范围试点状态。因此，为适应和吸引城市居民在乡村消费与生活，亟需具有乡村旅游资源的地区实施废旧宅基地改造工程，激活这一"沉睡"的产业资源。

（三）关于日本推进农业农村现代化的经验总结与启示

日本农业产业发展是以分散的小私有家庭经营为基础的，日本政府自 20 世纪 50 年代开始大力推广农业科技和改善农村生产条件，农业产业逐渐向适度规模化经营转变。日本在城市化前期，依托工业化快速发展吸引了大量农村人口流入城市，而农业的规模化经营和先进产业技术投入等进一步促进了农村人口流出和向城市集中，也因此导致了大城市人口过度集中和农村"过疏化"的城乡不均衡矛盾，人口的分布失衡限制了城乡社会可持续发展。

从总体上归纳，为破解城乡失衡矛盾，日本政府大致从如下几方面进行了探索实践。

第一，将城市和乡村视为一体，统筹规划产业布局。日本选择城市工业高度集中的发展战略，但并非孤立地发展城市而忽视乡村地区，而是积极鼓励工业合理地向农村和中小城镇转移扩散。日本政府在规划城乡产业时，将城市和乡村视为一个统一体，城市功能的设定并不局限于城市区域内，而是辐射周边乡村，例如城市商业和娱乐产业的空间设置和建设规模，严格按照城乡辐射圈的大小进行合理建设。在这一发展理念指导下，日本城市与乡村之间的界限逐渐趋于模糊和淡化，为城乡经济和社会生活一体化奠定了基础，进而以产业为基础带动城乡融合发展。

第二，发挥政府主导作用，扶持乡村及落后区域发展。日本政府为了合理布局工业化发展，连续五年实施《全国综合开发计划》，进行町村合并，集约化利用工业用地并投入大量资金以加大对中小城市及农村地区基础设施的投资建设,吸引城市工业向农村转移。为扶持山区农村和人口过疏地区的产业发展,日本政府出台了如《过疏地区活跃特别措施法》《半岛振兴法》《山村振兴法》《大学地区对策特别措施法》和《离岛振兴法》等多项专门法律,以"对症下药"的模式发展偏远、落后区域。早在20世纪60年代,日本政府就已注意到了由农村尤其山村地区经济落后所引发的社会问题,因而除制定并出台相关文件外,还专门在农林水产省下设立了农村振兴局,作为专业职能部门推进相关政策、项目、法律等的制定与实施,并负责与其他相关部门进行沟通协调。

第三,开发农业多功能性,拓展农业农村价值空间。为促进农业产业价值增值,日本政府自20世纪90年代后期开始大力推行"六次产业化",在充分挖掘农业多功能性基础上提升乡村地区产业经济发展活力,实现了将以往流出农村的就业岗位和附加值内部化。农村经济的活跃和农民收入提升,一定程度上化解了日本农村因年轻劳动力流失而导致乡村老龄化、町村过疏化和城乡发展失衡等难题。"六次产业化"不仅丰富了日本农村经济结构内涵,提升了农业农村发展水平,也顺应了城乡居民农产品消费的健康化、安全化、体验化等趋势。并且,日本乡村地区的基础设施也相应得到了改善,带动了混合居住文化、农产品"地产地消"等的发展,为城乡融合发展创造了途径。

第四,发挥农业合作组织功能,提升农民生产生活保障。1947年,日本政府出台的《农业协同组合法》正式赋予了农业协同组织(简称"农协")法律保障,自此农协组织在全国迅速推广,现已成为日本农业农村发展的必要组成部分。伴随日本农业规模化和市场化发展,为满足农业产业化发展需求,日本政府又先后出台了《农业整备措施法》和《农协合并促进法》,进一步巩固和加强了农协组织在农业生产中的功能地位。从组织架构和功能分类等方面分析,日本农协不仅建立起了从上而下的垂直体系,而且在横向层面也形成了功能定位不同的农协组织,如横向发展的综合性农协和专业性农协,前者主要涉及成员日常生产,后者主要以特定农产品生产为业务内容。随着农协组织影响力扩大,其业务领域也逐渐涉及到农民生产生活的诸多方面,如为提高农产品营销水平,农协对农产品组织实施统一评级和调度,配备评级中心和现代化温控仓储设施等;为便于降低农民的生产成本,农协推出统一的农资采购计划,甚至部分地区农协还专门针对成员设立农资连锁超市。农协不仅带领农户实现了经济收益的增加,还协同政府承担起了部分社会保障职能,如完善农村福利保障体系、医疗保健体系、环境卫生体系及基础设施建设等,提升农民家庭日常生活保障。但同时不可否认,农协的强大功能也造就了其在日本农业生产中的垄断地位,对于农产品价格设定、农产品进出口及农业领域的金融活动等带来了一些消极影响。

所以,借鉴日本指导农业农村发展的成功经验同时,也不容忽视其中存在的问题或教训。自 20 世纪 60 年代末开始,日本政府将兼业型小规模农户和专业型的规模经营体作为农业发展的重点支持对象,并在后期逐渐放宽了工商资本进入农业农村的限制。这些政策的取向,原本是为追求农业规模化效益和提升其现代化水平,但由此却导致了严重的问题,即具有强势资本的涉农企业和规模经营农户挤占了普通农户的收益空间,引发了一系列社会问题和国内矛盾,因而近些年日本政府又将提高小农户的经营能力作为提升本国农业竞争力的重点,并积极推行农政改革。对此,非常值得我国在实施农村产业融合发展时引以为戒,应始终坚持维护普通农户家庭的利益为根本原则,农村经济发展和产业升级须以普通农户的广泛参与为基础。

新时代我国农业生产面临着复杂的结构性转变,一方面要求继续发挥政府在资源要素配置中的主导地位,另一方面也要求农业产业发展应更具有市场化能力,适应城乡社会发展需求。因此,日本政府关于统筹城乡资源配置的关键举措对于我国新时代城乡融合发展而言,其首要启示就是要充分发挥政府调控作用,将城市和乡村视作一个有机整体,政府在引导城市产业发展及生活设施筹建等过程中,需淡化城乡界限,以城市功能向乡村区域的扩散转移带动城乡经济社会一体化发展。二是要建立健全相关法律体系,以具体且高度针对性的法律法规弥补市场调配资源的功能不足,并以制度化形式规范、督促地方政府行为,提高政策执行效率,保证落实到位。三是要以城乡居民消费升级为契机,实施农产品"地产地消"工程和开展文化下乡活动,带动乡村产业和文化发展。四是进一步加大乡村公共事业发展力度,以乡村生活居住条件的改善引发逆城市化,驱动城乡深度融合。最后,同日本农协组织相比,我国农民合作社组织在组成架构、功能类别、涉及领域等多方面还存在较大差距。同时,当前我国农民合作社组织"空壳化"问题也亟待解决。所以,一方面需借鉴日本以法律为指导手段的经验,逐步完善我国关于农村合作组织的法制化体系建设;另一方面,充分发挥并不断拓展农民自发组织在农业农村发展中的功能作用,这将有助于弥补我国基层政府在资金、技术、管理、公共事业发展等方面存在的不足。

(四)关于韩国推进农业农村现代化的经验总结与启示

二战结束后,韩国政府为恢复国民经济,分别采取措施着力改变农业和工业的落后生产现状。为促进工业发展,1962 年,时任韩国总统朴正熙提出实施"经济开发 5 年计划",自此工业进入快速发展状态,工、矿产业的年均增长速度从 1962 至 1966 年间是农渔产业的 2.76 倍扩大到了 1967 至 1971 年间的 10 倍。[①] 但自 20 世纪 60 年代,部分国家和地区改变了"先集中在城市发展工业,再回到农村,支持农业发展"[②]的思路。此时,韩国城市快速发展[③]与乡村人口流失、农业生产凋敝、道路水电等基础设施严重不足等构成鲜明对比,社会矛盾加剧。迫于形势压力,韩国政府开始了一系列发展乡村事业的探索[④]。由于韩国以出口导向的工业化发展奠定

① 李秀峰:《韩国新农村运动的成功要因分析》,《当代韩国》,2014 年第 3 期,第 106—112 页。
② 王雅芹等:《城乡一体化进程中的三农问题研究》,保定:河北大学出版社,2014 年,第 37—38 页。
③ 韩国政府在 20 世纪 60 年代借助工业化高速发展,出现了一大批新兴城市,吸引了大批农村人口向城市集聚。截至 1997 年,韩国农业人口从 1970 年的 1 440 万人减少到了 450 万人,2001 年农业人口比重下降到了 7.7%。参见 陈昭玖、周波、唐卫东等:《韩国新村运动的实践及对我国新农村建设的启示》,《农业经济问题》,2006 年第 2 期,第 72—77 页。
④ 如地区社会开发事业、国民再建运动、政府支援事业等,这些探索尝试为新村运动的开展奠定了基础。参见 金俊、金度延、赵民:《1970—2000 年代韩国新村运动的内涵与运作方式变迁研究》,《国际城市规划》,2016 年第 6 期,第 15—19 页。

了工业支援农业的基本财力基础,于是基于宏观层面上城乡协调发展的需求、微观层面上农民对美好生活的诉求和政治最高领导人的个人理念等多因素综合作用,韩国自20世纪70年代开始大力推行"新村运动"。

"新村运动"的提出和实施,在韩国农业农村现代化进程中发挥了无可替代的作用,实现了城乡居民收入差距明显缩小,农户年均收入甚至一度出现了超越城市家庭的现象[①]。近年来,韩国政府根据农村经济多样化发展的现实需求,又于2014年出台了《农村复合产业培育与发展支援法》,将农村一二三产业融合发展纳为重点发展对象,且发展成效显著,2014年韩国农林部认定的400家"六次产业"经营示范体的销售业绩比2013年增长了11.2%。

从推动农业农村发展视角分析,韩国指导"新村运动"实践的主要特点如下。

第一,以农村的直观改变引发农民行为自觉。"新村运动"最初以村民投票方式选出如公路、水井、房屋修葺、农村电气化及环境美化等基础设施建设项目为主要内容,这不仅是因为当时的韩国农村居住环境破旧、脏乱和交通不便等客观原因引发的农民迫切需求,还因为当时财政资金有限,对于农民而言这是最容易和力所能及的,同时也是最能直观感受到的变化,有利于调动农民参与的积极性。所以韩国政府最初免费向全国每个村提供水泥、钢筋等物资,由村民自己规划和施工,以改善村庄基础设施。同时在物质资助上设立了"奖勤罚懒"政策,从全国农村中评选出基础村、自助村和自立村,政府的后期资助主要配给自助村和自立村,并对于进步显著的村庄给以更多物质和资金奖励。由此,通过村民自主规划方案和实施,结合直观的生活环境改善和村间成果对比等激励,逐渐形成了"勤勉、自助、协作"的新村运动氛围[②]。

第二,以智力引入、文教浸染及典型嘉奖等形式启发农民精神自觉。

---

① 韩道铉、田杨:《韩国新村运动带动乡村振兴及经验启示》,《南京农业大学学报》(社会科学版),2019年第4期,第20—27、156页。

② 解安:《韩国新农村运动经验及其借鉴》,《中国社会科学院研究生院学报》,2007年第4期,第11—16页。

韩国政府在"新村运动"之初便成立了"新乡村运动中央协议会"和中央研修院等,形成了上下一体的全国性机构,专门负责培训"新村运动"的骨干力量,培训内容涉及农产品开发、经营创新、理念更新及文化教养等多方面。① 借此,韩国政府为全国 3.4 万个村庄分别选派了新村指导员,他们只是除享有农业贷款和公务员录用等方面优先待遇外的没有酬劳的志愿者,但他们要胜任"指导员"这一角色,不仅要掌握有农业技术,还要具备组织动员、项目规划及产业经营等才能,带领村民争取经济收益增长。通过委派新村指导员驻村形式,农民获得了技术指导、收入增加和自助自立的思想启迪。

精神教育作为"新村运动"研修班的主要内容,得到时任总统朴正熙的赞同和大力支持②,而且他还非常重视以通俗易懂的题材对普通农民进行精神教育。就此,他亲自创作出《新村之歌》,激励农民改变"等靠要"的懒散行为和发扬勤勉自立精神。同时他还"定期召开国务会议,听取来自基层的成功案例,并利用当场颁奖和共进午餐等象征性活动,"③鼓励"新村运动"的模范典型,如代表人物河四容④。

第三,以农民利益为中心,赋能农民协会职能专业化发展。农业因其生产的特殊性而存在融资困难的特点,世界各国对此多通过政府主导资源要素投入的形式弥补农业产业融资困难的不足。但韩国化解农业生产面临的融资困难,离不开体系发达的农协组织,其业务领域涉及金融保险、物资装备、技术指导、销售物流等多方面。

伴随"新村运动"深入推进,农业生产的技术进步使得生产环节已不再是农民经营中的难题,反而销售困难自 20 世纪 90 年代愈加突出。但由基层农协按章程自愿出资加入而形成的农协中央会,其将运营的主要内

---

① 吴继轩等:《唐山市城乡一体化的理论与实践》,保定:河北大学出版社,2014 年,第 38—39 页。
② 韩道铉、田杨:《韩国新村运动带动乡村振兴及经验启示》,《南京农业大学学报》(社会科学版),2019 年第 4 期,第 20—27、156 页。
③ 李秀峰:《韩国新农村运动的成功要因分析》,《当代韩国》,2014 年第 3 期,第 106—112 页。
④ 李拯宇:《"我来做""我能行"——听韩国农民河四容讲新村运动的故事》,《农民文摘》,2007 年第 1 期,第 52—53 页。

容放在了金融事业领域，而关于解决农产品购销难题的投入资金过少，致使农民的销售难题长期未得到根本解决。迫于农民要求改革农协中央会的强烈呼吁，韩国政府最终出台了新的《农业协同组合法》，将农协中央会的"农政"事业（如农业政策建议、农民技术培训、农民组织化管理、农产品收购和物流等）和金融事业（如农业贷款、保险，农协证券、期货等）分离，由此推动了农协的职能专业化发展。因为在"新村运动"开始后的较长时间内，韩国一直没有农业类银行为农民提供贷款，但一方面农协内的成员间存在资金互助现象；另一方面，农协中央会扮演着农业政策性银行的角色。因此，农协中央会金融事业分离出的农协经济股份公司和农协金融股份公司等专业化机构，以及更进一步细化出的农协银行、农协损害保险、农协证券、农协资产经营、农协生命保险等精细化分支，为农业农村发展提供了多方面的金融支持和政策优惠。

第四，发挥全社会资源力量，形成公众参与的广泛效益。20世纪70年代中期开始，基于"新村运动"精神鼓舞，企业家、知识分子、社会知名人士、宗教人士及学校、企业和城市社区等也积极投入到乡村建设事业中，参与和支援"新村运动"。如科技人员下乡，为农民普及科技知识，指导农民提高生产工艺；城市社区开展直接的下乡采购活动，既节省了物流成本，又能获得质优价廉的食品，还直接增加了农民的销售收入；企业与农村建立"一对一"支援关系，为农村提供技术、销售、加工等方面的援助；一些偏远山村借助旅游公司帮扶，发展为旅游新村；一些城市与农村结成"姐妹"关系，向农村捐赠书本、衣服，收购农副产品，等等。社会各界的广泛参与，在增加农民经济收入的同时也带动了农村社会事业多领域发展水平提升。

此外，韩国政府还大力提倡兴办乡村社会事业，如韩国政府扶持乡村建设村民会馆等场所，方便农民举办集中讨论和民俗活动等。为更好地保障乡村全面发展，韩国政府强调发展成果惠及全体农民，如强制性推行医疗保险；为保障贫困农户家庭基本生活，政府实施"自助劳动计划"和"新村劳动收入计划"等，为农村贫困农户提供短期劳动密集型产业的就业机会,或者提供如街道清扫、垃圾清理等简单公共服务项目的工作机会,帮助他们获取基本生活保障。

总结而言,韩国"新村运动"形成了一系列激励机制,取得了农民和其他社会力量广泛、积极参与乡村建设的良好成效。其作为一个从战后国家快速步入工业化发达国家的典范,为亚非拉等多数发展中国家进行现代化建设提供了学习和借鉴的样板。[①] 针对新时代我国城乡融合发展而言,要补齐农业农村发展落后的"短板",首先需要改变以往"输血式"的工业反哺农业的路径依赖,充分调动农民参与的主观能动性,例如目前我国"精准扶贫"中表现出的"等靠要"现象,除地方扶贫政策或机制等原因导致外,更深层原因在于农民的主观参与意识不强。韩国"新村运动"以农民呼吁最强烈、力所能及和变化最直观的村容村貌治理入手,并设置"奖惩"机制的做法非常值得我国地方实践借鉴,以改变以往农民被动参与的形式。

其次,从我国提出"工业反哺农业"的城乡发展理念至今,尽管从政策、金融及公共服务等多方面进行了一系列改革,投入了大量人力、财力和物力,但政策预期仍不理想,未形成持久、广泛动力机制的重要原因之一就是忽视了相关的文化建设。以新农村建设为例,其动力结构以政府政策引导和财政投入为主,既忽视了对农民参与积极性的调动,也未形成社会力量广泛参与的城乡良性互动局面,结果导致新农村建设过多停留在农村居住环境改善的层面。因此,推动新时代我国城乡融合发展,必须要弥补文化层面的建设不足,以文化宣传、教育培训和价值观引领等激励农民主动地投入农业农村发展中,并加强对全社会的宣传引导,形成诸如城市企事业单位、社区和门店等同农村开展"一对一"帮扶活动的氛围,进而以城乡社会的广泛互动加速和拓展城乡要素流通。

再次,尊重农民意愿,借助农民自主决策权的发挥促使农民由"乐于参与"向"主动投入"转变。韩国"新村运动"以农村基础设施改善为开始,以及后来关于农协中央会的改革等,都以农民意愿为政策制定的重要参

[①] 卢中华、王郡华:《城乡一体化的国际经验及其对我国的启示》,《临沂师范学院报(社科版)》,2008 年第 5 期,第 84—89 页。

考。新时代我国城乡融合发展,农民向城市流动和农村内生式发展并重,前者主要以城镇化发展为基础,后者主要以农民为主体的农业产业发展为支撑。所以,政府在制定政策过程中,需要充分结合农民呼声,做到因势利导。例如地方政府在制定地域产业指导政策时,应充分听取农民及各产业经营主体的意见而避免片面地执行上级行政文件,真正落实"把人民拥护不拥护、赞成不赞成、高兴不高兴、答应不答应作为衡量一切工作得失的根本标准"①。

最后,与韩国和日本等国家的农协组织不同,我国农民协会组织在新中国成立后不久便被撤销,其经济功能被农民互助合作社取而代之,但当前我国农民互助合作社"空壳化"问题亟待整治,否则单纯依赖基层政府的职能发挥是难以满足农村产业融合发展在资金、技术、产业链整合等方面的多样化需求的。并且政策制定的周期性特点也使政策本身难以与现实发展保持动态化同步匹配,由此更加需要借助农民互助合作社的功能发挥弥补政策指导的不足,助力乡村社会全面发展。

第二节　以乡村内生式发展推进我国城乡融合的现有不足

一、农村产业融合发展存在的"短板"问题

自 2015 年中央"一号文件"首次正式提出实施农村产业融合发展以来,一系列相关政策举措被提出,但实际发展中仍存在一些"短板"因素,限制了农村产业融合发展的效能发挥,需要进一步对农业产业发展加大扶持力度、精准扶持对象和精细扶持体系等。

(一) 金融资金匮乏与融资困难

新型农业经营主体作为当前我国农村产业融合发展的主要引领者,

---

① 习近平:《不忘初心,继续前进》(2016 年 7 月 1 日),《习近平谈治国理政》第二卷,北京:外文出版社,2017 年,第 40 页。

普遍存在资金不足和融资困难等难题,成为产业发展中的一大障碍。以涉农龙头企业为例,作为农村产业融合发展中标准化、产业化、规模化经营的引领示范者,在技术引进、规模经营、产品营销等多方面都需要足够的资金支持。此外,家庭农场、专业大户及农民合作社组织等新型农业经营主体多是在农户原有种、养等基础上的适度规模化经营,也存在着明显的资金束缚。根据经济日报社中国经济趋势研究院组织的全国"新型农业经营主体发展指数调查(2018)"数据显示,在接受调研的新型农业经营主体中,分别有 18.87% 的家庭农场(大户)、26.40% 的合作社组织、68.49% 的涉农龙头企业表示在经营中存在资金不足与融资困难的困境,制约着进一步发展,其中有 70.77% 的龙头企业表示有借款需求。[①] 2016年,农业农村部组织对全国 2 998 个家庭农场进行了有效检测数据样本分析,结果显示:83% 的家庭农场表示有融资需求,但仅有其中的 13% 能够较易实现融资。获得借款的家庭农场中,有 66% 是从农村信用社或亲朋好友处获得的资金,而从农业银行、建设银行、工商银行、交通银行等各大型银行获得贷款的,仅占比 7%。对其中 1 145 个粮食类家庭农场进行有效样本分析,显示有 93% 的农场因资金不足和融资困难而无法达到扩大经营规模的目的,且有 82% 的农场表示经常处于资金紧张的困难状态。

尽管目前中央层面的政策逐步放开了金融体系对于农业农村的投资,鼓励银行、农村信用社等金融机构业务下沉,并不断加大对农村产业融合发展的支持力度,[②]如开发新型小农贷款、特色低息贷款等金融产品,扩大贷款抵押物范围,压缩贷款办理手续,加大信用贷款力度和拓宽融资

---

① 经济日报新型农业经营主体发展指数调查课题组:《加大新型农业经营主体的金融创新支持力度》,《经济日报》,2019 年 6 月 28 日第 15 版。

② 近些年的相关政策文件,如 2014 年由中国人民银行出台的《关于做好家庭农场等新型农业经营主体金融服务的指导意见》,2015 年由财政部、农业部、银监会等联合发布的《关于财政支持建立农业信贷担保体系的指导意见》,2016 年国务院办公厅出台的《关于完善支持政策促进农民增收的若干意见》,2017 年中共中央、国务院印发的《关于加快构建政策体系培育新型农业经营主体的意见》,2018 年农业农村部出台的《农业农村部办公厅关于做好新型农业经营主体信息直报系统贷款贴息试点工作的通知》,等等,都强调加大并细化对于农村产业融合发展的相关金融支持,逐渐丰富了支持农业农村发展的金融保障体系。

渠道,以及协调产业投资基金合作,等等。但一方面,由于我国农村产业融合发展实践历时尚短,与经营主体具体生产活动相对应的金融产品比较匮乏。且当前我国各地农村产业融合发展实践在如火如荼进行中,经营模式多样化和经营主体数量不断增大等,导致经营体融资需求旺盛和多样化。因此,"无论是金融相关产品、服务还是政策,对产业支持都处于不自觉地分散探索阶段,尚缺少专门的政策和产品,还不能满足其旺盛的金融需求。"[①]另一方面,目前金融机构苛刻的放贷标准使农业经营主体在融资方面存在着"麦克米伦缺口"[②]。因为相对金融机构目前"苛刻"的放贷标准而言,农村产业融合发展经营主体普遍存在贷款信用等级偏低、因农村产权市场不健全而可资抵押物有限等问题。另外,农业生产的周期性制约了经营主体还贷能力和拉长了还贷周期,进而也增加了获贷难度。

所以,如何有效发挥市场机制和政府主导作用,驱动金融资金向农村区域合理流动以扶持农村产业融合发展,成为新时代我国农业农村现代化的"必答题"。

(二)产业保障不足且发展基础薄弱

虽然近年来伴随国家先后提出实施新农村建设、美丽乡村建设和乡村振兴战略等,农村道路、水电等基础设施建设和乡村合作医疗等初见成效,但与城镇产业基础和社会公共服务资源配置相比,仍存在较大差距。这一方面抬高了新型农业产业经营主体在道路、水利、供电设施、网络等方面的投资成本;另一方面又因农村地区教育、医疗、人居环境等落后,降低了吸引就业创业人力资源的概率。当前,尽管国家在政策上鼓励地方政府规划建设农产品加工产业园区、创新创业园区、农业科技园区、涉农电子商务产业园等各类园区,从基础设施、财政、税收、房屋建造等多方面

---

① 张红宇等著:《金融支持农村一二三产业融合发展问题研究》,北京:中国金融出版社,2016年,摘要第3页。

② "麦克米伦缺口",即原指中小企业在发展过程中存在资金缺口,但资金供给方不愿提供对应的资金额度支持。在农村产业融合发展中,由于产业经营体贷款资质等通常难以达到现有金融机构的放贷标准,从而很难从银行等机构获得资金支持。参见田丽娜:《青岛市新型农业经营主体融资创新研究》,《产业与科技论坛》,2019年第13期,第25—27页。

给予支持,但由于农村道路、水电、网络通信等基础设施和相关公共服务基础偏差的普遍性存在,产业园区因与乡村整体发展状况的大环境间存在较大"落差"而难以形成"以点带面"的效果。因此,城乡基础设施互通互联的"脱节",延缓了农业产业新业态的出现和制约了特色资源开发,进而提高了农村产业融合发展的难度与风险。[①]

当前农村较高的产业资源整合成本和偏低的高效率生产工具普及等导致的农业现代化产业基础薄弱问题,增加了推进农村产业融合发展的成本。一方面,我国农户家庭经营耕地的分散性和长期性特点使得农村农地经营权流转机制发育缓慢,缺乏有效合理的发展平台。因此,基于规模化经营需求,其增加了各类新型农业经营主体的土地整合成本。另一方面,普通农户家庭经营多以口粮自给为生产目的,简单机械化作业在目前条件下已能够有效满足生产需求。因而长期以来,更高效率的生产设备因较高成本或较大运载空间等,难以在普通农户中获得广泛的使用需求,农民家庭经营的长期简单机械化作业现状导致先进农业科技应用缺乏有效的市场需求刺激。

目前我国仍广泛存在的传统农业生产格局,一定程度上造成了现代农业服务体系基础的薄弱,农业社会化服务供给主体与需求主体缺乏有效对接。经济新常态下,我国经济发展的"换挡升级"使得农民外出务工领域收紧,工资性收入增幅也明显趋缓,这些要求我国农业产业现代化升级不仅要有现代化产业体系和生产体系以丰富市场供给和提升生产能力,还要有现代农业经营体系以实现农业产业的产加销一体化发展,增加农业领域的非农就业供给,因而现代农业产业体系、生产体系和经营体系等三大体系构建与完善的过程,也是农村产业融合发展不断深入推进的过程。但当前我国农业产业经营长期受传统经营模式的影响,在产业内容、结构和资源利用等方面仍表现出对传统农业生产的路径依赖现象,现代化转型难度偏高,这也进一步显现了当前我国农村产业融合发展的薄弱

---

① 国家发展改革委宏观院和农经司课题组:《推进我国农村一二三产业融合发展问题研究》,《经济研究参考》,2016年04期,第3—28页。

基础。例如当前我国农业经营结构固化,农产品生产仍以"量"为主,供需矛盾突出。尽管我国粮食产量自 2003 年以来持续增长,但增长模式依然是以传统要素投入为主,缺少如基于"互联网＋"的信息农业和智慧农业产业发展,同时也缺乏绿色生态农业开发。再加上受国家粮食收储制度和粮食安全宏观调控等作用影响,农民从事农业产业以传统谷物生产为主,而对经济作物的生产相对不足。如 2004 年以来,我国玉米产量增长了一倍多,但并未与需求增长同步,却呈反向发展态势。与其相反,近年来我国对于大豆的需求量不断增加,但国内产量增长有限,导致进口量不断增加。

农村产业经营模式零散,缺乏体系化和标准化机制。缩小城乡差距的关键举措之一,就是要丰富农村经济内涵,以产业化发展拓展农民增收渠道。然而,我国传统小农经济模式和经营思维从具体生产行为到观念文化的根深蒂固,造成难以在短时间内改变乡村现有经营模式分散和产业体系标准缺乏等问题。当前我国农村家庭经营"小规模"与"大体量"的发展现实,增加了农业同二、三产业融合发展的难度,也因此束缚了新型农业经营主体同普通农户家庭形成利益共同体。

最后,当前我国农业产业仍较多停留在依赖拼资源投入的发展阶段,要素投入单一,资源"透支",如过度依赖化肥、农药等要素投入而忽视绿色生态保护。这种传统农业生产惯性导致农业农村生态资源消耗和透支过度,而且由于我国优质土地资源有限,农村产业融合发展也面临设施用地同耕地保护之间的矛盾。虽然我国国土面积广阔,但适合居住及耕种的有效适宜面积非常有限,其中适宜度为一类的宜居土地面积不足国土总面积的 20％,且这些土地与复种指数较高的优质耕地区位基本重叠。这些意味着推进农村产业融合发展需要改变对传统产业要素的依赖模式,增加创新科技投用,并以绿色生态理念为指导,精准规划土地用途类别和提高单位土地利用效率。

所以,当前我国农村基础设施建设不足和公共服务保障体系发展相对落后、现代化高效率农资设备普及困难、现代农业服务体系薄弱以及农业经营现代化转型难度较大等,造就了目前实施农村产业融合发展的产业保障不足且发展基础薄弱的困境。

(三) 人力资源存量不足与供给乏力

实现农村产业融合的深入发展,要求经营主体兼具生产和市场化运营的双重能力,摆脱传统的产业限制和观念束缚以获取职业化发展。然而目前我国农村产业融合发展面临着人力资源不足的困境,其中既有农村地区劳动力素质普遍偏低的"先天"因素,也有城乡发展差距造成农村人力资源流失的"后置"结果叠加。

伴随农村产业的转型升级,农民作为农村产业融合发展的参与主体应依据从业分工不同而具备专业化技能,这对农民素质提出了更高要求,所以当前我国农村主要以老、弱、妇偏多的劳动力结构难以满足农村产业融合发展需求。同时,现有新型农业经营主体从业者的产业素质不足,也是当前我国农村产业融合发展中亟待解决的问题。第三次农业普查信息显示,2016 年我国农业生产经营人员受教育程度是小学和初中水平的占比为 85.4%,高中及以上的仅有 8.3%。具体到不同的经营主体而言,农业规模经营从业人员的受教育程度也表现出类似的比例状况,小学和初中占比高达 86%,高中及以上的占比 10.4%;农业经营单位中的农业生产人员,小学和初中文化水平的占 68.8%,高中及以上的为 27.6%。所以,目前我国农业从业人员的文化水平,在一定程度上束缚着农业产业现代化水平提升的潜力,制约了先进农业科技投用。同时,从年龄结构层面分析,当前我国农业产业生产以中老年劳动力为主,而年轻劳动力均占比较低。如第三次农业普查数据显示,全国农业生产经营人员中,35 岁及以下年轻劳动力平均占比仅为 19.2%,具体到规模经营农户和农业经营单位中,分别占比也仅为 21.1% 和 19.7%,年轻劳动力的匮乏直接制约了新型职业农民培育和农村产业融合发展的人力资源供给。所以,当前我国农业从业人员的素质结构限制了农村产业融合发展水平和质量的进一步提高。且第三次农业普查显示,目前我国农业规模经营户和农业企业仍以种植业为主(在二者从事的农业行业构成中,种植业分别占比 92.9% 和

67.7%），这也表明当前我国农村产业融合发展的产业水平提升能力还不够充足，第一产业的传统特性仍表现明显。

随着互联网经济的发展，利用互联网平台技术能够取得供需精准匹配的效果，但应用数字技术，既是机遇，也是挑战。当前农村劳动力产业素质普遍偏低的现状，制约了数字技术在农业领域被应用的广度和深度。另外，从业人员受自身文化水平、年龄等局限而接受新事物和学习新知识能力不足，导致农村产业融合发展项目出现过度同质化和低水平化等现象，[①]这就背离了供给侧结构性改革背景下我国主导农村产业融合发展的政策初衷。实施农村产业融合发展并非是为了简单地迎合市场变化带来的新需求，更为重要的是以农村产业结构转型升级创造消费、需求和市场，进而以农村区域消费群体扩大、消费结构升级和消费潜力释放等形成对乡村基础设施、公共服务保障等方面的供给刺激，增强城乡融合发展动力。所以，深入推进农村产业融合发展，一方面需要各类城市产业人才参与，另一方面亟需提高农民的产业素质，培育职业化农民。

二、农村产业融合发展中普通农户[②]经营的发展地位不足

党的十九大报告针对小农现代化问题，提出了实现"小农户与现代农业发展有机衔接"的发展要求，并在 2018 年中央"一号文件"中针对如何促进小农户与现代农业衔接问题给出了具体部署。提升小农户经营的现代化水平，并以农户家庭经营为基础构建现代农业产业体系、生产体系和经营体系，对于满足农民的获得感、幸福感和安全感，以及推动农业产业的结构变革、效率变革和动力变革等都将起到根本性推进作用。所以，以农村产业融合发展为载体带动普通农户家庭经营现代化的现实意义重大。然而，实践中却存在着诸多问题。

---

① 陈英华：《供给侧结构性改革视角下农村产业融合的困境及对策——以山东省 T 市为例》，《农业经济》，2018 年第 3 期，第 6—8 页。
② 尽管"普通农户"在经营规模上同部分"家庭农场"或"种养大户"存在重叠，但为便于表述，本文中提及的"普通农户"，特指有别于家庭农场、种养大户等新型农业经营主体的传统家庭经营农户，属于小农户范畴的一类。

首先,普通农户家庭经营在农村产业融合发展的利益分配中,存在被边缘化的可能。农业种养大户、家庭农场、农民合作社和涉农企业等新型农业经营主体在农业产业融合中发挥着生力军的作用,是乡村振兴战略中推动产业兴旺的重要力量来源,并且伴随乡村人口向城镇转移,依赖农地获取家庭主要经济收益的农户也将更多选择农地经营权流转而进行规模化经营,新型农业经营群体也因此呈上升发展趋势。然而基于我国国情的客观现实,并不能否定普通农户家庭经营在农业产业发展中的主体性地位,普通农户家庭经营仍是我国未来较长时期内农村产业结构的基础单元。但相对于普通农户经营获得的支持力度而言,目前我国各级政府对新型农业经营主体倾注了大量的资金和政策扶持。并且由于多数地方政府从政绩考核角度定位,主导支持新型农业经营主体发展的工作,鼓励普通农户流转出土地,甚至部分地区出现了土地流转政策调节效应大于土地市场刺激作用的问题①,同时还为新型农业经营"造势"而达到更好彰显政绩的目的。也由此,地方政府的"政绩工程"行为导致部分新型农业经营主体"盲目"扩大经营,进而陷入过度依赖政府财政扶持的路径依赖,致使其内在发展动力和能力不足。所以说,"地方政府往往将农业经营体系转型的目标寄托于由土地规模化流转所形成的新型农业经营主体,在强推过程中,往往会直接或间接地损害到家庭经营农户的利益"②。

总之,在农业农村发展实际中,普通农户家庭经营面临的共性问题如农田基础设施不足、机耕设备更新困难、市场对接有限等,缺乏有效的政府层面支持,而新型农业经营主体在这些方面则具有相对优势。所以,普通农户家庭经营和新型农业经营主体在各自"先天"产业经营能力强弱对比与"后天"政府扶持力度不均的叠加作用下,普通农户家庭经营极易在农村产业融合发展过程中被边缘化,进而被"隔离"现代农业领域之外。

---

① 高静、王志章、龚燕玲、丁甜甜:《土地转出如何以影响小农户收入:理性解释与千份数据检验》,《中国软科学》,2020年第4期,第70—81页;米雅娜:《谨防过火过热过度的规模经营》,《中华合作时报》,2015年6月2日第A04版。

② 陈靖:《新型农业经营主体如何"嵌入"乡土社会——关联营造的视角》,《西北农林科技大学学报(社会科学版)》,2018年第5期,第18—24页。

其次，结合我国历史与现实国情，普通农户家庭经营发挥着保障粮食安全、稳定社会、传承乡土文化和缓冲城乡矛盾等多重社会价值作用，普通农户家庭经营在农村产业融合发展中若被过度挤出，可能造成普通农户家庭的基础性社会价值的"真空"。在保障粮食安全方面，普通农户家庭经营可以有效预防粮食供给结构单一问题，且由于普通农户家庭经营并无严格的成本计算和销售负担，能够为城乡居民提供较低售价的农副产品。在乡土文化传承方面，普通农户家庭是乡土社会的有机单元，而侧重追求经济效益的农业产业化经营主体则难以发挥继承乡土文化的功能。毕竟文化的传承是多元社会主体共同参与的结果，非单一主体的社会活动体现。在保持社会稳定方面，普通农户家庭经营也在一定程度上缓解了城市就业压力，毕竟目前我国城镇化与工业化不同步，导致城市还难以为大量农村剩余劳动力的非农转移提供稳定、持久的就业保障。当前国家政策及财政大力扶持各类新型农业经营主体，其初衷是将新型农业经营主体培育为具有产业辐射和带动作用的农业产业创新经营体，通过构建利益联结机制引领小农户家庭成为我国现代农业发展的中坚力量。所以，培育和发展新型农业经营主体，实现农业规模经营应有"度"的限制，虽然普通农户家庭经营相比新型农业经营主体并不具备规模优势和经济优势，但其基础性社会地位是不能单纯通过经济价值衡量比较的。

再次，基于土地经营权流转的普通农户家庭，存在经营依附性问题，容易遭遇利益获得不稳定的风险。在农地经营权流转基础上构建的利益共享机制中，新型农业经营主体对普通农户造成的利益分化却反作用于其是否能够可持续经营。因为，新型农业经营者"需要了解、利用并营造通用于乡土社会的各种社会关系、伦理关系以及地方性传统，形成与乡土社会的良性'嵌入'才能顺畅运营。"[①]然而地方政府在指导农村产业融合发展过程中，通常首选以"资本下乡"形式引进龙头企业作为产业发展引领者，而新型农业经营主体的本地化培育则较为缓慢，所以实力相对雄厚的

---

① 陈靖：《新型农业经营主体如何"嵌入"乡土社会——关联营造的视角》，《西北农林科技大学学报（社会科学版）》，2018年第5期，第18—24页。

外来新型农业经营主体在农村产业融合发展初期处于产业主导地位,但"由于缺乏对农业经营特殊性的认识以及遭遇到来自乡土社会的反向力量,"①外来资本化的新型农业经营主体为赢得长期发展机遇而不得不采取如"转包"的形式同普通农户家庭构建利益共同体,进行连属经营。此时参与"合作"的普通农户家庭不仅承担了部分生产风险,而且还在生产资料获取、产品售价及市场对接等方面对外来新型农业经营主体产生高度的依附性。因此,一旦这些外来资本化新型农业经营主体出现经营问题,那么普通农户家庭将受到直接关联。所以说,普通农户家庭以农地经营权为资本同新型农业经营主体进行合作经营,会因所"依附"主体经营状况的不确定性而存在获利不稳定的风险。

概括而言,与新型农业经营主体相比,目前普通农户家庭参与农村产业融合发展的合作经营还缺乏共商共建共享的能力与健全的利益保障机制,这也是目前构建现代农业产业体系、生产体系、经营体系的薄弱点所在。

三、 农业产业结构转变与保障国家粮食安全的协调不足

保障粮食安全是国民经济健康发展的基础,也是应对新时代我国社会主要矛盾转化的基本前提。"三农"现代化的底线要求是确保国家粮食安全,然而当前我国农业生产却存在综合效益与市场竞争力偏低的突出问题。2017 年中央"一号文件"指出,目前我国"农业的主要矛盾由总量不足转变为结构性矛盾,突出表现为阶段性供过于求和供给不足并存,矛盾的主要方面在供给侧"②,推进农业供给侧结构性改革以满足人们日益增长的美好生活需要,既要解决粮食供给效率问题,又要保证粮食安全的底线要求。

由于产业结构转型在农业领域的滞后性特点,使得解决粮食安全和

---

① 陈航英:《扎根乡土:新型农业经营主体发展的社会基础》,《西北农林科技大学学报(社会科学版)》,2018 年第 5 期,第 25—31 页。
② 2017 年中央"一号文件",即《中共中央 国务院关于深入推进农业供给侧结构性改革加快培育农业农村发展新动能的若干意见》。

应对食品供给结构改变等问题需借助进口这一途径。尽管短期内依赖农产品进口表现出稳定城市生活成本的正面作用,但对我国农产品价格上升则起到了抑制作用,导致农民、农业生产难以获得市场空间,则进一步加重对进口的依赖度,从而对经济社会长远发展造成负面作用。因此保证粮食安全和提高农业生产综合效益并缩小农业与非农劳动报酬间的差距等,成为我国城乡融合进程中的必要基础。然而现实发展却存在多方面的挑战,需要合理解决乡村产业结构转变与保障国家粮食安全之间的协调问题。

首先,乡村区域非农经济和相关配套设施的逐渐丰富,使得保障国家粮食安全与就地就近城镇化之间的人地矛盾增加。由于我国"一类宜居土地仅占全国国土面积的19％,而且主要分布在东中部地区,又与优质农田高度重合。"①因而,这些地区乡村的非农产业发展以及城镇化转变等,使得农业生产土地资源问题更为紧张。而西部地区的耕地面积仅占全国耕地面积的23.7％,且宜农面积占本地区面积的比例只有7.3％,远低于东部地区的41.78％,这就要求西部地区更加需要结合当地自然状况,在保护耕地的同时尽可能地选择农村居民聚集的形式提升土地利用效率,而且也需避免盲目地选择异地城镇化模式,从而导致农业发展受损。总体而言,伴随农村产业结构转变的是我国人口增长、城镇人口比重增加、居民食品消费结构升级、农产品工业化用途拓展等,我国对于农产品需求的刚性要求不断提升。

其次,面对我国粮食消费"总量基本平衡、结构性紧缺"的状况,市场的强劲推力反而降低普通农户和新型农业经营主体的种粮积极性,促使他们转入高市场效益的经济作物生产。因而,保障国家口粮安全与提高农业综合生产能力之间的矛盾增加。从2004年开始,我国主粮产量取得了连续增产的良好局面,尽管2016年以来出现了小幅下降,但2017年、2018年与2016年相比基本保持稳定,略有小幅动荡。总体而言,当前我国粮食供给出现主粮产量、主粮进口量和主粮库存量等共同增长的趋势,这导致

---

① 尚娟:《中国特色城镇化道路》,北京:科学出版社,2012年,第3页。

库存压力比较突出,尤其是玉米和稻谷,严重制约了农业土地产出率、资源利用率和劳动生产率的提高[1]。而且粮食主产区粮价与进口价的"倒挂"局面,也进一步使更多的主粮生产经营体(普通农户和种植大户)遭受着"谷贱伤农"的影响。同时由于国内粮食生产成本较高,导致粮食加工业发展滞后,农民种粮积极性不足和土地利用率下滑等问题不断突出。在此形势下,推进农村产业融合发展,不能忽视粮食安全问题的底线要求,需在保证主粮自给和主要农产品有效供给的前提下不断提升农业生产综合效益。

另外,由于小农户从事粮食生产以维持个体家庭所需为初衷,使自身"与外部市场的联系降到最低的程度"[2],因而新型农业经营主体如何带动小农户家庭经营,实现粮食生产的产业链延长、供应链整合和价值链提升等,也是农村产业融合发展过程中为保障国家粮食安全而面临的难题。一方面,农业生产以供给侧结构性改革为引导,要求摒弃传统片面追求产量的粮食安全观,为适应城乡居民消费变化需增加有效供给和减少无效供给,拓展粮食安全观。另一方面,如何以新型农业经营主体和小农户家庭为经营"共同体",构建粮食生产合作化经营模式和完善新型农业服务体系,使小农户经营获得技术、设备、流通、储藏、加工和市场对接等方面的支持,以达到小农户家庭经营粮食生产提质增效的发展成效。针对这两方面问题,目前我国推进农村产业融合,在宏观举措和微观实践等层面均还未有较有成效的应对策略。

最后,尽管国家政策指导和地方实践创新等促使各类新型农业经营主体在数量上不断增长,但各类新型农业经营主体面临的资本短缺、议价能力低、产品竞争力不足等问题也与之突显。由此伴随农地"三权分置"政策的实施与推进,在地方实际发展中出现了新型农业经营主体间相互融

---

[1] 根据 2018 年《中国统计年鉴》数据显示,2001—2017 年,我国第一产业生产总值平均增长 4%,分别相当于第二产业和第三产业的 40.4% 和 40%。

[2] 赵红军:《小农经济、惯性治理与中国经济的长期变迁》,上海:格致出版社;上海人民出版社,2010 年,第 63 页。

合的发展趋势,并在政策上获得了支持。[①] 但这并非意味着培育现代农业要求经营规模化程度越高越好,一方面欧美日韩等国家的农业现代化先例证明,农业现代化并非单一的经营规模扩张;另一方面农业规模化经营最大化效益的取得,在规模上存在一个适度区间,否则将会因农业资源浪费、成本上升及经营风险加剧等降低农业经营效益。[②] 况且,规模化农业经营并非只是土地大规模集中化经营,毕竟"现代农业的规模化也可以是产业布局的规模化、产业链条的规模化、组织的规模化以及服务的规模化,如农业生产资料供给、农业技术服务、农产品销售加工、农业服务体系等"[③]。所以,以农村产业融合发展为载体转型升级农业生产,在创新和扩大经营的过程中还需节约并优化土地资源利用而保障国家粮食安全底线。

四、 振兴乡村发展缺乏社会协同与公众参与的治理不足

农民作为乡村振兴直接参与和受益的主体,其内在积极性释放是乡村内生式转型发展的必要条件。那么如何激发农民参与的责任感和保障其主体地位,形成农民自觉参与的氛围,也就成为推进城乡融合发展的关键环节。同时受农民自身能力"短板"局限,农业农村创新发展需要社会协同以形成公众参与的城乡共建共享格局。因此,以农村产业融合为途径带动乡村内生式转型发展,离不开社会协同和公众参与的社会基础,需要广大社会群体自发参与和自觉行动。

[①] 为增强市场发展能力,部分地区的新型农业经营主体已经采取联合形式,组建行业联盟或组织等。新型农业经营主体以多个身份,分别参与不同的行业联盟,新型农业经营主体间表现出融合发展的特征。(参见钟真:《改革开放以来中国新型农业经营主体:成长、演化与走向》,《中国人民大学学报》,2018 年第 4 期,第 43—55 页。)对此,中共中央办公厅、国务院办公厅印发的《关于完善农村土地所有权承包权经营权分置办法的意见》也明确提出,"支持新型经营主体相互融合,鼓励家庭农场、农民专业合作社、农业产业化龙头企业等联合与合作,依法组建行业组织或联盟。" 2018 年中央"一号文件"也对此强调,培育和发展农业社会化服务组织和农业产业化联合体,发展多种形式适度规模经营。

[②] Christopher B. Barrett, "Reconsidering Conventional Explanations of the Inverse Productivity – Size Relationship", *World Development*, Vol. 38, No. 1 (June, 2009), pp. 88—97;郎宛琪:《家庭农场适度规模经营及其实现路径研究》(博士学位论文),中国农业大学,2016 年,第 38 页。

[③] 刘奇:《家庭经营是新型农业经营体系的主体》,《农民日报》,2013 年 6 月 1 日第 3 版。

振兴乡村作为全面建成小康社会的关键一环和新时代解决"三农"问题的总抓手,本质上是一项"高度复杂、任务艰巨的系统工程,不能仅依赖单一主体参与,"①需要多元主体共同合作。在基层党委领导组织方面,《中共中央国务院关于实施乡村振兴战略的意见》提出,要"建立健全党委领导、政府负责、社会协同、公众参与、法治保障的现代乡村社会治理体制,"②然而镇村基层党组织却因组织构成、待遇偏低及群众联系不紧密等问题,导致其在参与领导乡村振兴中表现出"活力不足""动力不足"和"能力不足"等问题,③限制了乡村振兴战略的贯彻实施。并且完全依赖行政传导机制"压实"振兴乡村政策落实的各环节,导致部分地方政府出现政策异化现象,如以完成考核任务形式盲目推动农业规模化经营和追加财政投入,或以迫使"农民上楼"形式换取增减挂钩项目收益等④。

当前我国推进乡村振兴战略实施,面临着农民和社会力量参与不足的困境。农村产业融合发展离不开以农民为参与主体,乡村振兴的全面实现必须要以农民内生动力为基础。但短期内,农村新兴产业发展面临着优质劳动力流失和剩余劳动力产业技能培训成效偏低的双重困境,而且农民参与的主体性并未被激活,表现出"事不关己高高挂起"的心态。⑤同时,由于农民劳动技能和产业经营水平有限等原因,以农业为基础的产业创新需要知识型、技能型等专业劳动力为补充。《中共中央国务院关于实施乡村振兴战略的意见》提出,组织动员社会力量参与乡村振兴是一项"重大政治任务",应"协调不同类型社会组织的乡村振兴参与路径,各显优

---

① 吴思斌:《乡村振兴需多元力量共同参与》,《人民论坛》,2018年第32期,第72—73页。
② 中共中央、国务院:《中共中央国务院关于实施乡村振兴战略的意见》,北京:人民出版社,2018年,第19页。
③ 黄璜:《乡村振兴战略中镇村党组织发挥作用研究》,《中共太原市委党校学报》,2020年第1期,第49—51页。
④ 姚树荣、周诗雨:《乡村振兴的共建共治共享路径研究》,《中国农村经济》,2020年第2期,第14—29页。
⑤ 萧子扬:《社会组织参与乡村振兴的现状、经验及路径研究——以一个西部留守型村庄为例》,《四川轻化工大学学报(社会科学版)》,2020年第1期,第17—34页。

势,综合发力"[①]。但因不同社会组织的属性、业务内容等差异,过度依赖政府分类施策主导社会资源参与乡村振兴,所以存在具体路径推进的组织协调效率偏低和实施成本较高等问题。[②]

因此,实现乡村内生式发展转型,当前还面临着基层党组织统筹协调能力不足、农民自觉参与度不高、社会力量参与氛围营造缺位等多方面的乡村振兴治理问题,需要合理发挥政府职能作用,形成以农民为主体的多元社会力量广泛参与乡村振兴的良好格局。

第三节　当前以乡村内生式发展推进我国城乡融合的对策

一、理念先行,确立农村产业融合的发展指导

(一)构建现代农业体系

产业是城乡经济的生命体,其合理分布是城乡融合发展的经济基础。城乡二元结构的形成与固化,根本原因在于城乡产业基于生产力基础上的分工体系不同,造成城乡产业要素的集聚差异。马克思、恩格斯在揭示资本主义社会化大生产时,也阐释了资本主义工业不断由城市向乡村转移的规律,并为避免由此导致的恶性循环,只能消除资本主义性质的现代工业而"按照一个统一的大的计划协调地配置自己的生产力的社会,才能使工业在全国分布得最适合于它自身的发展和其他生产要素的保持或发展。"[③]因而,以产业合理分布促进城乡融合发展,在社会主义条件下就需要"使工业生产和农业生产发生紧密的联系,并适应这一要求使交通工具

---

① 萧子扬:《社会组织参与乡村振兴的现状、经验及路径研究——以一个西部留守型村庄为例》,《四川轻化工大学学报(社会科学版)》,2020 年第 1 期,第 17—34 页。

② 来红佳:《发展创新社会组织,助力推动乡村振兴》,《智库时代》,2019 年第 20 期,第 276—277 页。

③ 弗·恩格斯:《反杜林论》,中共中央马克思恩格斯列宁斯大林著作编译局编译:《马克思恩格斯全集》第二十六卷,北京:人民出版社,2014 年,第 313 页。

也扩充起来"①。在工业化生产和城乡交通等基础设施互通互联等共同作用下,农村生产力和生产关系将取得重大进步,农村人口也因此挣脱"那种与世隔绝的和愚昧无知的状态"②。基于新时代中国特色社会主义的时代背景,现代农业体系发挥着密切联系城乡、工农的功能。

现代农业以农业现代化为实现的过程及手段,是传统农业从量变到质变后的农业,③然而由于世界各地农业自然资源禀赋和社会现代化进程不同,导致农业现代化的路径及目标选择也不尽相同。结合时代背景,新时代我国农业现代化发展坚持"五大发展理念"和"四化同步"方针,以现代农业产业体系、生产体系、经营体系构建为抓手,推进农业现代化实现。④现代农业产业体系构建,以农业产业结构优化调整为主要内容,通过结合地域资源优势,以产业融合延长产业链和提升价值链,推动农业产业转型升级,进而达到农业经济效益、生态效益和社会效益的统一。因此现代农业生产体系构建,以引入先进要素提高农业生产效率为途径,通过引入现代农业物质装备、科技、管理及服务体系等,改变传统农业依赖资源要素过度投入的发展模式,提高农业综合生产能力和资源利用率。现代农业经营体系构建,以农业经营主体的构成、生产与服务联结等创新为主要内容,通过新型农业经营主体、服务主体的培育和职业农民培养等途径提高农业从业队伍素质,以多形式利益联结促进不同主体间合作和推进适度规模经营,最终提高农业产业的集约化、组织化、规模化和社会化等水平。所以,"现代农业产业体系,是产业横向拓展和纵向延伸的有机统一,重点解决农业资源要素配置和农产品供给效率问题",⑤现代农业生产体系和

① 弗·恩格斯:《论住宅问题》,中共中央马克思恩格斯列宁斯大林著作编译局编译:《马克思恩格斯选集》第三卷,北京:人民出版社,2012年,第265页。
② 弗·恩格斯:《论住宅问题》,中共中央马克思恩格斯列宁斯大林著作编译局编译:《马克思恩格斯选集》第三卷,北京:人民出版社,2012年,第265页。
③ 李主其、修长柏、曹建民等著:《新时期我国农业现代化道路研究》,北京:经济科学出版社,2013年,第5页。
④ 王宇、林晖:《中央农村工作会议在京召开》,《人民日报》,2015年12月26日第1版。
⑤ 韩长赋:《构建三大体系 推进农业现代化——学习习近平总书记安徽小岗村重要讲话体会》,《人民日报》,2016年5月18日第15版。

经营体系的生成与发展,分别从农村生产力和生产关系层面对现代农业产业体系构建提供了支撑,共同构成现代农业体系。

现代农业体系构建,不仅打破了原有城乡产业边界,而且实现了要素流通和优化组合,提高了资源要素利用率,进而以产业链的模式创新或整合等形式促进了城乡、工农联系。

(二)提升农村产业包容性发展能力

新时代农业现代化转型,要求农业产业体系发展具备多样化功能,"现代农业产业体系是集食物保障、原料供给、资源开发、生态保护、经济发展、文化传承、市场服务等于一体的综合系统,是多层次、复合型的产业体系。"[1]农村产业融合发展作为以农业为基础的现代产业模式,其复合型的产业特点要求提升产业包容性发展能力[2]。

从产业环境角度讲,"产业所在的区域环境,包括一系列通过市场和非市场互相影响产业创新能力和效率的支持要素。"[3]具体而言,产业环境包含了技术性、经济性和政策性等影响产业发展的各类要素,如技术创新、投资需求、市场需求、市场竞争、政策供给等等,是市场和非市场共同参与和互动的结果。同时,产业创新发展主体还与区域资源间保持着系统性关系。[4] 因此,结合农村产业融合发展的经营主体构成和乡村区域的产

---

[1] 李含琳:《加快构建现代农业三大体系》,《经济日报》,2017年12月22日第13版。

[2] 就"产业包容性发展能力"内涵而言,目前学界尚未形成统一定论,最早来源于"包容性增长"(Inclusive Growth)一词,其最基本含义是公平合理地分享经济增长。但结合目前已有研究,关于其内涵认识的共同点在于:强调产业包容发展要遵循以人为本、生态、平等和共享等原则,是在科学理论指导下的绿色协调可持续发展,要求在平等基础上使发展成果惠及全体。也就是以科学性和持续性为原则,产业参与主体能够获得平等的发展机会,从业者能够享有平等就业机会、经济待遇和保障福利等,因此产业包容性发展涵盖参与体共享、可持续发展和重塑增长价值观等多方面。参见王妍:《推进产业包容性发展的对策建议》,《经济纵横》,2015年第6期,第10—13页;钱明辉:《我国信息资源产业结构与产业环境对产业包容的影响》,《社会科学家》,2018年第4期,第32—38页;李刚:《"包容性增长"的学源基础、理论框架及其政策指向》,《经济学家》,2011年第7期,第12—20页。

[3] 陈侠飞:《创新系统视角下产业环境与高技术产业创新的交互影响研究》(博士学位论文),中国科学技术大学,2018年,第43页。

[4] Rajneesh Narula, "Innovation Systems and 'Inertia' in R&D Location: Norwegian Firms and the Role of Systemic Lock-in", *Research Policy*, Vol. 31, No. 5(June, 2003), pp. 795 - 816.

业资源供给特点等分析,各类新型农业经营主体间、新型农业经营主体与小农户间以及小农户之间,均存在技术、资金、管理、市场竞争力及政策认知等多方面的差异,导致产业发展和获利能力不均衡现象发生。同时,因农村区域间道路、水电、规模化适宜场地等要素供给状况不同,也造成了同一产业不同区位间的经营差异化。所以,从农村产业环境出发,地方政府关于农村产业融合发展的政策设计应注重提高产业包容性发展能力,优化利益分享机制,形成梯度化和差异化产业发展格局,创造出共生共赢的产业环境。

从产业结构角度分析,农村产业融合发展作为构建现代农业产业体系的重要举措,其产业结构的多样化特点也要求提升产业包容性发展能力。农业的多功能性特点赋予了农业产业的多样化发展模式,其在满足人们食物需求的同时也为城乡居民带来了生态、康养、文娱等多方面功能价值。由此,农村产业融合发展的产业内容涉及农产品生产和加工、乡村旅游、乡村商贸流通、乡村清洁能源、农业生产性服务等多方面内容,使得农村区域产业包容性发展能力的大小成为决定区域经济社会发展水平的关键因素。因而,农村产业融合发展地方实践,应当避免政府指导产业规划的“一刀切”行为发生,需结合区域资源禀赋特色、经营主体自主选择等因素构建因地制宜的产业环境。

农村产业融合发展的关键环节离不开广大小农户家庭的普遍参与,通过借助模式丰富的利益联结机制使发展成果惠及普通农户参与者,进而实现农民共同富裕。也就是,实施农村产业融合发展的政策初衷在于振兴乡村,助力城乡均衡发展,而提升产业包容性发展能力本身蕴含着降低不平等增长、促进机会增加和平等获利的内涵,即让全体社会成员在平等参与经济增长的过程中分享收益,最终达到社会与经济发展的一种和谐状态[1]。因

---

[1] 吴绮敏、孙天仁、鞠鹏:《胡锦涛出席亚太经合组织第十七次领导人非正式会议第二阶段会议并发表重要讲话》,《人民日报》,2009年11月16日第1版;安宇宏:《包容性增长》,《宏观经济管理》,2010年第10期,第64页;Kaasch, Alexandra, "Reframing Global Social Policy: Social Investment for Sustainable and Inclusive Growth", *Journal of Social Policy*, Vol. 48, No. 3(July, 2019), pp. 646 - 648.

此,提升产业包容性发展能力的内涵指导与实施农村产业融合发展的政策初衷具有内在一致性。同时,产业结构优化与产业环境改善,同产业包容能力增强之间存在着双向互为促进的作用关系。[①] 所以,坚持以人为本、科学、平等和共享等原则指导,不断完善农业产业结构和优化产业环境以提升农村产业包容性发展能力,有利于借助农村产业融合发展增强乡村内生发展活力。

(三) 构建农业生产性服务体系

农业生产性服务,"即在农业生产或产业链运行过程中被作为中间投入的服务。"[②]它能够有效实现农业产业发展的节本增效,并在产业链融合基础上达到"小农大市场"的效果,化解农村劳动力短缺、农业经营成本上升等问题。而且,目前我国农业产业发展形势也表明,农业生产性服务体系通过提升农业产业的供需衔接而促进价值链提升,正逐渐成为农业产业价值链增值的重要来源之一。[③]

借鉴国际农业现代化经验,伴随生产力进步,规模化、机械化、信息化和智能化是农业现代化发展的必然趋势,农业产业服务体系由此发生进一步的分工也将是客观规律。尤其我国"大国小农"的国情,决定了即使城镇化率达到 75%,还仍将有近 3.6 亿人口生活在农村,人均耕地预计 5 亩左右。因而在这一小农户经营长期性的基础上发展现代农业,必然要求在发展适度规模经营的同时着力发展农业生产性服务业,以农业服务体系化和规模化弥补小农经营"碎片化"的不足,促进小农户与现代农业发展的有机衔接。所以,近年来中央相关文件连续强调推进农业生产性服

[①] 钱明辉:《我国信息资源产业结构与产业环境对产业包容的影响》,《社会科学家》,2018 年第 4 期,第 32—38 页。

[②] 姜长云等:《乡村振兴战略:理论、政策和规划研究》,北京:中国财政经济出版社,2018 年,第 71 页。

[③] 以 2017 年农村产业融合的二三产业产值为例,农产品加工产值达 22 万亿,休闲农业和乡村旅游产值达 7 400 亿,农业生产性服务业产值超过 2 000 亿元。参见农业农村部新闻办公室:《"双新双创"为乡村发展带来蓬勃活力》,2018 年 11 月 12 日,http://www.moa.gov.cn/xw/zwdt/201811/t20181112_6162797.htm。

务产业发展。①

推进农业生产性服务体系建设，为小农户借助农业生产性服务体系发展而获得与现代农业有机衔接的能力提升开辟了路径，起到了带动农民就地就近市民化发展的作用。农民就地就近市民化的关键在于获得非农就业机遇并实现经济收入增长，而对于传统农业产业结构下流出的剩余劳动力而言，要实现就地就近转移，一方面需要城镇化发展带动县域二、三产业；另一方面需要农业产业结构不断丰富，增加农业生产性服务产业的就业比重。所以在政府主导下，借助市场发展并完善农业生产性服务体系，在为流通、科技、信息、人才及金融等要素融入农业产业提供途径的同时，有助于农民在此基础上获得自我价值提升而实现市民化发展。因为就普通农户而言，就地就近市民化获得经济收入提升的表象背后，是以农民通过转型发展获得了劳动素质提升为实质的，即增强了与现代农业产业发展的衔接能力。

农业生产性服务体系建设作为现代农业的重要环节，也是农村产业融合发展的关键基础。普通农户家庭基于自身粮食供给、降低生产成本和提高生产效率等需求，借助农业生产性服务同新型农业经营主体或新型农业经营服务主体构建起了产业发展的供需联系。"小农户是我国农业生产的基本组织形式，对保障国家粮食安全和重要农产品有效供给具

---

① 如 2017 年中央"一号文件"提出，大力培育新型农业经营主体和服务主体，通过多种经营模式创新，加快地流转和服务带动型等多模式规模经营；培育和扶持农机作业、农田灌溉、统防统治、烘干仓储等经营性服务组织；支持供销、农机等系统发挥农业综合服务的平台作用。2018 年中央"一号文件"强调加强农产品分级、包装、营销及现代物流体系等建设，并不断完善和推进各类专业化市场服务组织建设，促进农业生产全程社会化服务以带动小农与现代农业发展衔接。党中央、国务院发布实施的《乡村振兴战略规划》更是进一步明确提出，健全农业社会化服务体系建设，并培育各类新型农业服务主体。对此，《关于加快构建政策体系培育新型农业经营主体的意见》和农业农村部、国家发改委、财政部联合印发的《关于加快发展农业生产性服务业的指导意见》等相关政策先后出台，针对提升农业生产性服务体系发展质量给出了明确要求和发展目标。

有重要作用"①,而且"经营自家承包耕地的普通农户仍占大多数的基本农情"②也决定了当前我国农业生产仍以普通农户家庭占据主导地位。由此,在长久稳定农村土地承包关系的制度基础上,普通农户家庭以主粮生产为主的特性和新型农业经营主体以市场为指导的多样化农产品供给特点,赋予了解决我国粮食安全问题的粮食供应总量与结构协调的发展空间。这就要求我国农业农村发展应坚持维护小农户利益的基本指导原则,根据农村实际做到新型农业适度规模经营和小农户经营的普遍参与,兼顾小农户经营的主体数量占比和产业经济权重占比的协调,进而借助农村基础设施、市场环境、生产设备、物流体系、城乡供需衔接等条件的不断改善而合理应对我国粮食安全问题的时代要求。

二、 基础夯实,强化农村产业的发展供给

(一) 培育新型职业农民,并鼓励城市人力资本"下乡"

当工业化进入中后期发展阶段后,随着农业产业内部因素与外部环境的改变,农业开始向投资收益率与现代产业趋同的现代化农业方向转变,农业内部要素对于农业发展的决定性意义逐渐上升,此时农业的人力资本要素以及现代农业的技术体系、市场化体系、管理体系及资源构成等,都是农业产业内生发展的必要要素。但因此而仅仅立足于资源或技术优势进行产业开发,反而会使得优势资源变为无效供给,所以产业现代化离不开劳动力这一特殊要素资源。针对农村产业发展而言,就是要以大量的新型职业化农民补充到产业发展中。因为新型职业农民不同与传统农民、兼业农民,其除具备传统农民从事农作的一般特征外,还具有经营市场化、从业职业化、生产专业化和科技化等特点,新型职业农民的这些特点符合农村产业融合发展的产业化需求。对此,发挥政府、企业、高校及社会组织等的职能,拓展农民技能培训和新型农业技术传授渠道,是当

---

① 中共中央办公厅、国务院办公厅印发:《关于促进小农户和现代农业发展有机衔接的意见》,2019 年 2 月 21 日。

② 《习近平主持召开中央全面深化改革领导小组第五次会议》,《人民日报》,2014 年 9 月 30 日第 1 版。

前我国城乡融合进程中新型农业产业发展和农民非农转移的必要环节。

2018年中央"一号文件"提出，要汇聚全社会力量强化乡村振兴的人才支撑，并提倡研究制定鼓励城市专业人才参与乡村振兴的政策。2018年"两会"期间，习近平参加广东代表团审议时强调，"要让精英人才到乡村的舞台上大施拳脚"，在"城镇化、逆城镇化两个方面都要致力推进"。人力资本作为推动经济进步和技术创新的重要源泉，农村产业发展和就地就近城镇化都离不开知识技能型人力资本的引领，尤其农村产业融合发展，迫切需要城市产业技术人才作为科技要素载体，发挥人力资本对农村产业融合发展的带动作用。

因此，为更好地实现以城带乡和乡村自主发展的有机统一，需探索城市人力资本带动和乡村农民职业化协作发展的新路径。具体工作开展，大致体现在这几个方面。一是开展农民素质提升工程，并鼓励农民工返乡，优先扶持青年农民工创新创业。二是开展农村专业人才队伍建设与城市科技人才队伍有机结合工程，并鼓励涉农职业经理人、能工巧匠和其他专业人才等发挥各自技能优势，展开合作。三是发挥科研、教育机构优势，深入支持农业农村发展。如为引导和组织高校服务乡村振兴战略实施，教育部于2018年专门发布了文件——《高等学校乡村振兴科技创新行动计划（2018—2022年）》，提出"加快构建高校支撑乡村振兴的科技创新体系，全面提升高校乡村振兴领域人才培养、科学研究、社会服务、文化传承创新和国际交流合作能力"等。① 四是不断提升乡村的内在价值吸引力，结合乡村民俗，通过文化、环境、事业、感情等途径广泛吸引城市人才或机构转向农业农村领域发展。总之，为满足乡村振兴发展的人力资源供给需求，需要发挥政府导向、主体自愿和社会合作三方面的共同作用。

（二）适度引入外来经营主体，加速农村产业发展提质

目前，我国农村产业融合发展的参与主体主要有普通农户、各类新型农业经营主体和服务主体，其中涉农企业、农民合作社、种养大户、家庭农

---

① 教育部：《教育部关于印发〈高等学校乡村振兴科技创新行动计划（2018—2022年）〉的通知》，2018年12月。

场等新型农业经营主体发挥着关键的产业载体功能。同普通农户家庭经营相比,它们不仅具有一定的规模经营优势,而且在资金、技术、管理、营销等方面也体现出相对优势,但这并不意味当前我国农村各类新型农业经营主体已完全具备承担引领农村产业融合发展的能力,进而发挥出产业辐射带动作用。

各类新型农业经营主体虽以自身的产业优势承载了农村产业融合发展实践,但由于受当前我国农村整体生产力水平限制,它们在产业化经营中却存在发展"后劲"不足的问题。如家庭农场,作为世界发达国家农业经营主体的一种主流形式,其在我国发展起步较晚,目前我国家庭农场生产尽管能初步实现农产品加工生产和特色产品市场化销售对接等,然而由于经营规模普遍较小、基础设施条件差、自主创新能力弱、资金匮乏、规范化管理不足等,限制了其扩大再生产的能力。同时,新型农业服务体系的不足或缺位,也进一步增加了家庭农场产业化发展难度。又如专业大户,虽具有专业化、规模化的产业优势,但由于目前我国农村专业大户多由普通农户家庭经营规模扩大发展而来,其从业者的经营素质、机械设备尤其资金等因素成了目前多数专业大户经营中的障碍因素。[①] 再如农民合作社组织,其作为本地农民自发自愿的产业合作组织,具有地域环境优势和较强的带动与凝聚功能,在农民向二、三产业转移过程中发挥着非常重要的桥梁和纽带作用。[②] 但由于农民合作社成员自身产业经营能力不完善与合作社组织"空壳化"问题叠加,以及国家相关政策与法律的规范和监督不足等,使得合作社组织实现规范化运行需要较长周期,这些都限制了其产业带动功能的实际发挥。而农业龙头企业一般具有较为完整的产业链,并且整合产业链的能力也较强,在农村产业融合发展中以其较为成熟

---

① 孙晋刚:《金融支持农村专业大户发展的困境与对策》,《金融经济》,2014 年第 16 期,第 186—187 页;王吉鹏、肖琴、李建平:《新型农业经营主体融资:困境、成因及对策——基于 131 个农业综合开发产业化发展贷款贴息项目的调查》,《农业经济问题》,2018 年第 2 期,第 71—77 页。

② 宗锦耀主编:《农村一二三产业融合发展理论与实践》,北京:中国农业出版社,2017 年,第 68 页。

的产业模式和较强的经营管理能力等发挥着产业带头作用。但由于涉农龙头企业培育过程中不仅需要规模化场地建设,政府干预多且土地流转困难,前期投入成本高,资金回笼周期长,[1]再加上农村地区融资困难,农业"贷款难、贷款贵"等,[2]造成涉农龙头企业的本土化孕育和成长都难度较大。

因此,农村产业融合要实现快速和高质量发展,不能仅依赖本地域产业主体的培育和壮大,前期更加需要适度引入外来成熟的经营主体以带动本地域新型农业产业经营体的培育和成长。引入外来成熟产业经营体,不仅能为本地域产业发展提供示范作用,带动农民就地就近择业,还能以间接方式通过多样化利益联结为本地域产业发展带来技术、管理、信息及市场等要素资源,[3]对于农村本地内生型产业主体的规范化经营起到了加速和提质的作用。由此,乡村引入外来成熟经营体,有助于促进本地农业产业加速升级,进而提升乡村内生发展能力。

但引入外来成熟型的农村产业融合发展经营体需坚持适度原则,不能过度依赖而忽视了对本地域产业主体的培育这一"初衷",从而产生过度倾斜的扶持政策,并由此造成地域资源分配失衡[4]。乡村振兴的本质在于提升乡村经济的内在发展活力,且以能否带动本地普通农户普遍参与为关键,因此地方政府在引进外来工商资本的过程中,政策红利被赋予的对象侧重应有一个从"外来"到"本土"的转移过程。这是因为,本地农村产业融合体在发展初期虽小而散,但与本地农民之间具有天然的亲和力,容易发挥其辐射和带动作用,且有助于防止本地农业过度依赖外来工商资本和避免造成在利益分配中本地农民被边缘化的现象发生。地方政府部

---

① 李世永:《新型农业经营主体发展的特点、问题与对策》,《农家参谋》,2019 年第 14 期,第 22 页。
② 国务院办公厅:《关于金融服务"三农"发展的若干意见》,2014 年 4 月。
③ 杜志雄、肖卫东:《农业规模化经营:现状、问题和政策选择》,《江淮论坛》,2019 年第 4 期,第 11—19、28 页。
④ 如大量调研表明,地方政府和基层社区存在一种土地流转偏好:倾向于将集体土地流转给大工商企业或大户,以快速解决规模经营和土地使用效率等问题。参见杜志雄、肖卫东:《农业规模化经营:现状、问题和政策选择》,《江淮论坛》,2019 年第 4 期,第 11—19、28 页。

门多采取先建后补、以奖代补、财政贴息、税收减免、设立投资基金等诸多措施作为招商引资的"资本",而外来资本主体通常拥有成熟的产业模式和产业体系,具有理念先进、资源整合和品牌塑造能力强、市场优势明显等优势,因而地方政府部门根据本地产业发展状况分阶段调整政策红利的赋予对象,有助于形成以"本土经营为主,外来经营为辅"的发展格局,从而真正壮大乡村振兴的内生力量。

(三) 改善乡村基础设施和公共服务保障,提升乡村吸引产业要素的能力

乡村发展的根本在于产业支撑,然而乡村产业吸引力优势的打造并非一蹴而就之功,是一个初期需政府外力主导的、历经从"抽丝剥茧"到"破茧成蝶"的量变到质变的过程。与依托个别经营体的经济带动达到产业集聚效应相比,基础设施建设具有实施难度低、见效快等功效。因此首先需要政府部门发挥主导作用,做好乡村交通、水电、场地等产业基础设施(如现代农业产业园、农业科技园等)规划建设工作,打造产业发展的"原始"吸引力。一方面,由于农村产业发展所需的生产、仓储、加工、流通及休闲设施建设等用地,在现行政策下因税收创收较少而获取用地指标困难;另一方面,场地建设附带的交通及水电等基础设施投入对于普通产业个体而言成本负担过重,因而乡村基础设施建设需政府部门的大力投入。"要想富,先修路"是改革开放以来我国各地陆续脱贫致富的实践真理,农村基础设施优化与乡村区域非农产业兴起相辅相成,如韩国历经"新村运动"初期的农村基础设施改善后,以"新村工厂"和"农村工业园区"等方式建设的工业加工区培育出了大型企业集团和发展起了集群产业。面对新时代农村产业创新发展要求,我国农村产业基础设施建设不足的状况依旧是制约乡村与外界合作交流的关键,只有投资成本趋于最低化才能吸引产业经营体入驻和催生农村本土化产业经营体。

改变乡村人力资源供给状况,均衡分配城乡社会公共服务资源是一个重要环节,城镇化进程的持续发展将会演化出"郊区城市化"和"逆城市化"现象,此时农村区域基础设施建设水平将是集聚智力要素的首位决定因素,农村区域生产生活环境持续发生改善,会生发出对城市劳动力的后续吸引力。法国政府改造或重建乡村居住设施的成功经验已证明,乡村城镇化发展是符合城乡居民需求多样化的必要内容。农村产业融合深入发展过程中产业边界不断模糊,对于技术和经营模式创新的需求也不断增加,人才要素的制约瓶颈现象也会因此而变得更加显著。而参与农村产业融合发展的专业技能人才在依赖产业发展获得一定经济收入后,对于生活质量整体提升的追求将会逐渐演变为影响他们决定是否长久"扎根"乡村事业的关键性因素。所以,提高乡村社会文明程度和基础设施建设水平,提升农民文化素养和改善农村公共服务保障体系,在乡村生态优势基础上优化宜居环境等,这些成为保障农村产业融合发展智力要素供给和打造乡村集聚产业要素长期吸引力的有效途径。

因此,以农村产业融合发展促进新时代中国特色城乡融合,首先需要发挥政府主导作用,优化农村基础设施和产业环境等,进而吸引城市人力资源要素向乡村区域流动。也就是,改善农村区域生产生活环境,有利于为优质劳动力提供在乡村创新创业发展的机遇,进而促进"产业—人才—产业"的良性循环发展机制形成。

(四) 发挥社会平台资源优势,形成与政府主导的作用合力

改造乡村传统农业产业结构和提升产业效率,需要新的产业要素不断融入乡村。以互联网技术为例,互联网产业的普及为农业这一边缘化市场提供了供求链接,有助于拓展农村规模经济的发展途径。因而改变农村以往受地域限制而导致的市场参与度偏低的劣势,增进农村产业发展与外部市场的有效对接,需要以政府为主导推动乡村互联网基础设施建设和普及工程。同时还需要社会力量参与,搭建互联网平台,如通过对农村产业成功案例的宣传和产品推广等,不仅能廓清农村产业的地域性特色定位和树立品牌效益,还能提高产品知名度和市场认可度,进而拓展产业溢价空间。

农村产业融合发展经营主体因受资金、技术、管理、发展理念、规模等因素制约,也能够借助互联网平台整合社会资源而弥补现有这些经营短

板。然而依赖经营个体自身的能动性发挥,带动农村区域整体信息化生产水平提升,存在周期长、目标定位混乱、见效慢等诸多问题,所以农村产业的信息化建设更多需要政府的主导作用和社会资源主体的协同。一方面,政府需要加强农业信息化设施建设和资源开发,改善产业信息化环境。例如,为更好地实现"数字"赋能乡村发展,提升农村创新发展能力,中共中央办公厅、国务院办公厅专门印发了《数字乡村发展战略纲要》,指出数字乡村是农业农村现代化发展和转型的进程,开展数字乡村发展战略能有效提升农村数字经济空间,挖掘农村产业融合发展的潜力。[1] 另一方面,加强政企合作,采用 PPP 模式鼓励企业或其他社会力量参与涉农"互联网+平台"建设工作和信息化技术服务工作,从而使普通农户家庭和各类新型农业经营主体既能够通过互联网平台(如抖音、拼多多、快手等)进行宣传推广,拓展产品销售,又能够依托农业信息化发展而改善生产和管理的技术水平。

高校尤其是高等科研机构,在促进地区经济社会进步和区域协调发展中扮演者举足轻重的角色。[2] 所以发挥科研资源振兴乡村的作用效能,如政策引导涉农科研院所高水平建设和研究成果有效转化,对于农村产业融合发展水平的提升也至关重要,特别是地域特点鲜明的涉农科研成果转化机制构建。然而以科技支撑助力乡村振兴发展,需要政府发挥强势的资源整合优势,引导和协调涉农研发企业、科研院所、大中专院校等与乡村构建起多形式联合发展格局,助推农业农村创新发展。

农业作为经济社会整体发展的基础性产业,一直是国家重点扶持的对象。推进农村产业融合发展,尽管市场发挥资源配置的决定性作用,但仍离不开政府主导和社会力量协同参与的作用。借助农业产业振兴实现乡村全面发展是一个庞大而复杂的工程,仅仅依赖政府的主导作用是难以兼顾全局的,需要广泛发挥社会资源力量的优势,形成社会协同与公众

---

[1] 中共中央办公厅、国务院办公厅:《数字乡村发展战略纲要》,2019 年 5 月。

[2] 吴普特:《在欠发达地区建设一流大学的战略思考》,《西北农林科技大学学报(社会科学版)》,2019 年第 1 期,第 1—6 页。

参与的乡村振兴氛围。

三、治理改进,优化行政主导和转变政府职能

政府作为实施乡村振兴和推进城乡融合发展的主导者,其职能作用的全面发挥和确保相关政策落实到位等,是基于乡村内生式发展推进城乡融合的重要基础。而针对乡村产业兴旺发展而言,首先需要政府相关部门做好农地经营权确权登记和颁证工作,规范流转行为。因为传统小农模式下的土地分散经营难以适应农村产业融合发展的实际需求,一二三产业的深度融合需要农地流转以规模经营扩大为前提,所以基于当前我国农村土地经营权流转的实际需求,迫切需要政府部门做好农地承包经营权确权登记工作,引导农地供需双方实现规范化流转。同时地方政府在指导农村产业规划中,也应充分尊重农民意愿,不能草率包办流转农民的土地经营权。对此,习近平总书记也曾反复强调:"要尊重农民意愿和维护农民权益,把选择权交给农民,由农民选择而不是代替农民选择,可以示范和引导,但不搞强迫命令、不刮风、不一刀切。"①

此外,还迫切需要政府相关部门探索赋予农地承包经营权融资权的政策创新和法律保障。在农村产业融合发展初期,产业融合体普遍面临资金不足的现实问题,而由于融资途径有限和贷款资质不足等原因,农村产业个体难以跨越现有商业银行放贷的过多前置条件,且贷款额度受限。《中共中央关于全面深化改革若干重大问题的决定》明确指出:"赋予农民对承包地占有、使用、收益、流转及承包经营权抵押、担保权能"②,即国家在政策层面允许农民以农地承包经营权抵押等途径进行融资,但相关法律还存在缺位,农地承包权、经营权抵押融资等还缺少相应的法律依据。与此相结合,还需政府部门出台相关财税减免激励政策和产业扶持政策。

---

① 习近平:《加大推进新形势下农村改革力度 促进农业基础稳固农民安居乐业》,《光明日报》,2016年4月29日第1版。

② 《中共中央关于全面深化改革若干重大问题的决定》(二〇一三年十一月十二日中国共产党第十八届中央委员会第三次全体会议通过),中共中央文献研究室编:《十八大以来重要文献选编》上,北京:中央文献出版社,2014年,第523页。

因此推进新时代中国特色城乡融合发展,亟需丰富政策指导模式,突出立法举措。日本、美国等发达国家在指导农业农村现代化过程中表现出的明显共性特点之一,就是以立法形式保证政策的贯彻执行。而近些年,我国针对"三农"问题的发展指导,多以中央文件为地方政策制定与落实中央指导的依据,既缺少检验政策成效的考核机制,又缺少督促政策落实的问责机制和监督机制,以及保证政策落实到位的强制性标准机制等,由此也为地方政府制造了落实中央"三农"文件的"弹性空间"。所以,发达国家以立法形式保障乡村发展的做法,是非常值得借鉴的。以法律的严谨、普适、强制和周期性修订等特质确保指导农业农村发展的政策被连贯执行和落实到位,特别是在经济指标所占权重较高的行政考核机制下,更加需要发挥法律的强制性作用以确保"三农"领域的相关指导政策得以真正完全落实。

同时,改进地方政府负责农业农村发展的专业人才队伍建设,尤其基层政府部门,这也是以乡村内生发展为路径推进城乡融合发展的关键所在。尽管我国各级政府的机构设置和具体定岗定编等都有针对农业农村的相关专门安排,但专业技能人员配置与行政级别"倒挂"问题,导致在国家行政"末端"的高层次技术型行政人员严重匮乏,也由此造成目前我国农业农村发展及小城镇建设等仍多是粗放型发展模式的延续,中央政策预期同基层具体落实间存在一定的落差。所以,从政府管理科学化角度讲,为确保城乡融合发展更加符合新型城镇化内涵要求和达到乡村振兴目的,迫切需要不断提升基层政府职能部门的专业化知识技能型人才队伍建设水平,实现待遇与行政级别的分离,激励具有高水平专业技能的行政人员投入农业农村发展中。也借此,在政府机关中形成人才"下沉"机制,更好地服务农业农村现代化长远发展。

最后,重新定位政府的职能作用发挥,由"包办"向"协办"转变。政府作为统筹调配社会资源的主导者,其职能发挥直接影响着资源的配置效率与优化组合,进而决定了城乡发展差距的程度。综合分析美国、法国、日本、韩国等指导农业农村现代化的实践,表现出政府政策引导与社会资源参与结合;政府行为参与同农民自觉投入结合等特点。反观我国"三农"现代化发展历程,往往出现地方政府包办农业农村一切发展所需的现象,农民和社会群体的参与度、参与积极性不高。因此,借助乡村振兴战略实施的契机,以农村产业融合发展助推城乡融合,需要我国各级政府负责部门转变"包揽一切"的旧有理念,鼓励和吸引社会资源投入,实现由政府"包办"向政府"协办"的转变。一方面,政府部门要转变关于管理与服务的定位,确立服务也是管理的理念;另一方面,既要充分发挥市场机制在资源配置中的决定性作用,又要更好地发挥政府调控作用。新时代我国城乡融合发展,"既不能用市场在资源配置中的决定性作用取代甚至否定政府作用,也不能用更好发挥政府作用取代甚至否定使市场在资源配置中起决定性作用"[①],而应依托市场充分发挥政府的协同作用。然而基于我国农业农村长期落后城市的发展现实,使得推动新时代城乡融合发展首先需要在初始阶段更多地依赖政府的主导作用介入,引导资源要素向农业农村流动和集聚。

四、 多措并举,平衡城镇发展格局和强化县域经济能力

相对紧张的资源条件与庞大的人口体量等国情现实,决定着我国城镇化道路选择既不能走如美国的郊区蔓延型发展道路,也不能选择拉美地区高度城市化及大城市化的发展模式,而应以中心城市、大中小城市、乡镇及农村等均衡发展为基础,构建开放、有序的人口流动机制。针对当前我国现实发展,县域经济是联系农村和城市的重要纽带,与农民息息相关。推进县域城镇化、农业产业化和农村现代化等进程,是以县域经济发展为突破口解决农民就地就近市民化难题的重要途径。因而,发展县域经济成为转移农村剩余劳动力的重要途径,也成为城乡协调发展的切入点。[②]

---

① 习近平:《"看不见的手"和"看得见的手"都要用好》(2014年5月26日),《习近平谈治国理政》,北京:外文出版社,2014年,第117页。
② 尹广文:《污名与歧视:农民工社会身份的建构》,《内蒙古社会科学(汉文版)》,2008年第5期,第109—112页。

改变区域内大城市的单极发展格局以平衡城镇体系内部发展差距，首先需要在政策上纠正以往的资源配置导向。对此，虽然中央文件层面早已明确提出"加快培育中小城市和特色小城镇，增强吸纳农业转移人口能力"①，但目前我国农业剩余劳动力仍倾向流入中、大、特大型城市②。相比小城市及小镇，当前我国大城市、特大城市仍具有强势集聚经济、规模经济和范围经济等效应，造成区域就业机遇和经济收益的不平衡。然而在市场机制作用下，这种不平衡发展趋势短期内是难以扭转的，但就此否定这一问题的迫切性将会带来更为严峻的城乡发展失衡问题，最终进一步加速农村资源要素的流失。因此，这就要求我国地方政府改变以往区域发展规划过度集中的倾向，借鉴日本政府将城乡视为一体进行产业统筹规划的经验，例如主导一些重大产业项目规划、会议、体育赛事、交通设施建设时避免优先偏重于大城市；纠正关于省会城市或重点城市应当突出其经济地位优势的片面认识，平衡区域发展的政策和资金支持；筹建高校及科研院所，避免就某一大城市或小范围内规划的"大学城（高教园区）"而高度聚集，等等。

发挥中心镇的集聚功效，打造魅力农村社区。"村庄和小城镇是维系农村社区的枢纽，也是推动农村发展的'催化剂'，但往往面临着设施滞后、服务流失、房价过高、人才外流等问题。"③因而大力推进基础设施和社会公共服务向农村地区覆盖工作，促使城市文明辐射带动乡村城镇化发展，有利于构建新型城乡关系体系，发挥小城镇或中心乡镇在乡村区域城镇化中的"核心"作用。在市场经济环境中，城镇化通常优先发生于具有一定产业比较优势和区位优势的地点，所以增强重点小镇的吸引力和集聚力，有助于使其成为区域内具有较强产业带动能力和辐射能力的中心点。结

---

① 2016 年中央"一号文件"，即《中共中央 国务院关于落实发展新理念加快农业现代化实现全面小康目标的若干意见》。
② 参见 国家统计局：《2015 年农民工监测调查报告》《2016 年农民工监测调查报告》《2017 年农民工监测调查报告》《2018 年农民工监测调查报告》。
③ 姜长云等：《乡村振兴战略：理论、政策和规划研究》，北京：中国财政经济出版社，2018 年，第 124 页。

合新时代城乡融合发展要求,需要:加强农村和小城镇的新基础设施建设(如互联网、物联网和现代交通网络等),为农业农村参与现代经济体系发展奠定基础;推进公共服务建设,以教育、医疗、卫生、培训等资源为纽带,带动农村社区建设的整体质量提升;加大对村庄人文、自然景观的保护和开发工作。最后,还需整合乡村闲置建筑、土地资源,为创业创新活动提供支持。

营造返乡创业就业的良好基础,集聚人力资本。返乡创业就业人员作为市场经济参与主体,其返乡行为是在返乡预期收益比较下的理性选择。所以地方政府应充分利用财政、税收、土地与信贷等的调节与引导作用,对于返乡创业人员给予一定期限的用地、厂房租用、水电及信贷等方面的减免优惠政策。同时,政府部门还应做好"筑巢引凤"工作,积极承担道路、水电等基础设施规划建设工作。针对返乡就业和创业的农民工而言,还需地方政府进一步做到"扶上马,送一程",为其提供义务性实用技能培训。

最后,我国城乡发展应构建大中小城市协调发展体系和县域内县城、中心镇与乡村构成的农村城镇化两级体系,这样既能以城市群为基础,发挥大城市的核心地位与带动作用,联动中小城市均衡发展,又能在县域范围内以县城及中心镇为核心,实现产业集聚与联动效应,弥补乡村地区产业集聚能力不足的短板。通过培育一批有经济实力和联动城乡的特色小镇、重点小镇等,强化小城镇对农业农村发展的引领功能,并借助城镇体系错位发展和城乡功能互补等促进城乡人口合理流动。

五、 明晰需求,建立健全农村产业金融保障机制

由于我国农村产业融合发展刚刚起步,针对农村产业融合发展的相关金融政策目前仍多处于探索阶段,相关金融产品比较匮乏,农业产业经营体融资难度也偏高,所以导致金融在农村产业融合发展领域仍属于非常稀缺的产业要素资源。

那么结合我国社会实际,为满足农村产业融合发展的金融需求,应当

着重做好哪些方面的工作呢？

首先,明晰农村产业融合发展所需金融应具备的特性。农村产业融合发展由于是建立在农业基础上的涉及一二三产业的融合发展模式,其经营主体、业态模式、一二三产业表现层次等因素共同"酝酿"出农村产业融合发展的产业模式多样化、经营主体多元化、业态模式创新动态化等特性,所需求的金融支持应具有大额度和长期性等特性以满足产业经营规模化和周期长等发展要求。另外农村产业融合发展的多样化产业模式和多元化从业主体特性,使得产业发展所需金融应打破传统资金流转的需求特性,因经营内容不同如市场风险预判、产品定价、订单委托等而提供如保险、期货、信用贷、电子汇兑等多样化、更具针对性的服务。所以,为满足农村产业融合发展的多样化金融需求,针对农业农村发展的金融服务应从存、贷、汇等传统业务向保险、期货、资信评估、租赁及理财咨询等领域拓展。[1] 最为关键的是,农村产业融合发展作为农业产业创新发展的新生事物,面临着从传统农业产业结构向现代农业的转变、由新型农业经营主体带头引领向普通小农户广泛参与的转变,以及产业创新发展价值获益对象从规模化经营主体向农业农村农民本身倾斜的转变等三大渐进过程。金融产品供给,取决于农村产业融合发展的需求。因而农村产业融合发展的动态演变特性,要求金融服务供给主体为保证能提供灵活多样的金融产品,需同相关政府部门、社会机构及农业经营体本身等保持密切联系,凭借获取及时有效的信息而确保金融产品供给动态化适应产业发展需求。

其次,构建多元化的金融供给体系。充分发挥市场机制在资源配置中的决定性作用和有效发挥政府宏观调控作用,是新时代中国特色社会主义市场经济运行的重要体现。农村产业融合发展坚持市场导向,因此金融产品的供给也应以市场机制为原则,银行类金融机构应根据农村产业融合发展主体的经营状况和其市场前景等决定产品的投放,从而对经

---

[1] 中国人民银行农村金融服务研究小组:《中国农村金融服务报告(2014)》,北京:中国金融出版社,2015 年,第 126—127 页。

营体构成激励机制,提升其产业经营能力。但同时还要"充分发挥政府在弥补市场失灵、提供公共服务、维护公平竞争、加强监督检查等方面的作用,注重发挥财政资金导向和撬动作用,体现财政性金融机构贯彻国家意志的功能"[1]。此外,农村产业融合发展的金融供给体系构建,还需借助互联网平台促使金融"供—需"精准匹配,以实现对社会资源的高效整合利用。并且农村产业融合发展经营体之间也具有金融合作的空间,如鼓励引导合作社类新型农业经营主体通过对成员信用评估,建立内部金融互助机制,这既能拓展成员之间的合作空间,又能提高合作社内的金融资源利用效率。

最后,结合当前我国实际,金融支持农业农村发展具有"立竿见影"效果的金融供给主体仍是银行类金融机构,因为它们具有其他金融主体暂时无法替代的业务体系、市场、资金等优势,同时我国农村产业融合发展处于起步阶段,各类新型农业经营主体对丁融资的需求更为迫切,所以允分调动银行类金融机构的支农积极性,成为建立健全金融促进农村产业发展机制的当务之急。具体而言,就是要综合利用货币、信贷、财政、税收等措施激励银行类金融机构提高对农村产业融合发展的资金支持力度,并结合监管措施对银行类金融机构的金融投放状况进行及时、有效和准确的监督。针对农业类银行金融机构,需进一步突出其功能定位,提高其支农准备金率和对农村产业融合发展的使用比例,进而贯彻国家支持农村产业融合发展的政策意图。

从近年来国家针对新型城镇化、乡村振兴及农村产业融合发展出台的相关政策中不难发现,实施与推进新型城镇化不仅是提升城市发展质量和解决"三农"问题的有效举措,更是城乡融合发展的必然要求。其中,新型城镇化是农业现代化的载体,农村产业发展离不开城镇对乡村的辐射和带动作用。在农村产业发展方面,近几年国家政策不仅强调农业的

---

[1] 张红宇等著:《金融支持农村一二三产业融合发展问题研究》,北京:中国金融出版社,2016年,第92页。

基础性地位,而且更加突出新型农业产业和新型农业经营主体的价值发挥,这为实现农民经济收入提升和就业非农转移提供了政策红利。农村产业融合发展的相关政策文件将实施产业融合视为活跃农村经济、提高农民就业和收入的重要途径,进而刺激城市产业要素向乡村"下沉",这既为以提升农村内生经济能力为途径构建城乡联系提供了可行性。同时在农村三产融合发展作用下,农业产业结构发生转换且经济效益获得提升,这也为城市要素向乡村区域转移提供了价值发挥空间和产业投资回报。

正确处理城镇化进程中的城乡、工农关系,是世界各国面对的共同课题,其他国家也根据自身国情实际进行了相关探索和创新发展。尽管国情、社会历程及阶段性发展目标等存在明显差异,但鉴于发达国家为后发国家展示未来图景的方向指引价值、发展经验与问题规避的借鉴价值等,部分发达国家关于提升农业农村发展质量的政策举措为新时代我国城乡融合发展提供了经验资源。国家现代化的健康有序推进作为城市化和农业农村现代化共同作用的结果,其中工业化发展是支撑农村区域发展的必要因素;农村基础设施提升是发展农村产业和缩小城乡差距的必要条件;要素在不同产业部门间互相流动,是各产业发展的必要基础。借鉴发达国家农业现代化历程实践,推进农业与二、三产业融合发展是农业现代化的普遍规律和客观发展趋势。同时,不断完善相关法律保障,充分调动农业经营主体积极性和广泛动员社会资源投入等,也是促进农业农村内生式发展的必要举措。

农民素质提升是农村现代化和城乡融合发展的基本要求,所以建立健全农民职业教育与培训体系,尤其是基于当下我国农民受教育程度普遍偏低、长期的小农散户经营、农村优质劳动力流失等现实国情,农业产业的转型升级更加需要大量职业化农民投入其中。同时,由于我国城乡长期发展不平衡不充分,使得农村产业融合发展面临着产业基础薄弱、要素供给不足、参与经营主体结构不均衡等多方面问题。此外,普通农户家庭的弱势发展地位、农村非农经济发展与保障国家粮食安全间的协调问题,以及社会资源协同参与机制不足等,进一步制约了城乡融合发展成效。

农村产业融合发展作用乡村内生式转型具有长期性和阶段性转变的特点,要求相关政策制定需兼具连贯性和灵活性。因此基于我国城乡二元结构"根深蒂固"和城乡发展差距"惯性"的双重作用,要实现城乡要素双向自由流通,首先需要发挥政策的主导作用,促进城乡间形成开放、自由、平等的发展环境。农村产业融合发展的政策供给方面,既需要积极引导和整合城市产业要素资源支持农业农村发展,尤其要建立健全相关金融机制,也要优化地方政府的行政指导机制,以确保政策实效。

总之,产业要素流动深受生产活动的区位条件影响,不断提升农村基础设施建设水平和完善公共服务保障体系是增强乡村吸引力的必要条件和促进城乡交流的必备基础,也是深入推进城乡融合发展的扎实依托。因而坚持多级城镇化发展,提升县域小城镇产业要素集聚程度,是在农村产业融合发展和新型城镇化基础上形成作用城乡融合发展合力的时代选择。

第七章 结 语

马克思、恩格斯关于城乡关系演变的理论阐释为我国破解城乡二元结构问题提供了理论支撑,同时也为我国城乡发展指出了目标取向。由于西方发达国家工业化与城市化基本同步进行,所以农民市民化和农民的非农化过程也基本同步,然而回顾我国城乡发展历程,在从计划经济向市场经济转变中塑造出了"中国模式",实现了由重工业、轻农业,重政治、轻经济,重生产、轻生活等向以人为本、以经济建设为中心而不断解决民生问题的转变,通过切实提高人民生活水平,最终实现共同富裕和全面发展,这也是改革开放发展过程中我们党始终得到人民群众拥护的根本所在。新时代中国特色社会主义城乡融合的实现,不同于欧美发达国家以高度城镇化为基础实现农业农村的现代化,我国城镇化和乡村现代化并行发展的现实需求,要求探索具有中国特色的城乡融合发展道路。

从新中国成立以来党协调城乡发展的历史演变分析,由于计划经济时期特殊的发展历程,造就了我国城乡"二元格局"且逐渐趋于结构固化。但城市和乡村作为经济社会发展的空间载体,城市工业化和乡村农业生产分别是经济社会前进的方向和基础,农业的国民经济基础性地位决定了城市产业发展离不开农业生产的同步发展,同时城市工业发展也离不开乡村区域为重要的消费空间,因此城乡社会共同进步首先离不开物质层面的城乡互动和互助发展。改革开放实践先以农村家庭联产承包责任制实施为标志的农村基本经营制度改革开始,解放了农村劳动力并激发了农民生产积极性,农业农村发展取得了显著成效。城市经济改革的实施,吸引了大批农村剩余劳动力资源流入,且基于城乡经济能力的差异,二元结构下的城乡经济社会发展使得城乡间的资源要素流动呈现单向趋势,城乡发展不均衡和农村发展不充分问题愈加制约着城乡协调发展和经济社会整体进步。因此结合新中国成立以来我们党协调城乡发展的历史,研究发现,尽管进入新世纪以来我们党曾先后采取了统筹城乡和城乡一体化等政策,以追求"以工补农、以城带乡"指导下的城乡均衡发展,但由于乡村始终处于被动发展的地位,从而由于其内在发展能力不足,使得城乡要素缺乏相互自由流通。

党的十八大以来,基于我国城镇化经验总结和经济社会可持续发展需求,新型城镇化战略被赋予了协调城乡发展的重要角色。然而,当前我国城镇体系发展不均衡状态限制了新型城镇化带动与辐射乡村发展的功能发挥,农业农村发展不充分使得城市要素难以自发向乡村区域流动。产业作为支撑地域发展的基础,乡村振兴战略坚持农业农村优先发展,以产业兴旺为关键支撑,且在政策层面将农村产业融合发展作为促进乡村产业发展的重要路径。对此,当前我国农村产业融合发展实践处于蓬勃发展状态,不仅拥有了多元的、数量众多的新型农业经营主体,而且也逐渐形成了多样化的产业模式和利益联结机制,带动普通农户实现共同发展。农村产业融合发展作为以农业为基础的一二三产业融合的产业发展模式,其产业构成为城市二、三产业资源要素"下乡"提供了价值作用空间,这就在社会主义市场经济条件下使乡村具备了平等的经济获利基础。因此,基于产业发展的刺激,农村产业融合发展既为城市产业要素向乡村流动提供了投资收益回报,又在市场导向作用下为城市居民提供了多样化的消费供给。从当前我国城乡协调发展存在的问题和农村产业融合发展实效等现实层面进行分析,单纯依赖新型城镇化辐射带动乡村发展,存在作用的局限性,需要在以城带乡和乡村自主发展基础上的城乡互动融合发展中实现城乡发展均衡。所以,农村产业融合发展承接城市产业要素和向城镇输送商品的产业特性,为城乡产业联系的发生提供了通道,带动了城市产业要素载体向乡村区域流动,从而为城乡融合奠定了城乡产业有机融合的基础。

在当前我国农民市民化分两步走的条件下,新时代我国社会主要矛盾的转化使得以人为本的发展理念更加突出,新型工业化、城镇化、信息化和农业现代化的同步推进使我国城乡融合发展更具复杂性和迫切性,协调城乡发展也由城市偏向的方式转变为反哺农村和城乡均衡发展。因此,中国特色社会主义城乡关系的发展演变赋予了新时代以城乡融合化解城乡发展不平衡不充分矛盾的要求。然而在市场经济条件下,改变农业农村发展相对落后的局面,除继续坚持以城带乡的政策外,更为关键的是要依赖农业产业自身发展为支撑,形成农村与城市等值发展格局,即改变乡村被动接受城市辐射带动的发展局面,在城乡地位平等基础上激发乡村内生发展活力,实现以城带乡与乡村自主发展的有机结合。于是,以农村产业融合发展促进乡村内生活力增强,其实质是以城乡生产关系变革改变乡村要素流失、农民主体缺位及以城带乡单向作用机制等,从而以农村产业融合发展为途径刺激城乡产业要素合理配置,达到城乡等值发展。

因而结合农村产业融合发展作用城乡融合的运行机理,伴随社会整体发展进步,乡村将不再只是农产品生产地,其生态、文化和社会等价值也逐渐成为人们的消费对象,这为新产业要素、新业态或模式等进一步向农村区域转移与集聚开辟了空间。所以说,农村产业融合发展以其产业特性兼具承接城市产业要素和供给农业消费品的双重功能,不仅为城乡产业有机融合搭建了通道,也为"四化同步"条件下"农民非农化"和"农村非农化"的协调发展开辟了空间。以往关于乡村居民的概念通常以农民作为身份界定,而农村产业融合发展将逐步改变乡村因产业基础薄弱导致人口过度流失的发展趋势。随着农村产业结构不断丰富和户籍制度、土地制度等改革深入,逆城市化趋势将日渐明显,最终农村产业融合发展带来了乡村居民的定义更新和结构转变,户籍和农地经营等传统乡村居民划分标准将不适用全体乡村居民。因为以农业为基础融入二三产业要素的过程中,劳动力这一特殊产业要素是必要组成,农村产业融合发展以劳动力职业化为需求,其产业经营主体和参与主体的多元化涉及城乡不同职业群体。所以,随着农村产业融合发展,农村居民的人口结构将出现多元化,如养老居民、创客居民、职业经理人、职业农民等等,他们将不仅为乡村发展带来产业创新,赋予乡村长远发展的智力要素,还将刺激乡村公共服务领域如教育、医疗、住房、环境卫生等进行改善,有助于城乡均衡发展的全面实现。因此,农村产业融合发展助推城乡融合就超越了单一的经济领域。

就新型城镇化与农村产业融合发展对于城乡融合的协同作用而言,二者共同作用县域空间发展,并基于县域农业创新发展集聚点形成耦合作用效应,推动农民就地就近市民化转变。异地市民化的高成本和就地就近非农就业机遇增多等,促使农民由以往异地务工为主向就地就近务工倾斜转变,而且农村产业融合发展带来的就业增收也进一步吸引了农民选择本地发展的可能。在新型城镇化战略、乡村振兴战略及农业供给侧结构性改革等国家政策指导与赋能等条件下,基于农村产业融合发展和就地就近城镇化耦合作用,农业特色小镇逐渐兴起并成为衔接城乡和联结乡村共同发展的重要节点,在生产、生活和生态有机融合的基础上形成了以农村产业融合发展带动乡村城镇化转变的创新示范。在国家相关部门的政策利导下,特色小镇和特色小城镇建设被纳为提升县域经济发展的重要举措而处于不断探索和深入实践推广的阶段,这既丰富了就地就近城镇化的政策供给体系,又为农村产业融合发展带动乡村内生式发展转型提供了更为清晰的未来图景。然而,就当前我国实现乡村内生式发展转变的而言,还存在诸多发展困境,如农村产业融合发展的产业基础薄弱、人力资源不足、金融资源匮乏、行政主导作用发挥有限及社会资源协同参与不足等多方面问题。借鉴国际经验及总结当前我国推进乡村内生式发展中所面临的困境难题,需要从指导理念、要素供给、行政主导及县域经济发展等多方面着手,并根据农村产业融合发展的产业特点而合理依托政府与市场作用发挥,优化城乡资源分配,实现乡村发展的全面提升。

　　城乡融合发展并不是要实现农村全部城市化或农民全部向城镇高度集中,农业生产的物质供给决定了农村从事农业生产的社会定位,人类生存和社会发展要求农业农村长久存在。城镇化率固然是衡量一个国家或地区经济社会发展水平的重要指标,但单纯追求城镇化率是难以满足城乡社会有序发展要求的。城乡融合发展也并非简单意义上的乡村经济、文化、生产、生活等同城市的同质化,而是乡村地区依据地域农业基础实现产业和生活的融合、产业和城乡社会的融合。同时,自然属性也决定了农业生产不能像工业生产那样在较小空间内实现规模化经营,农业生产只能在大面积土地上作业,而且农业生产和乡村生活成本也决定了农民不能完全转移至城镇而致使生产和生活的高成本,即使交通便捷和生产高度机械化的条件下。所以,农业生产的社会性和自然性决定了农村、农民的永久存在。就地就近城镇化是以农民从业非农化拓展与城镇集聚等达到市民化发展的过程,但并非要完全"消灭"农民。因此从农村产业融合发展视角分析,城乡融合以传统农业融入二三产业要素转型升级发展带动乡村多元价值提升为实质,是在城乡等值发展基础上表现为要素在城乡间的功能表达差异逐渐降低的过程。

　　综上所述,新中国成立至今,我们党协调城乡发展先后历经了计划经济时代的"以农养工"、改革开放市场经济条件下的"以工哺农",再到中国特色社会主义进入新时代后城乡地位平等与共享发展的这一转变过程,新时代赋予了城乡关系协调发展新内涵。供给侧结构性改革不断深化、乡村振兴战略提出与实施、全面小康社会建成等为农业农村提供了更多赋能发展的机遇和条件,也为城乡要素互流互通、公共资源优化配置及农民平等参与和共享改革成果等创造了契机。我们党关于构建城乡融合发展体制机制的政策提出,既反映了中国特色社会主义协调城乡发展的价值取向,也反映出新时代我们党关于城乡发展的理念与方法创新,将城市与乡村置于平等的发展地位,彼此相互联系、依赖、补充和促进。

　　基于农村产业融合发展视角进行新时代城乡融合研究,分析发现,农村产业融合发展在促进农业产业转型发展的过程中,有助于实现振兴乡村发展和促进城乡要素流通的双赢。城乡融合要实现城乡间从微观层面的产业要素、产业结构到宏观层面城乡两大经济系统的发展差距都逐步缩小。[①] 目前我国城乡发展不平衡不充分的现状制约了城乡要素自由流通,农村产业融合发展作用下的城乡交流与互动发展,为城乡全面融合与均衡发展提供了助推作用。基于农民市民化目标指向,农村产业融合发展同就地就近城镇化形成了作用城乡融合的耦合效应,并以特色小镇为载体衔接城乡发展。由于过度依赖大城市发展,造成的"大城市病"并不利于城市可持续发展,而过度发展小城市,则会造成土地、基础设施等利用率偏低及规模经济和集聚经济效应未能充分发挥等问题,因此坚持多级城镇化体系发展原则有利于充分发挥各类城市优势并做到扬长避短。我国城镇体系结构失衡导致小城镇的"以城带乡"作用发挥有限,而农村产业融合发展则为县域小城镇发展提供了产业支撑和内生动力,其兼具的促进城乡融合和"三农"转型双重功能作用有助于扭转城镇体系内部不平衡趋势,进而为以城带乡与乡村自主发展的作用统一奠定了基础。同时针对农民个体而言,农村产业融合发展与就地就近城镇化的作用耦合也改变了城乡二元结构下农民市民化进程被分割为"非农化"和"市民化"两个阶段的格局,实现了农民市民化和非农化的同步。因而,新时代中国特色城乡融合发展应坚持多级城镇化发展体系和农村产业融合发展协同的推进路径。

通过研究农村产业融合作用乡村内生发展转变,进而分析其促进城乡融合的内在机理和发展图景,为新时代我国城乡融合发展研究提供了新视角,同时也为农村产业融合发展和新型城镇化的交叉研究探寻了新空间。在当前城乡融合发展相关政策提出历时尚短,农村产业融合发展的相关地方实践也多处于初期探索发展阶段,关于特色小镇的政策扶持和评选机制裁定也尚未成熟等条件下,并在综合分析已有关于新型城镇

---

① 郭磊磊、郭剑雄:《城乡融合:中国西部地区的分化》,《西安财经学院学报》,2019年第1期,第62—68页;郭磊磊、郭剑雄:《人力资本深化对城乡经济一体化的影响——基于要素收益率趋同视角》,《西北人口》,2018年第1期,第23—31页。

化、农村产业融合发展等研究成果基础上,本文通过结合新中国成立以来我们党协调城乡发展的历史,明晰了我国城乡关系演变中农业农村的发展地位;基于当前我国城乡发展现实状况和我们党关于指导城乡发展的政策取向,以及农村产业融合发展实效等,分析了农村产业融合发展助推城乡融合的运行机理和发展图景,进而探究出实现新时代城乡融合需要坚持以城带乡与乡村内生转型结合的发展原则,以多级城镇化发展与农村产业融合发展协同为推进路径;指出了基于农村内生发展推进新时代城乡融合的现有不足和应对举措,这些是本文内容对于本领域研究的少许贡献之处。研究中,对于实地案例的选取和剖析尚有进一步丰富或充实的空间,但因目前农村产业融合发展实践的层次还普遍偏低,产业效能也未充分展现,所以等待地方实践由初期探索阶段转变为发展成熟后,还需针对产业要素的流动和作用效能等而选取相关典型案例进行微观层面研究,以进一步丰富农村产业融合发展助推城乡融合的理论分析。并且,从理论与实践相结合的角度讲,这也是深入研究新时代城乡融合发展的应有之义。

参考文献

一、马克思主义理论经典、党和国家重要文献

[1] 中共中央马克思恩格斯列宁斯大林著作编译局编译:《马克思恩格斯选集》第一、二、三卷,北京:人民出版社,2012年。

[2] 中共中央马克思恩格斯列宁斯大林著作编译局编译:《马克思恩格斯文集》第一、二卷,北京:人民出版社,2009年。

[3] 中共中央马克思恩格斯列宁斯大林著作编译局编译:《马克思恩格斯全集》第三卷,北京:人民出版社,2002年。

[4] 中共中央马克思恩格斯列宁斯大林著作编译局编译:《马克思恩格斯全集》第二十六卷,北京:人民出版社,2014年。

[5] 中共中央马克思恩格斯列宁斯大林著作编译局编译:《马克思恩格斯全集》第三十二卷,北京:人民出版社,1998年。

[6] 中共中央马克思恩格斯列宁斯大林著作编译局编译:《马克思恩格斯全集》第三十三卷,北京:人民出版社,2004年。

[7] 中共中央马克思恩格斯列宁斯大林著作编译局编译:《列宁全集》第二卷,北京:人民出版社,2013年。

[8] 中共中央马克思恩格斯列宁斯大林著作编译局编译:《斯大林文集》,北京:人民出版社,1985年。

[9] 中共中央马克思恩格斯列宁斯大林著作编译局编译:《斯大林选集》(上卷、下卷),北京:人民出版社,1979年。

［10］中共中央文献研究室编:《建国以来重要文献选编》第一册,北京:中央文献出版社,1992年。

［11］中共中央文献研究室编:《建国以来重要文献选编》第十册,北京:中央文献出版社,1994年。

［12］中共中央文献研究室编:《建国以来重要文献选编》第十二册,北京:中央文献出版社,1997年。

［13］中共中央文献研究室、中央档案馆编:《建党以来重要文献选编(1921~1949)》第二十一、二十六册,北京:中央文献出版社,2011年。

［14］中央档案馆、中共中央文献研究室编:《中共中央文件选集(一九四九年十月~一九六六年五月)》第15、24、26、48册,北京:人民出版社,2013年。

［15］中共中央文献研究室编:《十二大以来重要文献选编》上,北京:人民出版社,1986年。

［16］中共中央文献研究室编:《十二大以来重要文献选编》中,北京:人民出版社,1986年。

［17］中共中央文献研究室编:《十四大以来重要文献选编》上,北京:人民出版社,1996年。

［18］中共中央文献研究室编:《十五大以来重要文献选编》中,北京:人民出版社,2001年。

［19］中共中央文献研究室编:《十六大以来重要文献选编》上,北京:中央文献出版社,2005年。

［20］中共中央文献研究室编:《十六大以来重要文献选编》中,北京:中央文献出版社,2006年。

［21］中共中央文献研究室编:《十七大以来重要文献选编》上,北京:中央文献出版社,2009年。

［22］中共中央文献研究室编:《十八大以来重要文献选编》上,北京:中央文献出版社,2014年。

［23］中共中央文献研究室编:《三中全会以来重要文献选编》上,北京:人

民出版社,1982年。

[24] 中共中央文献研究室编:《改革开放三十年重要文献选编》(上、下),北京:人民出版社,2008年。

[25] 毛泽东:《毛泽东选集》第四卷,北京:人民出版社,1991年。

[26] 中共中央文献研究室编:《毛泽东文集》第七、八卷,北京:人民出版社,1999年。

[27] 中共中央文献研究室编:《毛泽东思想形成与发展大事记》,北京:中央文献出版社,2011年。

[28] 周恩来:《周恩来选集》下卷,北京:人民出版社,1984年。

[29] 邓小平:《邓小平文选》第一、二卷,北京:人民出版社,1994年。

[30] 邓小平:《邓小平文选》第三卷,北京:人民出版社,1993年。

[31] 张闻天:《张闻天选集》,北京:人民出版社,1985年。

[32] 江泽民:《论社会主义市场经济》,北京:中央文献出版社,2006年。

[33] 胡锦涛:《胡锦涛文选》第二、三卷,北京:人民出版社,2016年。

[34] 习近平:《习近平谈治国理政》,北京:外文出版社,2014年。

[35] 习近平:《习近平谈治国理政》第二卷,北京:外文出版社,2017年。

[36] 中共中央文献研究室编:《江泽民论有中国特色社会主义(专题摘编)》,北京:中央文献出版社,2002年。

[37] 中共中央文献研究室:《习近平关于全面建成小康社会论述摘编》,北京:中央文献出版社,2016年。

[38] 中共中央文献研究室编:《习近平关于协调推进"四个全面"战略布局论述摘编》,北京:中央文献出版社,2015年。

[39] 中共中央宣传部编:《习近平总书记系列重要讲话读本(2016年版)》,北京:学习出版社:人民出版社,2016年。

[40] 中共中央文献研究室编:《邓小平年谱(1975～1997)》上卷,北京:中央文献出版社,2004年。

[41] 中共中央文献研究室编:《江泽民思想年编(1989～2008)》,北京:中央文献出版社,2010年。

［42］人民出版社汇编：《中共中央国务院关于"三农"工作的一号文件汇编：1982～2014》，北京：人民出版社，2014年。

二、专著

［1］［美］罗伯特·劳伦斯·库恩：《中国30年：人类社会的一次伟大变迁》，吕鹏等译，上海：上海人民出版社，2008年。

［2］张荣天：《转型期我国县域城镇化演变机理与模式路径研究》，北京：中国社会科学出版社，2018年。

［3］林峰：《特色小镇开发运营指南》，北京：中国旅游出版社，2018年。

［4］王沪宁主编：《政治的逻辑：马克思主义政治学原理》，上海：上海人民出版社，2016年。

［5］费孝通：《志在富民》，上海：上海人民出版社，2004年。

［6］费孝通：《江村经济》，南京：江苏人民出版社，1986年。

［7］向德平：《城市社会学》，北京：高等教育出版社，2005年。

［8］宗锦耀主编：《农村一二三产业融合发展理论与实践》，北京：中国农业出版社，2017年。

［9］俞云峰：《新型城市化的实现路径与制度创新研究：城乡统筹的视角》，北京：中国社会科学出版社，2017年。

［10］李铁：《新型城镇化路径选择》，北京：中国发展出版社，2016年。

［11］陈春生：《中小城镇发展与城乡一体化》，北京：中国社会科学出版社，2018年。

［12］储德平：《中国农村城镇化发展：内在机制与实证分析》，北京：世界知识出版社，2017年。

［13］简新华：《中国经济发展探索》，武汉：武汉大学出版社，2007年。

［14］［美］斯彭斯、安妮兹、巴克利编著：《城镇化与增长：城市是发展中国家繁荣和发展的动机吗？》，陈新译，北京：中国人民大学出版社，2016年。

［15］［德］杜能：《孤立国农业和国民经济的关系》，吴衡康译，北京：商务

印书馆,1986年。

[16] [美]费景汉、古斯塔夫·拉尼斯:《劳动剩余经济的发展——理论与政策》,赵天朗等译,北京:经济科学出版社,1992年。

[17] [美]M. P. 托达罗:《第三世界的经济发展》,于同申、苏蓉生等译,北京:中国人民大学出版社,1988年。

[18] [美]H. 钱纳里:《工业化和经济增长的比较研究》,吴奇等译,上海:上海三联书店,1989年,第57页。

[19] [美]霍利斯·钱纳里、[以]莫伊思·赛尔昆著:《发展的型式1950—1970》,李新华等译,北京:经济科学出版社,1988年。

[20] [美]霍利斯·钱纳里:《结构变化与发展政策》,朱东海等译,北京:经济科学出版社,1991年。

[21] [美]西奥多·W.舒尔茨:《改造传统农业》,梁小民译,北京:商务印书馆,2006年。

[22] [美]西奥多·W.舒尔茨:《经济增长与农业》,郭熙保等译,北京:北京经济学院出版社,1991年。

[23] 魏后凯、闫坤、谭秋成等编:《中国农村发展报告2017:以全面深化改革激发农村发展新动能》,北京:中国社会科学出版社,2017年。

[24] 薛晴、马凤娟、孙秀芳:《中国特色城乡发展一体化理论的形成与发展》,北京:经济科学出版社,2017年。

[25] 赵红军:《小农经济、惯性治理与中国经济的长期变迁》,上海:格致出版社;上海人民出版社,2010年。

[26] [美]傅高义:《邓小平时代》,冯克利译,北京:生活·读书·新知三联书店,2013年。

[27] 陈雪原:《乡镇统筹》,北京:中国社会科学出版社,2018年。

[28] 杨三省主编:《城乡发展一体化:现代化建设的重要目标和必由之路》,西安:陕西师范大学出版总社有限公司,2016年。

[29] 马京波:《重读邓小平》,北京:人民出版社,2004年。

[30] [美]沃纳·赫希:《城市经济学》,刘世庆等译,北京:中国社会科学

出版社,1990年。

[31]高珮义:《中外城市化比较研究》,天津:南开大学出版社,2004年。

[32]李茂岚主编:《中国农民负担问题研究》,太原:山西经济出版社,1996年。

[33]习近平:《决胜全面建成小康社会 夺取新时代中国特色社会主义伟大胜利——在中国共产党第十九次全国代表大会上的报告》,北京:人民出版社,2017年。

[34]习近平主编:《现代农业理论与实践》,福州:福建教育出版社,1999年。

[35]习近平:《干在实处走在前列——推进浙江新发展的思考与实践》,北京:中共中央党校出版社,2016年。

[36]习近平:《中国农村市场化建设研究》,北京:人民出版社,2001年。

[37]习近平:《在庆祝中国共产党成立九十五周年大会上的讲话》,北京:人民出版社,2017年。

[38][英]马歇尔:《经济学原理》(下),陈良璧译,北京:商务印书馆,2010年。

[39][美]道格拉斯·C.诺思:《经济史中的结构与变迁》,陈郁、罗平华等译,上海:上海人民出版社,1994年。

[40][美]道格拉斯·C.诺思:《制度、制度变迁与经济绩效》,刘守英译,上海:上海三联书店出版,1994年。

[41]王建主编:《城镇化与中国经济新未来》,北京:中国经济出版社,2013年。

[42][古希腊]柏拉图:《理想国》,郭斌和、张竹明译,北京:商务印书馆,1986年。

[43][英]亚当·斯密:《国民财富的性质和原因的研究》,郭大力、王亚南译,北京:商务印书馆,2013年。

[44][美]迈克尔·波特:《国家竞争优势》,李明轩、邱如美译,北京:华夏出版社,2002年。

［45］［美］迈克尔·波特:《竞争论》,刘宁、高登第、李明轩译,北京:中信出版社,2009年。

［46］张世兵:《现代多功能农业评价体系研究》,北京:经济管理出版社,2015年。

［47］［日］速水佑次郎、［美］弗农·拉坦:《农业发展:国际前景》,吴伟东等译,北京:商务印书馆,2014年。

［48］姜长云等著:《乡村振兴战略:理论、政策和规划研究》,北京:中国财政经济出版社,2018年。

［49］尚娟:《中国特色城镇化道路》,北京:科学出版社,2012年。

［50］简新华、何志扬、黄锟:《中国城镇化与特色城镇化道路》,济南:山东人民出版社,2010年。

［51］黄晓勇、张春勋:《基于结构化视角的农民工返乡创业研究:以重庆为例》,北京:经济科学出版社,2013年。

［52］吴继轩、蔡乾和、金烨:《中国共产党解决"三农"问题的理论与实践》,兰州:甘肃文化出版社,2015年。

［53］孔祥智、史冰清、钟真等:《中国农民专业合作社运行机制与社会效应研究——百社千户调查》,北京:中国农业出版社,2012年。

［54］白雪秋、聂志红、黄俊立等:《乡村振兴与中国特色城乡融合发展》,北京:国家行政学院出版社,2018年。

［55］张红宇等:《金融支持农村一二三产业融合发展问题研究》,北京:中国金融出版社,2016年。

［56］李主其、修长柏、曹建民等:《新时期我国农业现代化道路研究》,北京:经济科学出版社,2013年。

［57］中国人民银行农村金融服务研究小组:《中国农村金融服务报告(2014)》,北京:中国金融出版社,2015年。

［58］吴继轩等:《唐山市城乡一体化的理论与实践》,保定:河北大学出版社,2014年。

［59］王雅芹等:《城乡一体化进程中的三农问题研究》,保定:河北大学出

版社,2014 年。

[60] 郭剑雄:《工业化进程中的农业发展》,北京:中国社会科学出版社,2017 年。

三、期刊论文

[1] 陈甬军、景普秋:《中国新型城市化道路的理论及发展目标预测》,《经济学动态》,2008 年第 9 期。

[2] 王海峰、杨萍:《就地城镇化:新型城镇化战略的路径趋势》,《扬州职业大学学报》,2013 年第 4 期。

[3] 蔡继明:《乡村振兴战略应与新型城镇化同步推进》,《人民论坛·学术前沿》,2018 年第 10 期。

[4] 苏红键、魏后凯:《改革开放 40 年中国城镇化历程、启示与展望》,《改革》,2018 年第 11 期。

[5] 倪建伟:《就地城镇化的新近进展、现实困境与破解策略——山东省德州市新型城镇化第三次专题调研报告》,《农业经济问题》,2017 年第 6 期。

[6] 解安、周英:《农村三产融合的学理分析》,《学习与探索》,2017 年第 12 期。

[7] 周飞舟、吴柳财、左雯敏、李松涛:《从工业城镇化、土地城镇化到人口城镇化:中国特色城镇化道路的社会学考察》,《社会发展研究》,2018 年第 1 期。

[8] 薛德升、陈文娟、侯启章:《有关"乡村城市化"和"城乡一体化"等几个概念的辨析》,《城市问题》,1998 年第 1 期。

[9] 王超坤、王文信:《浅议构建新型工农城乡关系》,《内蒙古科技与经济》,2014 年第 4 期。

[10] 廊坊市哲学社会科学研究课题组:《以财政政策加强农村公共产品供给》,《财政研究》,2009 年第 7 期。

[11] 江俊伟:《新中国成立以来中共城乡关系政策的演变及其经验研究》,

《党史研究与教学》,2010 年第 6 期。

[12] 郭彩琴:《马克思主义城乡融合思想与我国城乡教育一体化发展》,《马克思主义研究》,2010 年第 3 期。

[13] 姚永明:《马克思、恩格斯城乡融合思想的当代解读与实践》,《中国青年政治学院学报》,2012 年第 3 期。

[14] 汤长平、周倩:《西欧的"逆城市化"和农村开发》,《兰州大学学报(社会科学版)》,2019 年第 3 期。

[15] 邬美红:《逆城市化的内涵、影响与测度指标的构建——兼论我国逆城市化的真伪》,《宜春学院学报》,2020 年第 1 期。

[16] 陈鹏:《逆城镇化视野下的乡村振兴》,《武陵学刊》,2019 年第 2 期。

[17] 张强、霍露萍:《逆城镇化、乡村振兴与城乡资源配置》,《治理现代化研究》,2019 年第 5 期。

[18] 马仁庭:《乡村振兴战略中的逆城镇化路径探究》,《农村经济与科技》,2019 年第 18 期。

[19] 马云泽:《世界产业结构软化趋势探析》,《当代经济科学》,2003 年第 6 期。

[20] 李莉、景普秋:《农村网络式产业融合动力机制研究——基于城乡互动的视角》,《农业经济问题》,2019 年第 8 期。

[21] 乔会珍:《国民经济微调下农村产业融合与优化的方向与路径》,《农业经济》,2019 年第 8 期。

[22] 蒋永穆、陈维操:《基于产业融合视角的现代农业产业体系机制构建研究》,《学习与探索》,2019 年第 8 期。

[23] 李晓龙、冉光和:《农村产业融合发展如何影响城乡收入差距——基于农村经济增长与城镇化的双重视角》,《农业技术经济》,2019 年第 8 期。

[24] 陈文胜:《城乡融合发展是实施乡村振兴战略的根本途径》,《中国乡村发现》,2018 年第 6 期。

[25] 黄亚平、陈瞻、谢来荣:《新型城镇化背景下异地城镇化的特征及趋

势》,《城市发展研究》,2011 年第 8 期。

[26] 辜胜阻、易善策、李华:《中国特色城镇化道路研究》,《中国人口·资源与环境》,2009 年第 1 期。

[27] 胡恒钊、文丽娟:《中国农村"就地城镇化":发展态势、影响因素及路径选择——以广东、江西、湖北、四川四省为分析案例》,《湖北行政学院学报》,2015 年第 5 期。

[28] 杨世松:《"就地城市化"是中国农民的伟大实践》,《理论月刊》,2008 年第 7 期。

[29] 张鼎如:《中国农村就地城市化刍议》,《中国农学通报》,2006 年第 11 期。

[30] 许经勇:《城乡户籍制度下的农村城镇化与"农民工"》,《财经研究》,2003 年第 12 期。

[31] 陈艳清:《关于城乡融合发展的思考与实践——兼谈城乡融合的五种模式》,《中国农垦》,2015 年第 9 期。

[32] 张丙宣、华逸婕:《激励结构、内生能力与乡村振兴》,《浙江社会科学》,2018 年第 5 期。

[33] 刘家宝:《基于马克思主义城乡关系论的中国城乡融合发展研究》,《决策探索(下)》,2019 年第 2 期。

[34] 盛辉:《马克思恩格斯城乡融合思想及其时代意蕴》,《改革与战略》,2018 年第 1 期。

[35] 吕风勇:《乡村振兴战略的根本途径在于城乡融合》,《中国国情国力》,2018 年第 6 期。

[36] 李红玉:《城乡融合型城镇化——中国新型城镇战略模式研究》,《学习与探索》,2013 年第 9 期。

[37] 陈明星:《积极探索城乡融合发展长效机制》,《区域经济评论》,2018 年第 3 期。

[38] 徐祥临:《新时代城乡关系与推进之路——习近平总书记"城乡融合发展"思想的历史性贡献》,《国家治理》,2018 年第 14 期。

[39] 颜家瑶:《新型城镇化和乡村振兴双轮驱动背景下的城乡融合发展路径探析》,《市场研究》,2019 年第 1 期。

[40] 陈鹏展、何蕾春:《新农村建设的几个不等式》,《特区经济》,2007 年第 9 期。

[41] 付翠莲:《新时代以城乡融合促进乡村振兴:目标、难点与路径》,《通化师范学院学报》,2018 年第 1 期。

[42] 刘武:《新型城乡关系视阈下城乡融合发展路径探究》,《理论建设》,2018 年第 6 期。

[43] 叶兴庆:《新时代中国乡村振兴战略论纲》,《改革》,2018 年第 1 期。

[44] 姜长云:《建立健全城乡融合发展的体制机制和政策体系》,《区域经济评论》,2018 年第 3 期。

[45] 刘明辉、卢飞:《城乡要素错配与城乡融合发展——基于中国省级面板数据的实证研究》,《农业技术经济》,2019 年第 2 期。

[46] 陈钊、陆铭、许政:《中国城市化和区域发展的未来之路:城乡融合、空间集聚与区域协调》,《江海学刊》,2009 年第 2 期。

[47] 张秀娥:《城镇化建设与农民工市民化的关系》,《社会科学家》,2013 年第 12 期。

[48] 李强、陈振华、张莹:《就近城镇化与就地城镇化》,《广东社会科学》,2015 年第 1 期。

[49] 祁新华、朱宇、周燕萍:《乡村劳动力迁移的"双拉力"模型及其就地城镇化效应——基于中国东南沿海三个地区的实证研究》,《地理科学》,2012 年第 1 期。

[50] 胡小武:《人口"就近城镇化":人口迁移新方向》,《西北人口》,2011 年第 1 期。

[51] 孙玉玲、王明亮:《就近就地城镇化问题研究》,《城市观察》,2014 年第 5 期。

[52] 郭玲:《中国就近城镇化:基本内涵、存在问题与建设路径》,《改革与战略》,2015 年第 11 期。

[53] 李强、陈振华、张莹:《就近城镇化模式研究》,《广东社会科学》,2017年第4期。

[54] 左雯:《就近城镇化:中部地区城镇化的战略选择》,《湖北经济学院学报》,2015年第6期。

[55] 杨世松、习谏:《"就地城市化"能治好"城市病"吗?》,《人民论坛》,2006年第11期。

[56] 黄文秀、杨卫忠、钱方明:《农户"就地城镇化"选择的影响因素研究——以嘉兴市海盐县为例》,《浙江社会科学》,2015年第1期。

[57] 王羽强:《国外"城乡统筹"研究现状及经典理论述评——基于EBSCO及牛津期刊数据库的文献检索》,《前沿》,2012年第7期。

[58] 宋迎昌:《城乡融合发展的路径选择与政策思路——基于文献研究的视角》,《杭州师范大学学报(社会科学版)》,2019年第1期。

[59] 何红:《城乡融合发展的核心内容与路径分析》,《农业经济》,2018年第2期。

[60] 厉以宁:《中国应走农民"就地城镇化"道路》,《热点观察》,2013年第11期。

[61] 曾鹏、李洪涛:《中西部地区城市群培育与人口就近城镇化:机理、关系与演化》,《海派经学》,2017年第3期。

[62] 曾鹏、向丽:《农业转移人口就近城镇化意愿的地区差异研究》,《社会科学文摘》,2017年第10期。

[63] 费孝通:《城镇化与21世纪中国农村发展》,《中国城市经济》,2000年第1期。

[64] 黄宗智:《内生型农村城镇化的运行机制》,《安徽大学学报》,2006年第5期。

[65] 曾红萍:《城市化路径的实践与反思:从就地城镇化到激进城市化》,《西北农林科技大学学报(社会科学版)》,2015年第4期。

[66] 王小鲁、夏小林:《优化城市规模 推动经济增长》,《经济研究》,1999年第9期。

[67] 李爱民:《中国半城镇化研究》,《人口研究》,2013 年第 4 期。

[68] 焦晓云:《城镇化进程中"半城镇化"问题及对策探析》,《当代经济管理》,2015 年第 3 期。

[69] 焦晓云:《新型城镇化进程中农村就地城镇化的困境、重点与对策探析——"城市病"治理的另一种思路》,《城市发展研究》,2015 年第 1 期。

[70] 陈晓红、谭宇:《就地城镇化对区域消费市场影响的实证研究》,《经济地理》,2015 年第 3 期。

[71] 辜胜阻:《媒体误读了总理的城镇化路径》,《中国经济周刊》,2014 年第 10 期。

[72] 李强:《主动城镇化与被动城镇化》,《西北师大学报(社会科学版)》,2013 年第 6 期。

[73] 门丹、齐小兵:《回流农民工就近城镇化:比较优势与现实意义》,《经济学家》,2017 年第 9 期。

[74] 储德平、伍骏骞、卫龙宝、李泓沄:《区域分异视角下进城居民再迁意愿分析》,《中国人口·资源与环境》,2017 年第 7 期。

[75] 辜胜阻、刘传江、钟水映:《中国自下而上的城镇化发展研究》,《中国人口科学》,1998 年第 3 期。

[76] 蔡荣、虢佳花、祁春节:《县域经济与城镇化的协调发展》,《统计与决策》,2007 年第 18 期。

[77] 张建华、洪银兴:《都市圈内的城乡一体化》,《经济学家》,2007 年第 5 期。

[78] 张建云:《关于当前传统农业区农村就地城市化问题的思考》,《理论月刊》,2011 年第 8 期。

[79] 董宏林、刘刚、黄亚玲:《西部新农村建设的低成本之路:农民就近转移与住房多模式置换机制相结合》,《宁夏农林科技》,2007 年第 4 期。

[80] 王国栋:《中国中部和东部就地城市化的差异:基于中原城市群与海西城市群的比较研究》,《创新》,2010 年第 5 期。

[81] 焦晓云:《农村就地城镇化进程中县域创新能力建设的提升路径》,《现代经济探讨》,2015 年第 10 期。

[82] 马庆斌:《就地城镇化值得研究与推广》,《宏观经济管理》,2011 年第 11 期。

[83] 王石奇:《统筹城乡发展缩小城乡差距:北京怀柔区城市化的经验》,《前线》,2005 年第 1 期。

[84] 山东社会科学院省情研究中心课题组,王波:《就地城镇化的特色实践与深化路径研究——以山东省为例》,《东岳论丛》,2014 年第 8 期。

[85] 张建云:《农业园还是工业园? 传统农业区以农业现代化带动农村就地城市化的意义》,《求实》,2011 年第 11 期。

[86] 赵敏、郑兴明:《"三产融合"背景下农村土地管理创新研究》,《长春理工大学学报(社会科学版)》,2017 年第 5 期。

[87] 李治、王东阳:《交易成本视角下农村一二三产业融合发展问题研究》,《中州学刊》,2017 年第 9 期。

[88] 杨尚勤、何予平、王茂林:《推进农村三产融合异军突起》,《甘肃农业》,2017 年第 8 期。

[89] 赵燕、解运亮:《城镇化进程中农业剩余劳动力转移方式研究——一个马克思主义的分析思路》,《经济问题探索》,2014 年第 4 期。

[90] 庞新军、冉光和:《传统城镇化与就地城镇化对农民收入的影响研究:基于时变分析的视角》,《中国软科学》,2017 年第 9 期。

[91] 赵霞、韩一军、姜楠:《农村三产融合:内涵界定、现实意义及驱动因素分析》,《农业经济问题》,2017 年第 4 期。

[92] 王山峰、梁瑞华:《西峡县农村一二三产业融合发展研究》,《海峡科技与产业》,2017 年第 6 期。

[93] 李刘艳、吴丰华:《改革开放以来我国农民市民化阶段划分与展望》,《经济学家》,2017 年第 8 期。

[94] 解安:《三产融合:构建中国现代农业经济体系的有效路径》,《河北学刊》,2018 年第 2 期。

[95] 解安、朱慧勇:《中国城镇化:农民自主选择与社会秩序的统一》,《马克思主义与现实》,2015年第1期。

[96] 李英震、宋宝剑:《农村三产融合发展研究综述》,《大连民族大学学报》,2017年第6期。

[97] 李小静、赵美玲:《农村产业融合推动就地城镇化发展探析》,《农业经济》,2017年第11期。

[98] 刘文勇、杨光:《以城乡互动推进就地就近城镇化发展分析》,《经济理论与经济管理》,2013年第8期。

[99] 江振娜:《借鉴台湾经验,推进农村就地城镇化建设的思考与建议》,《衡阳师范学院学报》,2015年第4期。

[100] 方世敏、张采青:《就地城镇化背景下乡村旅游产业融合研究》,《怀化学院学报》,2015年第1期。

[101] 吴迪:《就地城镇化模式与新型农业科技创新研究》,《学术论坛》,2016年第11期。

[102] 杨振生:《就近城镇化研究:可行性分析、实践探索与运行启示》,《山东社会科学》,2017年第5期。

[103] 李国祥:《实现乡村产业兴旺必须正确认识和处理的若干重大关系》,《中州学刊》,2018年第1期。

[104] 许传新:《农村留守妇女研究:回顾与前瞻》,《人口与发展》,2009年第6期。

[105] 王俊文、曹涌:《新农村建设视野下的"留守老人"问题研究》,《农业考古》,2009年第6期。

[106] 孙鹃娟:《劳动力迁移过程中的农村留守老人照料问题研究》,《人口学刊》,2006年第4期。

[107] 叶敬忠、贺聪志:《农村劳动力外出务工对留守老人经济供养的影响研究》,《人口研究》,2009年第4期。

[108] 杜丽华:《就地城镇化背景下返乡农民工创业探究》,《农业经济》,2015年第12期。

[109] 孟翔飞、刘玉梅:《城市发展理论与辽宁城镇化创新发展模式选择》，《东北财经大学学报》，2010 年第 5 期。

[110] 丁任重、何悦:《城镇蔓延与滞留型城镇化人口》，《中国人口·资源与环境》，2016 年第 4 期。

[111] 张贵、王树强、刘沙、贾尚键:《基于产业对接与转移的京津冀协同发展研究》，《经济与管理》，2014 年第 4 期。

[112] 姚植夫、薛建宏:《新生代农民工市民化意愿影响因素分析》，《人口学刊》，2014 年第 3 期。

[113] 周飞舟:《地方产业和就地就近城镇化》，《城市与环境研究》，2016 年第 2 期。

[114] 毛新雅、翟振武:《中国人口流迁与区域经济增长收敛性研究》，《中国人口科学》，2013 年第 1 期。

[115] 张甜、朱宇、林李月:《就地城镇化背景下回流农民工居住区位选择——以河南省永城市为例》，《经济地理》，2017 年第 4 期。

[116] 潘海生、曹小锋:《就地城镇化:一条新型城镇化道路——浙江小城镇建设的调查》，《政策瞭望》，2010 年第 9 期。

[117] 陈吉元、胡必亮:《中国的三元经济结构与农业剩余劳动力转移》，《经济研究》，1994 年第 4 期。

[118] 任义科、赵素敏、杜海峰:《乡村发展与农民工务工地选择——基于 HLM 模型的分析》，《农林经济管理学报》，2020 年第 1 期。

[119] 李国珍、张应良:《村庄衰落的多维表现及有效治理:258 个样本》，《改革》，2013 年第 5 期。

[120] 彭荣胜:《传统农区就地就近城镇化的农民意愿与路径选择研究》，《学习与实践》，2016 年第 4 期。

[121] 石忆邵:《"就地城镇化"的基本条件尚不具备》，《中国老区建设》，2014 年第 12 期。

[122] 林明、任浩、董必荣:《技术多样化结构二元平衡、企业内聚性与探索式创新绩效》，《科研管理》，2015 年第 4 期。

[123] 叶超、曹志冬:《城乡关系的自然顺序及其演变——亚当·斯密的城乡关系理论解析》,《经济地理》,2008 年第 1 期。

[124] 刘彦随:《中国新时代城乡融合与乡村振兴》,《地理学报》,2018 年第 4 期。

[125] 黄小明:《收入差距、农村人力资本深化与城乡融合》,《经济学家》,2014 年第 1 期。

[126] 吴天然、胡怀邦、俞海、陈伟明:《二元经济结构理论与我国的发展道路——兼论环二元经济结构的形成及转换》,《经济理论与经济管理》,1993 年第 4 期。

[127] 周天勇、胡锋:《托达罗人口流动模型的反思和改进》,《中国人口科学》,2007 年第 1 期。

[128] 周天勇:《托达罗模型的缺陷及其相反的政策含义——中国剩余劳动力转移和就业容量扩张的思路》,《经济研究》,2001 年第 3 期。

[129] 杨林、郑潇:《城市具备城乡融合发展的承载力吗?——来自 100 个地级市的证据》,《东岳论丛》,2019 年第 1 期。

[130] 张文和、李明:《城市化定义研究》,《城市发展研究》,2000 年第 5 期。

[131] 韩川:《城镇化与城乡公共服务均等化关系研究》,《经济问题探索》,2016 年第 7 期。

[132] 张骞予:《以城乡公共服务均等化促进新型城镇化》,《宏观经济管理》,2013 年第 10 期。

[133] 郑雄飞:《地租的时空解构与权利再生产——农村土地"非农化"增值收益分配机制探索》,《社会学研究》,2017 年第 4 期。

[134] 冯骥才:《传统村落的困境与出路——兼谈传统村落是另一类文化遗产》,《民间文化论坛》,2013 年第 1 期。

[135] 李培林:《从"农民的终结"到"村落的终结"》,《传承》,2012 年第 15 期。

[136] 赵忠升:《"三农"问题的核心:农民的权益与能力》,《农业经济问题》,2012 年第 11 期。

［137］叶兴庆：《实施好乡村振兴战略的原则与抓手》，《农村工作通讯》，
　　　　2018 年第 7 期。

［138］习近平：《把乡村振兴战略作为新时代"三农"工作总抓手》，《社会主
　　　　义论坛》，2019 年第 7 期。

［139］习近平：《推动形成优势互补高质量发展的区域经济布局》，《求是》，
　　　　2019 年第 24 期。

［140］张培刚：《懂得历史，才能更好地理解中国的发展》，《江汉论坛》，
　　　　2001 年第 11 期。

［141］方创琳：《改革开放 40 年：中国城镇化与城市群之变》，《中国经济报
　　　　告》，2018 年第 12 期。

［142］孙成民：《决策知青上山下乡的初心》，《毛泽东思想研究》，2019 年第
　　　　1 期。

［143］谢志强、姜典航：《城乡关系演变：历史轨迹及其基本特点》，《中共中
　　　　央党校学报》，2011 年第 4 期。

［144］《农业投入》总课题组：《农业保护：现状、依据和政策建议》，《中国社
　　　　会科学》，1996 年第 1 期。

［145］武力：《论改革开放以来中国城乡关系的两次转变》，《教学与研究》，
　　　　2008 年第 10 期。

［146］白永秀、王颂吉：《城乡发展一体化的实质及其实现路径》，《复旦学
　　　　报（社会科学版）》，2013 年第 4 期。

［147］白永秀、吴丰华：《城市化进程中的农村人文关怀及其设想》，《改
　　　　革》，2010 年第 7 期。

［148］翟坤周：《"三农"发展的时代意蕴与乡村振兴的集成路径》，《福建论
　　　　坛（人文社会科学版）》，2019 年第 6 期。

［149］陈艳清、魏登峰：《促进"三产融合"发展需要政府有效作为》，《农村
　　　　工作通讯》，2015 年第 18 期。

［150］张来武：《产业融合背景下六次产业的理论与实践》，《中国软科学》，
　　　　2018 年第 5 期。

[151] 詹浩勇:《产业融合的涵义及其理论研究》,《广西工学院学报》,2005年第 S2 期。

[152] 吴颖、刘志迎、丰志培:《产业融合问题的理论研究动态》,《产业经济研究》,2004 年第 4 期。

[153] 马健:《产业融合理论研究评述》,《经济学动态》,2002 年第 5 期。

[154] 姜长云:《日本的"六次产业化"与我国推进农村一二三产业融合发展》,《农业经济与管理》,2015 年第 3 期。

[155] 朱富云、柯福艳:《农业六次产业化发展现状与逆社会分工视角下的主要特征——日本案例及对我国农业发展的启示》,《浙江农业学报》,2015 年第 12 期。

[156] 张益、胡盛红、宋启道:《日本六次产业化对中国农村三产融合的借鉴和启示》,《中国经贸导刊(理论版)》,2017 年第 26 期。

[157] 董玄、陈思丞、孟庆国:《对比观念、共同认知与政策制定——以土地托管政策过程为例》,《公共行政评论》,2019 年第 3 期。

[158] 赵颖文、吕火明:《刍议改革开放以来中国农业农村经济发展:主要成就、问题挑战及发展应对》,《农业现代化研究》,2019 年第 3 期。

[159] 国家统计局:《改革开放 40 年我国农业农村发展成就综述》,《中国农业文摘—农业工程》,2019 年第 1 期。

[160] 本刊编辑部:《中国乡村产业发展 70 年:从艰难孕育到百舸争流》,《乡村科技》,2019 年第 28 期。

[161] 伊莱亚斯·哈沃尔、亚历克西斯·丹塔斯、杨侠:《改革的政治经济分析与当代中国的转型》,《当代世界与社会主义》,2019 年第 3 期。

[162] 张晓山:《改革开放四十年与农业农村经济发展——从"大包干"到城乡融合发展》,《学习与探索》,2018 年第 12 期。

[163] 丁元竹:《"但恨年迈我来迟"——20 世纪 80 年代费孝通对乡镇企业发展的探索》,《中国发展观察》,2018 年第 16 期。

[164] 陆远、王志萍:《传统与现代之间:乡镇企业兴衰与中国农村社会变迁——以苏州吴江区七都镇为例》,《浙江学刊》,2019 年第 1 期。

[165] 冯治、禹仁朋:《邓小平农村改革的逻辑起点、结构安排和价值意蕴》,《邓小平研究》,2019 年第 2 期。

[166] 吴强:《习近平同志关于农村市场化建设的思想》,《延边党校学报》,2015 年第 6 期。

[167] 曾丽英、陈庆勤:《农业特色小镇建设的现状分析及路径优化》,《农业经济》,2020 年第 4 期。

[168] 唐伟成、罗震东、耿磊:《重启内生发展道路:乡镇企业在苏南小城镇发展演化中的作用与机制再思考》,《城市规划学刊》,2013 年第 2 期。

[169] 张根生:《积极推进产加销一条龙、贸工农一体化为重点的农业产业化》,《广东社会科学》,1997 年第 6 期。

[170] 作者不详:《农民工返乡创业有了桐庐模式》,《领导决策信息》,2016 年第 25 期。

[171] 刘福毅、杨金柱、陈建昌:《农业产业化中的金融功能拓展:金贸工农一体化案例》,《金融发展研究》,2011 年第 12 期。

[172] 王慧娟:《对农业产业化生成、发展及作用的再认识》,《中国经贸导刊》,2011 年第 19 期。

[173] 张晓山、韩俊、魏后凯、何秀荣、朱玲:《改革开放 40 年与农业农村经济发展》,《经济学动态》,2018 年第 12 期。

[174] 劳文燕:《马克思与柏拉图分工理论中人的发展思想之比较研究》,《哈尔滨学院学报》,2019 年第 5 期。

[175] 王缉慈、谭文柱、林涛、梅丽霞:《产业集群概念理解的若干误区评析》,《地域研究与开发》,2006 年第 2 期。

[176] 崔立勇:《"产业集群":财经新闻一个被忽视的重要领域》,《中国记者》,2019 年第 5 期。

[177] 姜长云:《推进农村一二三产业融合发展 新题应有新解法》,《中国发展观察》,2015 年第 2 期。

[178] 姜长云:《完善农村一二三产业融合发展的利益联结机制要拓宽视

野》,《中国发展观察》,2016 年第 2 期。

[179] 王兴国:《推进农村一二三产业融合发展的思路与政策研究》,《东岳论丛》,2016 年第 2 期。

[180] 梁伟军:《产业融合视角下的中国农业与相关产业融合发展研究》,《科学经济社会》,2011 年第 4 期。

[181] 李凤桃:《专访中国社科院城市发展与环境研究所副所长魏后凯:"中国将在 2050 年完成城镇化"》,《中国经济周刊》,2014 年第 9 期。

[182] 程鸿飞、买天:《"龙头"领军三产融合——看农业产业化如何在新常态下实现提档升级》,《农村·农业·农民》(A 版),2016 年第 10 期。

[183] 倪洪兴:《开放条件下农产品价格形成机制与价格政策选择》,《中国粮食经济》,2017 年第 6 期。

[184] 葛立成:《产业集聚与城市化的地域模式——以浙江省为例》,《中国工业经济》,2004 年第 1 期。

[185] 吴刚、张丹:《"三产融合"助力农业供给侧结构性改革》,《政策》,2018 年第 9 期。

[186] 刘宇、龙启蒙、付雅洁:《基于城乡融合视角的乡村振兴中国道路探索》,《中国发展观察》,2019 年第 8 期。

[187] 孙超英:《发展中国家城市化道路及其借鉴》,《四川行政学院学报》,2002 年第 5 期。

[188] 陈燕妮:《新时代中国特色新型城镇化思想探析》,《学习论坛》,2019 年第 12 期。

[189] 林志鹏:《乡村振兴战略需要坚持城乡融合发展的方向》,《红旗文稿》,2018 年第 9 期。

[190] 王业强、魏后凯:《大城市效率锁定与中国城镇化路径选择》,《中国人口科学》,2018 年第 2 期。

[191] 游祖勇:《高级城镇化阶段 县域的机遇、使命和担当》,《当代县域经济》,2018 年第 3 期。

[192] 齐嘉楠、刘鸿雁、李伯华等:《农业人口流出行为、意愿与新型城镇化

路径研究》,《人口与社会》,2019 年第 4 期。

[193] 孙铁山、李楠:《城市轨道交通发展与产业扩散——以北京为例》,《长白学刊》,2016 年第 2 期。

[194] 王乐君、寇广增:《促进农村一二三产业融合发展的若干思考》,《农业经济问题》,2017 年第 6 期。

[195] 张开华、郑甘甜:《传统农区新型城镇化与农业现代化耦合协调路径研究》,《华东师范大学学报(哲学社会科学版)》,2017 年第 4 期。

[196] 马力阳、罗其友:《我国城镇化与农村发展耦合协调时空特征及机制》,《地域研究与开发》,2017 年第 6 期。

[197] 黄鹏:《城镇化与新农村建设耦合机制探析》,《社会科学家》,2016 年第 4 期。

[198] 肖金成:《建设现代化区域发展体系》,《宏观经济管理》,2019 年第 3 期。

[199] 李梦娜:《新型城镇化与乡村振兴的战略耦合机制研究》,《当代经济管理》,2019 年第 5 期。

[200] 许经勇:《解决"三农"问题的关键:给农民国民待遇》,《厦门大学学报(哲学社会科学版)》,2003 年第 3 期。

[201] 刘承昊:《乡村振兴:电商赋能与地方政府外部供给的困境与对策》,《西北农林科技大学学报(社会科学版)》,2019 年第 4 期。

[202] 叶祝颐:《尊重农民不愿进城的选择》,《党政论坛》,2016 年第 5 期。

[203] 李明华:《发展农村土地产权交易市场:当前我国农村综合改革的最大红利》,《探索》,2015 年第 1 期。

[204] 陈柏福、刘凤、田桓至:《新型城镇化视域下文旅产业融合发展研究——以湖南省张家界市为例》,《长沙大学学报》,2019 年第 6 期。

[205] 郑雅:《剖析当代特色小镇 认识文化创意产业——以桃花源古镇与弥勒东风韵为例》,《中外企业家》,2020 年第 15 期。

[206] 王吉、包倍增、刘晓霞:《四平市特色小镇资源分析与对策建议——以叶赫满族镇为例》,《福建茶叶》,2020 年第 4 期。

[207] 王慧仙:《基于"三生融合"导向的特色小镇发展与对策研究——以温州瓯海生命健康特色小镇为例》,《山西农经》,2020年第7期。

[208] 郭敏:《特色小镇助力产业融合发展——甘肃省特色小镇的概念性规划》,《中国建材科技》,2020年第2期。

[209] 陆佩、章锦河、王昶、赵琳:《中国特色小镇的类型划分与空间分布特征》,《经济地理》,2020年第3期。

[210] 本刊:《〈中华人民共和国农民专业合作社法〉修订对照表》,《中国农民合作社》,2018年第2期。

[211] 洪梅香:《公平抑或效率:合作社的异化及辨析——兼论土地股份合作社的发展》,《东岳论丛》,2019年第5期。

[212] 孔祥智:《对农民合作社的非议从何而起》,《人民论坛》,2019年第4期。

[213] 陆倩、孙剑、向云:《农民合作社产权治理现状、类型划分及社员利益比较——中国为何缺乏有效的农民合作社》,《经济学家》,2016年第9期。

[214] 潘劲:《中国农民专业合作社:数据背后的解读》,《中国农村观察》,2011年第6期。

[215] 何慧丽、杨光耀:《农民合作社:一种典型的本土化社会企业》,《中国农业大学学报(社会科学版)》,2019年第3期。

[216] 周加来、于璐娜、刘从九等:《农民专业合作社发展研究报告(摘选)》,《中国合作经济》,2019年第1期。

[217] 孔祥智:《中国农民合作经济组织的发展与创新(1978—2018)》,《南京农业大学学报(社会科学版)》,2018年第6期。

[218] 于福波:《农民专业合作社"空壳化"问题及对策研究》,《生态经济评论》,2017年第六辑。

[219] 吴琦:《政策诱变与调适:农民专业合作社"空壳化"的成因与治理》,《大理学院学报》,2015年第1期。

[220] 汪怡婷:《农民专业合作社"空壳化"现象分析及应对策略》,《重庆电

子工程职业学院学报》,2013 年第 5 期。

[221] 姜波:《关于辽宁省家庭农场发展情况的调研报告》,《农业经济》,
2013 年第 11 期。

[222] 漆彩凤、代雅琪、李秀玲:《探访家庭农场 触摸现代农业——关于大
冶市陈贵镇家庭农场发展现状的调查》,《农民致富之友》,2013 年
第 22 期。

[223] 袁吕岱、操家齐:《政府与市场双轮驱动下的家庭农场发展路径选
择——基于上海松江、浙江宁波的调查数据分析》,《上海经济研
究》,2016 年第 3 期。

[224] 谷小勇、张巍巍:《新型农业经营主体培育政策反思》,《西北农林科
技大学学报(社会科学版)》,2016 年第 3 期。

[225] 高啸、张新文、戴芬园:《家庭经营模式创新与农业现代化的路径选
择——基于联耕联种和按户连片实践的思考》,《农村经济》,2019
年第 2 期。

[226] 温锐、闵桂林:《家庭农场:中国农业发展史上的内生优选经营模
式》,《江西财经大学学报》,2018 年第 4 期。

[227] 陈家骥、杨国玉、武小惠:《论农业经营大户》,《中国农村经济》,2007
年第 4 期。

[228] 石志恒、慕宏杰、晋荣荣等:《专业大户与普通农户农业信息选择行
为比较研究——以甘肃省张掖市为例》,《电子科技大学学报(社科
版)》,2018 年第 3 期。

[229] 杨宗、熊凤水:《专业大户培育研究》,《湖北经济学院学报(人文社会
科学版)》,2018 年第 4 期。

[230] 杨慧莲、李艳、韩旭东、郑风田:《土地细碎化增加"规模农户"农业生
产成本了吗?——基于全国 776 个家庭农场和 1 166 个专业大户的
微观调查》,《中国土地科学》,2019 年第 4 期。

[231] 贺雪峰:《新"中农"是今后中国农村社会的中坚力量》,《农村工作通
讯》,2014 年第 7 期。

[232] 贺雪峰:《乡村治理现代化:村庄与体制》,《求索》,2017 年第 10 期。

[233] 钟真:《改革开放以来中国新型农业经营主体:成长、演化与走向》,《中国人民大学学报》,2018 年第 4 期。

[234] 赵德天、翟恩昱、赵啸宇等:《设施农业中微生物农药施用情况及发展前景》,《生物资源》,2019 年第 3 期。

[235] 粟钟作:《现代设施农业发展趋势及关键技术》,《农家参谋》,2019 年第 9 期。

[236] 张震、刘学瑜:《我国设施农业发展现状与对策》,《农业经济问题》,2015 年第 5 期。

[237] 田丽娜:《青岛市新型农业经营主体融资创新研究》,《产业与科技论坛》,2019 年第 13 期。

[238] 国家发展改革委宏观院和农经司课题组:《推进我国农村一二三产业融合发展问题研究》,《经济研究参考》,2016 年第 4 期。

[239] 陈英华:《供给侧结构性改革视角下农村产业融合的困境及对策——以山东省 T 市为例》,《农业经济》,2018 年第 3 期。

[240] 高静、王志章、龚燕玲、丁甜甜:《土地转出何以影响小农户收入:理性解释与千份数据检验》,《中国软科学》,2020 年第 4 期。

[241] 陈靖:《新型农业经营主体如何"嵌入"乡土社会——关联营造的视角》,《西北农林科技大学学报(社会科学版)》,2018 年第 5 期。

[242] 陈航英:《扎根乡土:新型农业经营主体发展的社会基础》,《西北农林科技大学学报(社会科学版)》,2018 年第 5 期。

[243] 吴思斌:《乡村振兴需多元力量共同参与》,《人民论坛》,2018 年第 32 期。

[244] 黄璜:《乡村振兴战略中镇村党组织发挥作用研究》,《中共太原市委党校学报》,2020 年第 1 期。

[245] 姚树荣、周诗雨:《乡村振兴的共建共治共享路径研究》,《中国农村经济》,2020 年第 2 期。

[246] 萧子扬:《社会组织参与乡村振兴的现状、经验及路径研究——以一

个西部留守型村庄为例》,《四川轻化工大学学报(社会科学版)》,
2020 年第 1 期。

[247] 来红佳:《发展创新社会组织,助力推动乡村振兴》,《智库时代》,
2019 年第 20 期。

[248] 王妍:《推进产业包容性发展的对策建议》,《经济纵横》,2015 年第
6 期。

[249] 钱明辉:《我国信息资源产业结构与产业环境对产业包容的影响》,
《社会科学家》,2018 年第 4 期。

[250] 李刚:《"包容性增长"的学源基础、理论框架及其政策指向》,《经济
学家》,2011 年第 7 期。

[251] 安宇宏:《包容性增长》,《宏观经济管理》,2010 年第 10 期。

[252] 孙晋刚:《金融支持农村专业大户发展的困境与对策》,《金融经济》,
2014 年第 16 期。

[253] 王吉鹏、肖琴、李建平:《新型农业经营主体融资:困境、成因及对
策——基于 131 个农业综合开发产业化发展贷款贴息项目的调
查》,《农业经济问题》,2018 年第 2 期。

[254] 李世永:《新型农业经营主体发展的特点、问题与对策》,《农家参
谋》,2019 年第 14 期。

[255] 杜志雄、肖卫东:《农业规模化经营:现状、问题和政策选择》,《江淮
论坛》,2019 年第 4 期。

[256] 杜志雄、张兴华:《世界农村发展与城乡关系演变趋势及政策分析》,
《调研世界》,2006 年第 7 期。

[257] 石忆邵:《对我国新型城镇化顶层设计中若干问题的思考》,《广东社
会科学》,2014 年第 5 期。

[258] 石忆邵:《新型城镇化建设对资金的需求及其来源分析》,《中国土地
科学》,2013 年第 12 期。

[259] 吴普特:《在欠发达地区建设一流大学的战略思考》,《西北农林科技
大学学报(社会科学版)》,2019 年第 1 期。

[260] 尹广文：《污名与歧视：农民工社会身份和建构》，《内蒙古社会科学》，2008 年第 5 期。

[261] 余斌、袁东明、李广乾：《绿色发展环保整治"简单化"与"一刀切"问题研究与对策建议——以广州花都（清新）产业转移工业园为例》，《发展研究》，2019 年第 5 期。

[262] 戴蓬军、耿黎：《法国的理性农业及启示》，《农业经济》，2010 年第 12 期。

[263] 汤爽爽、冯建喜：《法国快速城市化时期的乡村政策演变与乡村功能拓展》，《国际城市规划》，2017 年第 4 期。

[264] 冯建喜、汤爽爽、罗震东：《法国乡村建设政策与实践——以法兰西岛大区为例》，《乡村规划建设》，2013 年第 1 期。

[265] 李秀峰：《韩国新农村运动的成功要因分析》，《当代韩国》，2014 年第 3 期。

[266] 金俊、金度延、赵民：《1970—2000 年代韩国新村运动的内涵与运作方式变迁研究》，《国际城市规划》，2016 年第 6 期。

[267] 韩道铉、田杨：《韩国新村运动带动乡村振兴及经验启示》，《南京农业大学学报》（社会科学版），2019 年第 4 期。

[268] 陈昭玖、周波、唐卫东等：《韩国新村运动的实践及对我国新农村建设的启示》，《农业经济问题》，2006 年第 2 期。

[269] 解安：《韩国新农村运动经验及其借鉴》，《中国社会科学院研究生院学报》，2007 年第 4 期。

[270] 李拯宇：《"我来做""我能行"——听韩国农民河四容讲新村运动的故事》，《农民文摘》，2007 年第 1 期。

[271] 卢中华、王郡华：《城乡一体化的国际经验及其对我国的启示》，《临沂师范学院报（社科版）》，2008 年第 5 期。

[272] 郭磊磊、郭剑雄：《城乡融合：中国西部地区的分化》，《西安财经学院学报》，2019 年第 1 期。

[273] 郭磊磊、郭剑雄：《人力资本深化对城乡经济一体化的影响——基于

要素收益率趋同视角》,《西北人口》,2018 年第 1 期。

四、报纸文章

[1] 习近平:《关于〈中共中央关于全面深化改革若干重大问题的决定〉的说明》,《人民日报》,2013 年 11 月 16 日。

[2] 习近平:《健全城乡发展一体化体制机制 让广大农民共享改革发展成果》,《人民日报》,2015 年 5 月 2 日。

[3] 习近平:《谋求持久发展 共筑亚太梦想——在亚太经合组织工商领导人峰会开幕式上的演讲》,《人民日报 》,2014 年 11 月 10 日。

[4] 习近平:《抓住机遇立足优势积极作为 系统谋划"十三五"经济社会发展》,《人民日报》,2015 年 05 月 29 日。

[5] 习近平:《习近平致信祝贺第二十二届国际历史科学大会开幕》,《人民日报》,2015 年 8 月 24 日。

[6] 习近平:《中共中央召开党外人士座谈会》,《人民日报》,2012 年 12 月 7 日。

[7] 习近平:《把乡村振兴战略作为新时代"三农"工作总抓手 促进农业全面升级农村全面进步农民全面发展》,《人民日报》,2018 年 9 月 23 日。

[8] 习近平:《加大推进新形势下农村改革力度 促进农业基础稳固农民安居乐业》,《光明日报》,2016 年 4 月 29 日。

[9] 习近平:《在浙江调研时的讲话(2015 年 5 月 25 日—27 日)》,《人民日报》,2015 年 5 月 28 日。

[10] 习近平:《习近平论"三农"》,《人民日报海外版》,2019 年 5 月 8 日。

[11] 习近平:《总书记两会新语》《人民日报》2016 年 3 月 16 日。

[12]《习近平主持召开中央全面深化改革领导小组第五次会议》,《人民日报》,2014 年 9 月 30 日。

[13] 李铁:《"逆城镇化"的形成与契机》,《北京日报》,2018 年 10 月 29 日。

[14] 李强:《就近城镇化与就地城镇化》,《北京日报》,2019 年 2 月 25 日。

[15] 郑新奇:《就地城镇化:不离乡的进城之路》,《中国国土资源报》,2013

年 7 月 22 日。

[16] 石英华:《就近城镇化:中西部新型城镇化建设的现实选择》,《中国财经报》,2016 年 5 月 5 日。

[17] 曾鹏:《人口就近城镇化的内涵和特征》,《中国人口报》,2017 年 9 月 25 日。

[18] 赵云鹏:《构建助推三产融合的金融体系》,《中国城乡金融报》,2018 年 2 月 7 日。

[19] 姜长云:《推进农村三产融合发展贵在创新》,《农民日报》,2016 年 6 月 28 日。

[20] 赵晖:《"三产融合"是乡村振兴战略的主要抓手》,《学习时报》,2017 年 12 月 18 日。

[21] 蔡继明:《重视推进中西部就近城镇化》,《中国社会科学报》,2016 年 3 月 25 日。

[22] 张天佐:《加快构建城乡融合发展体制机制》,《农民日报》,2017 年 11 月 28 日。

[23] 韩长赋:《大力实施乡村振兴战略——认真学习宣传贯彻党的十九大精神》,《人民日报》,2017 年 12 月 11 日。

[24]《中共中央国务院关于建立健全城乡融合发展体制机制和政策体系的意见》,《人民日报》,2019 年 5 月 6 日。

[25] 张晓山:《增加农民收入需分类施策》,《经济日报》,2019 年 1 月 24 日。

[26] 蔡继明:《乡村振兴离不开新型城镇化》,《建筑时报》,2018 年 2 月 5 日。

[27] 李克强:《协调推进工业化城镇化农业现代化 有效释放我国内需巨大潜力》,《人民日报》,2012 年 9 月 20 日。

[28] 班娟娟、秦燕玲:《社科院:2019 年农民人均工资性收入或超 6 500 元》,《经济参考报》,2019 年 4 月 29 日。

[29] 刘丽芬:《语言景观:多学科耦合界面》,《中国社会科学报》,2019 年

10 月 22 日。

[30] 谢环驰:《习近平在山东考察时强调 切实把新发展理念落到实处 不断增强经济社会发展创新力》,《人民日报》,2018 年 6 月 15 日。

[31]《住房城乡建设部召开全国特色小镇培训会 十项要求规范小城镇建设》,《中国建设报》,2017 年 3 月 24 日。

[32] 徐峻:《农民工返乡创业节点到来说明什么》,《浙江日报》,2016 年 4 月 7 日。

[33] 彭飞仙:《打造特色小镇 助力乡村振兴》,《福州日报》,2020 年 5 月 11 日。

[34] 兰红光:《中央城市工作会议在北京举行》,《人民日报》,2015 年 12 月 23 日。

[35] 董峻、王立彬、丁林:《中央农村工作会议在北京举行》,《人民日报》,2017 年 12 月 30 日。

[36] 胡畔:《低收入群体是中国经济新动力》,《中国经济时报》,2019 年 9 月 9 日。

[37] 陈昕:《新发展理念的五大特征》,《人民日报》(海外版),2017 年 11 月 29 日。

[38] 余瑶:《我国新型农业经营主体数量达 280 万个》,《农民日报》,2017 年 3 月 8 日。

[39] 高鸣、郭芸芸:《2018 中国新型农业经营主体发展分析报告(一)——基于农业产业化龙头企业的调查和数据》,《农民日报》,2018 年 2 月 22 日。

[40] 彭超、杨久栋:《2018 中国新型农业经营主体发展分析报告(二)——基于农民合作社的调查和数据》,《农民日报》,2018 年 2 月 23 日。

[41] 刘奇:《家庭经营是新型农业经营体系的主体》,《农民日报》,2013 年 6 月 1 日。

[42] 黎业鎏、蒋兆飞、刘清风:《"互联网＋"引领农业产业发展》,《南宁日报》,2019 年 8 月 14 日。

[43] 顾仲阳、邱洪生、张丹峰:《订单生产 这样种地有赚头(田间追踪高质量·组织方式之变)》,《人民日报》,2019 年 8 月 23 日。

[44] 经济日报新型农业经营主体发展指数调查课题组:《加大新型农业经营主体的金融创新支持力度》,《经济日报》,2019 年 6 月 28 日。

[45] 米雅娜:《谨防过火过热过度的规模经营》,《中华合作时报》,2015 年 6 月 2 日。

[46] 王宇、林晖:《中央农村工作会议在京召开》,《人民日报》,2015 年 12 月 26 日。

[47] 韩长赋:《构建三大体系 推进农业现代化——学习习近平总书记安徽小岗村重要讲话体会》,《人民日报》,2016 年 5 月 18 日。

[48] 李含琳:《加快构建现代农业三大体系》,《经济日报》,2017 年 12 月 22 日。

[49] 吴绮敏、孙天仁、鞠鹏:《胡锦涛出席亚太经合组织第十七次领导人非正式会议第二阶段会议并发表重要讲话》,《人民日报》,2009 年 11 月 16 日。

[50] 吴舜泽:《环保"一刀切"是环境与经济双输的形式主义、官僚主义》,《中国环境报》,2018 年 9 月 14 日。

[51] 刘传义:《汲取教训,坚决杜绝环保"一刀切"》,《中国环境报》,2019 年 9 月 6 日。

[52] 徐锦庚、肖家鑫、王沛:《扎扎实实把乡村振兴战略实施好——习近平总书记重要讲话在山东各界引发热烈反响》,《人民日报》,2018 年 3 月 10 日。

[53] 张颖:《县域城镇化是新型城镇化的底座——访国家发展改革委城市和小城镇改革发展中心学术委秘书长冯奎》,《中国县域经济报》,2015 年 8 月 20 日。

[54] 吕萍:《马克思主义城乡关系理论对新时代的启示》,《黑龙江日报》,2018 年 6 月 19 日。

五、学位论文

[1] 付学坤:《农业产业化经营与县域经济发展研究》(博士学位论文),四川大学,2005 年。

[2] 谭明交:《农村一二三产业融合发展:理论与实证研究》(博士学位论文),华中农业大学,2016 年。

[3] 杨传开:《中国多尺度城镇化的人口集聚与动力机制》(博士学位论文),华东师范大学,2016 年。

[4] 李静:《粮食生产型家庭农场适度规模研究》(博士学位论文),安徽大学,2016 年。

[5] 龙凤娇:《专业大户对农村金融支持满意度及影响因素分析》(硕士学位论文),华中农业大学,2015 年。

[6] 郎宛琪:《家庭农场适度规模经营及其实现路径研究》(博士学位论文),中国农业大学,2016 年。

[7] 陈侠飞:《创新系统视角下产业环境与高技术产业创新的交互影响研究》(博士学位论文),中国科学技术大学,2018 年。

[8] 赵文明:《户籍制度改革中政府和农户的成本与收益分析》(博士学位论文),西南大学,2013 年。

六、网站资料

[1] 国家统计局:《2018 年居民收入和消费支出情况》,2019 年 1 月 21 日,http://www. stats. gov. cn/tjsj/zxfb/201901/t20190121 _ 1645791. html。

[2] 农业部新闻办公室:《国新办举行政策吹风会,农业部副部长叶贞琴介绍新型农业经营主体培育有关情况——加快培育新型农业经营主体带动小农户共同发展》,2017 年 12 月 15 日,http://www. moa. gov. cn/xw/zwdt/201712/t20171219_6123309. htm。

[3]《中共中央 国务院关于实施乡村振兴战略的意见》,中华人民共和国

农业农村部网,2018 年 2 月 5 日,http://www. moa. gov. cn/ztzl/
yhwj2018/zyyhwj/201802/t20180205_6136410. htm。

[4] 农业部乡镇企业局:《农业农村部关于实施农村一二三产业融合发展
推进行动的通知》,中国农村创业创新信息网,2018 年 6 月 7 日,
http://www. moa. gov. cn/ztzl/scw/zcfgnc/201806/t20180620_
6152681. htm。

[5] 中国社会科学院:《中国城镇发展不尽合理 大城市过度膨胀》,中国新
闻网,2013 年 12 月 25 日,http://finance. chinanews. com/house/
2013/12 - 25/5660207. shtml。

[6] 毛晓雅:《农村一二三产业融合助力乡村振兴》,农业农村部新闻办公
室,2018 年 6 月 15 日,http://www. moa. gov. cn/ztzl/scw/zcfgnc/
201806/t20180620_6152682. htm。

[7] 龚勤林、邹冬寒:《乡村振兴背景下工农城乡耦合协调水平测度及提升
研究》,《软科学》,http://kns. cnki. net/kcms/detail/51. 1268. G3.
20200420. 1629. 006. html。

[8] 国家统计局:《居民生活水平不断提高 消费质量明显改善——改革开
放 40 年经济社会发展成就系列报告之四》,2018 年 8 月 31 日,
http://www. stats. gov. cn/ztjc/ztfx/ggkf40n/201808/t20180831_
1620079. html。

[9] 中华人民共和国国家统计局:《农村改革书写辉煌历史 乡村振兴擘画
宏伟蓝图——改革开放 40 年经济社会发展成就系列报告之二十》,
2018 年 9 月 18 日,http://www. stats. gov. cn/ztjc/ztfx/ggkf40n/
201809/t20180918_1623595. html。

[10] 中华人民共和国国家统计局:《农业生产跃上新台阶 现代农业擘画
新蓝图——新中国成立 70 周年经济社会发展成就系列报告之十
二》,2019 年 8 月 5 日,http://www. stats. gov. cn/tjsj/zxfb/201908/
t20190805_1689117. html。

[11] 中华人民共和国国家统计局:《农村经济持续发展 乡村振兴迈出大

步——新中国成立 70 周年经济社会发展成就系列报告之十三》，2019 年 8 月 7 日，http://www. stats. gov. cn/tjsj/zxfb/201908/t20190807_1689636. html。

[12] 中华人民共和国国家统计局：《中华人民共和国 2009 年国民经济和社会发展统计公报》，2010 年 2 月 25 日，http://www. stats. gov. cn/tjsj/tjgb/ndtjgb/qgndtjgb/201002/t20100225_30024. html。

[13] 中华人民共和国国家统计局：《中华人民共和国 2018 年国民经济和社会发展统计公报》，2019 年 2 月 28 日，http://www. stats. gov. cn/tjsj/zxfb/201902/t20190228_1651265. html。

[14] 国家统计局：《2017 年农民工监测调查报告》，2018 年 4 月 27 日，http://www. stats. gov. cn/tjsj/zxfb/201804/t20180427 _ 1596389. html。

[15] 农业部新闻办公室：《农业部副部长叶贞琴在国家重点龙头企业负责人培训班上强调龙头企业要成为推动乡村振兴的带动者》，2017 年 11 月 20 日，http://www. moa. gov. cn/xw/tpxw/201711/t20171120_5912955. htm。

[16] 财政部、国家税务总局：《关于农民专业合作社有关税收政策的通知》，2008 年 6 月 24 日，http://www. chinatax. gov. cn/n810341/n810765/n812171/n812700/c1191626/content. html。

[17] 中华人民共和国农业农村部：《农业农村部就一季度农业农村经济运行情况举行发布会》，2018 年 4 月 23 日，http://www. moa. gov. cn/ztzl/scw/scdtnc/201804/t20180424_6140882. htm。

[18] 农业农村部新闻办公室：《"双新双创"为乡村发展带来蓬勃活力》，2018 年 11 月 12 日，http://www. moa. gov. cn/xw/zwdt/201811/t20181112_6162797. htm。

[19]《枞阳县电子商务发展迅速》，铜陵市人民政府网，2016 年 10 月 20 日，http://www. tl. gov. cn/zxzx/xwzx/bmdt/417/201610/t20161020_315366. html。

［20］USDA，"Value Added Producer Grants"，https：//www. rd. usda. gov/programs-services/value-added-producer-grants.

［21］USDA，"Rural Cooperative Development Grant Program"，https：//www. rd. usda. gov/programs-services/rural-cooperative-development-grant-program.

［22］USDA，"Rural Development：Highlights of the Agriculture Act of 2014"，https：//www. rd. usda. gov/files/RDFarmBillHighlights. pdf.

［23］USDA，"Local and Regional Foods"，https：//www. ers. usda. gov/agricultural-act-of － 2014 － highlights-and-implications/local-and-regional-foods/.

［24］USDA，"Conservation"，https：//www. usda. gov/topics/conservation.

［25］USDA，"Conservation"，https：//www. usda. gov/topics/conservation.

［26］USDA，"Climate Solutions"，https：//www. usda. gov/topics/climate-solutions.

［27］USDA，"Agricultural Act of 2014：Highlights and Implications-Conservation"，https：//www. ers. usda. gov/agricultural-act-of － 2014 － highlights-and-implications/conservation/.

［28］USDA，"Beginning Farmers and Ranchers Loans"，https：//www. fsa. usda. gov/programs-and-services/farm-loan-programs/beginning-farmers-and-ranchers-loans/index.

［29］USDA，"Agricultural Act of 2014：Highlights and Implications-Beginning Farmers and Ranchers"，https：//www. ers. usda. gov/agricultural-act-of － 2014 － highlights-and-implications/ beginning-farmers-and-ranchers/.

［30］USDA，"Small and Mid-Sized Famer Resources"，https：//www. usda. gov/topics/farming/resources-small-and-mid-sized-farmers.

七、外文资料

［1］Brian J，L Berry，*Urbanization and Counter Urbanization*. California：

Sage Publication Press, 1976.

[2] Champion, Tony and Watkins, Charles (eds.), *People in the Countryside: Studies of Social Change in Rural Britian.* Londres: Paul Chapman Press. 1991.

[3] MClare J. A Mitchell, "Making Sense of Counterurbanization", *Journal of Rural Studies*, January, 2004.

[4] Northam, RM, *Urban Geography.* 2nd edn. New York: John Wiley&Sons Press, 1979.

[5] John Friedmann, "Four Theses in Study of China's Urbanization", *China City Planning Review*, December, 2006.

[6] Emmanuel Mutisya, Masaru Yarime, "Moving towards Urban Sustainability in Kenya: a Framework for Integration of Environmental, Economic, Social and Governance Dimensions", *Sustainability Science*, April, 2014.

[7] Partridge M D, Ali M K, Olfert M R, "Rural-to-Urban Commuting: Three Degrees of Integration", *Growth and Change*, June, 2010.

[8] Olfert M R, Partridge M D, "Best Practices in Twenty-First-Century Rural Development and Policy", *Growth and Change*, May, 2010.

[9] Christopher Ray, "Towards a Meta-Framework of Endogenous Development: Repertoires, Paths, Democracy and Rights ", *Sociologia Ruralis*, October, 1999.

[10] Julia, Ranjit Voola, "Knowledge Integration and Competitiveness: a Longitudinal Study of an Industry Cluster", *Journal of Knowledge Management*, March, 2013.

[11] Jacques Ellul. *The Technological Society.* New York: Alfred A. knopf, 1964.

[12] Guosheng Ma, Juan Chen, "Study on Development Capability of Small Farmer Cooperative Organization in Rural Revitalization",

Proceedings of the International Academic Conference on Frontiers in Social Sciences and Management Innovation （IAFSM 2018）, Proceedings of the International Academic Conference on Frontiers in Social Sciences and Management Innovation (IAFSM 2018)，2019.

[13] Christopher B. Barrett, "Reconsidering Conventional Explanations of the Inverse Productivity － Size Relationship", *World Development*, June, 2009.

[14] Rajneesh Narula, "Innovation Systems and 'Inertia' in R&D Location: Norwegian Firms and the Role of Systemic Lock-in", *Research Policy*, June, 2003.

[15] Kaasch, Alexandra, "Reframing Global Social Policy: Social Investment for Sustainable and Inclusive Growth", *Journal of Social Policy*, July, 2019.

[16] Ranis G, Fei J, "A Theory of Economic-Development", *American Economic Review*, September, 1961.

八、工具书

[1] 赵德馨主编:《中国经济史辞典》,武汉:湖北辞书出版社,1990 年。

[2] 中国社会科学院语言研究所词典编辑室编:《现代汉语词典》,北京:商务印书馆,1978 年。

[3] 王连清主编:《中国税务大辞典》,北京:中国经济出版社,1996 年。

[4] 许崇德主编:《中华法学大辞典·宪法学卷》,北京:中国检察出版社,1995 年。

[5] 辞海编辑委员会编:《辞海》,上海:上海辞书出版社,1977 年。

[6] 刘敏、方如康主编:《现代地理科学词典》,北京:科学出版社,2009 年。

[7] [英] 普洛克特(Procter, P.)编:《剑桥国际英语词典》,上海:上海外语教育出版社,2001 年。

[8] 中国社会科学院经济研究所编;刘树成主编:《现代经济词典》,南京:

凤凰出版社;江苏人民出版社,2005 年。

[9] 张首吉、杨源新、孙志武等编著:《党的十一届三中全会以来新名词术语辞典》,济南:济南出版社,1992 年。

[10] 胡代光、高鸿业主编:《西方经济学大辞典》,北京:经济科学出版社,2000 年。

[11]《城市户口登记管理暂行条例》,《中国法律法规大全(CD-ROM)》,北京:北京大学出版社,1998 年。

[12] 中华人民共和国农业部编:《新中国农业 60 年统计资料》,北京:中国农业出版社,2009 年。

[13] 中国社会科学院语言研究所词典编辑室编:《现代汉语词典》,北京:商务印书馆,2012 年。

[14] 石磊、崔晓天、王忠编:《哲学新概念词典》,哈尔滨:黑龙江人民出版社,1988。

[15] 美国科学促进协会:《面向全体美国人的科学》,北京:科学普及出版社,2001 年。

[16] 黄河清编著:《近现代辞源》,上海:上海辞书出版社,2010 年。

[17] 国家统计局编:《中国统计年鉴(2012)》,北京:中国统计出版社,2012 年。

[18] 中共中央、国务院:《中共中央国务院关于实施乡村振兴战略的意见》,北京:人民出版社,2018 年。

九、政策文件

[1] 国家发展改革委 农业部:《关于印发国家农村产业融合发展示范园创建工作方案的通知》,2017 年 8 月 1 日。

[2] 国家发展改革委 农业农村部等:《国家农村产业融合发展示范园认定管理办法(试行)》,2018 年 10 月 11 日。

[3] 国务院:《国务院关于促进乡村产业振兴的指导意见》,2019 年 6 月 17 日。

[4] 国务院办公厅:《国务院办公厅关于进一步促进农产品加工业发展的意见》,2016 年 12 月 17 日。

[5] 国务院办公厅:《国务院办公厅关于支持农民工等人员返乡创业的意见》,2015 年 6 月 21 日。

[6] 国务院办公厅:《国务院办公厅关于支持返乡下乡人员创业创新促进农村一二三产业融合发展的意见》,2016 年 11 月 29 日。

[7] 国家发展改革委 工业和信息化部 财政部等:《农村产业融合发展试点示范实施方案》,2016 年 4 月 15 日。

[8] 农业部:《全国农产品加工业与农村一二三产业融合发展规划(2016—2020 年)》,2016 年 11 月 14 日。

[9] 中国农业银行:《中国农业银行关于做好农村一二三产业融合发展金融服务的意见》,2016 年 2 月 16 日。

[10] 中华全国供销合作总社:《中华全国供销合作总社关于推进农村一二三产业融合发展的实施意见》,2016 年 4 月 13 日。

[11] 农业部:《农村一二三产业融合发展推进工作方案》,2016 年 11 月 29 日。

[12] 农业部办公厅:《农业部办公厅关于支持创建农村一二三产业融合发展先导区的意见》,2017 年 12 月 5 日。

[13] 农业农村部 财政部:《农业农村部 财政部关于深入推进农村一二三产业融合发展开展产业兴村强县示范行动的通知》,2018 年 6 月 12 日。

[14] 农业农村部办公厅:《农业农村部办公厅关于做好 2019 年农民教育培训工作的通知》,2019 年 5 月 22 日。

[15] 中共中央 国务院:《国家新型城镇化规划(2014—2020 年)》,2014 年 3 月 16 日。

[16] 国务院办公厅:《国务院办公厅关于推进农村一二三产业融合发展的指导意见》,2016 年 1 月 4 日。

[17] 国家发改委 国土资源部 环境保护部 住房城乡建设部:《关于规范推

进特色小镇和特色小城镇建设的若干意见》,2017 年 12 月 4 日。

[18] 国家发展改革委:《关于加快美丽特色小(城)镇建设的指导意见》,
2016 年 10 月 8 日。

[19] 国家发展改革委办公厅:《国家发展改革委办公厅关于建立特色小镇
和特色小城镇高质量发展机制的通知》,2018 年 8 月 30 日。

[20] 中共中央 国务院:《中共中央 国务院关于加快发展现代农业 进一步
增强农村发展活力的若干意见》,2012 年 12 月 31 日。

[21] 中共中央 国务院:《中共中央 国务院关于落实发展新理念加快农业
现代化实现全面小康目标的若干意见》,2015 年 12 月 31 日。

[22] 中共中央 国务院:《中共中央 国务院关于深入推进农业供给侧结构
性改革加快培育农业农村发展新动能的若干意见》,2016 年 12 月
31 日。

[23] 农业部:《农业部关于公布第七次监测合格农业产业化国家重点龙头
企业名单的通知》,2016 年 10 月 14 日。

[24] 财政部 国家税务总局:《财政部 国家税务总局关于农民专业合作社
有关税收政策的通知》,2008 年 6 月 24 日。

[25] 农业农村部办公厅:《农业农村部办公厅关于做好新型农业经营主体
信息直报系统贷款贴息试点工作的通知》,2018 年 7 月 11 日。

[26] 中国人民银行:《中国人民银行关于做好家庭农场等新型农业经营主
体金融服务的指导意见》,2014 年 2 月 13 日。

[27] 财政部 农业部 中国银监会:《关于财政支持建立农业信贷担保体系
的指导意见》,2015 年 7 月 22 日。

[28] 国务院办公厅:《关于完善支持政策促进农民增收的若干意见》,2016
年 11 月 24 日。

[29] 中共中央办公厅 国务院办公厅:《关于加快构建政策体系培育新型
农业经营主体的意见》,2017 年 5 月 31 日。

[30] 国务院办公厅:《关于金融服务"三农"发展的若干意见》,2014 年 4 月
20 日。

[31] 教育部:《教育部关于印发〈高等学校乡村振兴科技创新行动计划（2018—2022 年）〉的通知》,2018 年 12 月 29 日。

[32] 中共中央办公厅 国务院办公厅:《数字乡村发展战略纲要》,2019 年 5 月 16 日。

[33] 中共中央办公厅 国务院办公厅印发:《关于促进小农户和现代农业发展有机衔接的意见》,2019 年 2 月 21 日。

[34] 中共中央 国务院:《乡村振兴战略规划（2018—2022 年）》,2018 年 9 月 26 日。

十、其他

[1] 侯冰婕:《就地、就近、异地城镇化与城镇体系规划理念变革》,《中国城市规划学会、东莞市人民政府. 持续发展 理性规划——2017 中国城市规划年会论文集(16 区域规划与城市经济)》,中国城市规划学会、东莞市人民政府,2017 年。

[2] 李首成等:《解决农村空心化与社会主义新农村建设关系的探讨》,民革中央、中华爱国工程联合会、河北农业大学、中国农民大学:《推进社会主义新农村建设研讨会论文集》,民革中央、中华爱国工程联合会、河北农业大学、中国农民大学:《团结》杂志编辑部,2006 年。

后 记

人文社科的学习与研究,终究要回归到哪里? 这曾是一段时间里困扰我的难题。对于这个"难题",回首研究拙文的选题心路历程,在历经彷徨不决、自我怀疑、志在必得和决心持续发力该研究的这样几个阶段后,似乎也寻找到了答案。感恩解安老师关爱,收我进入门下学习。清华读书的日子虽然"单调"、紧张,但充实的日常生活与学习给我留下了弥足珍贵的记忆,因为这段"记忆"饱含了博士研究方向与选题的艰难抉择。可以说,从以往的中共党史学习转向当代"三农"问题研究,中间充满了无数次的自我否定,但导师的言传身教及针对"三农"问题的强烈使命感给了我一个深刻启示,那就是理论或历史问题研究,最终离不开对于现实问题的关照,终究还需回归于基本的价值层面。

拙著的研究选题与成型,特别要感谢解老师对于理论研究联系实践的躬身示范。跟随解老师学习伊始,解老师就带领我在太原、重庆两地的乡村展开深入的课题调研,又先后带领我在广西崇左和浙江桐庐等地进行乡村调研。尤其在桐庐的课题调研期间,高温酷暑时常夹杂着疾风骤雨,解老师汗流浃背地带领我深入乡间作坊和稻田种植园的场景深深地鼓舞了我,老师的言传身教也使我进一步懂得了如何更好地为学治学。可以说,多次实地调研活动,老师教会了我怎样从农村发展实际中提炼理论指导以及如何结合实际问题进行研究选题。在该书的写作过程中,解老师时常关心文章的材料问题,指导我如何积累素材和充实研究内容。所以衷心感谢老师的悉心指导和躬身示范,使我从中汲取到了终身受益的学问。

感谢邹广文、肖巍、肖贵清、王志伟、李秉龙、郭建宁、张维和陈明凡等数位老师,老师们针对本书提出了宝贵建议,使本书在标题、框架及文字表述等方面都有诸多改进。

拙著成稿距今已历时两年多,其间断断续续修改,一方面因工作和家庭原因,难以集中有效时间;另一方面,框架铺展面太大,既想追求宏观与不失深度,又想做到理论分析与实践案例的高度契合,但理想与现实往往存在差距。加之持续受疫情影响,相关案例实地调研皆未成行,未能基于实地案例进一步丰富研究内容是本书的一大缺憾。"往者不可谏,来者犹可追。"如今付梓之际,再多不足与问题也只能在后续研究中一一弥补,也以此鞭策自己在今后的学术之路上愈发坚实,砥砺前行。

最后,特别感谢南京理工大学的大力支持,资助本书出版,也特别感谢马克思主义学院诸位领导和老师们的关心帮助。感谢江苏人民出版社,感谢责任编辑对于本书出版所做的辛勤付出。

由于作者水平有限和伴随关于城乡融合发展、农村产业融合的新近政策颁布,文中肯定有不尽完美之处。新冠疫情不仅影响了本书研究的实地案例分析,也使相关政策文件落实的成效在一定程度上受到影响,因此近三年的部分数据信息未被引用至书中,在此作以说明,敬请读者谅解和批评指正。

刘承昊

2022 年 7 月于南理工紫园